東洋古典譯註叢書 29

譯註 通鑑節要 4

成 百 曉 譯註

傳統文化硏究會

國譯委員

譯　註　成百曉

潤　文　朴勝珠·金容美·裵美貞
出　版　權永順
校　正　姜雲淑

東洋古典譯註叢書를 발간하면서

우리의 古典國譯事業은 민족문화 진흥의 기초사업으로 1960년대부터 政府 支援으로 古文獻 現代化 작업을 추진하여 많은 成果를 거두었다. 당시 이 사업 추진의 先行課題로 東洋古典이라 일컬어지는 중국의 基本古典을 먼저 飜譯하여야 한다는 學界의 주장이 있어 왔음에도 불구하고 우리 고전이 아니라는 일부의 偏狹한 視覺과 財政 事情 등으로 인하여 배제되어 왔다.

전통적으로 중국의 기본고전은 우리 歷史와 함께 숨쉬며 각종 교육기관의 教科書로 활용됨은 물론이고 지식인들의 必讀書가 되어 왔으며, 우리 文化의 基底에 자리잡고 거의 모든 방면의 體系와 根幹을 형성하여 왔다. 그래서 학문연구의 기본서 역할을 해 왔을 뿐만 아니라 오늘날에도 우리의 國學徒 및 東洋學 研究者들에게 같은 역할을 하고 있음은 주지의 사실이다. 그럼에도 불구하고 中國古典은 우리 것이 아니라 하여 專門機關의 飜譯對象에 포함하지 않음으로써 대부분 原典에서의 직접 번역이 아닌 重譯이나 拔萃譯의 방식이 주를 이루면서 教養水準으로 出版되어 왔다.

오늘날 東洋三國 중에서 우리의 東洋學 연구가 가장 부진한 이유는 東洋基本古典에 대한 폭넓은 이해의 부족과 漢文古典 讀解力의 저하에 기인함을 우리는 솔직히 인정하여야 한다. 따라서 이들 중국고전에 대한 신뢰할 만한 國譯이 이루어지는 것이 한국학 연구를 촉진시키는 시급한 先行課題라 할 수 있다.

이에 韓國學 및 東洋學의 연구와 古典現代化의 基盤構築을 위해서는 전문기관으로 하여금 동양고전을 단기간에 각 분야의 專門 研究者와 漢學者가 상호협동하여 연구번역하여 飜譯의 傳統性과 效率性, 研究의 專門性을 높일 수 있도록 政策的 配慮가 있어야 한다.

이에 本會에서는 元老 및 中堅 漢學者와 斯界의 專攻者로 하여금 協同研究飜譯하여 공부하는 사람들이 믿고 引用하거나 깊이 있는 註釋 등을 활용할 수 있게 하고, 知識人들의 教養을 증진시켜 줄 수 있는 東洋古典의 國譯書 간행을 지속적으로 추진해 왔다. 근래에 다행히 이 사업에 대하여 각계 지도층의 폭넓은 이해와 지원에 힘입어 2001년도부터 國庫補助를 받아 東洋古典譯註叢書를 간행하게 되었다. 이를 계기로 우리 先學의 註釋과 見解를 반영하는 등 국역사업의 內實을 기하게 되었음을 이 자리를 빌어 衷心으로 감사드리며, 아울러 國譯에 參與하신 관계자 여러분의 勞苦에 깊은 謝意를 표한다.

끝으로 우리의 이러한 작업은 오랜 역사 위에 축적된 先賢들의 業績과 現代學問을 이어주는 튼튼한 架橋와 礎石이 되어 진정한 韓國學과 東洋學 발전에 기여할 것을 굳게 믿으며, 21세기를 우리 文化의 世紀로 열어 가는 밑거름이 되도록 우리의 力量을 本 事業에 경주하고자 한다. 江湖諸賢의 부단한 관심과 지원을 기대해 마지않는다.

社團法人 傳統文化硏究會 會長 李 啓 晃

凡 例

1. 本書는 東洋古典譯註叢書 ≪通鑑節要≫ 중 제4책이다.
2. 本書는 가장 善本으로 보이는 甲寅字本 ≪少微家塾點校附音通鑑節要≫(國立中央圖書館 所藏本, 刊年未詳)를 底本으로 하되 木版本 ≪少微家塾點校附音通鑑節要≫(高麗大學校 圖書館 所藏本 및 서울大學校 奎章閣 所藏本)를 참고하였다. 이 책은 眉山 史炤가 音釋하고 鄱陽 王逢이 輯義하고 京兆 劉剡이 增校한 것이다.
3. 本書는 甲寅字本 ≪少微家塾點校附音通鑑節要≫를 底本으로 하되 현재 春坊本 ≪通鑑節要≫가 流行되고 있음을 감안하여 溫公의 史評은 本文과 같이 大字로 표기하였으며 기타 史論은 글자 크기를 약간 줄였다. 그리고 底本의 史評 외에 ≪二十史略≫의 史評을 추가하여 '〔史略 史評〕'이라고 표시하였다.
4. 底本에는 연도별로 干支를 陰刻하고 별행하지 않았으나 本書에서는 이를 別行하고 괄호 속에 西紀 연도를 표시하였다.
5. 原文은 이해를 돕기 위해 懸吐하고 특별한 音이나 어려운 한자는 ( ) 안에 音을 병기하였다.
6. 飜譯은 原義에 充實하도록 노력하였다. 다만 難解한 부분은 意譯, 또는 補充譯을 하였다.
7. ≪資治通鑑≫은 원래 司馬光이 황제의 명령을 받고 지어 올린 것이므로 論評에 자신의 의견을 아뢰면서 모두 '臣光曰'이라고 하였으나 本 譯書에서는 특별한 경우를 제외하고는 대부분 '臣'이라 하지 않고 '나'라고 해석하였으며, 기타 史家의 論評 역시 이와 같이 하였다.
8. 註釋은 原註와 釋義 및 附註를 현토하고 해석하되 글자의 간단한 訓이나 音은 모두 싣지 않았다. 頭註는 底本의 상단에, 原註와 釋義는 原文의 중간에 小字雙行

으로, 附註는 卷末에 실려 있는데, 본서에서는 이를 모두 문단이 끝나는 곳에 함께 실었으며, 아울러 ≪通鑑要解≫도 참고하여 실었음을 밝혀둔다.

9. 오늘날 흔히 사용하는 成語나 故事는 ≪通鑑節要≫에서 유래한 것이 많다. 이에 독자들이 이용하기에 편리하도록 成語와 故事를 뽑아 책의 말미에 해설과 함께 부록하였고, 原文에는 字句 위에 강조점을 찍어 표시하였다.

10. 本書는 독자의 이해를 돕기 위해 圖表를 첨부하였는바, 歷代帝王傳授總圖는 江鎔의 序文 앞에 싣고 각 시대에 해당하는 世系圖와 地圖는 책의 말미에 부록하였다.

11. 본서에 사용된 주요 符號는 다음과 같다.

“ ” : 對話, 각종 引用

‘ ’ : 再引用, 强調

「 」 : ‘ ’ 안에서 再引用

( ) : 原文 중의 괄호는 漢字의 音, 同字(통용자), 俗字의 正字
번역문 중의 괄호는 간단한 註釋

≪ ≫ : 書名, 出典

〈 〉 : 篇章節名, 作品名, 補充譯, 원문의 補充字

〔 〕 : 원문의 倂記, 音이 다른 漢字, 註釋 표시

{ } : 원문의 衍文　例) 非{吏而得與}吏比者

＊) : 補註

※ : 題目註

( )〔 〕 : (誤字)〔正字〕　例) 然(則)〔而〕餓死臺城

단 史論이나 註釋 등에는 誤字가 많은 바, 이를 모두 표시할 경우 보기에 불편하므로 일부는 별도로 표시하지 않고 곧바로 수정하였음을 밝혀둔다.

參考圖書

〔原 典〕

≪文白對照 資治通鑑輯覽≫ 1-36冊 文白對照御批歷代通鑑輯覽編委會 編 馬建石 主編 國際文化出版公司 2002
≪文白對照全譯 資治通鑑≫ 全3冊 張宏儒 沈志華 主編 改革出版社 1991
≪詳密註釋 通鑑諺解≫ 學民文化社 1992
≪集註 通鑑節要1・2≫ 金都鍊 編註 亞細亞文化史 1982・1986
≪標點索引 少微通鑑節要≫ 뿌리문화사 1999
≪綱目續麟≫ 文淵閣四庫全書 第323冊 史部81 臺灣商務印書館 1984
≪綱目訂誤≫ 文淵閣四庫全書 第323冊 史部81 臺灣商務印書館 1984
≪大事記≫ 呂祖謙 撰 文淵閣四庫全書 第324冊 史部82 臺灣商務印書館 1984
≪史記≫ 司馬遷 撰 中華書局 1999
≪史記集解≫ 文淵閣四庫全書 第245-246冊 史部3-4 臺灣商務印書館 1984
≪史記索隱≫ 文淵閣四庫全書 第246冊 史部4 臺灣商務印書館 1984
≪史記正義≫ 文淵閣四庫全書 第247-248冊 史部5-6 臺灣商務印書館 1984
≪少微家塾點校附音通鑑節要≫ 高麗大學校 圖書館 所藏本
≪少微家塾點校附音通鑑節要≫ 서울大學校 奎章閣 所藏本
≪御批資治通鑑綱目≫ 朱熹 撰 聖祖 批 文淵閣四庫全書 第689-692冊 史部447-450 臺灣商務印書館 1984
≪二十史略≫ 民昌文化社 1990
≪資治通鑑≫ 胡三省 音注 中華書局 1992〔제5판〕
≪資治通鑑綱目≫ 朱熹 撰 國立中央圖書館 所藏本
≪資治通鑑綱目集覽鐫誤≫ 瞿佑 撰 韓國學中央研究院 1980
≪資治通鑑綱目訓義≫ 思政殿 訓義 國立中央圖書館 所藏本
≪資治通鑑釋文≫ 史炤 撰 臺灣商務印書館 1980
≪資治通鑑地理今釋≫ 吳熙載 撰 江蘇書局 1882
≪資治通鑑訓義≫ 思政殿 訓義 國立中央圖書館 所藏本

≪通鑑釋文辯誤≫ 胡三省 撰 文淵閣四庫全書 第312冊 史部70 臺灣商務印書館 1984
≪通鑑五十卷詳節要解≫ 九淵禪師 著 國立中央圖書館 所藏本
≪通鑑地理通釋≫ 王應麟 撰 文淵閣四庫全書 第312冊 史部70 臺灣商務印書館 1984
≪漢書≫ 班固 撰 中華書局 2002
≪後漢書≫ 范曄 撰 中華書局 1996
≪三國志≫ 陳壽 撰 中華書局 1998
≪漢書補註≫ 王先謙 補注 王雲五 主編 臺灣商務印書館 1968
≪後漢書集解≫ 王先謙 集解 臺灣商務印書館 1968

〔譯 書〕

≪國譯 資治通鑑≫ 加藤繁・公田連太 共譯 註 景仁文化社 1996
≪史記註譯≫ 王利器 三秦 1997
≪資治通鑑全譯≫ 李國祥 等 主編 貴州人民出版社 1994
≪通鑑節要2≫ 李忠九 譯註 뿌리출판사 1993
≪通鑑節要 天・地・人≫ 金忠烈 譯解 三省出版社 1987
≪漢書全譯≫ 劉華淸 貴州人民出版社 1994

〔辭 典〕

≪中國歷代官制大辭典≫ 呂宗力 主編 北京出版社 1994
≪資治通鑑大辭典 上・下≫ 施丁・沈志華 共譯 吉林人民出版社 1994
≪史記辭典≫ 倉修良 主編 山東教育出版社 1991
≪漢書辭典≫ 倉修良 山東教育出版社 1996
≪三國志辭典≫ 張舜徽 主編 山東教育出版社 1992

〔索引 및 年表〕

≪漢書人名索引≫ 魏連科 編 中華書局 1979
≪漢書及補注綜合引得≫ 洪業 等 編纂 上海古籍出版社 1988
≪漢書人表考≫ 梁玉繩 撰 臺灣商務印書館 1968
≪史記索引≫ 李曉光・李波 主編 中國廣播電視出版社 1989
≪史記人名索引≫ 鍾華 編 中華書局 1977

目 次

後漢紀

顯宗孝明[1]皇帝[※] 名莊이요 **光武第四子**니 **在位十八年**이요 **壽四十八**이라

顯宗 孝明皇帝는 이름이 莊이고 光武帝의 넷째 아들이니, 재위가 18년이고 壽가 48세이다.

1)〔頭註〕孝明 : 照臨四方曰明이라
四方을 널리 비추는 것을 明이라 한다.

※ 建武, 永平之政이 爲東都之稱首나 然鍾離意, 宋均之徒 常以察慧爲言하니 夫豈弘人之度 未優乎아
建武와 永平 年間의 정사가 東都(東漢)의 으뜸이라고 일컬어졌으나 鍾離意와 宋均의 무리는 〈明帝가〉 항상 밝게 살핀다고 말하였으니, 어찌 큰 사람의 도량이 부족한 것이 아니겠는가.

【戊午】 **永平元年**이라

永平 元年(무오 58)

東平王蒼[1]이 **以爲中興三十餘年**에 **四方**이 **無虞**하니 **宜修禮樂**이라하고 **乃與公卿共議**하야 **定南北郊[2]**의 **冠冕車服制度**와 **及光武廟**의 **登歌[3]八佾舞數[4]**하야 **上之**하다 〈出本傳〉

東平王 蒼이 이르기를 "중흥한 지 30여 년에 사방이 근심이 없으니, 마땅히 禮樂을 닦아야 한다." 하고, 마침내 公卿들과 함께 의논하여 南郊와 北郊

에서 郊祭를 지낼 때에 사용하는 冠冕과 車服의 제도와 光武 사당에 祭祀를 올릴 때 사용하는 登歌와 八佾舞數를 정하여 올렸다. －≪後漢書 東平憲王蒼傳≫에 나옴－

1)〔頭註〕東平王蒼：光武之子니 帝之兄也라
東平王 蒼은 光武帝의 아들이니, 明帝의 형이다.

2)〔頭註〕南北郊：見十二卷郊泰畤注라
南郊와 北郊의 郊祭는 本書 12권 郊泰畤의 注에 보인다.

3)〔譯註〕登歌：堂에 올라가 노래를 연주하는 것으로, 국가에서 제사를 지내거나 대규모의 조회를 거행할 때에 樂師가 堂에 올라가 연주하는 노래를 이른다.

4)〔釋義〕八佾舞數：朱子曰 佾은 舞列也니 天子八이요 諸侯六이요 大夫四요 士二며 每佾人數 如其佾數라
朱子가 말하였다. "佾은 춤추는 대열이니, 天子는 8열이고 諸侯는 6열이고 大夫는 4열이고 士는 2열이며, 각 열의 인원수는 그 열의 수와 같다."

【己未】二年이라

永平 2년(기미 59)

春正月에 宗祀光武於明堂[1)]하고 禮畢에 登靈臺하야 望雲物[2)]하다 〈出祭祀志〉

봄 정월에 光武를 明堂에서 높여 제사하고 禮를 마치자 靈臺에 올라 구름의 색깔을 관망하였다. －≪後漢書 祭祀志≫에 보임－

1)〔釋義〕明堂：夏曰世室이요 商曰重屋이요 周曰明堂이니 後世皆因之라 明堂者는 所以明諸侯之尊卑하고 制禮作樂하고 頒度量而天下服이니 此古制也라 三輔黃圖云 明堂者는 大道之堂이니 所以順四時行月令이요 宗祀先王하고 祭五帝也라
夏나라에서는 世室이라 하고, 商나라에서는 重屋이라 하고, 周나라에서는 明堂이라 하였는데, 후세에는 모두 明堂이라 하였다. 明堂은 諸侯의 爵位의 높고 낮음을 밝히고 禮와 음악을 제작하고 度·量·衡을 반포하여 천하가 복종하는 곳이니, 이는 옛날의 제도이다. ≪三輔黃圖≫에 이르기를 "明堂은 큰 道를 밝히는 堂이니, 四時를 따르고 月令을 행하며 先王을 높여 제사하고 五帝를 제사하는 곳이다." 하였다.

2)〔釋義〕登靈臺 望雲物：物은 色也라 詩靈臺篇註에 天子有靈臺者는 所以觀祲象[*)]

하야 察氣之妖祥也니 文王受命而立靈臺하니라 春秋傳云 公既視朔하고 遂登觀臺以望하야 而書雲物하니 爲備故也라

物은 색깔이다. ≪詩經≫ 〈靈臺篇〉의 註에 "天子가 靈臺를 둔 것은 祲象을 관찰하여 기운의 요망함과 상서로움을 살피기 위한 것이니, 文王이 天命을 받고 靈臺를 세웠다." 하였다. ≪春秋左傳≫에 이르기를 "公이 이미 太廟에서 視朔을 하고 마침내 觀臺에 올라가 관망하여 구름의 색깔을 책에 기록하였으니, 災害에 대비하기 위해서였다." 하였다.

*) 祲象 : ≪周禮≫ 〈春官〉에 十煇을 가지고 국가의 吉凶을 점치는 데 사용하였는바, 十煇은 태양 주위에 나타나는 열 가지 현상이다. 첫째는 祲으로, 陰氣와 陽氣가 서로 침입하는 것을 이르는데 붉은 구름을 양기라 하고 검은 구름을 음기라 한다. 둘째는 象으로 모양이 붉은 가마귀와 같은 것이며, 셋째는 鑴로 송곳 모양의 구름이 태양을 찌르는 것이며, 넷째는 監으로 貫子 모양의 붉은 구름이 태양 주위에 있는 것이며, 다섯째는 闇으로 日蝕과 月蝕을 이르며, 여섯째는 瞢으로 해와 달의 빛이 희미한 것이며, 일곱째는 彌로 구름이 태양을 뚫고 지나가는 것이며, 여덟째는 敍로 산 모양의 구름이 질서정연하게 태양의 위에 있는 것이며, 아홉째는 隮로 무지개이며, 열째는 想으로 어떤 모양으로 상상할 수 있는 기운이 섞여 있는 것이라 한다.

○ 三月에 臨辟雍하야 初行大射禮[1]하다

3월에 皇帝가 辟雍에 왕림하여 처음으로 大射禮를 행하였다.

1) 〔釋義〕 臨辟雍 初行大射禮 : 辟雍은 註見前하니라 王氏曰 射禮는 唯天子爲備하니 大射尤重이라 天子射畢이면 徹虎侯라 次諸侯射하고 次卿大夫射에 各張其侯하고 奏其樂하니 詳見禮記射義하니라

辟雍은 註가 앞에 보인다. 王氏가 말하였다. "활 쏘는 禮는 오직 天子만이 구비하였으니, 大射禮가 더욱 중요하다. 天子가 활쏘기를 마치면 虎皮 과녁을 거둔다. 다음은 諸侯王이 쏘고, 다음은 卿大夫가 쏘는데 각각 格式에 맞는 과녁을 펼치고 음악을 연주하니, ≪禮記≫ 〈射義〉에 자세히 보인다."

○ 冬十月에 上이 幸辟雍하야 初行養老禮[1]할새 以李躬爲三老하고 桓榮爲五更(경)[2]하다 禮畢에 引桓榮及弟子하야 升堂하고 上이 自爲辨說하니 諸儒執經問

難3)**於前**할새 **冠帶縉紳之人**이 **圜橋門**4)**而觀聽者 蓋億萬計**러라 〈出儒林傳序〉 **上**이 **自爲太子**로 **受尙書於桓榮**이러니 **及卽帝位**에도 **猶尊榮以師禮**러라 〈出榮傳〉

겨울 10월에 上이 辟雍에 행차하여 처음으로 養老禮를 행할 적에 李躬을 三老로 삼고 桓榮을 五更으로 삼았다. 禮를 마치자 桓榮과 그의 제자들을 인도하여 당에 오르게 하고 上이 직접 변론하여 설명하니, 여러 학자들이 經書를 잡고 上의 앞에서 묻고 논란할 때에 冠帶를 하고 笏을 꽂고 띠를 맨 사람이 橋門을 빙 둘러서 구경하고 듣는 자가 억만으로 헤아려졌다. – ≪後漢書 儒林傳序≫에 나옴 –

上은 태자였을 때부터 桓榮에게 ≪尙書≫를 배웠는데, 황제에 즉위함에 이르러서도 오히려 桓榮을 스승의 禮로 높였다. – ≪後漢書 桓榮傳≫에 나옴 –

1) 〔釋義〕 行養老禮：內則曰 凡養老에 五帝憲하고 三王有乞言이라한대 註云 憲은 法也니 五帝養之는 爲法其德行也라 有는 讀作又라 三王養之는 又從之求善言可施行也라

≪禮記≫ 〈內則〉에 이르기를 "노인을 봉양함에 五帝는 덕행을 본받았고, 三王은 또다시 좋은 말을 청하였다." 하였는데, 그 註에 이르기를 "憲은 法이니, 五帝가 노인을 봉양한 것은 그 德行을 본받기 위한 것이다. 有는 又로 읽는다. 三王이 노인을 봉양한 것은 또다시 시행할 만한 좋은 말을 노인들에게 청한 것이다." 하였다.

2) 〔釋義〕 以李躬爲三老 桓榮爲五更：鄧展曰 漢直以三公爲三老하고 大夫爲五更하니라 宋均曰 老人은 知天地之事者요 五更은 老人知五行更代者라 劉攽刊誤云 之事之字는 當作人이니 言知天地人三才라 故謂之三老라 又謂 老人更知三德五事*) 者라 蔡邕以爲 更은 當作叟니 老人之稱也라하니 未詳孰是라

鄧展이 말하기를 "漢나라는 곧바로 三公을 三老라 하고 大夫를 五更이라 했다." 하였고, 宋均이 말하기를 "老人은 天地의 일을 아는 자이고, 五更은 노인으로서 五行이 번갈아 교대하는 것을 아는 자이다." 하였는데, 劉攽의 ≪東漢刊誤≫에 이르기를 "之事의 之자는 마땅히 人자가 되어야 하니, 天地人 三才를 아는 것을 말한다. 그러므로 三老라 이른 것이다." 하였고, 또 이르기를 "노인으로서 다시 三德과 五事를 아는 자이다." 하였고, 蔡邕은 "更은 마땅히 叟자가 되어야 하니,

노인을 일컬은 것이다." 하였으니, 누가 옳은지 자세하지 않다.

*) 三德五事：三德은 正直·剛克·柔克을 이르며, 五事는 모습은 공손하고〔貌恭〕 말은 이치에 맞고〔言從〕 봄은 밝고〔視明〕 들음은 귀 밝고〔聽聰〕 생각은 지혜로운 것〔思睿〕으로, 三德과 五事는 군주가 지녀야 할 德과 행실인 바, ≪書經≫ 〈洪範〉에 보인다.

3) 〔釋義〕 問難：難은 謂擧所疑而難問也라

難은 의심스러운 것을 들어서 논란하여 물음을 이른다.

4) 〔釋義〕 圜橋門：王氏曰 辟雍四門外에 水圜繞하야 以節觀者하니 門外皆有橋하야 觀者在水外라 故曰圜橋門이라하니라

王氏가 말하였다. "辟雍의 네 문 밖에 물이 빙 둘러 있어서 구경하는 자를 절제(통제)하니, 문 밖에는 모두 다리가 있어서 구경하는 자들이 물 바깥쪽에 있으므로 橋門을 빙 둘렀다고 말한 것이다."

漢書儒林傳序曰 光武中興에 愛好儒術하야 未及下車에 而先訪儒雅하고 探求闕文하야 補綴漏逸이라 先是에 四方學士 多懷挾圖書하야 逃遁林藪러니 自是로 莫不抱負墳策[1)]하야 雲會京師라 建武五年에 乃修起太學하야 稽式古典하고 中元元年에 初建三雍[2)]이러니 明帝卽位하야 親行其禮라 坐明堂而朝群后하고 登靈臺而望雲物하며 袒割[3)]辟雍之上하고 尊養三老五更하며 饗射禮畢에 帝正坐自講하니 諸儒執經問難於前할새 冠帶縉紳之人이 圜橋門而觀聽者 蓋億萬計라 自期門羽林之士[4)]로 悉令通孝經章句하고 匈奴亦遣子入學하니 濟濟乎洋洋乎[5)]하야 盛於永平矣라 建初[6)]中에 大會諸儒於白虎觀하야 講論同異하야 連月乃罷하고 肅宗[7)]은 親臨稱制하야 如石渠[8)]故事러니 自安帝[9)]覽政으로 薄於藝文하니 博士倚席不講[10)]하고 朋徒相視怠散하야 學舍頹敝하야 鞠爲園蔬하야 牧兒蕘竪 至於薪刈其下云이라

≪後漢書≫ 〈儒林傳 序〉에 말하였다.

"光武帝가 中興할 때에 儒學을 좋아하여 미처 수레에서 내리기도 전에 먼저 博學한 儒士를 방문하고, 빠진 글을 탐구하여 누락되고 散逸된 것을 補綴하였다. 이보다 앞서 사방의 學士들이 대부분 圖書를 가지고 도망하여 山林에 은둔하였는데, 이후로 墳策(書籍)을 품에 품거나 등에 지고서 구름처럼

京師로 모여들지 않는 이가 없었다. 建武 5년에 비로소 太學을 닦고 일으켜서 古典(옛 법식)을 상고하여 본받았다. 中元 元年에 처음으로 三雍을 세웠는데, 明帝가 즉위하여 친히 그 禮를 행하였다. 皇帝가 明堂에 앉아서 여러 제후들에게 조회 받고 靈臺에 올라 구름의 색깔을 관망하며, 팔을 걷고 辟雍의 위에서 犧牲을 잡고 三老와 五更을 높이고 봉양하며, 饗禮와 大射禮를 마친 다음 황제가 바르게 앉아 스스로 講學하니, 여러 유생들이 經書를 잡고 앞에서 논란할 때에 冠帶를 하고 笏을 꽂고 띠를 맨 사람들이 橋門을 빙 둘러싸서 구경하고 듣는 자가 億萬으로 헤아려졌다. 期門과 羽林의 군사로부터 모두 ≪孝經≫의 章句를 통달하게 하고 匈奴 또한 자식을 보내어 들어와 배우니, 濟濟하고 洋洋하여 永平 年間보다 더 성하였다. 建初 年間에는 여러 유생들을 白虎觀에 크게 모아 經傳의 同異를 강론해서 여러 달을 계속하고서 비로소 파하였고, 肅宗이 친히 임석하여 制를 칭해서 石渠閣의 故事와 같이 하였는데, 安帝가 정사를 본 뒤로부터 藝文에 시들해지니, 博士들이 講하는 자리를 한쪽으로 치워 講하지 않고 벗들이 서로 보고(본받아) 태만하고 흩어져서 學舍가 무너지고 황폐하여 마침내 동산과 채소밭이 되어서 목동과 나무꾼이 그 아래에서 섶을 베고 꼴을 베는 지경에 이르렀다."

1) 〔頭註〕 墳策 : 伏羲神農黃帝之書를 謂之三墳이니 言大道也라 墳은 大也요 策은 與冊同이라

伏羲・神農・黃帝의 책을 三墳이라 하니, 大道를 말한 것이다. 墳은 큼이고, 策은 冊과 같다.

2) 〔頭註〕 三雍 : 靈臺, 辟雍, 明堂이라

三雍은 靈臺・辟雍・明堂이다.

3) 〔頭註〕 袒割 : 天子親袒割牲하고 執醬而饋라

天子가 직접 팔을 걷고서 犧牲을 잡고 醬을 들어서 먹이는 것이다.

4) 〔頭註〕 期門羽林之士 : 期門은 武帝與北地良家子弟로 期諸殿門이라 故로 有期門之號하니 掌宿衛侍從이라 後更名虎賁이라 羽林은 天有羽林하니 大將軍之星이라 林은 喩若林木하고 羽는 喩鷙擊之意라 故로 以名武官하니 言其如羽之疾, 如林之多也라

期門은 武帝가 북쪽 지역 良家의 자제들과 함께 殿門에서 기약하였으므로 期門

이란 명칭이 있게 되었으니, 宿衛와 侍從을 관장하였다. 뒤에 虎賁으로 이름을 고쳤다. 羽林은 하늘에 羽林星이 있으니, 大將軍의 별이다. 林은 숲의 나무처럼 많음을 비유한 것이고, 羽는 猛禽類가 사납게 공격한다는 의미를 비유한 것이다. 그러므로 이로써 武官을 이름하였으니, 맹금의 날개처럼 빠르고 숲의 나무처럼 많음을 말한 것이다.

5)〔頭註〕濟濟乎洋洋乎：濟濟는 盛貌요 洋洋은 大盛貌라
濟濟는 성대한 모양이요, 洋洋은 크게 성대한 모양이다.

6)〔頭註〕建初：章帝年號라
建初는 章帝의 연호이다.

7)〔頭註〕肅宗：章帝廟號라
肅宗은 章帝의 廟號이다.

8)〔頭註〕石渠*)：見下己卯年注라
石渠는 아래 己卯年 注에 보인다.

*) 石渠：漢나라 成帝 때의 藏書閣인 石渠閣의 준말로 궁중의 秘書를 보관하였다.

9)〔頭註〕安帝：明帝曾孫이라
安帝는 明帝의 증손이다.

10)〔譯註〕倚席不講：博士와 經師가 講學하던 자리를 한쪽에 치워 놓는 것이니, 강학하는 자리를 베풀지 않고 學術을 폐기함을 가리킨다.

〔新增〕 胡氏曰 觀顯宗事師之意하면 多儀及物[1]이 數千百年에 鮮有其儷하니 可謂人主之高致요 帝王之盛節也라 惜乎라 桓榮授經에 專問章句하고 不知仲尼修身治天下之微旨大義라 故로 其君德業이 如是而止하니 若使子思孟軻之徒遭遇此時하야 得行所學이런들 則二帝可三而三王可四[2] 必矣니라

胡氏가 말하였다.

“顯宗(明帝)이 스승을 섬긴 뜻을 관찰해 보면 禮儀와 물건의 많음이 수천 년에 비견할 만한 자가 드무니, 人主의 높은 운치이고 帝王의 성대한 일이라고 이를 만하다. 애석하다! 桓榮이 顯宗에게 經傳을 가르칠 때에 오로지 章句만을 묻고, 孔子께서 몸을 닦고 천하를 다스린 깊은 뜻과 큰 意義를 알지 못하였다. 그러므로 人君의 德業이 이와 같았을 뿐이니, 만약 子思와 孟子의 무리가 이 때를 만나서 배운 바를 행할 수 있었더라면 二帝가 三帝가 되고

三王이 四王이 되었을 것이 틀림없다.”

1)〔頭註〕儀及物 : 書에 儀不及物하면 惟曰不享이라하니 注에 儀는 禮요 物은 幣也라
 ≪書經≫〈洛誥〉에 “禮儀가 물건에 미치지 못하면 이것을 不享이라 이른다.” 하였는데, 注에 “儀는 禮이고 物은 幣帛이다.” 하였다.

2)〔譯註〕二帝可三而三王可四 : 堯와 舜 二帝에 顯宗을 더하여 三帝가 되고, 禹王과 湯王과 文王・武王 三王에 顯宗을 더하여 四王이 됨을 말한 것이다.

【庚申】 三年이라

永平 3년(경신 60)

立貴人馬氏하야 **爲皇后**하니 **后**는 **援之女也**라 **德冠後宮**이러니 **既正位宮闈**[1]에 **愈自謙肅**하고 **好讀書**하며 **常衣大練**하고 **裙不加緣**[2]이러라 **朔望**에 **諸姬主朝謁**할새 **望見后袍衣疎麤**하고 **以爲綺縠**(기곡)이러니 **就視**하고 **乃笑**어늘 **后曰 此繒**이 **特宜染色故**로 **用之耳**라하더라 〈出馬后傳〉

貴人 馬氏를 세워 皇后로 삼으니, 皇后는 馬援의 딸이다. 後宮 중에 德이 으뜸이었는데, 이미 황후의 자리에 오르자 더욱 스스로 겸손하고 엄숙하고 독서를 좋아하였으며 항상 大練(거친 명주)을 입고 치마에 선을 두르지 않았다. 초하루와 보름에 여러 後宮과 公主들이 뵐 적에 황후의 袍衣가 거칠고 굵은 것을 멀리서 보고는 綺縠(무늬가 있는 얇고 고운 비단)이라고 여겼는데, 가까이 나아가서 보고는 마침내 웃자, 皇后가 말하기를 “이 비단이 다만 염색하기에 좋기 때문에 이것을 쓸 뿐이다.” 하였다. - ≪後漢書 馬后傳≫에 나옴 -

1)〔頭註〕宮闈 : 宮中之門也라
 宮闈는 宮中의 문이다.

2)〔通鑑要解〕常衣大練 裙不加緣 : 大練은 大帛이니 厚繒也라 緣은 衣純(준)也라
 大練은 大帛이니, 거칠게 짜서 두터운 명주이다. 緣은 옷의 가장자리에 선을 두르는 것이다.

○ 帝思中興功臣하야 乃圖畫二十八將於南宮雲臺할새 以鄧禹爲首하고 次는 馬成, 吳漢, 王梁, 賈復, 陳俊, 耿弇, 杜茂, 寇恂, 傅俊, 岑彭, 堅鐔(심), 馮異, 王霸, 朱祐, 任光, 祭(제)遵, 李忠, 景丹, 萬脩, 蓋(합)延, 邳彤, 銚期, 劉植, 耿純, 臧宮, 馬武, 劉隆이요 又益以王常, 李通, 竇融, 卓茂하야 合三十二人이라 〈出馬武等傳論〉 馬援은 以椒房[1]之親이라하야 獨不與焉하다 〈出馬援傳〉

황제는 中興한 功臣들을 생각하여 이에 장수 28명의 象을 南宮의 雲臺에 그리게 하였는데, 鄧禹를 으뜸으로 삼고, 다음은 馬成, 吳漢, 王梁, 賈復, 陳俊, 耿弇, 杜茂, 寇恂, 傅俊, 岑彭, 堅鐔, 馮異, 王霸, 朱祐, 任光, 祭遵, 李忠, 景丹, 萬脩, 蓋延, 邳彤, 銚期, 劉植, 耿純, 臧宮, 馬武, 劉隆이요, 또 여기에 王常, 李通, 竇融, 卓茂를 더하여 모두 32명이었다. – ≪後漢書 馬武傳≫ 등의 論에 나옴 –

馬援은 椒房의 친척이라 하여 홀로 참여되지 않았다. – ≪後漢書 馬援傳≫에 나옴 –

1) 〔頭註〕 椒房 : 皇后所居에 以椒和泥塗壁하니 取其溫暖而芳하고 又取其蕃實之義라
皇后의 처소에는 산초를 진흙에 섞어서 벽을 바르니, 따뜻하고 향기로움을 취한 것이고, 또 그 열매가 많이 열리므로 子女를 많이 生育하는 뜻을 취한 것이다.

馬武等傳論[1]曰 中興二十八將을 前世以爲上應二十八宿라하니 未之詳也라 然이나 咸能感會風雲[2]하야 奮其智勇하야 稱爲佐命하니 亦各智能之士也라 議者多謂光武不以功臣任職이나 迹其深圖遠算하면 固將有以焉이라 降自秦漢으로 悉資戰力하고 至於翊扶王運하야도 皆武人崛起라 或崇以連城[3]之賞하고 或任以阿衡[4]之地하니 勢疑則隙生하고 力侔則亂作이라 蕭樊도 且猶縲紲하고 信越은 終見葅醢라 光武監前車之失하고 存矯[5]枉之志하야 雖寇鄧之高勳과 耿賈之鴻烈이라도 分土[6]不過大縣數四하고 所加特進朝請而已라 觀其治平臨政, 稱職責咎하면 所謂導之以政, 齊之以禮者乎인저 故로 高秩厚禮로 允答元勳하고 峻文深憲으로 責成吏職하야 莫不以功名始終하고 延慶于後라 昔留侯

以謂高祖悉用蕭曹故人[7]하고 郭伋亦譏南陽多顯[8]하고 鄭興又戒功臣任職하니 夫崇恩偏授는 易啓私溺之失이요 至公均被는 必廣招賢之路니 意者不其然乎아

《後漢書》〈馬武傳〉 등의 論에 말하였다.

"中興한 28명의 장수를 前代에 이르기를 '위로 二十八宿에 응한 것'이라고 하니, 자세히 알 수 없다. 그러나 이들은 모두 風雲의 기회를 만남에 감동해서 자신의 지혜와 용맹을 뽐내어 佐命功臣으로 일컬어지고 있으니, 또한 각기 지혜 있고 능력 있는 人士였다. 의논하는 자들이 대부분 이르기를 '光武帝는 功臣에게 직책을 맡기지 않았다.'고 비평하나 그 심원한 도모와 계산을 생각해보면 진실로 이유가 있을 것이다. 秦漢時代 이후로는 天下를 爭取함에 모두 장수들의 전투하는 힘에 의지하였고, 王運을 돕고 붙듦에 이르러서도 武人들이 우뚝이 일어났다. 그리하여 혹은 連城의 賞으로 높이거나 혹은 阿衡의 지위를 맡기니, 세력이 대등하면 틈이 생기고 힘이 비슷하면 난이 일어난다. 蕭何와 樊噲도 오히려 포승줄에 묶였고 韓信과 彭越은 끝내 誅戮을 당하였다.

光武帝는 이전의 잘못을 거울로 삼고 굽은 것을 바로잡으려는 뜻을 두어서, 비록 寇恂과 鄧禹의 높은 功勳과 耿弇과 賈復의 큰 功烈로도 分土한 것이 큰 고을 서너 개에 불과하였고 加한 것이 特進과 朝請뿐이었다. 治平하여 정사에 임하고 직책에 걸맞게 하여 허물을 책한 것을 살펴보면 이른바 '정사로써 인도하고 禮로써 가지런히 한다.'는 것일 것이다. 그러므로 높은 품계와 후한 禮로 元勳에게 진실로 보답하고 준엄한 법으로 관리의 직책에 성공을 책임지게 해서 功名으로 始終을 마치고 경사가 후세에 뻗쳐 가지 않은 자가 없었다.

옛날 留侯(張良)는 이르기를 '高祖는 蕭何·曹參 등의 옛 친구를 다 등용하였다.' 하였고, 郭伋 또한 光武帝의 고향인 南陽에 현달한 이가 많음을 비판하였고, 鄭興은 또 功臣에게 직책을 맡기는 것을 경계하였으니, 높은 은혜와 편벽된 除授는 사사로움에 빠지는 잘못을 열기가 쉽고, 지극히 공정하고 고르게 은혜를 입힘은 반드시 어진 이를 招致하는 길을 넓히게 되니, 생각건대 이것이 옳지 않겠는가."

1) 〔譯註〕 馬武等傳論 : 이 내용은 ≪後漢書≫ 〈馬武傳〉을 주로 하고, ≪漢書≫ 〈高祖紀〉, ≪後漢書≫ 〈郭伋傳〉과 〈鄭興傳〉 등을 보충하였다.

2) 〔譯註〕 感會風雲 : 風雲은 군주와 신하가 서로 만남을 의미한다. ≪周易≫ 乾卦 九五爻辭에 "나는 용이 하늘에 있으니, 대인을 만나 봄이 이롭다.〔飛龍在天 利見大人〕" 하였는데, 나는 용은 聖君을 비유하고 大人은 어진 신하를 비유한 것이다. 〈文言傳〉에 이것을 인용하고 "구름은 용을 따르고 바람은 범을 따른다.〔雲從龍 風從虎〕"라고 하였다.

3) 〔譯註〕 連城 : 값이 여러 개의 성과 맞먹는다는 뜻인데, 전국시대 趙나라 惠王이 楚나라의 和氏璧을 수중에 넣자, 秦나라 昭王이 그 소식을 듣고 趙나라 왕에게 편지를 보내 15개의 城과 바꾸자고 청한 데서 나온 말이다.

4) 〔頭註〕 阿衡 : 阿는 倚요 衡은 平也라 商之官名이니 言天下之所倚平也라

阿는 의지함이요, 衡은 균평함이다. 阿衡은 商나라의 관직 이름이니, 天下가 의지하여 균평하게 됨을 말한 것이다.

5) 〔頭註〕 矯 : 正曲曰矯라

굽은 것을 바로잡는 것을 矯라 한다.

6) 〔譯註〕 分土 : 分은 구별함이니, 땅을 나누어 제후를 봉해 줄 적에 分封을 받는 자가 각각 구별이 있는 것이다.

7) 〔頭註〕 蕭曹故人 : 張良曰 陛下起布衣하사 爲天子에 而所封은 皆蕭曹故人이니이다

張良이 말하기를 "폐하께서 布衣로 일어나 天子가 되셨는데, 봉해 준 사람은 모두 蕭何, 曹參 등의 옛 친구입니다." 하였다.

8) 〔頭註〕 郭伋亦譏南陽多顯 : 南陽은 光武鄕也라 光武以伋爲并州牧이러니 帝問以得失한대 伋曰 選補衆職인대 當簡天下賢俊이요 不宜專用南陽也이니이다

南陽은 光武帝의 고향이다. 光武帝가 郭伋을 并州牧으로 삼았는데, 황제가 정사의 得失을 묻자 郭伋이 말하기를 "여러 직책을 선발하여 補任하려 한다면 천하의 어질고 준걸스러운 사람을 가려 써야 하고, 오로지 南陽 사람만을 써서는 안 됩니다." 하였다.

〔史略 史評〕 愚按 二十八將이 以爲相應二十八宿라하니 其理有無를 未可知나 然咸能抒其忠誠하고 奮其勇智하야 以成佐命之功하니 亦可謂名世者矣라 圖形雲臺하야 以表其元勳이 不亦宜乎아

내가 살펴보건대 "28명의 장수가 하늘의 28宿와 서로 응한다." 하였으니,

그 이치의 있고 없음을 알 수 없다. 그러나 이들은 모두 충성을 펴고 용맹과 지혜를 뽐내서 佐命의 공을 이루었으니, 또한 세상에 이름날 만한 자라고 이를 수 있다. 雲臺에 모습을 그려서 큰 공훈을 표함이 마땅하지 않겠는가.

○ **鍾離意薦全椒長**[1]**劉平**이어늘 **詔徵拜議郞**하다 **平**이 **在全椒**에 **政有恩惠**하야 **民**이 **或增貲就賦**하고 **或減年從役**이라 **太守行部**에 **獄無繫囚**하고 **人自以得所**하니 **不知所問**하야 **唯班詔書而去**러라 〈出平傳〉

鍾離意가 全椒長 劉平을 천거하자, 詔書로 劉平을 불러 議郞에 임명하였다. 劉平이 全椒縣에 있을 때에 정사에 은혜가 있어서 백성들이 혹 재물을 보태어 세금을 내고, 혹 나이를 줄여 부역에 종사하였다. 太守가 部를 순행할 때에 獄에 갇힌 죄수가 없고 사람마다 제 살 곳을 얻었다고 여기니, 査問할 바를 알지 못하여 단지 조서만 반포하고 떠나갔다. - ≪後漢書 劉平傳≫에 나옴 -

1)〔頭註〕全椒長 : 百官志에 萬戶以上爲令이요 減萬戶爲長이라
≪後漢書≫〈百官志〉에 "萬戶 이상의 縣은 令이라 하고, 萬戶보다 적은 것은 長이라 한다." 하였다.

○ **帝性**이 褊[1]**察**하야 **好以耳目隱發爲明**[2]하니 **公卿大臣**이 **數被詆毁**하고 **近臣尙書以下** **至見提曳**(예)[3]라 **嘗以事怒郞藥崧**(숭)[4]하야 **以杖撞**(당)**之**한대 **崧**이 **走入床下**어늘 **帝怒甚**하야 **疾言郞出**하니 **崧乃曰 天子**는 **穆穆**이요 **諸侯**는 **皇皇**[5]하니 **未聞人君**이 **自起撞郞**이니이다 **帝乃赦之**하다 **是時**에 **朝廷**이 **莫不悚慄**하야 **爭爲嚴切**하야 **以避誅責**호되 **唯鍾離意獨敢諫爭**하야 **數**(삭)**封還詔書**하고 **臣下過失**을 **輒救解之**러라

황제의 성품이 편협하고 세세히 살펴서 귀로 듣고 눈으로 보아 남이 숨기는 것을 들추어냄을 총명으로 삼기를 좋아하니, 公卿과 大臣들이 자주 꾸짖음과 훼방을 당하고 가까운 신하인 尙書 이하가 구타당하고 끌려 나가기까

지 하였다. 일찍이 일 때문에 郎官인 藥崧에게 노하여 지팡이로 때리자 藥崧이 침상 아래로 도망하였는데, 황제가 매우 노하여 郎은 나오라고 급히 말하니, 藥崧이 이에 아뢰기를 "天子는 穆穆하고 諸侯는 皇皇하였으니, 人君이 스스로 일어나 郎官을 때렸다는 말은 듣지 못했습니다." 하자, 황제가 이에 놓아주었다. 이때 조정이 두려워하지 않는 이가 없어서 다투어 엄하고 박절하게 하여 주벌과 꾸짖음을 피하였는데, 오직 鍾離意만은 홀로 과감하게 간쟁하여 자주 조서를 봉함하여 돌려보내고 신하의 과실을 번번이 구원하고 풀어 주었다.

1)〔頭註〕褊 : 與偏通하니 狹也라
褊은 偏과 통하니, 좁음이다.

2)〔釋義〕好以耳目隱發爲明 : 謂喜以耳聞目見하야 間密地發人陰私로 爲明이라
귀로 듣고 눈으로 보아 은밀한 곳을 엿보아 남이 감추고 있는 사사로운 일을 들추어내는 것을 총명으로 삼기 좋아함을 이른다.

3)〔釋義〕提曳 : 提는 擲也요 曳는 拕也니 謂至見被提捉紐拽라
提는 때리는 것이고 曳는 끄는 것이니, 구타당하고 끌려 나가기까지 함을 이른다.

4)〔釋義〕郎藥崧 : 郎은 官名이니 掌宿衛라 姓藥이요 名崧이니 河內人이라
郎은 官名이니, 宿衛를 관장하였다. 姓은 藥이요 이름은 崧이니, 河內 사람이다.

5)〔釋義〕天子穆穆 諸侯皇皇 : 出記曲禮文하니라〔通鑑要解〕穆穆은 幽深和敬之貌요 皇皇은 壯盛顯明之貌라
〔釋義〕이 내용은 ≪禮記≫ 〈曲禮〉에 나온다.〔通鑑要解〕穆穆은 그윽하고 깊고 화목하고 공경하는 모양이요, 皇皇은 웅장하고 顯明한 모양이다.

○ **荊州刺史郭賀 官有殊政**이어늘 **上**이 **賜以三公之服**黼黻[1]**冕旒**[2]하고 **勅行部**에 **去**襜(첨)帷[3]하야 **使百姓**으로 **見其容服**하야 **以章有德**하다 〈出蔡茂傳〉

荊州刺史 郭賀가 벼슬에 특별한 공적이 있자, 上이 三公의 복식인 黼黻과 冕旒冠을 하사하고 勅命으로 部(관할 지역)를 순행할 때에 수레의 휘장을 제거해서 백성들로 하여금 그의 용모와 의복을 보게 하여 덕 있는 이를 표창하였다. - ≪後漢書 蔡茂傳≫에 나옴 -

1) 〔釋義〕黼黻：黼는 音甫요 黻은 音弗이니 黼는 象斧形호되 白與黑相次하고 黻은 兩己相背호되 黑與青相次하니라 〔頭註〕黼는 斧니 取其斷이요 黻은 兩己相戾하니 取其辨이라

〔釋義〕黼는 음이 보이고 黻은 음이 불이니, 黼는 도끼의 모양을 형상하였는데 백색과 흑색이 서로 차례하여 있고, 黻은 두 己字가 서로 등지고 있는데 흑색과 청색이 서로 차례하여 있다. 〔頭註〕黼는 도끼 문양이니 결단력을 취한 것이고, 黻은 두 己字가 서로 어긋난 문양이니 분별력을 취한 것이다.

2) 〔頭註〕冕旒：飾이니 垂玉也라 天子十二旒요 上公九旒요 三公八旒요 侯伯七旒요 子男五旒요 王之大夫와 與諸侯之孤四旒니 垂皆過目은 所以蔽明也라

冕旒는 冠의 꾸밈이니 옥을 드리운 것이다. 天子는 12旒이고, 上公은 9旒이고, 三公은 8旒이고, 侯와 伯은 7旒이고, 子와 男은 5旒이고, 王(天子)의 大夫와 諸侯의 孤는 4旒이니, 술을 드리운 것이 모두 눈을 지나게 한 것은 밝음을 가리운 것이다.

3) 〔原註〕襜帷：襜은 披衣也라 〔通鑑要解〕襜帷는 以蔽前後者也니 今勅令巡行所部郡縣時에 可除之라

〔原註〕襜은 披衣(옷을 몸 위에 걸치기만 하고 팔을 소매에 꿰지 않은 것)이다. 〔通鑑要解〕襜帷는 수레의 앞뒤를 가리는 휘장이니, 지금 칙명으로 州에 소속된 郡縣을 순행할 때에 수레의 휘장을 제거하게 한 것이다.

【甲子】七年이라

永平 7년(갑자 64)

以東海相宋均으로 **爲尙書令**하다 **初**에 **均**이 **爲九江太守**하야 **五日一聽事**하고 **悉省**(생)**掾史**하고 **閉督郵府內**[1)]하니 **屬縣**이 **無事**하고 **百姓**이 **安業**이러라 **九江**에 **舊多虎暴**하야 **常募設檻穽**[2)]호되 **而猶多傷害**어늘 **均**이 **下記**[3)]**屬縣曰 夫江, 淮之有猛獸**는 **猶北土之有鷄豚也**라 **今爲民害**는 **咎在殘吏**어늘 **而勞勤張捕**[4)]하니 **非憂恤之本也**라 **其務退姦貪**하고 **思進忠善**이니 **可一去檻穽**하고 **除削課制**하라 **其後**에 **無復虎患**이러니 **帝聞均名**이라 **故**로 **任以樞機**니라

東海國의 相인 宋均을 尙書令으로 삼았다. 처음에 宋均이 九江太守가 되어 5일 만에 한 번 정사를 다스리며 掾史를 모두 없애고 督郵가 있는 府內를 폐쇄하니, 屬縣들이 일이 없고 백성들이 生業을 편안히 여겼다. 九江郡에 예전에는 호랑이의 폐해가 많아서 항상 백성들을 모집하여 호랑이를 잡기 위해 덫과 함정을 설치하였으나 오히려 호랑이에게 傷害를 입는 일이 많았는데, 宋均이 屬縣에 명령을 적은 글을 내리기를 "江淮 지방에 猛獸가 있는 것은 북쪽 지방에 닭과 돼지가 있는 것과 같다. 지금 백성들의 폐해는 허물이 殘賊하는 관리에게 있는데, 덫과 함정을 설치하느라 백성들이 수고하고 애쓰니, 백성을 근심하는 근본이 아니다. 간사하고 탐욕스러운 자들을 힘써 물리치고, 충성스럽고 선량한 자를 생각하여 등용하여야 하니, 한결같이 덫과 함정을 버리고 課制(賦稅)를 減免하라." 하였다. 그 뒤에 다시는 虎患이 없었는데, 황제가 宋均의 이름을 들었기 때문에 樞機를 맡긴 것이다.

1)〔釋義〕閉督郵府內 : 督郵는 官名이니 主諸縣罰負郵殿糾攝之라 後漢에 有郡主簿하니 亦曰督郵라 隋以錄事參軍代之하야 掌句稽文簿하고 擧彈善惡하니 今其閉府門은 示無事也라

督郵는 官名이니, 여러 縣의 罰負(잘못)와 郵殿(관리의 考課인 殿最)를 주관하여 규찰한다. 後漢 때에 郡主簿가 있었으니 또한 督郵라 하였다. 隋나라는 錄事參軍으로 대신하여 문서를 상고하고 善惡을 드러내 밝히는 것을 맡게 하였다. 지금 督郵府의 門을 폐쇄함은 일이 없음을 보인 것이다.

2)〔釋義〕檻穽 : 檻은 設爲機以捕獸요 穽은 謂穽地陷之라

檻은 덫을 만들어 짐승을 잡는 것이고, 穽은 땅을 파서 빠지게 함을 이른다.

3)〔通鑑要解〕下記 : 下는 去聲이요 記는 散命之書라

下는 去聲(내림)이고, 記는 명령을 반포하는 글이다.

4)〔通鑑要解〕張捕 : 張은 設也니 設爲機穽以伺鳥獸曰張也라

張은 설치하는 것이니, 덫과 함정을 설치하여 새와 짐승을 엿보는 것을 張이라 한다.

【乙丑】八年이라

永平 8년(을축 65)

匈奴遣使求合市어늘 **上**이 **冀其交通**하야 **不復爲寇**하야 **許之**하고 **遣越騎司馬**1) **鄭衆**하야 **使北匈奴**러니 **單于欲令衆拜**어늘 **衆**이 **不爲屈**하니 **單于恐而止**2)라 **乃發還京師**하다 〈出鄭衆傳〉 **南匈奴知漢與北虜交使**하고 **內懷嫌怨欲畔**하야 **密使人詣北虜**하야 **令遣兵迎之**어늘 **鄭衆**이 **出塞**하야 **得其使人**하고 **乃上言**호되 **宜更置大將**하야 **以防二虜交通**이라하니 **由是**로 **始置度遼營**3)하다

匈奴가 使者를 보내어 貨物을 交易할 것을 청하자, 上은 그들과 교통하여 다시는 침략해 오지 않기를 바라서 匈奴의 요청을 허락하고 越騎司馬 鄭衆을 보내 北匈奴에게 사신 가게 하였는데, 單于가 鄭衆에게 절을 하게 하려고 하였으나 鄭衆이 굽히지 않으니, 單于가 두려워하여 그만두었다. 이에 鄭衆이 출발하여 京師로 돌아왔다. - ≪後漢書 鄭衆傳≫에 나옴 -

南匈奴는 漢과 北匈奴가 사신을 교환한다는 것을 알고는 속으로 원한을 품고 배반하고자 하여 몰래 사람을 시켜 北匈奴에 이르러서 군대를 보내 자신을 맞이하도록 하였다. 鄭衆이 국경을 나가 그 사신을 잡고는 마침내 上言하기를 "마땅히 다시 大將을 두어 두 오랑캐의 교통을 막아야 합니다." 하니, 이로 말미암아 처음으로 度遼營을 설치하였다.

1) 〔頭註〕 越騎司馬 : 越人內附以爲騎라 因以名官이라
越나라 사람이 中國에 來附하여 騎兵이 되었으므로 인하여 이로써 관직을 이름한 것이다.

2) 〔頭註〕 單于恐而止 : 單于怒하야 圍守하고 閉之不與水火하야 欲脅衆이어늘 衆拔劍自誓하니 單于恐而止하니라
單于가 노하여 포위해 지키고 폐쇄하여 물과 불을 주지 않아 鄭衆을 협박하려 하였으나 鄭衆이 칼을 뽑아 스스로 죽어도 單于에게 굴복하지 않을 것을 맹세하니, 單于가 두려워하여 중지하였다.

3) 〔釋義〕 度遼營 : 遼水在幽州之域하니 謂出師에 當度遼水也라
遼水가 幽州 지역에 있으니, 度遼營이라 이름한 것은 출군할 때에 마땅히 遼水를 건너야 함을 이른 것이다.

○ 初에 帝聞西域有神하니 其名曰佛[1)]이라 因遣使[2)]之天竺[3)]하야 求其道하고 得其書及沙門[4)]以來하니 其書大抵以虛無爲宗하고 貴慈悲不殺하며 以爲人死에 精神이 不滅하야 隨復受形하야 生時所行善惡이 皆有報應이라 故로 所貴는 修練精神하야 以至爲佛이요 善爲宏闊勝大之言하야 以勸誘愚俗하며 精於其道者를 號曰沙門이라하니 於是에 中國이 始傳其術하야 圖其形像호되 而王公貴人에 獨楚王英[5)]이 最先好之하더라 〈出西域傳 文多不同〉

처음에 황제가 들으니 西域에 神이 있는데 이름을 佛이라 하였다. 인하여 使者를 보내어 天竺國에 가서 그 道를 구하고 책과 沙門(僧侶)을 얻어서 오게 하니, 그 책의 내용이 대체로 허무함을 宗主로 삼고 慈悲하여 죽이지 않음을 귀하게 여겼으며, '사람이 죽음에 정신은 없어지지 아니하여 다시 형체를 받고 태어나며, 살았을 때 행한 바의 善惡이 다 應報가 있다.'고 생각하였다. 그러므로 귀하게 여기는 것은 정신을 수련하여 부처가 됨에 이르는 것이고, 굉장하고 너무 큰 말을 잘하여 어리석은 백성들을 권면하고 유혹하였으며 그 道에 정통한 자를 沙門이라 이름하였다. 이때에 中國이 처음으로 그 學術을 전하여 그 形像을 그렸는데, 王公과 貴人 중에 오직 楚王 英이 가장 먼저 좋아하였다. - ≪後漢書 西域傳≫에 나오나 내용이 대부분 같지 않다. -

1) 〔附註〕 佛 : 佛地論曰 覺은 覺一切種智니 後能開覺有情하야 如夢覺(교)라 故名佛이라 又云 佛者는 漢言覺也니 將以覺悟群生也라 (晉)〔普〕曜經曰 〈佛은〉 兜率〈天〉이 降神於西域迦維國淨飯王宮하야 摩耶夫人이 剖右脅而生이라하니라

≪佛地論≫에 이르기를 "覺은 일체의 지혜를 깨닫는 것이니, 뒤에 情이 있는 사람들을 開悟하고 覺醒하기를 마치 꿈을 깨는 것과 같이 하였으므로 佛이라 이름한 것이다." 하였다. 또 이르기를 "佛이라는 것은 漢語로 깨닫는다는 뜻이니, 장차 衆生들을 깨우치고자 하는 것이다." 하였다. ≪普曜經≫에 이르기를 "부처(釋迦牟尼)는 兜率天에서 西域의 迦維國 淨飯王 宮中으로 神을 내려 보내 摩耶夫人의 배에 잉태되었다가 오른쪽 옆구리를 찢고 탄생했다." 하였다.

2) 〔附註〕 遣使 : 明帝夜夢하니 金人長丈餘가 頭有光明하야 飛行殿庭이어늘 上問群臣한대 傅毅曰 西方有神하니 其名曰佛이라 其形은 長六尺이요 而黃金色이니이

다 帝於是에 遣郎中蔡愔及秦京하니 往天竺求之하야 得佛經四十二章及釋伽立像하고 幷與沙門攝摩, 騰竺, 法蘭東還하다 愔之來也에 白馬負經이라하야 因立白馬寺於洛城雍門西하야 以處之하고 其經을 緘于石室蘭臺하고 (只)畫像於淸涼臺及顯節陵上하니라

明帝가 밤에 꿈을 꾸었는데, 키가 한 길이 넘는 金人이 머리에 광채가 있으면서 궁전 뜰을 날아다녔다. 上이 여러 신하들에게 꿈을 묻자, 傅毅가 대답하기를 "西方에 神이 있으니, 그 이름을 佛이라 합니다. 그 모습은 신장이 6척이고 황금색입니다." 하였다. 황제가 이에 郎中 蔡愔과 秦京을 보내니, 이들이 天竺國에 가서 부처를 구하여 佛經 42章(≪四十二章經≫)과 釋伽如來의 立像을 얻고 沙門인 攝摩, 騰竺, 法蘭 등과 함께 동쪽으로 돌아왔다. 蔡愔이 올 때에 白馬에 佛經을 싣고 왔다 하여 인하여 白馬寺를 洛陽城 雍門 서쪽에 세워 승려들을 거처하게 하였으며, 佛經을 石室 蘭臺에 봉함하고 淸涼臺와 顯陵·節陵의 위에 불상을 그렸다.

3) 〔頭註〕 天竺 : 竺은 音竹이니 西域國名이라 在月支東南이니 去長安九千八百里라

竺은 음이 죽(축)이니, 西域의 나라 이름이다. 月支國의 동남쪽에 있으니, 長安과의 거리가 9천 8백 리이다.

4) 〔頭註〕 沙門 : 漢言息也니 息意去欲而歸于無爲也니 或云桑門이라 唐謂之勤息*1)이요 秦譯云勤行*2)이요 又云善覺이라

沙門은 漢語로 息이니, 생각을 쉬고 욕심을 제거하여 無爲로 돌아가는 것인 바, 혹은 桑門이라 한다. 唐나라는 勤息이라 하고, 姚秦鳩摩羅什은 勤行이라 번역하고 또 善覺이라 하였다.

*1) 勤息 : 모든 착한 법을 부지런히 닦고 나쁜 짓을 쉰다는 뜻으로, 출가하여 불도를 닦는 사람을 이르는 말이다.

*2) 勤行 : 부지런히 善法을 행함을 이른다.

5) 〔頭註〕 楚王英 : 明帝兄이라

楚王 英은 明帝의 형이다.

〔新增〕 胡氏曰 顯宗이 果明帝王之道런들 固不遣使求之요 就[1]使已至라도 必能鑒是非邪正之辨하야 焚其書하고 歸其人하야 逆閉其塗하야 以防其爲天下後世之禍也리라 佛者之言其道曰 直指人心하고 見性成佛이라하니 今夫人之所以異乎禽獸者는 爲有夫婦父子君臣也라 敢問玆三者 性耶아 非性耶아 若以爲非

性인댄 則佛固人耳니 不能舍是三者而有己也요 以爲性耶인댄 則何乃立教에 使天下之人으로 去此三者以爲心也리오 且自侈其廣大慈悲하야 無與對者라 故로 毒如蛇虎하고 微如蚊蝱이라도 皆所矜憫하야 割肉捐身以啖之하야 無所顧惜하니 誠亦廣矣大矣요 慈悲矣어니와 而獨於夫婦父子君臣엔 則必斷棄除舍하야 不得與蛇虎蚊蝱爲比하니 則慈悲廣大又安在哉오

胡氏가 말하였다.

"顯宗이 과연 帝王의 道理에 밝았더라면 진실로 使者를 보내어 부처를 구하지 않았을 것이요, 가령 使者가 이미 이르렀더라도 반드시 是非와 邪正의 분별을 살펴서 그 책을 불태우고 그 사람을 돌려보내어 미리 그 길을 막아서 天下와 後世에 禍가 됨을 막았을 것이다. 佛者들이 그 道를 말하기를 '사람의 마음을 곧바로 가리키고, 性을 깨달아 부처가 된다.'고 하니, 지금 사람이 禽獸와 다른 까닭은 夫婦와 父子와 君臣의 道理가 있기 때문이다. 감히 묻노니, 이 세 가지가 性인가? 性이 아닌가? 만약 性이 아니라고 한다면 부처는 진실로 사람이니 이 세 가지를 버리고 자기 몸이 있을 수 없을 것이요, 性이라고 한다면 어찌 마침내 가르침을 세울 때에 천하 사람들로 하여금 이 세 가지를 버리는 것을 마음으로 삼게 한단 말인가? 또 광대하고 자비로워서 더불어 상대할 자가 없다고 스스로 자랑한다. 그러므로 독사와 호랑이처럼 해독을 끼치고 모기와 등에 같은 미물이라도 모두 불쌍히 여겨서 살을 베어 주고 자기 몸을 바쳐 저들에게 먹여서 돌아보고 아까워하는 바가 없으니, 진실로 또한 넓고 크고 자비롭다. 그러나 오직 夫婦間과 父子間과 君臣間에 있어서는 반드시 끊어 버리고 놓아 버려서 독사와 범과 모기와 등에와 견줄 수가 없으니, 그렇다면 자비하고 광대함이 또 어디에 있는가?"

1)〔頭註〕就 : 猶言縱若이라
就는 縱若(만약)이란 말과 같다.

【丙寅】 九年이라

永平 9년(병인 66)

帝崇尙儒學하야 **自皇太子諸王侯**로 **及大臣子弟功臣子孫**히 **莫不受經**하고 **又爲外戚樊氏, 郭氏, 陰氏, 馬氏諸子**하야 **立學於南宮**하고 **號**를 **四姓小侯**[1]라하고 **置五經師**하야 **搜選高能**하야 **以授其業**하고 **自期門羽林之士**로 **悉令通孝經章句**하니 **匈奴亦遣子入學**하다 〈出儒林傳敍〉

황제가 儒學을 숭상하여 皇太子와 여러 王과 侯로부터 大臣의 子弟와 功臣의 子孫에 이르기까지 經書를 배우지 않은 자가 없었으며, 또 外戚인 樊氏·郭氏·陰氏·馬氏의 여러 자제들을 위해 南宮에 학교를 세우고 이름을 四姓小侯라 하고는 五經의 스승을 두어 학식이 높고 유능한 이를 널리 찾아 선발하여 學業을 전수시키고, 期門과 羽林의 군사로부터 모두 ≪孝經≫의 章句를 통달하게 하니, 匈奴 또한 아들을 보내어 들어와 배우게 하였다. - ≪後漢書 儒林傳敍≫에 나옴 -

1) 〔釋義〕 四姓小侯 : 以樊, 郭, 陰, 馬四姓은 非列侯라 故曰小侯라하니라
袁宏의 ≪漢紀≫에 "樊氏·郭氏·陰氏·馬氏 네 姓은 列侯가 아니므로 小侯라 한 것이다." 하였다.

【戊辰】 **十一年**이라

永平 11년(무진 68)

東平王蒼이 **來朝**하고 **月餘**에 **還國**이어늘 **帝遣使**하야 **手詔賜東平國中傳**[1]하야 **曰日者**에 **問東平王**호되 **處家**에 **何事最樂**고한대 **王言爲善最樂**이라하니 **其言**이 **甚大**라 **今送列侯印十九枚**하노니 **諸王子年五歲已上能趨拜者**를 **皆令帶之**하라 〈出本傳〉

東平王 蒼이 와서 조회하고 달포 뒤에 本國으로 돌아가자, 황제가 使者를 보내어 東平國의 中傳(宦官)에게 手詔를 내려 이르기를 "日前에 東平王에게 '집에 있을 때에 무슨 일이 가장 즐거운가?' 하고 물었더니, 王이 말하기를 '善을 하는 것이 가장 즐겁다' 하였으니, 그 말이 매우 훌륭하다. 이제 列侯의

印 19개를 보내니, 여러 王子로서 나이가 5세 이상으로 달려와 절할 수 있는 자에게 모두 이 印을 차게 하라." 하였다. - ≪後漢書 東平王劉蒼本傳≫에 나옴 -

1)〔譯註〕中傅 : 漢나라 諸侯國에는 太傅와 中傅가 있으니, 太傅는 품계가 二千石이고 中傅는 宮中에서 王을 시중드는 자이다. ≪前漢書音義≫에 이르기를 "中傅는 宦者이다." 하였다.

戴溪筆義曰 夫爲善之人은 從容中道하야 不爲不善하야 明無人非하고 幽無鬼責하야 浩然天地之間하야 俯仰無愧하야 心平而氣和하고 神安而體舒하니 天下之樂이 豈復有大於此者리오 余悲夫世之人이 以憂爲樂而卒莫之知也라 凡今天下之所憂者 有不出於人情之所樂者乎아 憂樂聚門하야 樂未去而憂隨之하야 千日之樂이 不足以敵一日之憂라 漢諸侯王이 大抵皆驕佚放恣하니 夫其爲驕佚放恣者 豈不以爲樂哉리오마는 曾未幾何에 身死國除하야 其禍慘矣니 豈非前日之樂이 乃所以爲後日之憂乎아 善乎라 東平王之言也여 豈獨善保其國而已哉리오 雖懷道致義之士 隱約窮閻하야 明於利害之故하고 察於人情之變하고 熟於天下之義理하야 深沈默靜하야 灼然有得於心者라도 其論이 亦無以過此也라 吾於東平王之言에 有感焉이로라

戴溪의 ≪通鑑筆義≫에 말하였다.

"善行을 하는 사람은 從容히 道에 맞아 不善을 하지 아니하여 인간 세상에서는 사람의 비난이 없고 귀신 세계에서는 귀신의 꾸짖음이 없어서, 天地 사이에 浩然하여 굽어보고 우러러봄에 부끄러운 마음이 없다. 그리하여 마음이 평온하고 기운이 온화하며 정신이 편안하고 몸이 펴지니, 천하의 즐거움이 어찌 또 이보다 더 큰 것이 있겠는가. 나는 세상 사람들이 근심을 즐거워하면서 끝내 이것을 알지 못함을 서글퍼한다.

무릇 지금 천하 사람들이 근심하는 것 중에 人情이 즐거워하는 바에서 나오지 않은 것이 있는가? 근심과 즐거움이 門에 모여 즐거움이 떠나기 전에 근심이 뒤따라 와서 千日의 즐거움이 一日의 근심을 대적하지 못한다. 漢나라의 諸侯王들은 대부분 모두 교만하고 안일하고 방자하였으니, 교만하고 안

일하고 방자한 짓을 하는 자가 어찌 이것을 즐겁다고 여기지 않았겠는가. 그러나 일찍이 얼마 안 가서 몸이 죽고 나라가 없어져서 그 화가 참혹하였으니, 어찌 前日의 즐거움이 바로 後日의 근심이 된 것이 아니겠는가.

훌륭하다, 東平王의 말이여. 어찌 다만 자기 나라를 잘 보전할 뿐이겠는가. 비록 道를 간직하고 義를 지극히 하는 선비로서 곤궁한 마을에 숨어 살고 窮約을 지켜서 利害의 연고에 밝고 人情의 변화를 살피며 天下의 義理에 익숙해서 깊이 잠기고 묵묵히 조용하여 명백하게 마음에 얻음이 있는 자라 하더라도 그 의논이 또한 이보다 더 나을 수가 없을 것이다. 나는 東平王의 말에 크게 감동함이 있노라."

【己巳】 十二年이라

永平 12년(기사 69)

是時에 **天下安平**하야 **人無徭役**하고 **歲比登稔**(임)하야 **百姓**이 **殷富**하니 **粟**이 **斛三十**[1]이요 **牛羊**이 **被野**러라 〈出本紀〉

이때 천하가 평안하여 사람들은 부역이 없고, 해마다 풍년이 들어서 백성들이 부유하니, 곡식이 1斛에 30錢이고 소와 양이 들을 뒤덮었다. - ≪後漢書 明帝紀≫에 나옴 -

1)〔頭註〕粟斛三十 : 粟一斛에 錢三十文이라
곡식 1斛에 값이 30文인 것이다.

【庚午】 十三年이라

永平 13년(경오 70)

楚王英이 **與方士**로 **造作圖書**[1]하야 **有逆謀**어늘 **廢徙丹陽**하니 **英**이 **自殺**하다 **是時**에 **窮治楚獄**하야 **至累年**하니 **其辭語相連**하야 **自京師親戚諸侯州郡豪傑**로 **及考按吏阿附**하야 **坐死徙者以千數**요 **而繫獄者尙數千人**이라 **是時**에 **上**이

怒甚하니 吏皆惶恐하야 諸所連及을 率一切陷入하고 無敢以情恕者라 侍御史 寒朗이 心傷其冤하야 上疏力言其無辜한대 帝意解[2)]하야 詔遣朗出하고 後二日에 車駕自幸洛陽獄하야 錄[3)]囚徒하야 理出千餘人하니 時에 天旱이라가 卽大雨하다 馬后亦以楚獄多濫이라하야 乘間[4)]爲帝言之한대 帝惻然感悟하고 夜起彷徨[5)]하니 由是로 多所降宥러라

楚王 英이 方士들과 圖書를 조작하여 역모가 있자, 廢位하여 丹陽으로 옮기니, 英이 자살하였다. 이때 楚王의 옥사를 철저히 다스려서 몇 년에 이르니, 그 말이 서로 연루되어서 京師의 친척과 제후와 州郡의 豪傑들로부터 獄事를 규찰하는 관리에 이르기까지 楚王을 좇아서 죄에 걸려 죽거나 귀양 간 자가 천 명으로 헤아려졌고 獄에 갇힌 자가 거의 수천 명이었다. 이때 上이 매우 노여워하니, 관리들이 모두 두려워해서 여러 연좌된 자들을 모두 일체 죄에 몰아넣고 감히 정상을 참작하여 용서해 줌이 없었다. 侍御史 寒朗이 마음속으로 그들의 억울함을 서글퍼해서 상소하여 죄가 없음을 강력히 말하자, 황제의 노여워하는 뜻이 풀려서 寒朗을 내보내고, 이틀 후에 車駕(황제)가 직접 洛陽의 獄에 행차해서 죄수들을 審理하여 천여 명을 출옥시키니, 이때 날이 가물다가 즉시 큰비가 내렸다. 馬皇后 또한 楚나라의 獄事가 지나친 것이 많다 하여 틈을 타서 황제에게 말하니, 황제가 惻然히 감동하여 깨닫고 밤중에 일어나 방황하였다. 이로 말미암아 죄를 낮추고 용서해 준 것이 많았다.

1)〔通鑑要解〕造作圖書 : 楚王英이 與方士로 造作金龜玉鶴하야 刻文字爲符瑞하니 男子燕廣이 告英與漁陽王平, 顏忠等으로 造作圖書하야 有逆謀也라
楚王 英이 方士들과 黃金으로 거북을 만들고 玉으로 鶴을 만들어서 여기에 문자를 새겨 符瑞를 만드니, 男子 燕廣은 英이 漁陽의 王平, 顏忠 등과 圖書를 조작하여 역모가 있다고 告變하였다.

2)〔譯註〕帝意解 : 一說에는 "황제가 寒朗의 본뜻을 알다."로 해석하기도 한다.

3)〔頭註〕錄 : 省錄之也라
錄은 〈죄수들의 情狀을〉 살펴서 기록하는 것이다.

4)〔釋義〕間 : 間隙之間이라

間은 間隙(시간의 한가로운 틈)의 間이다.

5)〔釋義〕彷徨：彷徨은 徘徊也라〔頭註〕不自安之貌라
〔釋義〕彷徨은 배회함이다.〔頭註〕彷徨은 스스로 불안해하는 모양이다.

【辛未】十四年이라

永平 14년(신미 71)

初作壽陵할새 制令流水而已[1)]하다

처음 壽陵을 만들 때에 황제가 명하여 물만 빠지게 하였다.

1)〔釋義〕作壽陵 制令流水而已：預作陵墓曰壽陵이라하니 制令勿起山陵하고 但使小隆起하야 可流泄水潦而已라
미리 陵墓를 만드는 것을 壽陵이라 하니, 황제가 명하여 山陵을 일으키지 말고 다만 평지보다 약간 융기하게 하여 물과 장마물이 흐르고 빠질 수 있게만 하였다.

【癸酉】十六年이라

永平 16년(계유 73)

耿秉이 數請擊匈奴어늘 帝從之하야 遣秉與竇固等으로 分道竝出하야 伐北匈奴러니 固獨有功이러라 固使假司馬[1)]班超[2)]와 與從事[3)]郭恂으로 俱使西域이러니 超行到鄯善하니 鄯善王廣[4)]이 奉詔하야 禮敬甚備라가 後에 忽更疎懈라 超謂其官屬曰 此必有北虜使來라 明者는 睹未萌이어든 況已著耶아하고 乃會其吏士三十六人하고 曰 不入虎穴이면 不得虎子라하고 因夜하야 以火攻虜營하야 斬其使及從士三十餘級하니 餘衆百許人이 悉燒死라 明日에 乃還召鄯善王廣하야 以虜使首示之하니 一國이 震怖라 廣이 叩頭하야 願屬漢하야 無二心하고 遂納子爲質이어늘 還白竇固한대 固大喜하야 具上超功效하고 復使超使于寘[5)]하니 其王廣德이 降이라 於是에 諸國이 皆遣子入侍러라 西域이 與漢絶六十五載러니 至

是에 乃復通焉하다 〈出西域傳序〉

耿秉이 匈奴를 공격할 것을 자주 청하자, 황제가 그의 말을 따라 耿秉을 보내어 竇固 등과 함께 길을 나누어 함께 나가서 北匈奴를 정벌하게 하였는데, 竇固만 홀로 공을 세웠다. 竇固가 假司馬 班超와 從事 郭恂을 西域에 함께 사신 보냈는데, 班超가 길을 떠나 鄯善國에 이르자, 鄯善國王 廣이 詔命을 받들어 예우하고 공경하기를 매우 공손히 하다가 뒤에 갑자기 바뀌어 소홀하고 태만히 하였다. 班超가 官屬들에게 이르기를 "이는 반드시 북쪽(北匈奴)의 사신이 왔기 때문이다. 현명한 자는 일의 징조가 싹트기 전에 보는데 하물며 이미 징조가 드러남에 있어서이겠는가." 하고, 관리와 군사 36명을 모아 놓고 이르기를 "호랑이 굴에 들어가지 않으면 호랑이를 잡지 못한다." 하고는 밤을 틈타 오랑캐 진영을 불로 공격하여 그 使者와 從士 30여 명의 首級을 베니, 남은 무리 100여 명이 모두 불에 타 죽었다.

다음 날 마침내 돌아와서 鄯善國王 廣을 불러 오랑캐 사신의 首級을 보여주니, 온 나라가 놀라 두려워하였다. 廣이 머리를 조아리며 "漢나라에 속하여 두 마음이 없기를 원합니다." 하고, 마침내 아들을 바쳐 인질로 삼자 班超가 돌아와서 竇固에게 아뢰었는데, 竇固가 크게 기뻐하여 班超의 功效를 자세히 올리고 다시 班超를 于寘國으로 사신 보내니, 그 국왕 廣德이 항복하였다. 이에 여러 나라가 모두 아들을 보내어 入侍하였다. 西域이 漢나라와 왕래하지 않은 지가 65년이었는데, 이때에 이르러 다시 通交하였다. - ≪後漢書 西域傳序≫에 나옴 -

1) 〔釋義〕 假司馬 : 假者는 權攝之義니 謂軍司馬之副也라
   假는 임시로 대리한다는 뜻이니, 軍司馬의 副貳(輔佐)를 이른다.

2) 〔通鑑要解〕 班超 : 彪之子라 會吏士하고 與共飮酒할새 因激怒하야 曰 卿曹與我俱在絶域이어늘 今虜使纔到에 王廣禮敬卽廢하니 如令鄯善이 收吾屬하야 送匈奴면 骸骨長爲豺狼食하리니 爲之奈何오 皆曰 今在危亡之地하니 死生從司馬하리이다 超曰 不入虎穴云云하니라
   班超는 班彪의 아들이다. 班超가 관리와 군사들을 모아 놓고 함께 술을 마시고는 인하여 격노하게 하여 말하기를 "卿들이 나와 함께 異域의 먼 곳에 와 있는데

지금 북쪽 오랑캐의 사신이 이르자, 鄯善王 廣이 〈태도가 돌변하여〉 우리에 대한 예우와 공경을 하지 않는다. 만약 鄯善國이 우리들을 잡아서 匈奴로 보낸다면 우리들은 해골이 길이 승냥이와 이리의 밥이 될 것이니, 어찌해야 하겠는가?" 하니, 모두 말하기를 "지금 우리가 위태롭고 멸망하는 곳에 있으니, 죽든지 살든지 司馬(班超)를 따르겠습니다." 하였다. 이에 班超가 이르기를 "호랑이 굴에 들어가지 않으면……" 하고 云云하였다.

3) 〔釋義〕 從事 : 從事는 大將軍之屬官也라 從事는 職參謀議라
從事는 大將軍의 屬官이다. 從事는 직책이 謀議에 참여한다.

4) 〔釋義〕 鄯善王廣 : 鄯善은 註見前*)하니 廣은 其王之名也라
鄯善은 註가 앞에 보이니, 廣은 그 國王의 이름이다.

*) 鄯善 註見前 : 鄯善은 본래 西域의 樓蘭國인데 昭帝 元鳳 4年에 나라 이름을 바꾸어 鄯善이라 하였다.

5) 〔頭註〕 于寘 : 寘은 音田이라 本作闐이니 西域國名이라
寘은 음이 전이다. 본래는 闐으로 되어 있으니, 西域의 나라 이름이다.

○ **北匈奴大入雲中**이어늘 **太守廉范**이 **拒之**할새 **吏以衆少**라하야 **欲移書傍郡求救**어늘 **范**이 **不許**하다 **會日暮**어늘 **范**이 **令軍士**로 **各交縛兩炬**하야 **三頭爇**(설)**火**1)하니 **營中**이 **星列**이라 **虜謂漢兵救至**라하야 **大驚**하고 **待旦將退**어늘 **范**이 **令軍中蓐食**2)하고 **晨往赴之**하야 **斬首數百級**하니 **虜自相轔藉**3)하야 **死者千餘人**이라 **由此**로 **不敢復向雲中**이러라 〈出范傳〉

北匈奴가 雲中을 크게 침입하므로 太守 廉范이 이들을 막았는데, 관리가 병력이 적다고 하여 옆 고을에 글을 보내어 구원을 요청하고자 하였으나 廉范은 허락하지 않았다. 마침내 날이 저물자, 廉范이 군사들로 하여금 각각 두 개의 횃불을 十字로 교차시켜 묶어서 〈손으로 한 끝을 쥐고 나머지〉 세 머리에 불을 붙이니, 營 안이 하늘의 별이 나열된 것처럼 환하였다. 오랑캐들은 漢나라의 구원병이 이른 것이라고 여기고 크게 놀라서 아침을 기다려 후퇴하려 하였는데, 廉范이 軍中으로 하여금 아침 일찍 일어나 밥을 먹고 달려가게 해서 수백 명의 首級을 베니, 오랑캐가 저희들끼리 서로 수레에 깔리

고 밟혀서 죽은 자가 천여 명이었다. 이로 말미암아 오랑캐가 감히 다시는 雲中을 향하지 못하였다. - ≪後漢書 廉范傳≫에 나옴 -

1)〔通鑑要解〕三頭爇火：用兩炬交縛如十字하야 爇其三頭하고 手持一端하야 使敵人望之하고 疑兵之多라
두 개의 횃불을 十字로 엇갈리게 묶은 다음 세 끝에는 불을 붙이고 한 끝은 손으로 잡아서 적들로 하여금 이것을 바라보고 漢나라 병사들이 많다고 의심하게 한 것이다.

2)〔釋義〕蓐食：謂早起就床蓐中食也라 王氏曰 蓐은 只是軍行時所臥草蓐也라
아침 일찍 일어나 침상의 자리에서 밥을 먹는 것을 蓐食이라 한다. 王氏가 말하기를 "蓐은 다만 행군할 때 깔고 자는 풀자리이다." 하였다.

3)〔釋義〕轔藉：轔은 轢車踐也요 藉는 蹈藉也라
轔은 수레에 깔려 치이는 것이고, 藉는 발에 밟히는 것이다.

【甲戌】十七年이라

永平 17년(갑술 74)

益州刺史朱輔 宣示漢德하야 **威懷遠夷**하니 **自汶**(민)**山**[1]**以西**로 **前世所不至**와 **正朔所未加**의 **白狼, 槃木**[2]**等百餘國**이 **皆擧種**하야 **稱臣奉貢**이라 **白狼王唐菆**(추)[3] **作詩三章**하야 **歌頌漢德**이어늘 **輔使譯而獻之**하다 〈出西南夷傳〉

益州刺史 朱輔가 漢나라의 德을 널리 보여 威容으로 먼 오랑캐들을 회유하니, 汶山 서쪽으로부터 前代에 이르지 않았던 곳과 正朔이 가해지지 않았던 白狼·槃木 등 백여 개국이 모두 온 종족을 통틀어 臣이라 칭하고 貢物을 바쳤다. 白狼王 唐菆가 詩 3章을 지어 漢나라의 德을 칭송하므로 朱輔가 번역하여 올리게 하였다. - ≪後漢書 西南夷傳 南蠻西南夷傳≫에 나옴 -

1)〔釋義〕汶山：今成都路茂州是라 按方輿勝覽컨대 漢汶山郡은 古氐羌地라 秦, 漢時에 君長十數에 冉駹最大하니 依山以居하고 疊石爲室하야 如浮圖然이요 以梯上下하니 貨藏于上하고 人居其中하고 畜圂于下라 漢武時에 請臣이어늘 遂以冉駹爲汶山郡이러니 唐改茂州하니라〔通鑑要解〕汶讀曰岷이라

〔釋義〕汶山은 지금 成都路 茂州가 이곳이다. ≪方輿勝覽≫을 살펴보건대 漢나라 汶山郡은 옛날 氐羌의 땅이다. 秦·漢時代에 君長 십수 명 중에 冉駹族이 가장 컸는데, 산을 의지하여 살고 돌을 쌓아 집을 만들어 浮圖(탑)와 같았고 사다리로 오르내리니, 재물은 위에 보관하고 사람은 중간에 살고 가축은 아래에 길렀다. 漢나라 武帝 때에 신하가 될 것을 청하므로 마침내 冉駹을 汶山郡으로 삼았는데, 唐나라 때 茂州라고 이름을 고쳤다. 〔通鑑要解〕汶은 岷이라고 읽는다.

2) 〔釋義〕白狼, 槃木 : 白狼與槃木은 皆西南夷遠國名이니 在木牛*)徼外하니라
白狼과 槃木은 모두 西南 오랑캐 지역의 먼 나라 이름이니, 木牛徼 밖에 있다.

*) 木牛 : 木牛는 旄牛라고도 한다.

3) 〔釋義〕白狼王唐菆 : 唐菆는 白狼王也라
唐菆는 白狼國의 왕이다.

○ **竇固, 耿秉**이 **擊西域**하야 **平車師**하고 **復奏置西域都護及戊己校尉**[1)]하다

竇固와 耿秉이 西域을 공격하여 車師를 평정하고, 다시 아뢰어 西域都護와 戊己校尉를 두게 하였다.

1) 〔附註〕戊己校尉 : 百官志注에 甲乙, 丙丁, 庚辛, 壬癸가 皆有正位호되 惟戊己寄治耳니 今所置校尉도 亦無常居라 故取戊己爲名하야 有戊校尉, 己校尉하니라 又戊己土居中하야 鎭覆四方하니 今所置校尉도 亦處西域之中하야 撫諸國也라
≪後漢書≫ 〈百官志〉 注에 이르기를 "甲乙(東)·丙丁(南)·庚辛(西)·壬癸(北)는 모두 일정한 방위가 있으나 오직 戊己만은 붙어서 다스릴 뿐이니, 이제 설치한 校尉도 일정한 거처가 없으므로 戊己를 취하여 이름을 삼아서 戊校尉와 己校尉가 있는 것이다. 또 戊己土는 중앙에 있어서 사방을 진압하니, 지금 설치한 校尉도 西域 중앙에 처하여 여러 나라를 鎭撫하는 것이다." 하였다.

【乙亥】 **十八年**이라

永平 18년(을해 75)

北單于遣左鹿蠡(리)**王**[1)]하야 **率二萬騎**하야 **擊車師**어늘 **耿恭**이 **以疏勒**[2)]**城傍**에 **有澗水可固**라하야 **引兵據之**러니 **匈奴擁絶澗水**라 **恭**이 **於城中**에 **穿井十五**

丈호되 不得水하니 吏士渴乏하야 至笮(착)[3]馬糞汁而飮之라 恭이 身自率士輓籠이러니 〈本傳云 整衣服하고 向井再拜하야 爲吏士禱러니 有頃에 水泉奔出이라하니라〉 有頃에 水泉이 犇(奔)出이어늘 乃令吏士揚水하야 以示虜하니 虜出不意라 以爲神明이라하야 遂引去하니라 〈出本傳〉

北單于가 左鹿蠡王을 보내어서 2만 명의 騎兵을 거느리고 車師를 공격하였다. 耿恭은 疏勒城 옆에 시냇물이 있어 견고히 지킬 수 있다고 여겨서 군대를 이끌고 이곳을 점령하였는데, 匈奴가 시냇물을 막아 끊었다. 耿恭이 성 안에 깊이가 15길이 되는 우물을 팠으나 물을 얻지 못하니, 관리와 군사들이 목이 말라 심지어는 말똥 즙을 짜서 마셨다. 耿恭이 몸소 군사를 거느리고 〈우물을 파서〉 삼태기로 흙을 날랐는데 - ≪後漢書 耿弇傳≫에 이르기를 "耿恭이 의복을 정제하고 우물을 향하여 再拜하며 관리와 군사들을 위하여 기도하였는데, 얼마 후 샘물이 분출하였다." 하였다. - 얼마 후 샘물이 분출하자, 마침내 관리와 군사들로 하여금 물을 퍼서 오랑캐에게 보이게 하니, 오랑캐들은 예상치 못한 상황이었으므로 神明이라고 여겨 마침내 군대를 이끌고 떠나갔다. - ≪後漢書 耿弇傳≫에 나옴 -

1) 〔釋義〕 左鹿蠡王 : 鹿은 或作谷하고 蠡는 音离니 匈奴之官에 有左右鹿蠡王하니라
鹿은 혹은 谷으로 쓰고 蠡는 음이 리(려)이니, 匈奴의 관직에 左鹿蠡王과 右鹿蠡王이 있다.

2) 〔通鑑要解〕 疏勒 : 國名이라
疏勒은 나라 이름이다.

3) 〔頭註〕 笮 : 本作醡이니 壓也라
笮은 본래 醡로 되어 있으니, 눌러서 짜는 것이다.

○ 八月에 帝崩하니 年四十八이라 帝遵奉建武制度하야 無所變更하고 后妃之家 不得封侯與政이라 館陶公主[1]爲子求郎[2]이어늘 不許하고 而賜錢十萬하고 謂群臣曰 郎官은 上應列宿[3]하고 出宰百里[4]하니 苟非其人이면 則民受其殃이라 是以로 難之하노라 公車以反支日이라하야 不受章奏[5]러니 帝聞而怪之하야 曰

民廢農桑하고 **遠來詣闕**이어늘 **而復拘以禁忌**면 **豈爲政之意乎**아하고 **於是**에 **遂蠲**(견)**其制**하니 **是以**로 **吏得其人**하고 **民樂其業**하야 **遠近**이 **畏服**하고 〈**本紀云 吏稱其官**하고 **民安其業**하야 **遠近肅服**이라하니라〉 **戶口滋殖焉**하니라 〈**出本紀**〉

8월에 황제가 별세하니 나이가 48세였다. 황제는 建武年間의 제도를 좇아서 받들어 변경한 바가 없었고, 后妃의 집안이 侯에 봉해지거나 정치에 참여할 수 없었다. 館陶公主가 아들을 위하여 郎官을 요구하였으나 허락하지 않고 十萬錢을 하사하고는 여러 신하들에게 이르기를 "郎官은 위로 하늘의 列宿(여러 별)에 응하고 나가 百里 되는 縣을 주관하니, 만일 적임자가 아니면 백성들이 그 殃禍를 받게 된다. 이 때문에 신중히 하는 것이다." 하였다.

公車가 反支日이라 하여 章奏를 받지 않았는데, 황제가 듣고 괴이하게 여겨 말하기를 "백성들이 농사짓고 누에 치는 것을 폐지하고 멀리 와서 대궐에 이르렀는데, 다시 禁忌에 구애받는다면 어찌 정사하는 本義이겠는가?" 하고는 마침내 그 제도를 없애니, 이 때문에 관리는 적임자를 얻고 백성들은 생업을 즐거워하여 遠近이 복종하고 - ≪後漢書≫ 〈明帝紀〉에 이르기를 "관리들은 관직을 잘 수행하고 백성들은 생업을 편안히 여겨 遠近이 엄숙하게 복종했다." 하였다. - 戶口가 더욱 불어났다. - ≪後漢書 明帝紀≫에 나옴 -

1) 〔頭註〕 館陶公主 : 光武女라

館陶公主는 光武帝의 딸이다.

2) 〔釋義〕 爲子求郎 : 爲其子求爲郎也라

그 아들을 위하여 郎官을 제수해 줄 것을 요구한 것이다.

3) 〔釋義〕 郎官[*]上應列宿 : 郎位五星이 在太微中帝座東北이라 周之元士와 漢之光祿, 中散, 諫議 此三署郎中이니 是今之尙書郎이라 占欲大小均耀하고 光潤有之則吉하니 所謂郎官上應列宿也라

郎位의 다섯 개 별이 太微垣 중앙 帝座의 동북쪽에 있다. 周나라의 元士와 漢나라의 光祿·中散·諫議 이 세 官署의 郎中이니, 지금의 尙書郎이다. 占에 크기가 고르고 윤택한 광채가 있으면 길하니, 이른바 '郎官이 위로 列宿에 응한다.'는 것이다.

*) 郎官 : ≪史記≫에 이르기를 "太微宮 뒤의 25개 별이 郎位星이다." 하였다.

4) 〔譯註〕 出宰百里 : 百里는 옛날에 한 縣이 關轄하는 지역인 바, 인하여 縣을 가리키는 말로 쓰인다.

5) 〔釋義〕 公車以反支日[*] 不受章奏 : 百官志에 公車司馬令一人이 掌南闕門하야 凡吏民章奏及四方貢獻을 皆由之하니라 潛夫論에 用月朔日爲正하니 戌亥朔은 一日反支요 申酉朔은 二日反支요 午未朔은 三日反支요 辰巳朔은 四日反支요 寅卯朔은 五日反支요 子丑朔은 六日反支라

≪後漢書≫ 〈百官志〉에 "公車司馬令 한 사람이 남쪽 대궐문을 관장하여, 모든 관리와 백성들의 章奏와 사방에서 바치는 貢物은 모두 이곳을 거쳤다." 하였다. 王符의 ≪潛夫論≫에 "매월 초하룻날을 가지고 反支日을 정하니, 戌亥朔(초하루가 戌日이나 亥日)은 초하루가 反支이고, 申酉朔은 초이틀이 反支이고, 午未朔은 초사흘이 反支이고, 辰巳朔은 초나흘이 反支이고, 寅卯朔은 초닷새가 反支이고, 子丑朔은 초엿새가 反支이다." 하였다.

*) 反支日 : 초하루의 干支에 따라 매달 정해지는 금기일을 이른다.

○ 太子卽位하니 年十八이러라

太子가 즉위하니, 나이가 18세였다.

范曄論曰 明帝善刑理하야 法令分明하고 日晏坐朝하야 幽枉必達하야 內外에 無倖曲之私하고 在上에 無矜大之色하야 斷獄得情하야 號居前代十二[1]라 故로 後之言事者 莫不先建武永平之政이로되 而鍾離意宋均之徒 常以察慧[2]爲言하니 夫豈弘人之度未優乎아

范曄의 ≪後漢書≫ 〈明帝紀〉 論에 말하였다.

"明帝는 刑理(형벌로 다스림)를 잘하여 法令이 분명하였고 날이 늦도록 조정에 앉아서 원통함과 억울함을 반드시 알아내었다. 그리하여 안팎에 총애하거나 편벽된 사사로움이 없고 윗자리에 있을 때에 자랑하고 큰 체하는 기색이 없어 獄事를 결단함에 實情을 얻어서 前代에 비하여 10분의 2라고 이름이 났다. 그러므로 후세에 정사를 말하는 자들이 建武 年間과 永平 年間의 정사를 첫 번째로 꼽지 않은 자가 없었으나 鍾離意와 宋均의 무리는 〈明帝가〉 항상 밝게 살핀다고 말하였으니, 어찌 큰 사람의 도량이 부족한

것이 아니겠는가."

1)〔原註〕號居前代十二：十斷其二하니 言少刑也라
열 가지 중에 그 두 가지를 결단하는 것이니, 형벌이 적음을 말한 것이다.

2)〔頭註〕察慧：慧는 儇敏也라
慧는 가볍고 민첩한 것이다.

戴溪筆義曰 夫庸暗之君은 多失於優柔하고 明察之君은 多傷於辨急하나니 庸暗者는 固不足與有爲矣어니와 明察者 亦豈盛德事乎아 漢元帝는 優柔不斷하야 漢業遂衰하고 唐宣宗은 聰明强察하야 唐亦遂亡하니 此二者는 有天下之通患也라 明帝는 天資明敏하야 自爲太子諸王[1]으로 論說利害하고 分別人情에 皆出人意表[2]러니 及旣卽位에 尊賢下士하고 與儒生周旋揖遜이라 有如是之資하고 而能自降屈若此하니 亦可以爲賢君矣라 惜也라 盡用其所長하고 不少隱晦하야 好以耳目隱發爲明하야 傷於辨急而不自知也로다 嗟夫라 人君之於天下에 豈樂人欺己哉아 亦治其大綱하고 略其細微하며 恕其不及하고 去其太甚者而已라 若盡用其聰明하야 一事不貸면 群臣이 救過不給하야 爭事苛察이니 寧訐人隱伏以避誅責이요 而不肯容人小過以自取禍라 上下相師하야 無復仁恩之意하리니 此豈人主之利哉아 夫山藪藏疾[3]하고 川澤納汚하고 瑾瑜匿瑕하고 國君含垢는 天之道也라 天道는 以徧覆(부)包含爲德者也니 混淪[4]之間에 何物不有리오 苟非天道면 何以涵育이리오 至於賞善罰惡하야는 則固有時矣라 吾觀顯宗之爲君은 有矜己自喜之意而無深沈寬洪之量하고 永平之政은 有綜核操切之敝而無優柔和易之樂하니 蓋未嘗不爲顯宗恨也라 夫人主는 患不明耳나 有如明察之過라도 而其敝若此라 向非章帝長者로 每事를 務從寬厚하야 以矯枉救敝런들 則東京之業이 衰矣리라 然則人主之聰明을 其可恃哉아

戴溪의 ≪通鑑筆義≫에 말하였다.

"용렬하고 어두운 군주는 대부분 우유부단한 것이 문제이고, 총명하고 살피는 군주는 따지고 급한 것이 문제이니, 용렬하고 어두운 자는 진실로 함께 훌륭한 일을 할 수 없지만 총명하고 살피는 자도 어찌 훌륭한 德의 일이겠는가. 漢나라 元帝는 우유부단해서 漢나라의 基業이 마침내 쇠하였고, 唐나라

宣宗은 총명하고 밝게 살펴서 唐나라가 또한 마침내 멸망하였으니, 이 두 가지는 天下를 소유한 자의 공통적인 병통이다.

明帝는 天資가 총명하고 민첩해서 太子와 諸王이었을 때부터 利害를 논하고 人情을 분별함에 모두 사람들의 意表를 찔렀다. 그러다가 즉위하게 되자 어진 이를 높이고 선비들에게 겸손하였으며 儒生들과 周旋하고 揖讓하였다. 이와 같은 훌륭한 자질이 있으면서 능히 스스로 몸을 낮추고 굽히기를 이와 같이 하였으니, 또한 어진 군주라고 할 만하다. 그러나 애석하다. 자신의 所長을 다 쓰고 조금도 감추지 않아서 숨겨져 있는 것을 귀와 눈으로 보아 남이 숨긴 것을 드러내는 것을 총명함으로 삼기 좋아해서 따지고 조급한 잘못이 있으면서도 스스로 알지 못하였다.

아! 人君이 天下를 다스림에 있어서 어찌 남이 자신을 속이는 것을 좋아하겠는가. 또한 大綱만 다스리고 세미한 것은 생략하며, 미치지 못하는 것을 용서해 주고 너무 심한 것을 제거할 뿐이다. 만약 자신의 총명을 모두 써서 한 가지 일도 용서하지 않는다면 여러 신하들이 자신의 잘못을 구제하기에도 겨를이 없어서 까다롭게 살핌을 다투어 일삼을 것이니, 차라리 남이 숨긴 잘못을 고자질하여 자신의 주벌을 피하려 할 것이고, 남의 작은 과실을 용납해 주어 스스로 화를 취하려 하지 않을 것이다. 그리하여 上下가 서로 본받아서 다시는 仁恩의 뜻이 없을 것이니, 이것이 어찌 人主의 이로움이겠는가.

山藪(산과 숲)에는 미운(나쁜) 물건이 감추어져 있고 川澤은 더러운 것을 받아들이며, 아름다운 玉에는 하자가 숨어 있고 國君은 허물을 용서해 주는 것이 天道(하늘의 道)이다. 天道는 두루 덮어 주고 포용하는 것을 德으로 삼으니, 混淪(서로 갈라지지 않은 상태)한 사이에 어떤 물건이 있지 않겠는가. 만일 天道가 아니면 어찌 이것들을 모두 포용하여 길러 주겠는가. 善한 자에게 賞을 주고 惡한 자에게 罰을 줌에 이르러서는 진실로 알맞은 때가 있는 것이다.

내가 보건대 顯宗이 人君 노릇 한 것은 자신을 자랑하고 스스로 기뻐하는 뜻이 있어 깊고 침착하고 너그럽고 큰 도량이 없으며, 永平의 정사는 綜核(속속들이 파헤쳐서 자세히 밝혀냄)하고 操切(단단히 잡아서 단속함)하는 병폐가 있어 優柔하고 和平한 즐거움이 없으니, 일찍이 顯宗을 위하여 한스러워하지 않은 적이 없었다. 人主는 밝지 못함을 근심하나, 만일 총명하고 살피는 허물이 있더라도 그 폐해가 이와 같다. 그때 만일 章帝가 長者로서 每事에 되도록 관후함을 좇아서 잘못된 것을 바로잡고 폐해를 구제하지 않았더라면 東京(西漢)의 基業이 쇠퇴하였을 것이니, 그렇다면 人主의 총명을 어찌 믿을 수 있겠는가."

1)〔頭註〕自爲太子諸王：建武十五年에 封東海公하고 十九年에 立爲皇太子라
 明帝는 建武 15년에 東海公에 봉해지고, 19년에 서서 皇太子가 되었다.
2)〔頭註〕皆出人意表：如解南陽不可問*)之類라
 南陽은 물을 수가 없음을 해명한 것과 같은 따위이다.
*) 南陽不可問：황제가 天下의 田地가 실제와 차이가 있다 하여 州郡에 조서를 내려 실제를 조사하게 하였는데, 陳留의 아전이 올린 문서 위에 "潁川과 弘農은 물을 수 있으나 河南과 南陽은 물을 수 없다."고 씌어 있는 것을 보고 이상하게 여겨 詰問하였으나 아전이 自服하려 하지 않았다. 이때 皇子인 東海公 陽이 나이가 12세였는데, 장막 뒤에 있다가 이를 해명하여 말하기를 "河南은 황제의 都城이라 가까운 신하가 많고 南陽은 황제의 고향이라 가까운 친척이 많으니, 밭과 집이 정해진 한도를 넘어서 기준을 삼을 수가 없기 때문입니다." 하였는데, 황제가 아전을 詰問한 결과 과연 東海公의 대답과 같았다. 이에 대한 내용은 本書 17권 建武 15년(기해 39)에 자세히 보인다.
3)〔頭註〕山藪藏疾：疾은 憎也라
 疾은 미워함이다.
4)〔頭註〕混淪：未嘗相離者라
 混淪은 아직 서로 나누어지지 않은 것이다.

〔史略 史評〕愚按 明帝垂髫穎異하야 能察事情하고 及其即位에 首崇儒術하야 臨雍拜老하고 横經問難하야 宗戚子弟 莫不受學하니 三代以還으로 敎化之美 未有過於斯時者也라 尤善刑理하야 法令分明하고 日晏視朝하야 幽枉必達하야 在上에 無矜大之色하고 內外에 無倖曲之私하야 斷獄得情하야 號居前代十二하고 又能遵奉建武舊章하야 無所更變이라 后妃之家 不得封侯預政하고 公主之親이 不許爲子求郎하니 是以로 官得其人하고 民安其業하야 遠近肅服하고 戶口滋殖

焉이라 然이나 提曳(예)近侍而君人之度未弘하고 窮兵遠夷而邊戎之釁徒構하고 遣使求西蕃之妖佛하야 開中國萬世蠹財害政之禍殃하니 可勝惜哉아

내가 살펴보건대 明帝는 어릴 때부터 총명하고 특출하여 事情을 잘 살폈고, 즉위함에 미쳐서는 첫 번째로 儒學을 높여서 辟雍에 나아가 三老에게 절하였으며 經書를 펴놓고 묻고 논란해서 宗戚의 子弟들이 受學하지 않는 자가 없었으니, 三代 이후로 教化의 아름다움이 이때보다 더한 적이 없었다. 刑理를 더욱 잘하여 法令이 분명하였고 날이 늦도록 조정에서 정사를 살펴서 억울함과 원통함을 반드시 알아내었다. 그리하여 윗자리에 있을 때에 자랑하고 큰 체하는 기색이 없고 內外에 총애하거나 편벽된 사사로움이 없어서 獄事를 결단함에 實情을 얻어서 前代에 비하여 10분의 2라고 이름이 났다. 또 建武年間의 옛 제도를 잘 받들어서 변경하는 바가 없었다. 后妃의 집안들은 侯에 봉해지거나 정사에 참여하지 못하였고, 公主의 친족이 자식을 위하여 郎官을 요구하는 것을 허락하지 않았다. 이 때문에 관원은 적임자를 얻고 백성은 生業을 편안히 여겨 遠近이 숙연히 복종하고 戶口가 더욱 불어났다. 그러나 가까운 신하가 구타당하고 끌려 나가기까지 하여 人君의 도량이 넓지 못하였고, 먼 오랑캐에게 武力을 남용하여 단지 변방의 災禍만을 이루었으며, 使者를 보내어 西域의 요망한 부처를 가져와서 중국에 만세토록 재정을 좀먹고 정사를 해치는 재앙을 열어 놓았으니, 애석함을 이루 다 말할 수 있겠는가.

肅宗孝章[1]皇帝※ 名炟이요 明帝太子니 在位十三年이요 壽三十一이라

肅宗孝章皇帝는 이름이 炟이고 明帝의 太子이니, 재위가 13년이고 壽가 31세이다.

1)〔頭註〕孝章 : 溫克令儀曰章이라
  온순하고 겸손하며 위엄이 있음을 章이라 한다.

※ 厭明帝苛切하야 每事를 務從寬厚나 然寵任竇憲하야 以啓外戚用權之漸하니 此其所短也라
  明帝의 까다롭고 준엄함을 싫어하여 매사에 관후함을 따랐으나 竇憲을 총애

하고 重用하여 外戚이 권력을 행사하는 조짐을 열어 놓았으니, 이것이 그 단점이다.

【丙子】 建初元年이라

建初 元年(병자 76)

楊終이 **上疏曰 間者**에 **北征匈奴**하고 **西開三十六國**하야 **百姓**이 **頻年服役**에 **轉輸煩費**하니 **愁困之民**이 **足以感動天地**라 **陛下宜留念省察**이니이다 **帝下其章**하니 **第五倫**이 **亦同終議**라 **牟融, 鮑昱**은 **皆以爲孝子**는 **無改父之道**하나니 **征伐匈奴**하며 **屯戍西域**은 **先帝所建**이니 **不宜回異**리라한대 **終**이 **復上書曰 秦築長城**에 **功役**이 **繁興**이어늘 **胡亥不革**하야 **卒亡四海**라 **故**로 **孝元**은 **棄珠厓之郡**[1]하고 **光武**는 **絶西域之國**[2]하니 **不以介鱗易我衣裳**[3]이니이다 **帝從之**하다 〈出終傳〉

楊終이 上疏하여 아뢰기를 "근간에 북쪽으로 匈奴를 정벌하고 서쪽으로 36개국을 개척해서 백성들이 여러 해 동안 부역을 함에 수송하느라 번거롭고 비용이 들었으니, 근심하고 곤궁한 백성들이 天地를 충분히 감동시킬 수 있습니다. 폐하께서는 마땅히 유념하고 성찰하셔야 합니다." 하였다. 황제가 이 글을 회부하니, 第五倫 또한 楊終의 의론과 같았다. 牟融과 鮑昱이 모두 말하기를 "孝子는 아버지가 하시던 방법을 고치지 않으니, 匈奴를 정벌하고 西域에 군대를 주둔시킴은 先帝께서 세우신 것이니, 어겨서는 안 됩니다." 하였다. 楊終이 또다시 글을 올리기를 "秦나라가 萬里長城을 쌓느라 功役이 크게 일어났는데, 胡亥(二世 皇帝)가 이를 고치지 아니하여 끝내 天下를 잃었습니다. 그러므로 孝元皇帝는 珠厓郡을 버렸고 光武帝는 西域의 나라들과 단절하였으니, 介鱗(오랑캐를 가리킴)을 가지고 우리 衣裳(中國)과 바꾸지 않은 것입니다." 하자, 황제가 그 말을 따랐다. - ≪後漢書 楊終傳≫에 나옴 -

1) 〔譯註〕 孝元棄珠厓之郡 : 初元 2년(갑술 B.C.47)에 珠厓郡의 山南縣이 반란하자 元帝가 군대를 크게 징발하여 공격하고자 하였는데, 待詔 賈捐之가 "珠厓郡을 버리고 오로지 關東 지방을 구휼할 것을 걱정했으면 합니다." 하니, 그 말을

따랐다.

2) 〔譯註〕 光武絶西域之國 : 建武 21년(을사 45)에 莎車王 賢이 西域을 겸병하고자 하니, 여러 나라가 걱정하고 두려워하여 車師國 등 18개국이 모두 아들을 보내어 入侍하고 都護를 얻기를 원하였는데, 光武帝는 중국이 처음 평정되어 북쪽 변경이 복종하지 않는다 하여 侍子를 모두 돌려보내고 후하게 賞을 하사하였다.

3) 〔頭註〕 不以介鱗 易我衣裳 : 介는 甲蟲也라 喩遠夷하니 言其人魚鼈無異也요 衣裳은 謂中國也라

介는 甲蟲이다. 介鱗은 먼 오랑캐를 비유한 것이니, 오랑캐들이 魚鼈과 차이가 없음을 말한 것이요, 衣裳은 中國을 이른다.

○ 丙寅에 詔호되 二千石이 勉勸農桑하고 罪非殊死[1]어든 須秋案驗하고 有司明愼選擧하야 進柔良, 退貪猾하며 順時令, 理寃獄하라 〈出本紀〉 是時에 承永平故事하야 吏政이 尙嚴切하니 尙書決事 率近於重이라 尙書陳寵이 以帝新卽位하니 宜改前世苛俗이라하야 乃上疏曰 臣聞先王之政이 賞不僭하고 刑不濫호되 與其不得已론 寧僭無濫[2]이라하니이다 往者에 斷獄이 嚴明은 所以威懲姦慝(특)이니 姦慝旣平이면 必宜濟之以寬이라 夫爲政은 猶張琴瑟하야 大絃急者는 小絃絶하나니 陛下宜隆先王之道하사 蕩滌煩苛之法하야 輕薄箠楚[3]하야 以濟群生하고 全廣至德하야 以奉天心하소서 帝深納寵言하야 每事를 務於寬厚러라 〈出陳寵傳〉

丙寅日에 詔書를 내리기를 "二千石의 관원은 농업과 잠업을 권면하고 범한 죄가 死罪가 아니거든 가을을 기다려 자세히 조사하여 刑獄을 정하고, 有司가 분명하고 신중하게 선택해서 유순하고 선량한 자를 등용하고 탐욕스럽고 교활한 자를 물리치며, 時令을 따르고 억울한 옥사를 다스리라." 하였다. - ≪後漢書 章帝紀≫에 나옴 - 이때 永平年間의 故事를 이어받아서 관리들의 정사가 엄하고 박절함을 숭상하니, 尙書에서 일을 결단하는 것이 대체로 형벌을 엄중하게 함에 가까웠다.

尙書 陳寵은 황제가 새로 즉위하였으니, 前代의 까다로운 풍속을 고쳐야 한다고 해서 마침내 상소하기를 "신이 들으니 '先王의 정사는 賞이 지나치지

않고 형벌이 남용되지 않았으나, 부득이할 경우에는 차라리 賞을 함부로 내리고 형벌을 남용하지 않는다.' 하였습니다. 지난번에 獄事를 결단함에 엄하고 분명하게 한 것은 위엄으로 간특함을 징계하기 위한 것이니, 간특함이 이미 평정되었으면 반드시 마땅히 너그러움으로 구제해야 합니다. 정사를 함은 거문고와 비파의 줄을 調律하는 것과 같아서 큰 줄이 너무 급하게 연주되면 작은 줄의 소리는 끊어지는 법이니, 폐하께서는 先王의 道를 높이셔서 번거롭고 까다로운 法을 깨끗이 없애어 杖刑을 가볍게 하여 여러 生民들을 구제하고 지극한 德을 온전히 넓혀서 天心을 받드소서." 하였다.

황제가 陳寵의 말을 깊이 받아들여 매사를 너그럽고 후하게 하였다. - ≪後漢書 陳寵傳≫에 나옴 -

1) 〔釋義〕 殊死 : 殊는 異也, 絶也니 言其身首異處也라
殊는 다름이고 끊어짐이니, 斬首하여 몸통과 머리가 따로 있음을 말한 것이다.

2) 〔通鑑要解〕 寧僭無濫 : 左傳蔡大夫聲子之言이라
≪春秋左傳≫ 襄公 26年條에 나오는 바, 蔡大夫 聲子의 말이다.

3) 〔原註〕 箠楚 : 箠는 謂鞭箠而苦楚之也라
箠는 채찍질하여 고통을 줌을 이른다.

【丁丑】 二年이라

建初 2년(정축 77)

太后兄衛尉馬廖 慮美業難終하야 **上疏勸成德政曰 夫改政移風**은 **必有其本**이라 **傳曰 吳王**이 **好劍客**하니 **百姓**이 **多創瘢**[1]하고 **楚王**이 **好細腰**하니 **宮中**이 **多餓死**[2]라하며 **長安語曰 城中**이 **好高結(髻)**[3]하니 **四方**이 **高一尺**이요 **城中**이 **好廣眉**하니 **四方**이 **且半額**이요 **城中**이 **好大袖**하니 **四方**이 **全匹帛**[4]이라하니 **斯言**이 **如戲**나 **有切事實**이니이다 **太后深納之**하다 **〈出馬廖傳〉**

太后의 오라비인 衛尉 馬廖가 아름다운 基業을 잘 마치기 어려움을 염려해서 상소하여 德政을 이룰 것을 권하여 말하기를 "정사를 바꾸고 풍속을 고침

은 반드시 근본이 있어야 합니다. 옛글에 이르기를 '吳王이 劍客을 좋아하자 백성들 중에 흉터 있는 자가 많았고, 楚王이 허리 가는 사람을 좋아하자 궁중에 굶어 죽은 자가 많았다.' 하였으며, 長安 사람들의 말에 이르기를 '도성 안에서 높게 튼 상투를 좋아하자 사방(지방)에서는 상투 높이가 한 자나 되었고, 도성 안에서 눈썹이 넓은 것을 좋아하자 사방에서는 눈썹이 거의 이마의 절반이나 되었고, 도성 안에서 소매가 넓은 옷을 좋아하자 사방에서는 비단 한 필을 온전히 다 썼다.' 하였으니, 이 말이 농담 같으나 사실에 매우 가깝습니다." 하니, 태후가 그 말을 깊이 받아들였다. - ≪後漢書 馬廖傳≫에 나옴 -

1)〔釋義〕吳王……多創瘢：王氏曰 吳王은 春秋吳公子光也니 僭號稱王이라 劍客은 謂專設諸*)輩니 光皆善客待之故로 百姓亦多以劍相擊刺而有創瘢이라 創은 讀曰瘡이니 刀所傷也요 瘢은 痕也라

王氏가 말하기를 "吳王은 春秋時代 吳나라 公子 光(闔閭)이니, 참칭하여 王이라 칭하였다. 劍客은 專諸의 무리이니, 光이 劍術하는 자들을 客으로 잘 대우하였기 때문에 백성들 또한 劍으로 서로 공격하고 찔러 흉터가 있는 자가 많았던 것이다." 하였다. 創은 瘡으로 읽으니 칼에 찔려 상처가 난 것이요, 瘢은 흔적(흉터)이다.

*) 專設諸：춘추시대 吳나라의 刺客인 專諸를 가리키는 바, 吳나라 公子 光을 위하여 吳王 僚를 죽이려고 계획하여 비수를 물고기 뱃속에 숨겨 가지고 들어가 그를 찔러 죽였으나 자신도 그 자리에서 잡혀 죽임을 당하였다. ≪春秋左傳≫에는 '鱄設諸' 혹은 '剸諸', '鱄諸'로 되어 있다.

2)〔釋義〕楚王……多餓死：王氏曰 楚王은 春秋楚靈王圍也라 楚國策에 莫敖子華對威王曰 昔者에 先君靈王이 好小腰하시니 楚士約食하야 馮(憑)而能立하고 式而能起라하니라

王氏가 말하였다. "楚王은 春秋時代 楚나라 靈王 圍이다. ≪戰國策≫〈楚 威王〉에 莫敖子華가 威王에게 대답하기를 '옛날 先君인 靈王께서 허리 가는 사람을 좋아하시니, 楚나라 선비들이 밥을 적게 먹어 몸이 약해져서 기대야만 서 있을 수가 있었고 수레에 가로댄 나무를 붙잡아야만 일어날 수 있었습니다.' 하였다."

3)〔原註〕結：結은 讀曰髻니 束髮也라

結은 髻로 읽으니, 머리를 묶는 것(상투)이다.

4)〔釋義〕城中……全匹帛：王氏曰 古者製帛에 長丈八尺曰匹이니 言城外四方이 皆效爲大袖하야 將費帛全匹也라
王氏가 말하였다. "옛날 비단을 만들 때에 길이가 1丈 8尺인 것을 匹이라 하였으니, 성 밖의 四方에서는 모두 도성 사람들을 흉내 내어 소매가 넓은 옷을 만들어서 비단 한 필을 허비하게 되었음을 말한 것이다."

○ **第五倫**이 **上疏曰 光武承王莽之餘**하야 **頗以嚴猛爲政**하시니 **後代因之**하야 **遂成風化**라 **郡國所擧 類多辦職俗吏**요 **殊未有寬博之選**으로 **以應上求者也**니이다 **秦以酷急亡國**하고 **王莽**이 **亦以苛法自滅**이라 **故**로 **勤勤懇懇**이 **寔在於此**니이다 **上**이 **善之**라 **倫**이 **雖天性峭直**이나 **然**이나 **常疾俗吏苛刻**하야 **論議每依寬厚云**이러라 〈出本傳〉

第五倫이 上疏하기를 "光武帝가 王莽의 뒤를 이어서 자못 위엄으로 정사를 하시니, 후대에 이것을 인습해서 마침내 風化를 이루었습니다. 그리하여 郡國에서 擧用한 자들은 대부분 직책만을 수행하는 俗吏가 많고, 관대하여 백성들을 포용할 수 있는 자를 선발하여 윗사람의 요구에 부응하는 자가 전혀 없습니다. 秦나라는 혹독함과 급함으로 나라를 망쳤고, 王莽 또한 까다로운 법으로 스스로 멸망하였습니다. 부지런하고 정성스럽게 힘쓰는 것이 진실로 이 너그러움에 있어야 합니다." 하니, 上이 그의 말을 좋게 여겼다. 第五倫은 천성이 굳세고 곧았으나 항상 俗吏들의 까다롭고 각박함을 미워하여 의론이 매번 寬厚함을 따랐다. - ≪後漢書 第五倫傳≫에 나옴 -

【己卯】 四年이라

建初 4년(기묘 79)

校書郞楊終이 **建言**호되 **宣帝博徵群儒**하야 **論定五經於石渠閣**하시니 **方今天下少事**라 **學者得成其業**이어늘 **而章句之徒**[1] **破壞大體**하니 **宜如石渠故事**[2]하야 **永爲後世則**이니이다 **帝從之**하야 〈出本傳〉 **詔太常**하야 **博士, 郞官及諸儒**하야

會白虎觀[3)]하야 **議五經同異**할새 **帝親稱制臨決**[4)]하고 **作白虎議奏**[5)]하니 **名儒丁鴻, 樓望, 成封, 桓郁, 班固, 賈逵**와 **及廣平王**羨(이)[6)]가 **皆與焉**이러라 〈出本紀〉

校書郎 楊終이 건의하기를 "宣帝가 여러 학자들을 널리 불러 石渠閣에서 五經을 논의하여 결정하게 하셨습니다. 지금 天下에 일이 적어서 배우는 자들이 학업을 이룰 수 있는데, 章句만 따지는 무리들이 大體를 파괴하고 있으니, 마땅히 石渠閣의 故事와 같이 하여 길이 후세의 법칙이 되도록 해야 합니다." 하였다. 황제가 이를 따라 - ≪後漢書 楊終傳≫에 나옴 - 太常에게 명령하여 博士와 郎官과 여러 학자들을 白虎觀에 모이게 하여 五經의 同異를 논의할 때에 황제가 직접 制를 칭하고, 臨席하여 可否를 결정하고는 ≪白虎議奏≫를 지으니, 이때 유명한 학자인 丁鴻, 樓望, 成封, 桓郁, 班固, 賈逵와 廣平王 羨가 모두 여기에 참여하였다. - ≪後漢書 章帝紀≫에 나옴 -

1) 〔釋義〕 章句之徒 : 意斷處曰章이요 言斷處曰句니 言其專於分章析句之學也라
글의 뜻이 끊겨 구분되는 곳을 章이라 하고 말이 구분되는 곳을 句라 하니, 章句之徒는 章을 나누고 句를 분석하는 학문만을 오로지 함을 말한다.

2) 〔釋義〕 石渠故事 : 三輔黃圖云 石渠閣이 在未央殿北하니 以藏秘書라 其下에 礱石爲渠以導水하야 如今之御溝하니 因以名閣也라하니라 事見宣帝甘露三年하니라
≪三輔黃圖≫에 이르기를 "石渠閣이 未央殿 북쪽에 있었으니, 여기에 秘書를 보관하였다. 그 아래에 돌을 쌓아 도랑을 만들고 물을 끌어 와서 지금의 御溝와 같이 만들었으므로 인하여 石渠閣이라 이름한 것이다." 하였다. 이 일은 宣帝 甘露 3年條에 보인다.

3) 〔釋義〕 白虎觀 : 在北宮이라
白虎觀은 북쪽 궁궐에 있었다.

4) 〔釋義〕 稱制臨決 : 稱制는 卽制曰이 是已니 自臨視其論議而斷決可否라
稱制는 바로 '制曰'이 이것이니, 황제가 직접 臨席하여 그 의논을 보고 可否를 결단한 것이다.

5) 〔釋義〕 白虎議奏 : 今白虎通이 是也라 山堂考索曰 白虎議奏는 凡四十篇이니 今所存本은 乃四十四卷이라 篇首於爵하야 終於嫁娶하니라
≪白虎議奏≫는 지금의 ≪白虎通≫이 이것이다. ≪山堂考索≫에 이르기를 "≪白

虎議奏≫는 모두 40편이니, 지금 남아 있는 本은 44권이다. 이 책은 官爵에서 시작하여 嫁娶(男婚女嫁)에서 끝난다." 하였다.

6)〔頭註〕廣平王羨：明帝子也라
廣平王 羨는 明帝의 아들이다.

【辛巳】 六年이라

建初 6년(신사 81)

廉范이 **遷蜀郡太守**하다 **成都民物**이 **豐盛**하야 **邑宇逼側**이라 **舊制**에 **禁民夜作**하야 **以防火災**러니 **范**이 **乃毁削先令**하고 **但嚴使儲水而已**하니 **百姓**이 **以爲便**하야 **歌之曰 廉叔度來何暮**오 **不禁火**하니 **民安作(做)**로다 **昔無**襦(유)[1]러니 **今五**袴(고)[2]라하니라 **〈出范本傳〉**

廉范이 蜀郡太守로 승진하였다. 成都는 人口가 많고 物産이 풍부하여 고을 안의 집들이 가까이 서로 붙어 있었다. 옛 제도에 백성들이 밤에 일하는 것을 금지하여 火災를 방지하였는데, 廉范은 마침내 이전의 명령을 없애고 다만 엄하게 백성들로 하여금 防火水를 비축하게만 하니, 백성들이 편리하게 여겨 노래하기를 "廉叔度가 어찌 늦게 부임해 왔는고? 불을 금하지 않으니 백성들이 편안히 일하도다. 옛날에는 짧은 옷도 없었는데 지금은 바지가 다섯 벌이다." 하였다. - ≪後漢書 廉范傳≫에 나옴 -

1)〔頭註〕襦：短衣라
襦는 짧은 옷이다.

2)〔頭註〕袴：脛衣[*]라
袴는 脛衣이다.

*) 脛衣：段玉裁의 注에 "지금의 이른바 套袴이니, 左右가 각각 따로여서 양 정강이에 나누어 입는다.〔今所謂套袴也 左右各一 分衣兩脛〕" 하였다.

○ **周紆爲雒陽令**하야 **下車**에 **先問大姓主名**하니 **吏數閭里豪强**하야 **以對**라 **紆厲聲怒曰 本問貴戚若馬竇等輩**어니 **豈能知此賣菜傭乎**아하니 **於是**에 **部吏**

望風旨하야 **爭以激切爲事**하니 **貴戚**이 跼蹐[1)]하야 **京師肅清**이러라

周紆가 雒陽令이 되어서 부임하자마자 먼저 세력 있는 집안의 주인 이름을 묻자, 아전들이 閭里에서 세력을 떨치는 土豪를 들어서 대답하니, 周紆가 큰 소리로 노하여 말하기를 "내가 본래 貴戚들 중에 馬氏와 竇氏 같은 이들을 물은 것이니, 이 채소를 팔아먹는 머슴들을 어찌 알겠는가." 하였다. 이에 部의 관리들이 太守의 風旨(意圖)를 따라서 다투어 격렬하고 박절함을 일삼으니, 貴戚들이 두려워하여 몸 둘 곳을 몰라 하여 京師가 깨끗해졌다.

1) 〔釋義〕 跼蹐 : 跼은 曲也요 蹐은 累足也라 詩箋云 跼蹐者는 謂天高而有雷霆하고 地厚而有陷淪하야 上下皆可畏怖也라
 跼은 굽힘이요, 蹐은 발을 포개는 것이다. ≪毛詩≫의 箋에 이르기를 "跼蹐은 하늘이 높으나 천둥과 벼락이 있고, 땅이 두터우나 푹 꺼진 곳이 있어서 上下가 모두 두려워할 만함을 말한 것이다." 하였다.

【癸未】 八年이라

建初 8년(계미 83)

中郎將竇憲이 **恃宮掖之勢**하야 **以賤直(値)**로 **請奪沁水公主**[1)]**園田**이러가 **發覺**하니 **帝大怒**하야 **召憲切責曰 深思前過奪主田園時**하라 **何用愈**[2)]**趙高指鹿爲馬乎**아 **久念**컨대 **使人驚怖**로다 **國家棄憲**을 **如孤雛腐鼠耳**니라 **憲**이 **大懼**어늘 **皇后爲毁服**[3)]**深謝**하니 **良久**에 **乃得解**하다

中郎將 竇憲이 궁중(外戚)의 세력을 믿고서 헐값으로 沁水公主의 田園을 빼앗을 것을 청하였다가 발각되니, 황제가 크게 노하여 竇憲을 불러 매우 심하게 꾸짖기를 "네가 지난번에 公主의 田園을 빼앗으려 했을 때의 잘못을 깊이 생각해 보라. 趙高가 사슴을 가리켜 말이라고 한 것과 어찌 다르겠는가? 내 오래 생각해 보건대 사람으로 하여금 놀라고 두렵게 한다. 국가에서 너를 버리기를 외로운 새 새끼와 썩은 쥐처럼 여길 것이다." 하니, 竇憲이 크게 두려워하였다. 皇后가 竇憲을 위하여 降服하고 깊이 사죄하니, 한참 뒤에야 비

로소 풀려날 수 있었다.

1)〔釋義〕沁水公主 : 明帝女也라 沁水는 在懷州北하니 源出上黨羊頭山이라
沁水公主는 明帝의 딸이다. 沁水는 懷州의 북쪽에 있었으니, 근원이 上黨의 羊頭山에서 나온다.

2)〔頭註〕愈 : 猶差也라
愈는 다름이다.

3)〔頭註〕毁服 : 毁는 減損也라 皇后自貶降이라 故로 自損其衣服이라
毁는 줄이는 것이다. 皇后가 스스로 폄하하여 낮추었다. 그러므로 스스로 의복을 낮추어 降服*)한 것이다.

*) 降服 : 평상시에 입던 화려한 의복을 입지 않음을 이른다.

溫公曰 人臣之罪 莫大於欺罔이라 **是以**로 **明君**이 **疾(嫉)之**하나니라 **孝章**이 **謂竇憲**호되 **何異指鹿爲馬**오하니 **善矣**나 **卒不能罪憲**하니 **則姦臣**이 **安所懲哉**아 **夫人主之於臣下**에 **患在不知其姦**이니 **苟或知之而復赦之**면 **則不若不知之爲愈也**라 **何以言之**오 **彼或爲姦**이로되 **而上不之知**면 **猶有所畏**어니와 **旣知而不能討**면 **彼知其不足畏也**니 **則放縱而無所顧矣**라 **是故**로 **知善而不能用**하고 **知惡而不能去**가 **此人主之深戒也**니라

溫公이 말하였다.

"人臣의 죄는 군주를 欺罔하는 것보다 더 큰 것이 없다. 이 때문에 현명한 군주가 이를 미워하는 것이다. 孝章皇帝가 竇憲에게 이르기를 '사슴을 가리켜 말이라고 한 것과 어찌 다르겠는가?' 하였으니, 참으로 좋다. 그러나 끝내 竇憲을 죄주지 못하였으니, 간사한 신하들이 어찌 징계되겠는가. 人主가 신하에 대하여 그 간사함을 알지 못하는 데에 병통이 있으니, 만일 혹 이것을 알고도 다시 용서해 준다면 알지 못함이 나음만 못하다. 어째서 이렇게 말하는가? 저들이 혹 간사한 짓을 하였으나 임금이 알지 못하면 그래도 두려워하는 바가 있지만 임금이 이미 알고 있으면서도 토벌하지 못하면 저들은 군주를 두려워할 것이 없다는 것을

알게 되니, 이렇게 되면 방종하여 돌아보는 바가 없게 된다. 이 때문에 善한 줄을 알면서도 쓰지 못하고 惡한 줄을 알면서도 제거하지 못하는 것이 바로 군주가 깊이 경계해야 할 것이다."

【甲申】元和元年이라

元和 元年(갑신 84)

陳事者多言호되 **郡國貢擧 率非功次**라 **故**로 **守職益懈而吏事寖疏**하니 **咎在州郡**이니이다 **有詔下公卿朝臣議**하니 **大鴻臚韋彪上議曰 夫國**은 **以簡**[1]**賢爲務**하고 **賢**은 **以孝行爲首**하나니 **是以**로 **求忠臣**을 **必於孝子之門**이라 **夫人才行**이 **少能相兼**이라 **是以**로 **孟公綽**이 **優於趙, 魏老**로되 **不可以爲滕, 薛大夫**[2]니이다 **忠孝之人**은 **持心**이 **近厚**하고 **鍛鍊之吏**[3]는 **持心**이 **近薄**하니 **士宜以才行爲先**이요 **不可純以閥閱**[4]이라 **然**이나 **其要歸在於選二千石**하니 **二千石賢**이면 **則貢擧皆得其人矣**리이다

일을 아뢰는 자들이 많이 말하기를 "郡國에서 천거하는 貢擧는 대부분 功勳의 차서를 따른 것이 아니므로 관원이 직무를 대하는 것이 더욱 태만해지고 관리의 일이 점점 소홀해지니, 그 허물이 州郡에 있습니다." 하였다. 詔書를 내려 公卿과 朝臣들에게 이 문제를 회부하여 의논하게 하니, 大鴻臚 韋彪가 의논을 올려 아뢰기를 "나라는 어진 인재를 선발하는 것을 급선무로 삼고, 어진 인재는 孝行을 첫 번째로 삼습니다. 이 때문에 忠臣을 반드시 孝子의 가문에서 찾는 것입니다. 사람의 재주와 행실은 두 가지를 서로 겸하기가 어렵습니다. 이 때문에 孟公綽이 趙氏와 魏氏의 家老가 되기에는 충분하지만 滕나라와 薛나라의 大夫가 될 수 없는 것입니다. 충성하고 효도하는 사람은 마음가짐이 후덕함에 가깝고 일에만 숙달된 관리는 마음가짐이 박함에 가까우니, 선비는 마땅히 재주와 행실을 우선으로 여겨야 하고 순전히 門閥과 履歷만 따져서는 안 됩니다. 그러나 요점은 二千石의 관리를 선발함에 달려 있

으니, 二千石의 관리가 어질면 그들이 천거하는 貢擧가 모두 훌륭한 사람을 얻습니다." 하였다.

1) 〔頭註〕 簡 : 與揀通이라
 簡은 揀과 통한다.
2) 〔釋義〕 孟公綽……薛大夫 : 見語憲問篇이라 〔通鑑要解〕 孟公綽은 魯大夫라 趙魏는 晉卿之家요 老는 家臣之長이라 大家는 勢重而無諸侯之事하고 家老는 望尊而無官守之責이라 優는 有餘也라 滕薛은 二國名이요 大夫는 任國政者라 滕薛은 國小政繁하고 大夫는 位高責重하니 然則公綽은 蓋廉靜寡欲而短於才者也라
 〔釋義〕 이 내용은 ≪論語≫ 〈憲問篇〉에 보인다. 〔通鑑要解〕 孟公綽은 魯나라 大夫이다. 趙氏와 魏氏는 晉나라 卿의 집안이고 老는 家臣의 우두머리이다. 큰 집안은 권세가 중하나 諸侯의 일이 없고, 家老는 명망이 높으나 관직을 맡은 책임이 없다. 優는 有餘함이다. 滕과 薛은 두 나라의 이름이고 大夫는 國政을 맡은 자이다. 滕과 薛은 나라가 작으나 정사가 번거롭고, 大夫는 지위가 높고 책임이 중하니, 그렇다면 公綽은 아마도 청렴하고 고요하고 욕심이 적으나 재능에 부족한 자인 듯하다.
3) 〔釋義〕 鍛鍊之吏 : 鍛鍊은 猶成熟也라 〔通鑑要解〕 言深文之吏 入人之罪가 猶工冶陶鑄鍛鍊하야 使之成熟也라
 〔釋義〕 鍛鍊은 익숙하다는 말과 같다. 〔通鑑要解〕 법조문만 까다롭게 따지는 관리가 사람을 죄에 넣는 것은 陶工과 대장장이가 陶冶하고 鍛鍊하여 成熟하게 하는 것과 같음을 말한 것이다.
4) 〔頭註〕 閥閱 : 閥은 積功也요 閱은 經歷也라 今人은 以家世門戶爲閥閱이라하니 明其等曰閱이요 積其功曰閥이라
 閥은 공로이고 閱은 경력이다. 지금 사람들은 家世(家系)와 門戶를 閥閱이라 하니, 등급을 밝히는 것을 閱이라 하고 공로를 쌓은 것을 閥이라 한다.

○ 九月에 幸宛하야 召前臨淮太守朱暉하야 拜尙書僕射하다 暉在臨淮에 有善政하니 民이 歌之曰 彊直自遂는 南陽朱季[1]로다 吏畏其威하고 民懷其惠라하더니 時에 坐法免家居라 故로 上이 召而用之하니라 尙書張林이 上言호되 縣官經用이 不足하니 宜自煮鹽하고 及復修武帝均輸之法이니이다 朱暉固執하야 以爲不可라

하야 **曰 均輸之法**은 **與賈販無異**라 **鹽利歸官**이면 **則下民窮怨**이니 **誠非明主**의 **所宜行**이니이다

9월에 황제가 宛 땅에 가서 臨淮太守 朱暉를 불러 尙書僕射로 임명하였다. 朱暉는 臨淮太守로 있을 때에 善政을 베푸니, 백성들이 노래하기를 "剛强하고 정직하여 소신껏 자신의 일을 완수함은 南陽의 朱季로다. 아전은 그 위엄을 두려워하고 백성들은 그 은혜를 생각하도다."라고 하였는데, 이때 법에 걸려 면직되어 집에 있었다. 그러므로 上이 불러다가 등용한 것이었다. 尙書 張林이 上言하기를 "縣官(官府)의 경비가 부족하니, 직접 소금을 구워 팔고 또 武帝의 均輸法을 다시 시행하여야 합니다." 하니, 朱暉가 굳이 고집하여 불가하다고 하면서 말하기를 "均輸法은 장사꾼이 물건을 파는 것과 다름이 없습니다. 소금을 구워 파는 이익이 관청으로 돌아가면 백성들이 곤궁하고 원망하게 되니, 진실로 현명한 군주가 행할 바가 아닙니다." 하였다.

1)〔釋義〕南陽朱季 : 朱暉의 字文季故로 曰朱季라하니 南陽郡宛邑人이라
朱暉의 字가 文季이기 때문에 朱季라 한 것이니, 朱暉는 南陽郡 宛邑 사람이다.

○ **廬江毛義**와 **東平鄭均**이 **皆以行義**로 **稱於鄉里**라 **南陽張奉**이 **慕義名**하야 **往候之**러니 **坐定**에 **而府檄適至**하야 **以義守安陽令**이라 **義捧檄而入**하야 **喜動顔色**이어늘 **奉**이 **心賤之**하야 **辭去**러니 **後**에 **義母死**어늘 **徵辟**[1]에 **皆不至**라 **奉**이 **乃歎曰 賢者**는 **固不可測**이로다 **往日之喜**는 **乃爲親屈也**로다 **帝下詔**하야 **褒寵義, 均**[2]하다

廬江의 毛義와 東平의 鄭均이 모두 훌륭한 행실로 鄉里에서 칭찬을 받았다. 南陽의 張奉이 毛義의 명성을 흠모하여 가서 문안하였는데, 坐定하자마자 府의 檄文이 마침 이르러 毛義에게 安陽令을 맡겼다. 毛義가 檄文을 받들고 들어가면서 희색이 만면하자, 張奉은 마음속으로 그를 천하게 여겨 하직하고 떠나왔는데, 그 후 毛義의 어머니가 별세하자 毛義는 나라에서 부르고 고을에서 불렀으나 모두 가지 않았다. 張奉이 이에 감탄하기를 "어진 자는 진실로 측량

할 수가 없다. 지난번에 그가 기뻐한 것은 어버이를 위하여 지조를 굽힌 것이로다." 하였다. 황제가 조칙을 내려 毛義와 鄭均을 표창하여 영화롭게 하였다.

1) 〔頭註〕 徵辟 : 徵은 召也요 辟은 除也니 謂除官也라
   徵은 나라에서 부름이고 辟은 지방에서 제수함이니, 관직을 제수함을 이른다.
2) 〔附註〕 褒寵義均 : 均兄爲縣吏하야 受禮遺어늘 均諫不聽하니 方脫身爲傭하야 歲餘에 得錢帛하야 歸以與兄曰 物盡은 可復得이어니와 爲吏坐贓이면 終身捐棄라하니 兄感其言하야 遂爲廉潔하니라
   鄭均의 형이 縣의 관리가 되어서 禮로 주는 선물을 받자, 鄭均이 간하였으나 듣지 않으니, 이에 몸을 빼어 집을 뛰쳐 나가서 품을 팔아 1년 남짓 만에 돈과 비단을 얻어 가지고 돌아와 형에게 주면서 말하기를 "물건이 없어진 것은 다시 얻을 수 있으나 관리가 되어 贓罪에 걸리면 종신토록 버림받는다." 하니, 형이 그 말에 감동되어 마침내 청렴하고 결백한 관리가 되었다.

【乙酉】 二年이라

元和 2년(을유 85)

詔曰 夫俗吏矯[1]飾外貌하야 似是而非하니 朕이 甚厭之, 甚苦之하노라 安靜之吏는 悃愊[2](곤픽)無華[3]하야 日計不足이나 月計有餘[4]하나니 如襄城令劉方은 吏民同聲하야 謂之不煩하니 雖未有他異나 斯亦殆近之矣로다 夫以苛爲察하고 以刻爲明하고 以輕爲德하고 以重爲威하야 四者或興이면 則下有怨心이라 吾詔書數(삭)下에 冠蓋接道[5]호되 而吏不加治하고 民或失職하니 其咎安在오 勉思舊令[6]하야 稱朕意焉하라 〈出本紀〉

다음과 같은 詔書를 내렸다.

"세속의 관리들은 외모를 꾸며서 겉으로는 옳은 것 같으나 실제는 그르니, 朕은 이를 매우 싫어하고 매우 괴로워하노라. 안정한 관리들은 내면이 정성스러우나 밖으로 꾸밈이 없어서 날로 계산하면 부족하여도 달로 계산하면 有餘하다. 襄城令 劉方과 같은 자는 관리와 백성들이 이구동성으로 번거롭지

않다고 이르니, 비록 다른 특이한 점은 있지 않으나 이 또한 道에 가깝다. 까다로움을 살핌으로 여기고, 각박함을 밝음으로 여기고, 가볍게 용서함을 덕으로 여기고, 무겁게 형벌을 내림을 위엄으로 여겨서 네 가지가 혹 일어나면 아래 백성들이 원망하는 마음을 품게 된다. 나는 조서를 자주 내려 조서를 반포하는 使者의 冠蓋가 길에 이어지는데도 관리들은 더 다스려지지 않고 백성들은 혹 직책을 잃으니, 그 잘못이 어디에 있는가? 이에 옛 법령을 힘써 생각하여 짐의 뜻에 걸맞게 하라." - ≪後漢書 章帝紀≫에 나옴 -

1)〔頭註〕 矯 : 詐也라
矯는 속임이다.

2)〔原註〕 悃愊 : 說文에 悃愊은 至誠也라
≪說文解字≫에 "悃愊은 지극히 정성스러운 것이다." 하였다.

3)〔釋義〕 無華 : 謂不事文采也라
無華는 문채를 일삼지 않는 것이다.

4)〔頭註〕 日計不足 月計有餘 : 言無朝夕小利而久乃有益也라
아침저녁의 작은 이로움은 없으나 오래되면 마침내 유익함이 있음을 말한다.

5)〔頭註〕 冠蓋接道 : 謂奉詔出使者 相接於道也라
詔書를 받들고 나가는 使者가 도로에 서로 이어짐을 이른다.

6)〔頭註〕 舊令 : 謂故府之籍所疏載者라
舊令은 옛 府의 장부에 소략하게 기재된 것을 이른다.

戴溪筆義曰 甚矣라 俗吏之爲民患也여 以辦事爲功하고 以稱職爲能하며 以刻爲威하고 以察爲明하며 以教化爲高論하고 以風俗爲迂闊이라 當其初也에 百姓畏其威하야 令行禁止하야 所求者遂하고 所欲者得하야 有所任使면 不避劇[1]易(이)하야 皆能成功이라 故로 朝廷之上이 翕然以爲能하니 以此로 馴致[2]大位하고 典領方面이 往往而是라 天下之士가 爭慕效之하야 翕然成風하야 離散民心하고 破壞國體하고 斲喪元氣하야 而風俗이 自此耗矣라 故로 古之君子 深嫉俗吏如讐者는 惡(오)其爲民患也라 夫天下善人君子는 安靜不擾하고 悃愊無華하야 其政悶悶하야 若不足以快人意로되 而愷悌[3]慈祥하고 寬洪廣大하야 將欲感動民心하야 扶植教化하고 薰蒸和氣하야 與一世로 共躋於仁壽之域하나

니 舍斯人이면 其誰與共治哉아 善哉라 章帝之爲君也여 其詔三公曰 俗吏矯飾外貌하야 似是而非하니 朕甚厭之하고 甚苦之라하니 何其懇切深至若此也오 襄城令劉方은 無他異能이요 特以不煩之故로 至勤天子詔書褒美라 好惡若此하야 以此明示百官하니 雖三代之詔라도 何以過此리오

戴溪의 ≪通鑑筆義≫에 말하였다.

“심하다. 俗吏들이 백성들의 폐해가 됨이여. 일을 다스림을 공으로 여기고 직책을 수행함을 능력으로 여기며, 각박함을 위엄으로 여기고 까다롭게 살핌을 밝음으로 여기며, 백성을 敎化시키는 것을 高談峻論이라 하고 風俗을 바로잡는 것을 우활하다 한다. 처음에는 백성들이 그의 위엄을 두려워하여 명령이 행해지고 금지하는 일이 그쳐져서 요구하는 것이 이루어지고 원하는 바를 얻어서, 일을 맡기고 부리게 되면 어렵고 쉬움을 피하지 아니하여 모두 공을 이룬다. 그러므로 조정의 윗사람이 모두 이들을 능하다고 여기니, 이 때문에 점점 큰 지위에 이르고 方面을 맡아 다스리는 일이 왕왕 있었다. 그리하여 천하의 선비들이 다투어 이것을 사모하고 본받아서 翕然히 풍속을 이루어 民心을 이반하게 하고 國體를 파괴하게 하고 元氣를 손상시켜서 풍속이 이로부터 쇠하게 되었다. 그러므로 옛날 君子들이 俗吏를 심히 미워하기를 원수를 미워하듯이 한 것은 백성의 폐해가 됨을 미워해서이다.

천하의 善人과 君子는 안정하여 소요시키지 않고 정성스럽고 화려한 문채가 없어서 정사가 悶悶하여 사람의 뜻을 쾌하게 하지 못할 듯하나 화락하고 자상하고 관후하고 광대해서 장차 백성의 마음을 감동시켜 교화를 도와서 세우고 和氣를 훈증해서 한 세상 사람들과 함께 仁壽의 경지에 오르고자 하니, 이 사람이 아니면 그 누구와 함께 나라를 다스리겠는가. 훌륭하다. 章帝의 人君 노릇함이여. 그가 三公에게 명하기를 ‘세속의 관리들은 외모를 꾸며서 겉으로는 옳은 것 같으나 실제는 그르니, 朕은 이를 매우 싫어하고 매우 괴로워하노라.’ 하였으니, 어쩌면 그리도 간절하고 깊고 지극함이 이와 같단 말인가. 襄城令 劉方은 딴 특이한 재능은 없고 다만 번거롭게 하지 않았다는 이유로 天子가 詔書를 내려 표창하고 찬미함에 이르렀다. 좋아하고 미워함이 이와 같아서 이것으로 百官들에게 밝게 보여 주었으니, 비록 三代의 詔書라

도 어찌 이보다 더하겠는가."

1)〔頭註〕 劇 : 音屐이니 艱也라
　劇은 음이 극이니, 어려움이다.
2)〔頭註〕 馴致 : 以漸而致曰馴致라
　점점 이르는 것을 馴致라고 한다.
3)〔頭註〕 愷悌 : 樂易也라
　愷悌는 마음이 즐겁고 평이함이다.

乙丑에 帝耕於定陶하고 進幸魯하야 祠孔子於闕里[1]하다

乙丑日에 황제가 定陶에서 밭을 갈고 나아가 魯 지방에 가서 闕里에서 孔子를 제사하였다.

1)〔通鑑要解〕 祠孔子於闕里 : 帝祠孔子及七十二弟子於闕里라 大會孔氏六十二人하고 帝謂孔僖曰 今日之會는 寧於卿宗有光榮乎아하니 對曰 臣聞明王聖主는 莫不尊師貴道어늘 今陛下親屈敝里하시니 此乃崇禮先師하야 增輝聖德이니 非臣家之私榮也니이다 帝大笑曰 非聖孫이면 焉有斯言이리오하고 拜僖郎中하니라
　황제가 孔子와 72명의 弟子를 闕里에서 제사하였다. 孔氏(孔子의 후손) 62명을 크게 모아 놓고 황제가 孔僖에게 이르기를 "오늘의 모임은 어찌 卿의 宗族에게 영광스러운 것이 아니겠는가?" 하니, 대답하기를 "신이 들으니 明王과 聖主는 스승을 높이고 道를 귀하게 여기지 않음이 없다 하였습니다. 지금 陛下께서 친히 저희 마을에 왕림하시니, 이는 바로 先師를 존숭하고 예우하여 聖德을 더욱 빛나게 하신 것인 바, 신의 집안의 사사로운 영화가 아닙니다." 하였다. 황제가 크게 웃으며 말하기를 "聖人의 후손이 아니면 어찌 이와 같은 말을 하겠는가?" 하고, 孔僖를 郎中에 임명하였다.

○ 博士魯國曹褒上疏하야 以爲宜定文制하야 著成漢禮하소서하니 太常巢堪이 以爲一世大典은 非褒의 所定이니 不可許니이다 帝知諸儒拘攣[1]하야 難與圖始하고 朝廷禮憲을 宜以時立이라하야 乃拜褒侍中하다 玄武司馬班固 以爲宜廣集諸儒하야 共議得失이어늘 帝曰 諺言에 作舍道旁이면 三年不成[2]이라하며 會禮

之家를 名爲聚訟[3])이라하니 互生疑異하야 筆不得下라 昔에 堯作大章에 一夔足矣[4])라하니라 〈出褒傳〉

博士인 魯國 曹褒가 上疏하여 이르기를 "마땅히 文物制度를 정해서 漢나라의 禮를 드러내어 완성하소서." 하니, 太常 巢堪이 말하기를 "한 세상의 큰 법은 曹褒가 정할 수 있는 것이 아니니, 허락해서는 안 됩니다." 하였다. 황제가 여러 학자들이 구속하여 더불어 시작을 도모하기 어려움을 알고, 朝廷의 禮儀와 法令을 이때에 확립해야 한다고 생각해서 마침내 曹褒를 侍中으로 임명하였다. 玄武司馬인 班固가 이르기를 "여러 학자들을 널리 모아서 함께 得失을 의논해야 합니다." 하자, 황제가 말하기를 "속담에 '길 가에 집을 지으면 3년이 되어도 완성하지 못한다.'고 하였으며, 禮를 논하는 사람들을 모아 놓은 것을 이름하여 '訟事꾼을 모아 놓았다.'고 말하니, 서로 의심과 異見을 낳아서 붓으로 쓸 수가 없는 것이다. 옛날에 堯임금이 大章이라는 音樂을 만들 때에 夔 한 명이면 충분했다." 하였다. - ≪後漢書 曹褒傳≫에 나옴 -

1)〔頭註〕拘攣 : 攣은 閭緣切이니 亦拘也니 猶拘束也라
　攣은 음이 閭緣切(련)이니 또한 구속함이니, 拘攣은 拘束과 같다.

2)〔釋義〕作舍道旁 三年不成 : 王氏曰 謂彼是此非라 故久而無成也라
　王氏가 말하였다. "길 가에 집을 지으면 저 사람이 옳다 하고 이 사람이 그르다 하므로 오래도록 완성하지 못함을 말한 것이다."

3)〔釋義〕會禮之家 名爲聚訟 : 謂會聚議禮之家면 相爭不定也라
　禮를 논하는 사람들을 모아 놓으면 서로 다투어 결정하지 못함을 이른다.

4)〔釋義〕堯作大章 一夔足矣 : 樂記註云 夔는 舜時典樂者也라 大章은 堯樂名也라
　≪禮記≫ 〈樂記〉의 註에 "夔는 舜임금 때에 음악을 맡은 자이다." 하였다. 大章은 堯임금의 음악 이름이다.

【丁亥】 章和元年이라

章和 元年(정해 87)

春正月에 帝召褒하야 授以叔孫通의 漢儀[1])十二篇하고 曰 此制散略하야 多不

合經하니 今宜依禮條正하야 使可施行하라하다

봄 정월에 황제가 曹褒를 불러서 叔孫通의 ≪漢儀≫ 12편을 주고 말하기를 "이 제도가 소략하여 經傳과 부합하지 않는 것이 많으니, 이제 마땅히 禮經을 따라 조목조목 바로잡아서 시행할 수 있게 하라." 하였다.

1) 〔頭註〕 漢儀 : 高帝庚子에 通制禮라
高帝 庚子年에 叔孫通이 禮를 만들었는데, 이것을 ≪漢儀≫라 하였다.

【戊子】 二年이라

章和 2년(무자 88)

正月에 帝崩하니 年이 三十一이라

정월에 황제가 승하하니, 나이가 31세였다.

范曄論曰 魏文帝稱明帝察察[1)]하고 章帝長者라하니 章帝는 素知人厭明帝苛切하고 事從寬厚라 奉承明德太后[2)]하야 盡心孝道하고 平徭簡賦하야 而民賴其慶하며 又體之以忠恕하고 文之以禮樂하니 謂之長者가 不亦宜乎아

范曄의 ≪後漢書≫ 〈章帝紀〉 論에 말하였다.

"魏나라 文帝가 이르기를 '明帝는 察察하고 章帝는 長者이다.'라고 하였으니, 章帝는 평소 사람들이 明帝의 까다롭고 박절함을 싫어한다는 것을 알고는 일을 함에 寬厚함을 따랐다. 明德太后를 받들어 섬겨서 효도에 마음을 다하였으며 徭役을 공평하게 하고 세금을 적게 거두어 백성들이 그 은택을 입었으며, 또 忠恕로써 체득하고 禮樂으로써 문채를 내었으니 長者라고 이르는 것이 마땅하지 않은가."

1) 〔釋義〕 察察 : 老子曰 俗人察察이어늘 我獨悶悶이라하고 又曰 其政察察이면 其民缺缺이라한대 註云 悶悶은 不作聰明也요 察察은 煩碎也라하니라
≪老子≫에 이르기를 "俗人들은 察察한데 나만 홀로 悶悶하다." 하였고, 또 이르기를 "정사가 察察하면 백성이 이지러지고 이지러진다." 하였는데, 註에 이르

기를 "悶悶은 聰明을 내세우지 않는 것이고, 察察은 번거롭고 자잘하게 살피는 것이다." 하였다.

2) 〔頭註〕 明德太后 : 馬援之女요 明帝后也라 無子하야 養賈貴人子호되 盡心撫育하야 勞悴過於所生하니 是爲章帝라

明德太后는 馬援의 딸이고 明帝의 后이다. 자식이 없어 賈貴人의 아들을 양육하였는데, 진심으로 어루만지고 잘 길러 애쓰고 수고하기를 자기 소생보다 더하게 하였으니, 이가 바로 章帝이다.

太子卽位하니 **年**이 **十歲**라 **竇太后臨朝**하고 **竇憲兄弟 皆在親要之地**하다

태자가 즉위하니 나이가 10세였다. 竇太后가 조회에 임하고 竇憲 兄弟가 모두 가깝고 요긴한 지위에 있었다.

○ **北匈奴飢亂**이어늘 **以竇憲**으로 **爲車騎將軍**하야 **伐北匈奴**하다

北匈奴가 飢餓에 시달리고 혼란하자 竇憲을 車騎將軍으로 삼아서 北匈奴를 정벌하였다.

東萊呂氏曰 章帝繼明帝察慧之後하야 承之以寬大라 如解楚王之獄하고 罷西域之戍하며 輕徭薄賦하야 與天下休息하니 此所以爲東漢之賢君이니 大抵皆是慈祥長者라 然이나 慈祥長者는 短處亦相乘이라 竇憲이 奪公主園하니 此外戚專恣之漸也어늘 卒不能正其罪하고 竇后譖廢太子[1]하니 亦宮闈害政之端也어늘 卒不免陷其說하니 此皆優柔不斷之過라 又如當時에 班超는 要功西域하고 傅育張紆는 擾動羌胡하니 以章帝慈祥長者로 本非武帝好大喜功之君이나 然所行之事 去武帝無幾는 亦緣慈祥長者之過로 奪於人之說하야 不能自守하야 卒至勞敝中國이니 所以雖無好大喜功之心이나 未免有好大喜功之失이라 古今論君德에 以剛爲主라 天行이 健하니 君子以하야 自强不息하나니 若於剛上에 少欠이면 雖有慈祥之意나 不過能謹其小하고 往往失之於大하니 章帝是也니라

東萊呂氏가 말하였다.

"章帝는 밝게 살피는 明帝의 뒤를 이어 관대함으로 계승하였다. 예를 들면

楚王의 獄을 풀어 주고 西域의 수자리를 중지하였으며 徭役을 가볍게 하고 부세를 적게 하여 천하와 함께 휴식하였으니, 이 때문에 東漢의 훌륭한 군주가 된 것이니, 대저 모두 慈祥한 長者였다. 그러나 자상한 장자는 단점도 또한 서로 나타나게 마련이다. 竇憲이 公主의 田園을 빼앗으려 하였으니 이는 外戚이 專橫하고 방자할 조짐이었는데도 끝내 그 죄를 바로잡지 못하였고, 竇后가 태자를 참소하여 폐위하였으니 또한 궁중에서 정사를 해치는 단서였는데도 끝내 그의 말에 빠짐을 면치 못했으니, 이는 모두 우유부단한 잘못이다. 또 당시에 班超는 西域에서 功을 세우려 하였고 傅育과 張紆는 羌族과 오랑캐들을 요동하게 하였으니, 章帝는 자상한 長者로서 본래 武帝처럼 큰 일을 좋아하고 功을 좋아하는 군주가 아니었다. 그러나 그가 행한 일이 武帝와 차이가 별로 없는 것은 또한 자상한 長者의 과실로 남의 말에 빼앗겨서 스스로 자기 의견을 지키지 못함으로 말미암아 끝내 中國을 수고롭고 피폐하게 만든 것이니, 이 때문에 비록 큰 일을 좋아하고 功을 좋아하는 마음이 없었으나 큰 일을 좋아하고 功을 좋아하는 잘못이 있음을 면치 못한 것이다. 古今에 君主의 德을 논할 때에 강함을 위주로 하였다. 하늘의 운행이 굳세니 군자가 이것을 본받아서 스스로 강하고 쉬지 않는 것이니, 만약 강함에 조금이라도 부족하면 비록 자상한 뜻이 있으나 그 작은 것은 잘 삼감에 지나지 않고 왕왕 큰 것에 실수하니, 章帝가 이런 사람이다."

1) 〔附註〕 譖廢太子 : 帝納宋貴人하야 生太子慶하고 又納梁竦女하야 生皇子肇하다 竇皇后無子하야 養肇爲子러니 謀陷宋氏하야 誣言爲壓勝之術이라한대 乃廢慶爲清河王하고 以肇爲皇太子하니 竇后는 勳之女也라

황제가 宋貴人을 받아들여 太子 慶을 낳았고, 또 梁竦의 딸을 받아들여 皇子인 肇를 낳았다. 竇皇后가 아들이 없으므로 肇를 양자로 길렀는데, 竇皇后는 宋氏를 모함하여 壓勝하는 주술을 한다고 무고하니, 황제가 마침내 宋貴人이 낳은 慶을 폐하여 清河王으로 삼고 肇를 황태자로 삼았다. 竇后는 竇勳의 딸이다.

〔史略 史評〕 史斷曰 孝章이 繼明帝察慧之後하야 承之以寬大하야 聽楊終諫而罷西域之戍하고 用陳寵言而除嚴刻之刑하며 輕徭薄賦하야 與民休息하고 勸課

農桑하고 明愼選擧하며 進柔良而退貪猾하고 順時令而理寃獄하며 雅好文章하고 褒崇儒術하니 史稱長者 不亦宜乎아 然이나 過於寬柔하야 不能濟之以剛하야 竇憲이 奪公主園하니 此外戚專恣之漸也어늘 卒不能正其罪하고 竇后譖廢太子하니 亦宮闈害政之端也어늘 卒不免陷其說하니 東漢之衰 基於此矣로다

史斷에 말하였다.

"章帝는 밝게 살피는 明帝의 뒤를 이어 관대함으로 계승해서, 楊終의 간언을 듣고 西域에 수자리 보내는 군사를 파하였고, 陳寵의 말을 따라 엄하고 까다로운 형벌을 제거하였으며, 徭役을 가볍게 하고 세금을 적게 거두어 백성들과 함께 휴식하였고, 농사와 양잠을 권장하고 選擧를 분명하게 하고 삼가며, 유순하고 선량한 자를 등용하고 탐욕스럽고 교활한 자를 물리치며, 時令을 따르고 억울한 옥사를 다스리며, 평소 文章을 좋아하고 儒學을 높였으니, 역사책에서 長者라고 칭하는 것이 또한 당연하지 않겠는가? 그러나 지나치게 관대하고 유순하여 剛함으로 구제하지 못해서 竇憲이 公主의 田園을 빼앗으려 하였으니 이는 外戚이 專橫할 조짐인데도 끝내 그 죄를 바로잡지 못하였고, 竇后가 太子를 참소하여 廢位하였으니 이는 또한 궁중에서 정사를 해칠 단서였는데도 끝내 그 말에 빠짐을 면치 못하였다. 그리하여 東漢의 쇠퇴함이 여기에서 시작되었다."

後漢紀

孝和[1)]皇帝[※] 名肇요 章帝第四子니 在位十七年이요 壽二十七이라

孝和皇帝는 이름이 肇이고 章帝의 넷째 아들이니, 재위가 17년이고 壽가 27세이다.

1)〔頭註〕孝和：不剛不柔曰和라
강하지도 않고 유순하지도 않은 것을 和라고 한다.

※ 宦官外戚이 迭爲消長하니 漢家之禍 自此始矣라
宦官과 外戚이 번갈아 쇠하고 성하니, 漢나라의 禍가 이로부터 시작되었다.

【己丑】永元元年이라

永元 元年(기축 89)

六月에 竇憲, 耿秉이 將精騎萬餘하고 與北單于로 戰于稽落山[1)]하야 大破之하니 降者 前後八十一部二十餘萬人이라 憲, 秉이 出塞三千餘里하야 登燕然山[2)]하야 命中護軍[3)]班固하야 刻石勒功하야 紀漢威德而還하다

6월에 竇憲과 耿秉이 정예 기병 만여 명을 거느리고 北單于와 稽落山에서 싸워 크게 격파하니, 항복한 자들이 전후에 걸쳐 81部에 20여만 명이었다. 竇憲과 耿秉은 변방에서 3천여 리를 나가 燕然山에 올라가서 中護軍 班固에게 명령하여 비석에 공적을 새겨 漢나라의 威容과 德을 기록하고 돌아왔다.

1)〔釋義〕戰于稽落山：稽落山은 在燕然山南하니 匈奴中山也라

稽落山은 燕然山 남쪽에 있으니, 匈奴 지역의 山이다.

2) 〔釋義〕 登燕然山 : 燕然山은 在匈奴速耶烏地中하니 稽落山之北이라
燕然山은 匈奴의 速耶烏 지역 가운데에 있으니, 稽落山 북쪽이다.

3) 〔通鑑要解〕 命中護軍 : 西都有護軍都尉러니 今始有中護軍也라
西都에 護軍都尉가 있었는데, 지금 비로소 中護軍을 둔 것이다.

【辛卯】 三年이라

永元 3년(신묘 91)

正月에 **竇憲**이 **以北匈奴微弱**이라하야 **欲遂滅之**하야 **遣耿夔**[1], **任尙**하야 **圍於金微山**하야 **大破之**하고 **出塞五千餘里而還**하니 **自漢出師**로 **所未嘗至也**러라 〈出憲傳〉

정월에 竇憲이 北匈奴가 미약하다 하여 마침내 멸망시키고자 해서 耿夔와 任尙을 보내어 金微山에서 포위하여 크게 격파하고 변방에서 5천여 리를 나갔다가 돌아오니, 漢나라가 출병한 이후로 이른 적이 없었던 곳이었다. - ≪後漢書 竇憲傳≫에 나옴 -

1) 〔通鑑要解〕 耿夔 : 國之子也라
耿夔는 耿國의 아들이다.

○ **竇憲**이 **旣立大功**에 **威名**이 **益盛**하니 **刺史守令**이 **多出其門**하야 **競賦斂吏民**하야 **共爲賂**(뢰)**遺**러라

竇憲이 큰 공을 세우자 위엄과 명성이 더욱 성대해지니, 刺史와 守令들이 그 門下에서 많이 나와 관리와 백성들에게 다투어 세금을 거두어서 함께 〈竇憲에게〉 뇌물을 바쳤다.

【壬辰】 四年이라

永元 4년(임진 92)

竇氏父子兄弟 充滿朝廷하니 是時에 憲兄弟專權이라 帝以朝臣上下 莫不附憲이나 獨中常侍[1]鄭衆이 謹敏有心幾[2]라하야 遂與衆定議誅憲할새 帝以太后故로 不欲名誅憲하야 迫令自殺하다 〈出憲傳〉

竇氏의 父子와 兄弟가 조정에 가득하니, 이때 竇憲의 형제가 권력을 전횡하였다. 황제는 조정의 높고 낮은 신하들이 竇憲에게 붙지 않는 이가 없었으나 오직 中常侍 鄭衆만은 삼가고 민첩하며 心機(마음속으로 깊이 생각함)가 있다 하여 마침내 鄭衆과 의논을 정하여 竇憲을 죽이기로 하였는데, 황제는 竇憲이 竇太后의 오라비이므로 죄명으로 竇憲을 주살하고자 하지 않아서 竇憲에게 압박을 가하여 자살하게 하였다. - ≪後漢書 竇憲傳≫에 나옴 -

1) 〔頭註〕 中常侍 : 宦者常侍左右라
　中常侍는 宦官이 좌우에서 항상 모신다는 뜻이다.
2) 〔頭註〕 心幾*) : 幾는 讀作機니 關機라
　幾는 機로 읽어야 하니, 機關이다.
*) 心幾 : 心算, 心事, 心計와 같은 말로 마음속으로 깊이 궁리하거나 계획함을 이른다.

〔新增〕 胡氏曰 竇氏根據하야 已生逆謀하니 誠欲誅之나 未易擧手어늘 和帝年纔十四로 乃能選用秘臣하고 密求故事하야 勒兵收捕하야 中外肅淸하니 足以繼孝昭之烈矣라 所可恨者는 三公이 不與大政하고 而鄭衆有功이라 由是로 宦者用權하야 馴致亡漢하니 可勝歎哉아

胡氏가 말하였다.

"竇氏가 뿌리를 내리고 세력을 차지하여 이미 반역할 꾀를 내었으니, 진실로 이들을 죽이고자 하였으나 쉽게 손을 쓸 수가 없었다. 그런데 和帝가 겨우 14세의 나이로 마침내 秘臣을 가려 쓰고 故事를 은밀히 찾아서 군대를 무장시켜 체포하여 中外가 肅淸되었으니, 충분히 孝昭皇帝의 功烈을 계승할 수 있었다. 한스러운 것은 三公이 國政에 참여하지 못하고 鄭衆이 공이 있었던 것이다. 이로 말미암아 환관들이 권세를 부려 점점 漢나라를 멸망하게 만들

었으니, 한탄스러움을 이루 다 말할 수 있겠는가."

班固以竇氏賓客으로 **收捕死獄中**하다 **固嘗著漢書**러니 **尙未就**라 **詔固女弟曹壽妻昭**[1]하야 **踵**[2]**而成之**하다 〈出列女傳〉

班固가 竇氏의 賓客으로 체포되어 옥중에서 죽었다. 班固가 일찍이 ≪漢書≫를 저술하였는데, 미처 완성하지 못하였으므로 班固의 여동생인 曹壽의 아내 班昭에게 명하여 뒤이어 완성하게 하였다. - ≪後漢書 列女傳 曹世叔妻≫에 나옴 -

1) 〔原註〕 曹壽妻昭 : 壽妻名昭니 所謂曹大家[*]者也라
曹壽의 아내로 이름이 昭이니, 이른바 曹大家라는 자이다.

*) 曹大家 : 班彪의 딸이고, 班固와 班超의 누이로 曹世叔(曹壽)에게 출가하였는데 일찍 과부가 되었다. 여러 번 和帝의 부름을 받고 궁중에 들어가 皇后와 여러 貴人의 스승이 되었다. 그러므로 大家라고 이름하였는 바, 家는 姑와 통한다.

2) 〔頭註〕 踵 : 追也요 繼也라
踵은 좇음이고, 이음이다.

華嶠[1]論曰 固之序事에 不激詭하고 不抑抗[2]하야 贍而不穢[3]하고 詳而有體하야 使讀之者로 亹亹[4]而不厭하니 信哉라 其能成名也여 固譏司馬遷是非頗謬於聖人[5]이라 然이나 其論議常排死節하고 否正直[6]하야 而不敍殺身成仁之美[7]하니 則輕仁義, 賤守節이 甚矣니라

華嶠의 ≪後漢書≫ 〈班固傳〉 論에 말하였다.

"班固가 일을 서술할 때에 지나치게 남을 칭찬하거나 헐뜯지 않고 물리치거나 올려 주지 않아서, 넉넉하되 거칠지 않고 자세하되 체통이 있어 ≪漢書≫를 읽는 자로 하여금 부지런히 힘쓰고 싫증 내지 않게 하였으니, 진실하다! 그가 훌륭한 이름을 이룸이여. 班固는 司馬遷의 是非가 자못 聖人(孔子)과 다름을 비판하였다. 그러나 그의 의논은 항상 절개에 죽은 사람을 배척하고 정직한 사람을 부정하여 殺身成仁의 아름다움을 서술하지 않았으니, 그렇다면 仁義를 경시하고 절개를 지킴을 천하게 여김이 심한 것이다."

1)〔頭註〕華嶠：晉人이니 撰後漢書[*)]라
　華嶠는 晉나라 사람이니, ≪後漢書≫를 지었다.
*) 撰後漢書：范曄의 ≪後漢書≫를 改撰한 것이다.
2)〔頭註〕不激詭 不抑抗：激은 揚也요 詭는 毁也며 抑은 退也요 抗은 進也니 皆指史家作意以爲文之病이라
　激은 칭찬함이고 詭는 헐뜯음이며, 抑은 물리침이고 抗은 올려 줌이니, 모두 史家들이 자신의 뜻으로 글을 쓰는 병통을 가리킨 것이다.
3)〔頭註〕不穢：穢는 蕪也요 惡也라
　穢는 거칠고 나쁨이다.
4)〔頭註〕亹亹：不倦之意라
　亹亹는 게을리 하지 않는다는 뜻이다.
5)〔頭註〕謬於聖人：言遷所是非與聖人乖謬하니 卽崇黃老而薄六經하고 輕仁義而賤守節이 是也라
　謬於聖人은 司馬遷이 옳다 하고 그르다 한 것이 聖人과 다름을 말하니, 곧 黃老를 숭상하고 六經을 하찮게 여기며 仁義를 경시하고 節義를 지킴을 천하게 여긴 것이 이것이다.
6)〔頭註〕排死節 否正直：排死節은 謂言龔勝竟夭天年之類요 否正直은 謂言王陵汲黯之戇之類라
　절개에 죽은 사람을 배척했다는 것은 龔勝이 끝내 요절했음을 말한 따위를 이르고, 정직한 사람을 부정했다는 것은 王陵과 汲黯의 우직함을 말한 따위를 이른다.
7)〔頭註〕不敍殺身成仁之美：謂不立忠義傳이라
　殺身成仁의 아름다움을 서술하지 않았다는 것은 ≪漢書≫에 忠義傳을 세우지 않은 것을 이른다.

帝策勳[1)]班賞할새 **鄭衆**이 **每辭多受少**하니 **帝由是賢之**하야 **常與之議論政事**하니 **宦官用權**이 **自此始矣**러라 〈出宦者傳〉

황제가 공훈을 策錄하여 상을 나눠 줄 때에 鄭衆이 항상 많은 것을 사양하고 적은 것을 받으니, 황제가 이 때문에 그를 어질게 여겨서 항상 그와 더불어 정사를 의논하니, 환관이 권세를 부림이 이로부터 시작되었다. - ≪後漢書 宦者列傳 鄭衆傳≫에 나옴 -

1)〔譯註〕策勳 : 국가나 군주를 위하여 공훈을 세운 사람의 이름과 공훈을 簡策에 기록하여 그 차례를 정함을 이른다.

【丁酉】 九年이라

永元 9년(정유 97)

皇太后竇氏崩이어늘 **追尊母梁貴人**하야 **爲太后**하고 **封梁竦**[1]**三子**하야 **爲侯**하니 **梁氏自此盛矣**러라 〈出梁竦傳〉

皇太后 竇氏가 별세하자, 生母인 梁貴人을 追尊하여 太后로 삼고 梁竦의 세 아들을 봉하여 侯로 삼으니, 梁氏가 이로부터 번성하였다. - ≪後漢書 梁竦傳≫에 나옴 -

1)〔頭註〕梁竦 : 帝母梁貴人之父라
梁竦은 황제의 生母인 梁貴人의 아버지이다.

【壬寅】 十四年이라

永元 14년(임인 102)

班超久在絶域하야 **年老思土**하야 **上書乞歸曰 臣不敢望到酒泉**[1]**郡**이요 **但願生入玉門**[2]**關**이니이다 **乃徵超還**[3]하고 **以戊己校尉任尙**으로 **代爲都護**[4]하다

班超가 오랫동안 먼 異域에 있으면서 나이가 들어 늙으니 고향을 그리워하여 글을 올려 돌아갈 것을 청하며 아뢰기를 "臣은 감히 酒泉郡에 이르기를 바라지 않고 다만 살아서 玉門關에 들어가기를 원합니다." 하였다. 이에 班超를 불러 돌아오게 하고, 戊己校尉 任尙으로 대신 都護를 삼았다.

1)〔頭註〕酒泉 : 去長安二千八百里라
酒泉郡은 長安과 2천8백 리 떨어져 있다.
2)〔頭註〕玉門 : 去長安三千六百里라
玉門關은 長安과 3천6백 리 떨어져 있다.

3)〔通鑑要解〕徵超還：班超年老하야 乞歸어늘 久之未報러니 超妹曹大家上書하야 爲超求哀하니 帝感言하야 徵還이라

班超가 나이가 들어 늙어서 고향으로 돌아가게 해 주기를 청하였으나 오랫동안 회답을 받지 못하였는데, 班超의 누이 曹大家가 글을 올려 班超를 위하여 애걸하니, 和帝가 그 말에 감동하여 班超를 불러서 돌아오게 하였다.

4)〔通鑑要解〕以戊己校尉任尙 代爲都護：〈尙〉謂超曰 小人이 猥承君後하야 任重慮淺하니 宜有以誨之니라 超曰 塞外吏士는 本非孝子順孫이니 宜蕩佚簡易云云*)이라

任尙이 임무를 교대할 때에 班超에게 이르기를 "小人이 외람되이 君의 뒤를 이어서 책임은 무겁고 생각은 얕으니, 가르쳐 주심이 있어야 합니다." 하니, 班超가 말하기를 "변방의 관리와 군사들은 본래 효도하는 자식과 순종하는 손자가 아니니, 소탈하고 簡易한 정사를 펴야 할 것이다……." 하였다.

*) 超曰……云云：班超가 말하기를 "변방의 관리와 군사들은 본래 효도하는 자식과 순종하는 손자가 아니고 모두 죄를 지어서 변방으로 오게 된 자들이며, 蠻夷들은 짐승 같은 마음을 품고 있어서 기르기는 어렵고 실패하기는 쉬운데, 지금 그대는 성품이 너무 엄하고 급하니, 물이 너무 맑으면 큰 물고기가 없는 법이다. 정사를 살핌에 아랫사람들과 화합하지 못하니, 소탈하고 簡易한 정사를 하여 작은 과실은 너그럽게 용서해 주고 중요한 일만 총괄해야 할 것이다.〔塞外吏士 本非孝子順孫 皆以罪過徙補邊屯 而蠻夷懷鳥獸之心 難養易敗 今君性嚴急 水淸無大魚 察政不得下和 宜蕩佚簡易 寬小過 總大綱而已〕" 하였다.

【乙巳】元興元年이라

元興 元年(을사 105)

十二月에 帝崩하니 少子隆이 生始百餘日이라 卽皇帝位하고 太后臨朝[1])하다〈出本紀〉

12월에 황제가 별세하니, 작은아들 隆이 태어난 지 겨우 백여 일째였다. 隆이 황제의 자리에 즉위하고 太后가 조정에 臨御하였다. -≪後漢書 孝和皇帝紀≫에 나옴 -

1)〔頭註〕太后臨朝：太后는 太傅鄧禹之孫이요 和帝之后요 殤帝之母라

太后는 太傅 鄧禹의 손녀이고, 和帝의 后妃이고, 殤帝의 母后이다.

〔新增〕 唐仲友曰 自和帝以後로 漢統數(삭)絶에 皆是諸侯王入繼하고 又不得明君하니 所以愈亂이라 然所以不得賢君者는 正緣權不在大臣하야 外戚宦官이 利於立昏故也니라

唐仲友가 말하였다.

"和帝 이후로 漢나라의 國統이 자주 끊기자 모두 諸侯王이 들어와 大統을 이었고, 또 밝은 군주를 얻지 못하니, 이 때문에 더욱 혼란하였다. 그러나 어진 人君을 얻지 못한 까닭은 바로 권력이 大臣에게 있지 않아서 外戚과 宦官들이 어두운 군주를 세우는 것을 이롭게 여겼기 때문이다."

〔史略 史評〕 史斷曰 孝和以幼沖之資로 嗣守大業하야 年才(纔)十四에 而能慨然獨斷하야 芟除大憝(대)하야 使朝廷肅清하고 宮闈寧晏하야 遠紹昭帝之烈하니 何其明哉오 竇憲誅後에 又能躬總萬機하야 威權不失하며 發倉廩以周不給하고 弛苑囿以假貧民하며 優禮賢臣하고 克納直諫이라 是以로 內則生民歲增하고 拓土日廣하며 外則北空朔庭하고 西通重譯하니 方之章帝하면 或者過之라 惜其誅憲之時에 不與大臣計事하고 而與刑臣決謀하야 以致宦豎弄權하야 卒亡漢室하니 後之言治亂者 每於斯而太息焉이라 自是以來로 漢統屢絶이어늘 大抵皆以諸侯王入繼에 多是幼沖하니 所以然者는 蓋由權在外戚宦官하야 利於立昏故也니라

史斷에 말하였다.

"孝和皇帝는 幼沖한(어린) 몸으로 大業을 이어받아 겨우 14세에 慨然히 홀로 결단해서 크게 악한 자를 제거하여 조정을 깨끗하게 하고 궁중을 편안하게 하여 昭帝의 功烈을 멀리 이었으니, 어쩌면 그리도 총명한가. 竇憲이 誅殺된 뒤에 또 몸소 萬機를 총괄하여 위엄과 권력을 잃지 않았으며, 창고를 열어 부족한 자들을 구휼해 주고 苑囿를 열어 가난한 백성들에게 빌려 주었으며, 어진 신하들을 예우하고 直言으로 간하는 것을 받아들였다. 이 때문에 안으로는 백성이 해마다 증가하고 영토를 개척하여 영지가 날로 넓어졌으며,

밖으로는 북쪽으로 朔方에 있는 흉노의 조정을 텅 비게 하고 서쪽으로 여러 번 통역을 거쳐야 하는 나라에까지 통하였으니, 章帝에 비하면 혹 낫기도 하였다. 그러나 애석하게도 竇憲을 죽일 때에 대신과 일을 도모하지 않고 형벌 받은 신하(환관)와 계책을 결정하여 환관들이 권력을 농간해서 끝내 漢나라 황실을 망하게 만들었으니, 후세에 治亂을 말하는 자들이 매양 이에 대하여 크게 탄식한다. 이후로 漢나라의 國統이 여러 번 끊어졌는데, 대저 모두 諸侯王으로 들어와 系統을 이음에 대부분 나이가 어렸으니, 이러한 까닭은 권력이 外戚과 宦官에게 있어 사리에 어두운 군주를 세우는 것을 이롭게 여겼기 때문이다."

孝殤[1]皇帝 名隆이요 **和帝少子**니 **在位一年**이요 **壽二歲**라

孝殤皇帝는 이름이 隆이고 和帝의 작은아들이니, 재위가 1년이고 壽가 2세이다.

1)〔頭註〕孝殤 : 短折不成曰殤이라
天折하여 이루지 못함을 殤이라 한다.

【丙午】 延平元年이라

延平 元年(병오 106)

八月에 **帝崩**하니 **太后迎淸河王[1]慶**의 **子祜**(호)하야 **爲孝和皇帝嗣**하야 **卽皇帝位**하고 **太后猶臨朝**하다 〈出本紀〉

8월에 황제가 별세하니, 太后가 淸河王 慶의 아들 祜를 맞이하여 孝和皇帝의 後嗣로 삼아 황제의 자리에 오르게 하고, 太后가 그대로 조정에 臨御하였다. - ≪後漢書 孝殤皇帝紀≫에 나옴 -

1)〔頭註〕淸河王 : 和帝之兄이라
淸河王은 和帝의 형이다.

○ 尙書郎樊準이 以儒風寖衰라하야 上疏曰 人君은 不可以不學이라 光武皇帝 受命中興하사 東西誅戰하야 不遑啓處나 然猶投戈講藝하고 息馬論道하며 孝明皇帝 庶政萬機를 無不簡心[1]호되 而垂情古典하고 遊意經藝하사 每饗射禮畢에 正坐自講하야 諸儒竝聽하니 四方이 欣欣하니이다 又多徵名儒하야 布在廊廟[2]하고 每讌會[3]에 則論難衎(간)衎[4]하야 共求政化하니 期門羽林介胄之士 悉通孝經이라 化自聖躬하야 流及蠻荒하니 是以로 議者每稱盛時에 咸言永平이니이다 今學者益少에 遠方이 尤甚하야 博士倚席不講[5]하고 儒者競論浮麗하야 忘謇(건)謇[6]之忠하고 習諓(전)諓[7]之辭하니 臣愚는 以謂宜下明詔하야 博求幽隱하고 寵進儒雅하야 以俟聖上講習之期하노이다 太后深納其言하다 〈出準傳〉

尙書郎 樊準이 儒風이 점점 쇠퇴한다 하여 상소하여 아뢰기를 "人君은 배우지 않아서는 안 됩니다. 光武皇帝가 天命을 받고 중흥하사 東西로 토벌하고 싸워서 편안히 거처할 겨를이 없었으나 오히려 창을 던지고 經書를 講하며 말을 쉬게 하고 道를 논하였습니다. 孝明皇帝는 여러 政事와 萬機를 마음속에 분별하지 않음이 없었으나 古典에 情을 쏟고 經藝(經學)에 뜻을 두어서 언제나 손님들에게 연향을 하고 射禮가 끝날 때마다 바르게 앉아 스스로 講學하여 여러 선비들이 함께 들으니, 사방이 기뻐하고 기뻐하였습니다. 또 유명한 선비들을 많이 불러서 廊廟(朝廷)에 포진해 있게 하고, 讌會할 때마다 經傳을 논란하며 즐거워하여 함께 政事와 敎化를 구하니, 期門과 羽林의 갑옷 입고 투구 쓴 병사들도 모두 ≪孝經≫에 통달하였습니다. 교화가 聖上의 몸으로부터 시작하여 흘러 변방의 오랑캐에게까지 미치니, 이 때문에 의논하는 자들이 언제나 훌륭한 시대를 일컬을 때마다 모두 永平年間을 말하는 것입니다. 지금은 학자가 더욱 적어졌는데 먼 지방은 특히 심해서 博士들은 講하던 자리를 치워 놓고 강론하지 않고 儒者들은 다투어 浮華하고 화려함을 논하여 자기 몸을 돌보지 않는 충성을 잊고 아첨하는 말만을 익히고 있으니, 어리석은 신은 생각건대 밝은 詔書를 내리시어 깊은 곳에 숨어 있는 은사들

을 널리 찾고 儒雅한 선비를 높여 등용해서 聖上께서 成長하여 강습하실 때를 기다려야 한다고 여깁니다." 하니, 太后가 그 말을 깊이 받아들였다. - ≪後漢書 樊準傳≫에 나옴 -

1)〔頭註〕無不簡心 : 簡은 分別之也요 閱也라
簡은 분별하는 것이고, 살펴보는 것이다.

2)〔頭註〕廊廟 : 廊은 殿下屋이요 廟는 太廟니 國事를 先謀於廊廟之所라
廊은 宮殿 아래의 집이고 廟는 太廟이니, 國事를 廊廟가 있는 곳에서 먼저 도모하는 것이다.

3)〔原註〕讌會 : 讌은 伊甸反이니 合語也라
讌은 伊甸反(연)이니, 모여서 말하는 것이다.

4)〔釋義〕衎衎 : 衎衎은 和樂貌라
衎衎은 和樂한 모양이다.

5)〔釋義〕倚席不講 : 倚席은 謂不施講坐(座)也라
자리를 치움은 강론하는 자리를 베풀지 않음을 이른다.

6)〔釋義〕謇 : 謇은 九輦反이니 易曰 蹇은 難也*)라하니라
謇은 九輦反(건)이니, ≪周易≫에 이르기를 "蹇은 어려움이다." 하였다.

*) 蹇難也 : ≪周易≫ 蹇卦 彖傳에 보이는 바, 謇은 蹇과 통하므로 인용한 것이다. 蹇卦 六二爻辭에 "王의 신하가 어렵고 어려운 것이 자기 一身 때문이 아니다.〔王臣蹇蹇 匪躬之故〕" 하였는데, 여기의 謇謇을 蹇卦의 蹇蹇과 같이 해석한 것이다. 그러나 일반적으로 謇謇은 忠直을, 蹇蹇은 國事를 위해 어려운 시기에 수고하는 것을 이르는 말로 쓰인다.

7)〔釋義〕諓 : 諓音踐이니 諂言也라
諓은 음이 천(전)이니, 아첨하는 말이다.

孝安[1]皇帝※ 名祜니 章帝孫이요 清河孝王慶之子라 在位十九年이요 壽三十二라

孝安皇帝는 이름이 祜이니, 章帝의 손자이고 清河孝王 慶의 아들이다. 재위가 19년이고 壽가 32세이다.

1)〔頭註〕孝安 : 寬容和平曰安이라
너그럽게 포용하고 화평함을 安이라 한다.

※ 即位數年은 太后臨朝하고 親政之後에 內寵益盛하니라
즉위한 뒤 몇 년은 太后가 조정에 臨御하였고, 親政한 뒤에는 內寵(궁중의 총애)이 더욱 성하였다.

【丁未】 永初元年이라

永初 元年(정미 107)

秋九月庚午에 太尉徐防이 以災異寇賊으로 策免[1]하니 三公이 以災異免이 自防始라 仲長統[2]昌言[3]曰 光武皇帝 愠(온)數世[4]之失權하고 忿彊臣[5]之竊命하야 矯枉過直하야 政不任下하니 雖置三公이나 事歸臺閣[6]이라 自此以來로 三公之職이 備員而已라 然이나 政有不治면 猶加譴責하니 而權移外戚之家하고 寵被近習之豎하야 水旱爲災라 此皆戚宦之臣이 所致然也어늘 反以(責)〔策〕讓[7]三公하야 至於死免하니 如此而欲望三公勳立於國家하고 績加於生民이면 不亦遠乎잇가 今人主 誠專委三公하야 分任責成호되 而在位病民하고 擧用失賢하고 百姓不安하고 爭訟不息하고 天地多變하고 人物多妖[8]어든 然後에 可以分此罪也니이다

가을 9월 庚午日에 太尉 徐防이 천재지변과 外賊 때문에 策免되니, 三公이 천재지변 때문에 면직당하는 것이 徐防으로부터 시작되었다. 仲長統의 ≪昌言≫에 다음과 같이 말하였다.

"光武皇帝가 몇 대 동안 권력을 잃은 것을 노여워하고 강한 신하(王莽)가 명령을 도둑질한 것을 분하게 여겨 굽은 것을 바로잡으려다가 지나치게 곧게 하여 아랫사람에게 정사를 맡기지 않으시니, 비록 三公을 두었으나 일이 臺閣으로 돌아가서 이로부터 三公의 직책은 숫자만 채울 뿐이었습니다. 그러나 정사가 다스려지지 않음이 있으면 오히려 三公에게 견책을 가하니, 권력은 外戚의 집안으로 옮겨 가고 총애는 가깝고 친숙한 환관에게 가해져서 水災와 旱災가 일어났습니다. 이는 모두 외척과 환관들이 이렇게 만든 것인데 도리

어 이것을 가지고 三公을 꾸짖어서 죽거나 면직함에 이르니, 이렇게 하고서 三公이 국가에 공훈을 세우고 백성들에게 공적을 더하기를 바란다면 거리가 멀지 않겠습니까? 이제 人主가 진실로 三公에게 전적으로 위임하여 책임을 분담하여 성공을 책임지게 하되, 〈三公이 선발하여〉 지위에 있게 한 자가 백성들을 해치고 추천하여 등용함에 賢者를 잃으며 백성들이 편안하지 못하고 爭訟이 그치지 않으며 天地에 변고가 많고 사람과 물건에게 재앙이 많다면, 그런 뒤에야 이 죄를 나눌 수가 있습니다."

1) 〔頭註〕 策免*) : 策은 王言也요 免은 黜也라 漢儀에 丞相有他過하야 使者奉策書하면 即時步出〈府〉하야 乘棧車하고 歸田里하니라
策은 王의 말씀이고, 免은 퇴출하는 것이다. 衛宏의 ≪漢舊儀≫에 "丞相이 다른 과실이 있어서 使者가 策書를 받들어 올리면 丞相은 곧바로 걸어서 丞相府를 나가 棧車를 타고 田里로 돌아간다." 하였다.

*) 策免 : 황제의 명령을 받들어 면직함을 이른다.

2) 〔釋義〕 仲長統 : 仲長은 複姓이요 統은 名也라 〔頭註〕 獻帝時人이니 丙戌年에 以統으로 爲尙書郞이라
〔釋義〕 仲長은 複姓이고 統은 이름이다. 〔頭註〕 獻帝 때 사람인데, 병술년에 仲長統을 尙書郞으로 삼았다.

3) 〔頭註〕 昌言 : 統이 論說古今行事하고 名曰昌〈言〉이라 昌은 當也니 當理之言이라
仲長統이 古今의 行事를 논설하고 이름하기를 ≪昌言≫이라고 하였다. 昌은 마땅함이니, 昌言은 이치에 합당한 말이다.

4) 〔頭註〕 數世 : 謂元成平哀라
몇 대는 元帝·成帝·平帝·哀帝를 이른다.

5) 〔頭註〕 彊臣 : 謂王莽이라
彊臣은 王莽을 이른다.

6) 〔頭註〕 臺閣 : 謂尙書라
臺閣은 尙書를 이른다.

7) 〔釋義〕 (責)〔策〕讓 : 王氏曰 策은 王言也요 讓은 責也라
王氏가 말하였다. "策은 왕의 말씀이고, 讓은 꾸짖음이다."

8) 〔釋義〕 妖 : 妖는 災也라
妖는 재앙이다.

【庚戌】 四年이라

永初 4년(경술 110)

鄧騭(즐)이 **在位**에 **頗能推進賢士**라 **弘農楊震**이 **孤貧好學**하야 **通達博覽**하니 **諸儒爲之語曰 關西孔子**는 **楊伯起**[1]라하야늘 **騭**이 **聞而辟之**하다 **累遷荊州刺史, 東萊太守**하다 **當之郡**할새 **道經昌邑**이러니 **故所擧荊州茂才王密**이 **爲昌邑令**하야 **夜懷金十斤**하고 **以遺震**이어늘 **震曰 故人**은 **知君**이어늘 **君不知故人**은 **何也**오 **密曰 暮夜**라 **無知者**니이다 **震曰 天知, 地知, 我知, 子知**하니 **何謂無知者**오하니 **密**이 **愧而出**하니라 **性**이 **公廉**하야 **子孫**이 **常素食**[2]**步行**이어늘 **故舊或欲令爲開產業**[3]한대 **震不肯曰 使後世**로 **稱爲淸白吏子孫**하야 **以此遺之**면 **不亦厚乎**아

鄧騭이 지위에 있자 자못 어진 선비를 추천하여 등용하였다. 弘農의 楊震이 외롭고 가난하였으나 학문을 좋아하여 통달하고 박람하니, 여러 선비들이 말하기를 "關西의 孔子는 楊伯起이다."라고 하였는데, 鄧騭은 이 말을 듣고 그를 등용하였다. 楊震이 여러 번 승진하여 荊州刺史와 東萊太守가 되었다.

일찍이 郡으로 부임할 때에 길이 昌邑을 경유하였는데, 옛날에 천거했던 荊州의 茂才 王密이 昌邑令이 되어 밤에 금 10근을 품고 와서 楊震에게 주었다. 楊震이 말하기를 "친구인 나는 그대를 아는데, 그대가 나를 알지 못함은 어째서인가?" 하니, 王密이 대답하기를 "늦은 밤이어서 아는 자가 없습니다." 하였다. 楊震이 말하기를 "하늘이 알고 땅이 알고 내가 알고 그대가 아는데, 어찌 아는 자가 없다고 말하는가?" 하자, 王密이 부끄러워 그대로 나갔다.

楊震은 성품이 공정하고 청렴하여 자손들이 항상 素食을 하고 도보로 다녔다. 친구들이 혹 자손들을 위하여 產業을 장만하게 하려고 하자, 楊震은 이것을 좋아하지 않으며 말하기를 "후세로 하여금 淸白吏의 자손이라고 칭하게 하여 이것을 후손에게 물려준다면 厚하지 않겠는가." 하였다.

1) 〔頭註〕 伯起 : 震의 字라

伯起는 楊震의 字이다.

2)〔頭註〕素食*) : 麤飯이니 凡草菜可食者를 通名爲蔬라

素食은 거친 밥이니, 먹을 수 있는 모든 풀과 나물을 통틀어 蔬라고 이름한다.

*) 素食 : 고기를 먹지 않음을 이르는 바, 疏食로도 쓴다. 食는 音이 사이다.

3)〔釋義〕或欲令爲開産業*) : 王氏曰 欲令楊震自爲開置産業이라

王氏가 말하였다. "楊震으로 하여금 스스로 産業을 마련하게 하고자 한 것이다."

*) 或欲令爲開産業 : 楊震으로 하여금 財貨와 田宅 따위를 장만하게 하고자 한 것이다.

〔史略 史評〕熊氏曰 君子之德이 明不欺天하고 幽不欺神하고 內不欺心하고 外不欺人하나니 持行於昭昭之際하고 昧心於冥冥之中이 可乎아 令以利來어늘 震以義責이라 故로 懷慙而退也하니라

熊氏가 말하였다.

"君子의 德은 밝은 곳에서는 하늘을 속이지 않고 어두운 곳에서는 神을 속이지 않으며, 안으로는 마음을 속이지 않고 밖으로는 남을 속이지 않으니, 밝게 드러난 데서는 훌륭한 행실을 지키고 어두운 데서는 마음을 속이는 것이 옳겠는가. 昌邑令은 이익을 가지고 왔는데 楊震은 義理로써 책하였다. 이 때문에 昌邑令이 부끄러운 마음을 품고 물러간 것이다."

〔史略 史評〕胡氏曰 安帝三公이 無出震之右者라 然이나 人臣以道事君하야 合則留하고 違則去어늘 震이 以三公之尊으로 兩奏一乳媼而不能動하니 宜去久矣로되 至是極言하야 遂取殺身之禍[1]하니 忠則忠矣나 然其燭理不明하고 處義不精하니 亦不足稱也니라

胡氏가 말하였다.

"安帝의 三公 중에 楊震보다 더한 자가 없었다. 그러나 신하는 道로써 군주를 섬겨서 道가 맞으면 머물고 어긋나면 떠나가야 하는데, 楊震은 존귀한 三公으로서 한 乳母에 대해 두 번이나 아뢰었으나 군주의 마음을 감동시키지 못하였으니, 떠나야 한 지가 오래되었다. 그런데 이때에 이르러 지극히 말하여 마침내 몸을 죽이는 화를 취하였다. 충성스럽기는 충성스러우나 이치를

봄이 밝지 못하고 義에 처함이 정밀하지 못하였으니, 또한 칭찬할 만한 것이 못 된다."

1) 〔譯註〕 遂取殺身之禍 : 安帝가 어린 나이로 즉위하자 太后가 조정에 臨御하였는데, 太后가 죽은 뒤에 오직 乳母인 王聖의 말만 듣고 환관의 참소를 따랐다. 楊震이 太尉로 있으면서 大鴻臚 耿寶, 中常侍 樊豐 등의 간악한 행위를 진언하였다가, 이들의 참소로 관직을 박탈당하고 本郡으로 돌아가던 도중에 여러 아들과 문인들에게 말하기를 "내가 奸臣의 교활한 행위를 미워하면서도 목을 베지 못하고 임금에게 총애받는 여인의 문란한 짓을 금지하지 못했는데 무슨 면목으로 日月을 볼 수 있겠는가." 하고는 酖毒을 마시고 죽었다. 順帝가 즉위하자 문인들이 伸冤하고 조정이 모두 그의 충성을 칭송하였으므로 조서를 내려 禮葬하게 하였다. 장사지내기 10여 일 전에 한 길이 넘는 큰 새가 楊震의 喪柩 앞에 앉아서 슬피 울며 눈물을 흘려 땅을 적셨다. 그 새는 장사가 끝나자 날아갔는데, 이에 사람들이 묘소에 石鳥像을 세웠다.

○ 朝歌賊甯(녕)季[1]等 數千人이 攻殺長吏하고 屯聚連年하니 州郡이 不能禁이라 鄧騭이 惡虞詡(허)하야 以詡爲朝歌長하니 故舊皆弔之[2]어늘 詡笑曰 事不避難은 臣之職也라 不遇盤根錯節이면 無以別利器[3]니 此乃吾立功之秋也라하다 及到官에 設三科하야 以募求壯士할새 自掾吏以下로 各擧所知하니 其攻劫者爲上하고 傷人偸盜者次之하고 不事家業者爲下하야 收得百餘人하다 詡爲饗會하야 悉貰(세)其罪[4]하고 使入賊中하야 誘令劫掠하고 乃伏兵以待之하야 遂殺賊數百人하고 又潛遣貧人能縫者하야 傭作賊衣호되 以采線으로 縫其裾하야 有出市里者어든 吏輒禽之하니 賊이 由是駭散하야 咸稱神明하니 縣境이 皆平이러라

朝歌의 도적인 甯季 등 수천 명이 長吏(守令)를 공격하여 죽이고 무리 지어 한데 모여서 수년간 亂을 계속하니, 州郡에서 금하지 못하였다. 鄧騭이 虞詡를 미워하여 虞詡를 朝歌의 長으로 삼으니, 친구들이 모두 위문하였으나 虞詡는 웃으며 말하기를 "국가의 일에 어려움을 피하지 않는 것이 신하의 직분이다. 서린 뿌리와 뒤엉킨 마디를 만나지 않으면 예리한 연장을 분별할 수

가 없으니, 이는 바로 내가 공을 세울 수 있는 좋은 기회이다." 하였다.

관청에 부임하자, 세 조목을 마련하여 壯士를 모집하여 구할 때에 掾吏 이하로부터 각각 아는 사람을 천거하게 하니, 사람을 공격하여 겁탈한 자를 上等으로 삼고, 사람을 부상시키거나 도둑질한 자를 다음으로 삼고, 家業에 일삼지 않은 자를 下等으로 삼아서 백여 명을 거두어 얻었다. 虞詡가 연향을 베풀어 그들의 죄를 모두 용서해 주고도 적 속으로 들어가서 적들을 유인하여 위협하고 노략질하게 하고는 군대를 매복시켜 기다렸다가 마침내 적 수백 명을 죽였다. 또 가난한 사람 중에 옷을 잘 꿰매는 자를 몰래 보내어 삯바느질을 하여 적의 옷을 만들되 채색 실로 옷자락을 꿰매게 하여 이 옷을 입고 시장 거리로 나오는 자가 있으면 관리가 그때마다 사로잡으니, 적들이 이로 말미암아 놀라 흩어져 모두 神明하다고 일컬었다. 그리하여 縣의 경내가 모두 평안하였다.

1)〔釋義〕朝歌賊甯季 : 朝歌는 河內邑也니 康叔所封之地라 甯은 姓也라
朝歌는 河內의 고을이니, 周나라 때 康叔을 봉한 곳이다. 甯은 姓이다.

2)〔通鑑要解〕故舊皆弔之 : 弔之는 謂其將得罪也라
친구들이 모두 위문한 것은 虞詡가 장차 죄를 얻을 것이라고 생각한 것이다.

3)〔釋義〕不遇盤根錯節 無以別利器 : 樹根之盤互와 木節之交錯은 非堅利之器면 不能治之라
나무의 뿌리가 서린 것과 나무의 마디가 뒤엉킨 것은 견고하고 예리한 연장이 아니면 다스리지 못한다.

4)〔釋義〕悉貰其罪 : 貰는 赦也라〔通鑑要解〕此三等人은 皆惡少年負宿罪者也니 悉貰之하야 使入賊爲間이라
〔釋義〕貰는 용서함이다.〔通鑑要解〕이 세 등급의 사람은 모두 악한 少年으로서 예전에 죄를 지은 자들이니, 이들을 모두 용서해 주고 도적 속으로 들어가 反間 노릇을 하게 한 것이다.

【乙卯】 元初二年이라

元初 2년(을묘 115)

太后聞虞詡有將帥之量하고 以爲武都太守하다 羌衆數千이 遮詡於陳倉崤谷[1)]이어늘 詡卽停軍不進하고 而宣言호되 上書請兵하야 須到當發이라하니 羌이 聞之하고 乃分鈔(초)[2)]傍縣이어늘 詡因其兵散하야 日夜進道할새 兼行百餘里하고 令吏士로 各作兩竈하야 日增倍之하니 羌이 不敢逼이라 或問曰 孫臏(빈)은 減竈[3)]어늘 而君이 增之하고 兵法에 日行이 不過三十里하야 以戒不虞어늘 而今日且二百里는 何也오 詡曰 虜衆多하고 吾兵少하니 徐行則易爲所及이요 速進則彼所不測이라 虜見吾竈日增이면 必謂郡兵來迎이라하리니 衆多行速이면 必憚追我라 孫臏은 見弱하고 吾今示彊하니 勢有不同故也니라

太后는 虞詡가 장수의 器量이 있다는 말을 듣고 武都太守로 삼았다. 羌族의 무리 수천 명이 陳倉의 崤谷에서 虞詡를 가로막자, 虞詡가 즉시 군대를 멈추어 전진하지 않고 선언하기를 "조정에 글을 올려 병력을 요청해서 이들이 오기를 기다려 출발하겠다." 하니, 羌族들이 이 말을 듣고 마침내 군대를 나누어 이웃 고을을 약탈하였다. 虞詡는 羌族의 군대가 흩어진 틈을 타서 밤낮으로 길을 갈 적에 행군 속도를 倍加하여 하루에 100여 리를 가고, 관리와 병사들로 하여금 사람마다 각각 아궁이(취사장)를 두 개씩 만들게 하여 날마다 배로 늘리니, 羌族들이 감히 가까이 오지 못하였다.

혹자가 묻기를 "孫臏은 아궁이 수를 줄였는데 그대는 숫자를 늘렸고, 兵法에 하루에 행군하는 거리는 30리를 넘기지 않아서 비상사태를 경계하는데 지금 하루에 장차 200리를 감은 어째서인가?" 하니, 虞詡가 대답하기를 "오랑캐 무리는 많고 우리 군대는 적으니, 천천히 가면 따라잡히기가 쉽고 속히 전진하면 저들이 예측하지 못한다. 오랑캐들이 우리의 아궁이 숫자가 날마다 늘어난 것을 보면 반드시 고을의 군대가 와서 맞이한 것이라고 생각할 것이니, 병력이 많고 행군 속도가 빠르면 반드시 우리를 추격하기를 꺼릴 것이다. 孫臏은 상대방에게 약한 점을 보여 주었고 지금 나는 상대방에게 강한 점을 보여 주었으니, 이는 형세상 같지 않음이 있기 때문이다." 하였다.

1) 〔釋義〕 陳倉崤谷 : 括地志에 岐州陳倉縣이 是崤谷이니 今陝州陝縣東二崤是라

≪括地志≫에 "岐州 陳倉縣이 바로 崤谷이니, 지금 陜州 陜縣 동쪽의 二崤가 이곳이다." 하였다.

2)〔頭註〕鈔：掠取也라

鈔는 약탈함이다.

3)〔釋義〕孫臏減竈：孫臏減竈事는 在周顯王二十八年하니라

孫臏이 아궁이 수를 줄인 일은 周나라 顯王 28년에 있다.

【壬戌】延光元年이라

延光 元年(임술 122)

皇太后鄧氏崩[1)]커늘 **帝始親政事**하다 **帝少號聰明故**로 **鄧太后立之**러니 **及長**에 **多不德**하야 **稍不可**[2)]**太后意**라 **及太后崩**에 **鄧氏五侯**[3)]를 **皆廢爲庶人**하고 **以閻皇后兄弟**로 **竝爲卿校**[4)]하야 **典禁兵**하니 **於是**에 **內寵**이 **始盛**이라 **中常侍江京等**이 **扇動內外**하야 **競爲侈虐**이러라

皇太后 鄧氏가 별세하자, 황제가 비로소 정사를 직접 다스렸다. 황제가 어렸을 적에 총명하다고 이름이 났기 때문에 鄧太后가 세운 것인데, 장성하자 부덕한 일이 많아서 차츰 太后의 마음에 들지 않았다. 太后가 별세하자 鄧氏의 五侯를 모두 폐하여 庶人으로 삼고, 閻皇后의 형제를 모두 九卿과 校尉로 삼아서 禁兵을 맡게 하니, 이에 內寵이 비로소 성하였다. 中常侍 江京 등이 內外를 선동하여 다투어 사치하고 포악한 짓을 하였다.

1)〔頭註〕皇太后鄧氏崩：宮人誣告太后兄弟悝弘閶等이 謀立平原君이라하니 帝怒하야 遂廢西平侯廣宗等하야 爲庶人하니라

宮人이 鄧太后의 兄弟인 悝, 弘, 閶 등이 平原君을 황제로 세울 것을 모의한다고 誣告하니, 황제가 노하여 마침내 〈鄧弘의 아들인〉 西平侯 廣宗 등을 폐하여 庶人으로 삼았다.

2)〔通鑑要解〕稍不可：言意不以爲可也라

稍不可는 마음에 可하다고 여기지 않음을 말한다.

3)〔頭註〕五侯：西平侯廣宗, 葉侯廣德, 西華侯忠, 陽安侯珍, 都鄉侯甫德이니 皆安

帝之舅之子也라

五侯는 西平侯 廣宗, 葉侯 廣德, 西華侯 忠, 陽安侯 珍, 都鄕侯 甫德이니, 모두 安帝의 외숙의 아들이다.

4) 〔頭註〕 卿校 : 卿은 九卿이요 校는 校尉라

卿은 九卿이고, 校는 校尉이다.

○ 汝南太守王龔이 好才愛士하야 以袁閬爲功曹하고 引進郡人陳蕃, 黃憲[1]等하니 憲은 不屈하고 蕃은 遂就吏[2]하다 憲이 世貧賤하야 父爲牛醫러니 潁川荀淑이 遇憲於逆旅[3]하니 時年이 十四라 淑이 竦然異之하야 揖與語하야 移日[4]不能去하고 謂憲曰 子는 吾之師表也로다 旣而오 前至[5]袁閬所하야 問曰 子國에 有顔子하니 寧[6]識之乎아 閬曰 見吾叔度[7]耶아 是時에 同郡戴良이 才高倨傲호되 而見憲이면 未嘗不正容하고 及歸에 罔然若有失也어늘 其母問曰 汝復從牛醫兒來耶아 對曰 良이 不見叔度엔 自以爲無不及이러니 旣覩其人엔 則瞻之在前이라가 忽然在後하야 固難得而測矣라하더라 陳蕃及周擧 常相謂曰 時月之間[8]에 不見黃生이면 則鄙吝之萌[9]이 復存乎心矣라하더라 太原郭泰[10] 少遊汝南할새 先過袁閬하야 不宿而退하고 進往從憲하야 累日方還이어늘 或以問泰한대 泰曰 奉高之器[11]는 譬諸汎濫(궤함)[12]이 雖淸而易挹(읍)[13]이어니와 叔度는 汪汪若千頃波하야 澄之不淸하고 淆(효)之不濁하야 不可量也라하더라

汝南太守 王龔이 인재를 좋아하고 선비를 아껴서 袁閬을 功曹로 삼고 고을 사람인 陳蕃과 黃憲 등을 이끌어 등용하니, 黃憲은 절개를 굽히지 않았고 陳蕃은 마침내 관리에 취직하였다. 黃憲은 집안이 대대로 가난하고 천하여 아버지가 牛醫(소의 병을 치료하는 의원)가 되었는데 潁川의 荀淑이 黃憲을 여관에서 만나니, 이때 나이가 14세였다. 荀淑이 공경히 예우하여 읍하고서 더불어 말을 하되 한참이 지나도록 자리를 떠나지 못하고 黃憲에게 이르기를 "그대는 나의 師表이다." 하였다. 이윽고 앞으로 나아가 袁閬의 처소에 이르러 묻기를 "그대의 고을에 顔子가 있으니, 그대는 알고 있는가?" 하니, 袁閬

이 말하기를 "우리 叔度(黃憲)를 보았는가?" 하였다.

이때 같은 고을의 戴良이 재주가 뛰어나 거만하였으나 黃憲을 보면 용모를 단정히 하지 않은 적이 없었고 돌아와서는 망연자실하였다. 그 어머니가 묻기를 "네가 또 牛醫의 아들을 따라 놀다가 왔느냐?" 하니, 대답하기를 "제가 叔度를 보기 전에는 스스로 미치지 못하는 것이 없다고 여겼는데, 이미 그를 본 뒤에는 바라봄에 앞에 있다가 홀연히 뒤에 있어서 진실로 측량하기가 어렵습니다." 하였다.

陳蕃과 周擧가 항상 서로 이르기를 "한 철이나 한 달 동안 黃生을 보지 않으면 비루하고 인색한 생각이 다시 마음속에 생긴다." 하였다. 太原의 郭泰가 젊어서 汝南에서 놀 때에 먼저 袁閬을 방문했을 때에는 留宿하지 않고 그대로 물러 나오고, 나아가서 黃憲을 따라 놀 때에는 며칠이 지나서야 비로소 돌아왔다. 혹자가 郭泰에게 그 이유를 묻자, 郭泰가 말하기를 "奉高(袁閬)의 器局은 비유하면 氿濫이 비록 맑지만 측량하기 쉬운 것과 같다. 그러나 叔度는 넓디넓은 千頃의 물결과 같아서 맑게 해도 맑아지지 않고 흐리게 해도 흐려지지 않아 측량할 수가 없다." 하였다.

1) 〔頭註〕 黃憲 : 初擧孝廉하고 又辟公府하니 人勸仕한대 暫至京師라가 卽還하야 四十八終하니라
 黃憲이 처음에 孝廉으로 천거되고 또 公府에서 부르자 사람들이 벼슬할 것을 권하니, 잠시 京師에 이르렀다가 곧바로 돌아와 48세에 죽었다.
2) 〔頭註〕 就吏 : 就辟而爲吏也라
 부름에 나아가 관리가 된 것이다.
3) 〔頭註〕 逆旅 : 客舍라 〔通鑑要解〕 設館舍하야 迎客故로 逆旅라
 〔頭註〕 逆旅는 객사이다. 〔通鑑要解〕 館舍를 설치하여 손님(나그네)을 맞이하기 때문에 逆旅라 한 것이다.
4) 〔頭註〕 移日 : 日移晷也라
 移日은 〈시간이 흘러〉 해 그림자가 옮겨 가는 것이다.
5) 〔頭註〕 前至 : 前은 進也라
 前은 나아감이다.
6) 〔頭註〕 寧 : 豈也라

寗은 豈이다.

7)〔原註〕叔度：憲의 字叔度라

黃憲의 字가 叔度이다.

8)〔頭註〕時月之間：自朔至晦爲一月이요 三月爲一時라

초하루부터 그믐까지를 한 달〔月〕이라 하고, 3개월을 한 철〔時〕이라 한다.

9)〔釋義〕鄙吝之萌：鄙吝은 猶茅塞*)之意라〔頭註〕作事可卑賤者를 謂之鄙요 作事可羞愧者를 謂之吝이라

〔釋義〕鄙吝은 茅塞이라는 뜻과 같다.〔頭註〕일을 함에 낮고 천하게 여길 만한 것을 鄙라 이르고, 일을 함에 부끄러워할 만한 것을 吝이라 이른다.

*) 茅塞：사람들이 다니는 산길이 잠시 사용하면 길을 이루지만 한동안 사용하지 않으면 띠풀이 자라서 길을 막는 것으로, 마음이 물욕에 가려짐을 이른다. ≪孟子≫〈盡心 下〉에 보인다.

10)〔原註〕太原郭泰：郭泰는 字林宗이라

郭泰는 字가 林宗이다.

11)〔釋義〕奉高之器：奉高는 袁閬字也라

奉高는 袁閬의 字이다.

12)〔釋義〕氿濫：王氏曰 氿音軌니 字從九無點이라 或作氿하니 誤也라 濫은 通作檻이라 爾雅註云 氿는 泉仄出也니 從傍出也요 濫은 泉涌出也라

王氏가 말하였다. "氿는 음이 궤이니, 글자 모양이 九字를 따르고 점이 없다. 혹은 氿으로 쓰니, 잘못이다. 濫은 檻과 통한다. ≪爾雅≫의 註에 이르기를 "氿는 샘물이 옆으로 나오니 곁에서 흘러나오는 것이고, 濫은 샘물이 용솟음쳐 곧바로 나오는 것이다." 하였다.

13)〔通鑑要解〕易挹：挹은 量也라

挹은 헤아림이다.

〔史略 史評〕范曄曰 黃憲의 言論風旨 無所傳聞焉이로되 士君子見之者 靡不服深遠하야 去玼吝이라 故로 予曾祖穆侯以爲 憲이 隤然其處順[1]하고 淵乎其似道[2]하니 若及門於孔氏면 其殆庶乎[3]인저하시니라

范曄이 말하였다.

"黃憲의 언론과 風旨는 전하여 알려진 것이 없으나 선비와 君子 중에 그를 만나 본 자들은 그의 深遠함에 감복하여 자신의 잘못과 인색한 마음을 버리

지 않는 이가 없었다. 그러므로 나의 曾祖이신 穆侯는 이르시기를 '黃憲은 유순하여 순함에 처하고 마음이 깊어 道와 같았으니, 만약 孔氏의 문하에 이르렀다면 顔回처럼 거의 道에 가까웠을 것이다.' 하였다."

1) 〔譯註〕 隤然其處順 : ≪周易≫ 〈繫辭傳〉에 "坤은 순하니 사람에게 간략함으로 보여 준다.〔夫坤 隤然 示人簡矣〕"라고 보이는 바, 隤는 유순한 모양이다.
2) 〔譯註〕 淵乎其似道 : ≪老子≫에 '淵乎似萬物之宗'이라고 보이는 바, 마음이 깊어서 헤아릴 수 없음을 이른다.
3) 〔譯註〕 其殆庶乎 : ≪周易≫ 〈繫辭傳〉에 "顔氏의 아들(顔回)은 거의 道에 가까울 것이다.〔顔氏之子 其殆庶幾乎〕"라고 보이는 바, 후에 '殆庶'는 어진 덕이 있는 자를 가리키는 말로 쓰인다.

【乙丑】 四年이라

延光 4년(을축 125)

三月에 **帝崩**하니 **年三十二**라 **太后臨朝**[1)]하야 **欲久專國政**하야 **貪立幼年**하야 **與閻顯等**으로 **定策禁中**하고 **迎濟北惠王**[2)]의 **子北鄕侯懿**[3)]하야 **爲嗣**하다 **乙酉**에 **北鄕侯卽皇帝位**하다

3월에 황제가 별세하니, 향년이 32세였다. 太后가 조정에 臨御하여 오랫동안 國政을 독차지하고자 해서 나이 어린 임금을 세우려고 하여 閻顯 등과 궁중에서 계책을 정하고 濟北惠王의 아들 北鄕侯 懿를 맞이하여 後嗣로 삼았다. 乙酉日에 北鄕侯가 황제의 자리에 올랐다.

1) 〔原註〕 太后臨朝 : 太后는 卽安帝閻后라
太后는 바로 安帝의 閻后이다.
2) 〔頭註〕 迎濟北惠王 : 濟北惠王은 章帝第七子이니 名壽라
濟北惠王은 章帝의 일곱째 아들이니, 이름이 壽이다.
3) 〔釋義〕 北鄕侯懿 : 北鄕은 郡名이니 在濟北地라
北鄕은 고을 이름이니, 濟北 땅에 있었다.

○ **冬十月**에 **北鄕侯薨**하다

겨울 10월에 北鄕侯가 죽었다.

○ **十一月**에 **中常侍孫程, 王康等十九人**이 **聚謀於德陽殿**하고 **迎濟陰王**[1]하야 **卽皇帝位**하니 **時年**이 **十二**라 **收閻顯**하야 **下獄誅**하고 **遷太后於離宮**하고 **封孫程等**하야 **皆爲列侯**하니 **是爲十九侯**러라

11월에 中常侍 孫程과 王康 등 19명이 德陽殿에서 모여 모의하고는 濟陰王을 맞이하여 皇帝의 자리에 오르게 하니, 이때 나이가 12세였다. 閻顯을 체포하여 하옥시켜 죽이고 太后를 離宮에 옮기고는 孫程 등을 봉하여 모두 列侯로 삼으니, 이들이 十九侯이다.

1)〔頭註〕濟陰王 : 閻皇后性妬忌하여 王母李氏生帝하니 閻后鴆殺之라 庚申年에 立爲皇太子라가 後被廢爲濟陰王이라
閻皇后가 성품이 질투하여 濟陰王의 生母 李氏가 황제를 낳자, 그녀를 독살하였다. 濟陰王은 庚申年에 서서 皇太子가 되었다가 뒤에 폐위당하여 濟陰王으로 있었다.

〔史略 史評〕史斷曰 孝殤이 始生百日而爲君하니 無足道者요 淸河王慶은 孝章之長子라 嘗正位儲宮이러니 廢不以罪하고 且年齡益長에 過失無聞하니 使於此時迎立하야 以主漢祀면 不亦善哉아 而鄧后終利幼弱하고 欲久臨朝하야 安帝年才十三에 俾稱尊享御라 然이나 權歸外戚하고 令出房幃하야 帝年三十에 猶未及親政이라 故로 自永寧以後로 日食地震과 雨水風雹之變이 歲不一書하고 母后常隆에 宦寺得政하야 腐身薰子[1]에 委寄國命하야 手握天爵하고 口銜天憲하야 擧動移山海하고 呼吸變霜露하야 海內愁怨하고 志士窮棲어늘 方且計金授官하며 移民逃寇하고 推咎台衡하야 以答災眚하니 吾誰欺오 欺天乎인저

史斷에 말하였다.

"孝殤皇帝는 갓 태어난 지 백일 만에 군주가 되었으니 굳이 말할 것이 없

고, 淸河王 慶은 孝章皇帝의 長子로 일찍이 東宮에서 太子의 자리에 올랐는데 죄 없이 폐위당하였고, 또 나이가 들어 더욱 장성하자 알려진 과실이 없었으니, 만일 이때 그를 맞이하여 세워서 漢나라 제사를 주관하게 했더라면 좋지 않았겠는가. 그런데 鄧后는 끝내 유약한 자를 세우는 것을 이롭게 여기고 오랫동안 조정에 臨御하고자 하여 나이 겨우 13세인 安帝에게 尊位를 칭하고 등극하게 하였다. 그러나 권세가 외척에게 돌아가고 명령이 궁중에서 나와서 황제의 나이가 30세인데도 오히려 親政하지 못하였다. 이 때문에 永寧年間 이후로 日食과 地震과 장마와 홍수와 바람과 우박의 변고가 해마다 한 번 기록하는 데에 그치지 않았고, 母后가 항상 융성함에 모시는 宦官들이 정권을 얻어 거세당한 자들에게 국가의 운명을 맡겨서, 손에는 天爵을 쥐고 입에는 天憲을 머금어서 一擧一動이 산과 바다를 움직이고 호흡하는 사이에 가을 서리와 봄 이슬로 변화하여, 海內가 근심하고 원망하며 志士들이 곤궁하였다. 그런데도 금전을 계산하여 관직을 주었으며 백성을 옮겨 敵侵을 피하게 하고 정승에게 허물을 돌려 재앙을 막으려 하였으니, 내 누구를 속이겠는가? 하늘을 속인단 말인가."

1) 〔譯註〕 腐身薰子 : 옛날 腐刑을 할 때에 반드시 薰하여 거세하였으므로 환관들을 腐身薰子라 칭하였다.

孝順[1]皇帝[※] 名保요 安帝長子也니 在位十九年이요 壽三十이라

孝順皇帝는 이름이 保이고 安帝의 長子이니, 재위가 19년이고 壽가 30세이다.

1) 〔頭註〕 孝順 : 慈和徧服曰順이라
자애롭고 온화하여 두루 복종시키는 것을 順이라 한다.

※ 卽位之初에 天下想其風采하고 黃瓊, 李固之徒 相繼登庸하니 東京之士 於玆盛焉이라 然이나 閹宦弄權하고 梁氏用事하야 賢人君子不能救漢祚之衰하니라
즉위한 초기에 천하 사람들이 그 風采의 훌륭함을 생각하였고 黃瓊과 李

固의 무리가 뒤이어 등용되니, 東京(後漢)의 선비들이 이때에 성하였다. 그러나 宦官들이 권력을 농간하고 梁氏가 권력을 행사해서 賢人 君子들도 쇠퇴하는 漢나라의 國運을 구원하지 못하였다.

【丁卯】 永建二年이라

永建 2년(정묘 127)

初에 南陽樊英이 少有學行하야 名著海內라 隱於壺山之陽하야 州郡이 前後禮請호되 不應하고 公卿이 擧賢良方正有道호되 皆不行하고 安帝賜策書[1]徵之호되 不赴러니 是歲에 帝復以策書玄纁[2]으로 備禮徵英하야 待以師傅之禮하다 英이 初被詔命에 衆이 皆以爲必不降志라하더니 南郡王逸이 素與英善이라 因與書호되 多引古譬諭하야 勸使就聘이러니 及後應對에 無奇謀深策이라 談者以爲失望이러라 河南張楷 與英俱徵이러니 謂英曰 天下에 有二道하니 出與處也라 吾前以子之出에 能輔是君也하고 濟斯民也라하더니 而子始以不訾之身[3]으로 怒萬乘之主[4]라가 及其享受爵祿하야는 又不聞匡救之術하니 進退無所據矣로다

처음에 南陽의 樊英이 젊어서부터 학식과 행실이 있어서 이름이 海內에 드러났다. 壺山 남쪽에 은둔하여 州郡에서 전후로 禮를 갖추어 청하였으나 응하지 않았고, 公卿들이 현량하고 방정하며 道가 있다고 천거하였으나 모두 나아가지 않았으며, 安帝가 策書를 내려 불렀으나 달려가지 않았다. 이 해에 황제가 다시 策書와 玄纁으로 禮를 갖추어 樊英을 불러서 師傅의 禮로 대우하였다.

樊英이 처음에 詔命을 받자, 사람들은 모두 樊英이 반드시 뜻을 굽히지 않을 것이라고 여겼다. 南郡의 王逸은 평소 樊英과 친하였으므로 인하여 그에게 편지를 보낼 적에 많이 옛날의 일을 끌어다 비유해서 聘問에 나아갈 것을 권하였는데, 뒤에 〈황제에게〉 응대할 때에 기묘한 꾀와 깊은 계책이 없으니, 말하는 자들이 실망하였다.

河南의 張楷가 樊英과 함께 부름을 받았는데, 樊英에게 이르기를 "천하에는 두 가지 길이 있으니, 나가서 벼슬함과 은둔함이다. 나는 전에 그대가 나아가면 이 군주를 보필하고 이 백성을 구제할 수 있을 것이라고 여겼는데, 그대가 처음에 헤아릴 수 없이 귀한 몸으로 萬乘의 군주를 노엽게 했다가 爵祿을 누리고 받음에 미쳐서는 또 군주를 바로잡는 방법이 있단 말을 듣지 못하였으니, 나아가고 물러남에 근거할 바가 없다." 하였다.

1) 〔頭註〕 策書 : 策은 王言也요 又通作冊이라 說文에 符命也라
策은 王의 말씀이고, 또 冊과 통용된다. ≪說文解字≫에 "冊은 符命(임금의 명령)이다." 하였다.

2) 〔釋義〕 玄纁 : 韻會〈注〉云 玄纁者는 天地之正色*)이라 土無正位하야 托位南方火라 赤與黃爲纁이라
≪古今韻會擧要≫ 注에 이르기를 "玄纁은 天地의 正色이다. 土는 바른(정해진) 자리가 없어서 南方火에 자리를 의탁한다. 赤色과 黃色을 纁이라 한다." 하였다.

*) 玄纁者 天地之正色 : 玄은 옅은 검정색으로 하늘의 색깔이고, 纁은 주황색으로 땅의 색깔이라 한다.

3) 〔釋義〕 不訾之身 : 訾는 與貲(同)〔通〕하니 不訾는 言無訾量可以比之하니 貴重之極也라
訾는 貲와 통하니, 不訾는 헤아려 견줄 수가 없음을 말하니, 귀중함이 지극한 것이다.

4) 〔通鑑要解〕 怒萬乘之主 : 按樊英傳컨대 英初稱病이라 故로 强輿入殿에 猶不以禮屈한대 帝怒하니라 〔附註〕 英固辭不得하야 到京하야 〈强〉輿入殿에 猶不以禮屈한대 帝怒曰 朕能生殺貴賤貧富어늘 君何以慢朕命고 英曰 受命於天하니 生盡其命도 天也요 死不得其命도 亦天也라 陛下焉能生殺臣耶잇가
〔通鑑要解〕 〈樊英傳〉을 살펴보건대 樊英이 처음에 병을 핑계 대었으므로 억지로 수레를 타고 궁전에 들어왔으나 오히려 禮로 굽히지 않자, 황제가 노하였다. 〔附註〕 樊英이 굳이 사양하였으나 허락을 얻지 못하여 서울에 이르러서 억지로 수레를 타고 궁전에 들어왔으나 오히려 禮로 굽히지 않자, 황제가 노하여 이르기를 "朕이 사람을 살리고 죽이고 귀하게 하고 천하게 하고 가난하게 하고 부유하게 할 수 있는데, 그대는 어찌 朕의 명령에 不敬하는가?" 하자, 樊英이 대답하기를 "하늘에서 命을 받았으니, 살아서 그 목숨을 다하는 것도 하늘의 뜻이고 죽어

서 그 목숨을 다하지 못하는 것도 하늘의 뜻입니다. 폐하께서 어찌 臣을 살리고 죽이실 수 있겠습니까?" 하였다.

溫公曰 古之君子 邦有道則仕하고 邦無道則隱하니 隱은 非君子之所欲也요 人莫己知而道不得行하고 群邪共處而害將及身이라 故로 深藏以避之라 王者擧逸民[1]하고 揚仄陋[2]는 固爲其有益於國家요 非以徇世俗之耳目也라 是故로 有道德足以尊主하고 智能足以庇民이요 被褐懷玉하야 深藏不市면 則王者當盡禮以致之하고 屈體以下之하고 虛心以訪之하고 克己以從之니 然後에 能利澤施于四表하고 功烈格于上下라 蓋取其道요 不取其人이며 務其實이요 不務其名也라 若乃孝弟著於家庭하고 行誼隆於鄕曲[3]하야 利不苟取하고 仕不苟進하야 潔己安分하야 優游卒歲면 雖不足以尊主庇民이나 是亦淸修之吉士也라 王者當褒優安養하야 俾遂其志하야 若孝昭之待韓福[4]과 光武之遇周黨하야 以勵廉恥, 美風俗이 斯亦可矣니 固不當如范升之詆毁[5]요 又不可如張楷之責望[6]也라 至於飾僞以邀[7]譽하고 釣奇以警[8]俗하야 不食君祿而爭屠沽[9]之利하고 不受小官而規卿相之位하야 名與實反하고 心與迹違하야는 斯乃華士, 少正卯之流[10]니 其得免於聖人之誅 幸矣라 尙何聘召之有哉리오

溫公이 말하였다.

"옛날에 君子는 나라에 道가 있으면 벼슬하고 나라에 道가 없으면 은둔하였으니, 은둔함은 君子가 원하는 바가 아니요, 사람들이 자신을 알아주는 이가 없어 道가 행해지지 못하고 여러 간사한 사람들이 함께 처하여 害가 자신에게 미치므로 깊이 숨어 피하는 것이다. 王者가 逸民을 천거하고 미천한 사람을 세상에 드러내는 것은 진실로 국가에 유익함이 있기 때문이요, 세속의 耳目을 따르려고 해서가 아니다. 이 때문에 道와 德이 충분히 군주를 높일 수 있고 지혜와 재능이 백성을 보호할 수 있으면서도 갈옷을 입고 玉을 품고서 깊이 숨어 나오지 않는 자가 있으면 王

者가 마땅히 禮를 다하여 招致하고 몸을 굽혀 낮추며 마음을 비워 묻고 私慾을 이겨 따라야 하니, 그런 뒤에야 은택이 四表(四方)에 베풀어지고 功烈이 上下(天地)에 이르는 것이다. 이는 道를 취하고 사람을 취하지 않으며, 실제에 힘쓰고 이름에 힘쓰지 않는 것이다.

만약 효도와 우애가 가정에 드러나고 훌륭한 행실이 鄕曲에 드높아 이익을 구차히 취하지 않고 벼슬에 구차히 나아가지 않아서 자기 몸을 깨끗이 하고 분수에 편안하여 한가로이 놀며 한 해를 마친다면 비록 군주를 높이고 백성들을 보호하지는 못한다 하더라도 이 또한 깨끗이 닦는 선비이다. 王者가 마땅히 표창하고 우대하여 편안히 길러 그 뜻을 이루게 해서, 孝昭皇帝가 韓福을 대하고 光武帝가 周黨을 대우하듯이 하여 廉恥를 장려하고 풍속을 아름답게 하는 것이 또한 옳으니, 진실로 范升처럼 훼방해서도 안 되고 또 張楷처럼 책망해서도 안 된다.

거짓을 꾸며 명예를 바라고 기이함을 낚아 時俗을 놀라게 하여, 군주의 녹봉을 먹지 않으면서 짐승을 도살하고 술 파는 이익을 다투고, 작은 벼슬을 받지 않으면서 卿相의 지위를 엿보아, 이름이 실제와 위반되고 마음이 행적과 어긋남에 이르러서는 바로 華士와 少正卯의 부류이니, 聖人의 주벌을 면하는 것도 다행이다. 오히려 어찌 초빙하여 부를 것이 있겠는가."

1)〔釋義〕逸民：逸民者는 節行超逸也니 如俊民之義요 非隱逸也라
逸民은 節行이 뛰어난 것이니, 俊民과 같은 뜻이고 隱逸의 뜻이 아니다.

2)〔釋義〕仄陋：仄은 古側字라 書曰〈明〉明揚〈側〉陋라한대 註에 明擧明人在〈側〉陋者니 廣求賢也라 蔡氏〈傳〉曰 側陋는 謂微賤之人라
仄은 側의 古字이다. ≪書經≫ 〈堯典〉에 "덕이 밝은 사람을 밝히고 側陋한 이를 드날린다." 하였는데, 註에 "밝은 사람으로서 누추한 처지에 있는 이를 밝게 천거하는 것이니, 어진 이를 널리 찾는 것이다." 하였다. 蔡沈의 傳에 이르기를 "側陋는 미천한 사람을 이른다." 하였다.

3)〔頭註〕鄕曲：曲者는 里之一曲也니 鄕里曰鄕曲이라
曲은 里의 한 曲이니, 鄕里를 鄕曲이라 한다.

4)〔附註〕待韓福：昭帝賜郡國所選有行義者涿郡韓福等五人帛五十匹하야 遣歸하고

詔曰 朕不勞以官職之事호리니 其務修孝悌하야 以教鄕里하라하고 令郡縣으로 常以正月賜羊酒하고 其有不幸者어든 賜衣一襲하고 祀以中牢하다

昭帝는 郡國에서 훌륭한 행실이 있다고 뽑은 涿郡의 韓福 등 5명에게 비단 50필을 하사하여 돌아가게 하고 명하기를 "짐은 그대들에게 관직의 일로써 수고롭게 하지 않을 것이니, 孝悌를 힘써 닦아서 鄕里를 교화하라." 하고는 郡縣으로 하여금 항상 正月에 양고기와 술을 내려 주게 하고, 불행히 죽은 자가 있으면 옷 한 벌을 하사하고 中牢로 제사하게 하였다.

5)〔釋義〕范升之詆毁：王氏曰 范升之詆毁는 按光武時에 韓歆이 欲爲左氏春秋立博士한대 范升{之}曰 左氏不祖孔子하고 而出於丘明하니 無因得立이라하니 難者以太史公(名)〔多〕引左氏라한대 升又上太史公違戾五經하고 繆孔子言及左氏不(敢)〔可〕錄者三十一事하니라

王氏가 말하였다. "范升의 훼방은 살펴보건대 光武帝 때에 韓歆이 ≪左氏春秋≫를 위하여 博士를 세우려고 하자, 范升이 말하기를 '≪左氏春秋≫는 孔子를 祖宗으로 삼지 않고 左丘明에게서 나왔으니, 이 때문에 五經博士를 세울 수가 없습니다.' 하였다. 논란하는 자가 '太史公이 ≪左氏春秋≫를 많이 인용하였다.'고 말하자, 范升은 또 太史公이 五經에 어긋난 것, 孔子의 말씀과 부합되지 않은 것 및 ≪左氏春秋≫ 중에 기록해서는 안 되는 일 서른 한 가지를 올렸다."

6)〔新增〕張楷之責望：愚按司馬公謂范升之詆毁者는 謂范升之毁周黨也니 事在光武建武五年*)이요 張楷之責望者는 謂責樊英也니 見上史本文이라 王氏謂范升之毁左氏及太史公이라하니 學者詳之라

내가 살펴보건대 司馬公이 말한 范升의 詆毁라는 것은 范升이 周黨을 훼방한 것을 이르니 이 일은 光武帝 建武 5년에 있고, 張楷의 책망이라는 것은 樊英을 책망함을 이르니 위의 史書 本文에 보인다. 그런데 王氏는 范升이 左氏와 太史公을 훼방한 것이라 하였으니, 배우는 자가 살펴보아야 할 것이다.

*) 事在光武建武五年：建武 5년에 光武帝가 處士인 太原의 周黨과 會稽의 嚴光 등을 불러 京師에 이르게 하니, 周黨이 들어와 뵐 적에 엎드리기만 하고 拜謁하지 않고는 스스로 뜻한 바를 지키기를 원한다고 말하였다. 이에 博士 范升이 아뢰기를 "삼가 보니, 太原의 周黨과 東海의 王良과 山陽의 王成 등이 국가의 후한 은혜를 입었으면서도 使者가 세 번이나 초빙한 뒤에야 비로소 수레에 오르고, 섬돌에 미쳐 조정에서 뵐 적에 周黨은 禮로 자신을 굽히지 않아 엎드리기만 하고 拜謁하지 않았으며, 교만하고 사나워 동시에 함께 가버렸습니다. 周黨 등은 文은

義理를 부연하지 못하고 武는 군주를 위하여 죽지 못하면서 화려한 명예를 취하여 거의 三公의 지위에 올랐으니, 신은 원컨대 그들과 雲臺의 아래에 앉아서 국가를 도모하는 방도를 考試해서 저들의 말이 신의 말과 다를 경우에는 신이 허망한 죄를 받을 것이요, 만일 제 말대로 저들이 감히 헛된 이름을 사사로이 도둑질하여 上에게 과시하고 높아지기를 구한 것이라면 저들은 모두 크게 不敬한 것입니다." 하였다.

7) 〔頭註〕 邀 : 與要通이라
邀는 要와 통한다.

8) 〔頭註〕 警 : 綱目作驚이라
警은 ≪資治通鑑綱目≫에 驚으로 되어 있다.

9) 〔頭註〕 屠沽 : 屠는 殺物也요 沽는 賣也라
屠는 짐승을 도살하는 것이고, 沽는 파는 것이다.

10) 〔釋義〕 華士少正卯之流 : 太公戮華士於齊하고 孔子誅少正卯於魯라 〔附註〕 韓非子曰 太公封於齊하니 東海上에 有任矞, 華士昆弟二人이어늘 太公殺之하다 周公急傳而問曰 二子皆賢人이어늘 殺之는 何也오 太公曰 是昆弟立議曰 不臣天子라하니 是望不得而臣也요 不友諸侯라하니 是望不得而友也요 耕而食之하고 掘而飮之하야 無求於人이라하니 是望不得而賞罰勸禁也라 且聖人所以使之는 非爵賞이면 則刑罰也어늘 今四者不足以使之라 是以로 誅之也로라 孔子爲魯相七日而誅少正卯하신대 門人問曰 夫少正卯는 魯之聞人也어늘 夫子爲政而誅之하시니 得無失乎잇가 孔子曰 天下有大惡五하니 一曰心違而險이요 二曰行僻而堅이요 三曰言僞而辯이요 四曰記醜而博이요 五曰順非而澤이니 此五者有一이면 則不得免於君子之誅하나니 而少正卯兼有之*)니라

〔釋義〕 姜太公(呂尙, 呂望)은 華士를 齊나라에서 죽였고, 孔子는 少正卯를 魯나라에서 죽였다. 〔附註〕 韓非子가 말하였다. "太公을 齊나라에 봉하니, 東海 가에 任矞과 華士 형제 두 사람이 있었는데, 太公이 이들을 죽였다. 周公이 급히 파발마를 보내어 묻기를 '두 사람은 모두 賢人인데 그들을 죽인 것은 어째서인가?' 하니, 太公이 대답하기를 '이들 형제는 의논을 세우기를 「天子에게 신하 노릇 하지 않겠다.」 하였으니 이는 내가 신하로 삼을 수 없는 것이요, 「諸侯를 벗으로 삼지 않겠다.」 하였으니 이는 내가 벗으로 삼을 수 없는 것이요, 「내가 농사지어 먹고 내가 우물 파서 마셔서 남에게 구할 것이 없다.」 하였으니 이는 내가 그를 상 주거나 벌 주어 권면하고 금할 수 없는 것이다. 또 聖人이 사람을

부리는 것은 관작과 상이 아니면 형벌인데, 지금 네 가지로 이들을 부릴 수가 없으니, 이 때문에 이들을 죽인 것이다.' 하였다."

孔子가 魯나라 정승이 된 지 7일 만에 少正卯를 죽이자, 門人이 묻기를 "少正卯는 魯나라의 유명한 사람인데, 선생님께서 정사를 하시면서 그를 죽이셨으니 잘못한 것이 아니겠습니까?" 하니, 孔子께서 말씀하기를 "천하에 큰 惡이 다섯 가지가 있으니, 첫째는 마음이 거슬려서 험한 것이요, 둘째는 행실이 편벽되면서 견고한 것이요, 셋째는 말이 거짓되면서 辯說을 잘하는 것이요, 넷째는 기억이 추하면서 해박한 것이요, 다섯째는 잘못인 줄 알면서 潤色하는 것이니, 이 다섯 가지 중에 한 가지만 있어도 군자의 죽임을 면하지 못하는데, 少正卯는 이 다섯 가지를 겸하여 소유했다." 하였다.

*) 孔子曰……而少正卯兼有之 : 少正卯는 春秋時代 魯나라 大夫로 少正은 官名인바 副官이란 뜻이다. 이 내용은 ≪孔子家語≫ 〈始誅篇〉에 보인다.

時에 **又徵廣漢楊厚**와 **江夏黃瓊**하다 **厚旣至**에 **豫陳漢有三百五十年之厄**[1]하야 **以爲戒**어늘 **拜議郎**하다 **瓊**이 **將至**에 **李固以書逆遺之曰 君子謂伯夷隘**하고 **柳下惠不恭**[2]이라하니 **不夷不惠**하야 **可否之間**[3]은 **聖人居身之所珍也**라 **誠欲遂枕山棲谷**하야 **擬迹巢, 由**인댄 **斯亦可矣**어니와 **若當輔政濟民**인댄 **今其時也**로다 **自生民以來**로 **善政少而亂俗多**하니 **必待堯舜之君**인댄 **此爲士行其志 終無時矣**리라 **嘗聞**하니 **語曰 嶢(요)嶢者**는 **易缺**하고 **皦(교)皦者**는 **易汚**[4]라하니 **盛名之下**에 **其實難副**라 **近**에 **樊英**이 **被徵初至**에 **朝廷**이 **設壇席**하고 **猶待神明**하니 **雖無大異**나 **而言行所守 亦無所缺**이어늘 **而毁謗**이 **布流**하야 **應時折減**[5]**者**는 **豈非觀聽望深**[6]하고 **聲名太盛乎**아 **是故**로 **俗論**에 **皆言處士純盜虛聲**이라하니 **願先生**은 **弘此遠謀**하야 **令衆人歎服**하야 **一雪此言爾**니라

이때 또 廣漢의 楊厚와 江夏의 黃瓊을 불렀다. 楊厚가 이르자 漢나라는 建國한 지 350년 후에 厄運이 있을 것이라고 미리 말하여 경계하였는데, 議郎에 제수하였다. 黃瓊이 이르려 할 때에 李固가 편지를 미리 보내어 다음과 같이 말하였다.

“君子가 이르기를 ‘伯夷는 좁고 柳下惠는 공손하지 않다’ 하였으니, 伯夷처럼 하지도 않고 柳下惠처럼 하지도 않아서 可와 否의 중간에 있는 것은 聖人이 처신할 때에 귀하게 여기는 것이다. 진실로 산꼴짝에 은거하여 행적을 巢父와 許由에게 비견하고자 한다면 이렇게 하는 것도 좋지만 만약 정사를 돕고 백성을 구제하고자 한다면 지금이 바로 기회이다. 生民이 있은 이래로 잘 다스리는 정사는 적고 어지러운 풍속이 많았으니, 반드시 堯舜 같은 임금을 기다리려고 한다면 이는 선비가 그 뜻을 행할 기회가 끝내 없을 것이다. 내가 들으니 옛말에 이르기를 ‘견고한 것은 망가지기 쉽고 깨끗한 것은 더럽혀지기 쉽다.’ 하였으니, 높은 명성의 아래는 그 실제에 부응하기가 어렵다. 근래에 樊英이 처음 부름을 받고 오자 조정에서 壇席을 설치하고 神明을 대하듯이 하니, 비록 크게 특이한 점은 없었으나 말과 행실을 지키는 것은 또한 결함이 없었는데 훼방이 유포되어 시간의 推移에 따라 명성이 꺾이고 줄어들었으니, 이는 어찌 사람들이 보고 들음에 기대가 너무 컸고 명성이 너무 성대했기 때문이 아니겠는가. 이 때문에 時俗의 의논에 모두 말하기를 ‘處士들은 순전히 헛된 명성을 도둑질한다.’고 비난하는 것이니, 원컨대 先生은 이 원대한 계책을 넓혀서 여러 사람들로 하여금 탄복하게 하여 이러한 말을 한번 설욕하기 바란다.”

1) 〔附註〕 三百五十年之厄 : 春秋命曆序曰 四百年之間에 閉四門하고 聽外難하여 群異竝賊하고 官有孼臣하고 州有兵亂하야 五七弱하니 暴漸之效也라하니 朱均注에 五七은 三百五十歲니 當順帝漸微하야 四方多逆賊也라
≪春秋命曆序≫에 이르기를 “400년 사이에 사방의 문을 닫고 外亂을 내버려 두어 여러 災異가 함께 일어나고, 관리 중에는 孼臣(奸臣)이 있고 州에는 병란이 일어나서 五七에 약해지니, 포악함이 심해진 효험이다.” 하였는데, 朱均의 注에 “五七은 350년이니, 順帝 때에 점점 미약해져서 사방에 역적이 많았음을 말한 것이다.” 하였다.

2) 〔譯註〕 君子謂……柳下惠不恭 : ≪孟子≫ 〈公孫丑 上〉에 “伯夷는 좁고 柳下惠는 不恭하니, 좁음과 불공함은 君子가 행하지 않는다.〔伯夷隘 柳下惠不恭 隘與不恭 君子不由也〕”라고 보인다.

3) 〔譯註〕 不夷不惠 可否之間 : 伯夷는 너무 깨끗하여 사람들과 어울리지 못하였고

柳下惠는 淸濁을 가리지 않고 사람들과 잘 화합하였다. ≪論語≫ 〈微子〉에 孔子는 "뜻을 굽히지 않고 몸을 욕되게 하지 않은 사람은 伯夷와 叔齊일 것이다.〔不降其志 不辱其身 伯夷叔齊與〕" 하였고, 柳下惠와 少連을 평하되 "뜻을 굽히고 몸을 욕되게 하였으나 말이 의리(조리)에 맞으며 행실이 올바른 思慮에 맞았다.〔謂柳下惠少連 降志辱身矣 言中倫 行中慮〕" 하고는 "나는 이와 달라서 可한 것도 없고 不可한 것도 없다.〔我則異於是 無可無不可〕" 하였다. 가한 것도 없고 불가한 것도 없다는 것은 평소 어느 한 가지만을 주장하지 않고 時宜에 맞게 행동함을 이르는 바, 可否之間이란 無可無不可를 가리킨 것이다.

4) 〔釋義〕 嶢嶢者……易汚 : 嶢는 堅硬也요 皦는 明白也라 嶢嶢는 太堅하야 易爲玷缺하고 皦皦는 太白하야 易爲穢汚하니 卽虞詡所謂白璧不可爲也라

嶢는 견고함이고, 皦는 명백함이다. 嶢嶢는 너무 견고하여 망가지기 쉽고 皦皦는 너무 희어서 더럽혀지기 쉬우니, 虞詡의 이른바 '흰 구슬처럼 깨끗할 수 없다.'는 것이다.

5) 〔頭註〕 折減 : 言其名譽折減也라

그 명예가 꺾이고 줄어듦을 말한다.

6) 〔頭註〕 望深 : 言其聲名之深盛하야 素動人之觀聽이라 故로 所望者深也라

명성이 깊고 성대하여 평소에 사람들의 보고 들음을 감동시켰기 때문에 기대하는 바가 깊음을 말한 것이다.

瓊至에 拜議郞하야 稍遷尙書僕射하다 瓊이 昔隨父香하야 在臺閣[1]하야 習見故事러니 及後居職에 達練官曹하야 爭議朝堂하니 莫能抗奪[2]이라 數上疏言事에 上이 頗采用之하니라 李固는 郃之子也라 少好學하야 常改易姓名하고 杖策驅驢(려)하야 負笈從師[3]하야 不遠千里하야 究覽墳籍하야 爲世大儒하니라 每到太學에 密入公府하야 定省[4]父母하야 不令同業諸生으로 知其爲郃子也러라

黃瓊이 이르자, 議郞에 제수되고 차츰 옮겨 尙書僕射에 이르렀다. 黃瓊이 옛날에 아버지 黃香을 따라 臺閣에 있으면서 故事를 익숙히 보았는데, 뒤에 관직에 있게 되자 관청의 여러 曹의 일에 밝고 익숙하여 朝堂에서 다투고 의논하니, 누구도 감히 맞서서 말하여 의논을 가로막는 자가 없었다. 자주 글을 올려 일을 아뢰니, 上이 자못 그 말을 채용하였다.

李固는 李郃의 아들이다. 어려서 학문을 좋아하여 일찍이 姓名을 바꾸고는 채찍을 잡고 나귀를 몰아 책 상자를 지고 스승을 따라서 천리 길도 멀다고 여기지 않고 서적을 두루 보아 세상의 큰 학자가 되었다. 언제나 太學에 이르면 남모르게 公府에 들어가 부모의 안부를 살펴, 함께 학문하는 諸生들로 하여금 자신이 李郃의 아들임을 알지 못하게 하였다.

1)〔頭註〕在臺閣 : 瓊父香이 和帝時에 爲尙書令이라
黃瓊의 아버지 黃香이 和帝 때에 尙書令이 되어 臺閣에 있었다.

2)〔頭註〕抗奪 : 抗言以奪其議也라
맞서서 말하여 그 의논을 가로막는 것이다.

3)〔釋義〕負笈從師 : 負笈은 負書箱也라 說文에 驢上負也라하니 猶今人爲木牀跨驢背하야 以負載物也라 古人多言負笈하니 謂自負之라
負笈은 책 상자를 지는 것이다. ≪說文解字≫에 "极(笈)은 나귀 위에 싣는 것이다." 하였으니, 지금 사람들이 나무 평상을 만들어 나귀 등에 걸쳐서 물건을 지거나 싣는 것과 같은 것이다. 옛사람들은 대부분 負笈이라고 말하였으니, 이는 스스로 짊어짐을 이른다.

4)〔通鑑要解〕定省 : 記에 昏定而晨省이라하니 定은 安其牀衽이요 省은 問其安否如何라
≪禮記≫ 〈曲禮〉에 "〈자식이 부모를 위하여〉 날이 저물면 이부자리를 펴 드리고 새벽에는 안부를 살핀다." 하였으니, 定은 요와 자리를 펴서 편안하게 해 드리는 것이고, 省은 안부가 어떠한지를 묻는 것이다.

【辛未】 六年이라

永建 6년(신미 131)

初에 **安帝薄於藝文**하니 **博士不復講習**하고 **朋徒相視怠散**하니 **學舍頹敝**하야 **鞠爲園蔬**[1]라 **或牧兒蕘豎薪刈**[2]**其下**어늘 **將作大匠**[3]**翟酺 上疏**하야 **請更修繕**하야 **誘進後學**하니 **帝從之**하다

처음에 安帝가 藝文(六藝와 여러 책)을 하찮게 여기니, 博士들이 다시는

강론하여 익히지 않고 배우는 자들도 서로 보고 게을리 하고 흩어져서 學宮이 퇴락하여 마침내 동산과 채소밭이 되었다. 그리하여 혹 목동과 나무꾼이 그 아래에서 나무하고 풀을 베었는데, 將作大匠 翟酺가 상소하여 다시 學宮을 수리해서 後學들을 유도하여 나아가게 할 것을 청하니, 황제가 이를 따랐다.

1)〔頭註〕鞠爲園蔬 : 鞠은 詩에 鞠爲茂草라하니 窮也라
鞠은 ≪詩經≫ 〈小雅 小弁〉에 "마침내 무성한 풀밭이 되었다." 하였으니, 鞠은 마침내이다.
2)〔通鑑要解〕蕘豎薪刈 : 蕘는 薪也라 又刈草曰芻요 采薪曰蕘라
蕘는 땔나무이다. 또 풀을 베는 것을 芻라 하고 땔나무를 채취하는 것을 蕘라 한다.
3)〔頭註〕大匠 : 官名이라
大匠은 官名이다.

【壬申】 陽嘉元年이라

陽嘉 元年(임신 132)

立貴人梁氏[1)]하야 **爲皇后**하다

貴人 梁氏를 세워 皇后로 삼았다.

1)〔頭註〕梁氏 : 梁商女라
梁氏는 梁商의 딸이다.

○ **尙書令左雄**이 **上疏曰 昔**에 **宣帝 以爲吏數**(삭)**變易則下不安業**하고 **久於其事則民服敎化**라하야 **其有政治者**를 **輒以璽書勉勵**하야 **增秩賜金**이라가 **公卿缺**이어든 **則以次用之**라 **是以**로 **吏稱其職**하고 **民安其業**하야 **漢世良吏 於玆爲盛**이러니 **今典城百里**에 **轉動無常**하니 **各懷一切**[1)]하야 **莫慮長久**라 **臣愚**는 **以爲守相長吏 惠和有顯效者**어든 **可就增秩**하고 **勿移徙**하소서 **帝感其言**하야 **復申無**

故去官之禁하니 而宦官이 不便이라 終不能行하다

尙書令 左雄이 상소하여 아뢰기를 "옛날 宣帝께서 '관리(守令)를 자주 바꾸면 아랫사람들이 生業에 편안하지 못하고 관리가 그 일을 오래 맡으면 백성들이 교화에 복종한다.' 하여, 정사가 잘 다스려진 자가 있으면 그때마다 親書로 권면하고 장려하여 품계를 올려 주고 金을 하사하였다가 公卿 중에 결원이 있으면 차례로 등용하였습니다. 이 때문에 관리들은 직책을 잘 수행하고 백성들은 生業에 편안하여 漢代의 어진 관리가 이때에 성하였는데, 지금 百里의 城邑(지방 고을)을 맡아 관리가 됨에 변동함이 심하여 일정함이 없으니, 각각 구차한 마음을 품어서 장구한 계책을 생각하지 않습니다. 어리석은 신은 생각건대 守相(郡守와 國相)과 長吏(令長) 중에 은혜롭고 온화하여 드러난 공효가 있는 자는 품계를 올려 주고 옮기지 마소서." 하였다. 황제가 그 말에 감동하여 연고 없이 관직을 떠나지 못하게 하는 禁令을 다시 펴니, 宦官들이 불편하게 여겼다. 그리하여 끝내 시행하지 못하였다.

1)〔釋義〕各懷一切 : 王氏曰 一切은 苟且[*])也니 猶言權時也라
王氏가 말하였다. "一切은 구차함이니, 임시로 미봉한다고 말하는 것과 같다."
*) 一切苟且 : 칼로 물건을 자르듯이 장단과 종횡을 따지지 않고 구차하게 整齊함을 취하는 것을 이른다.

雄又上言호되 孔子曰 四十에 不惑이라하시고 禮稱彊仕[1])라하니 請自今으로 孝廉이 年不滿四十이어든 不得察擧하고 若有茂才異行이 如顏淵, 子奇어든 自可不拘年齒[2])니이다 帝從之하다 久之오 廣陵所擧孝廉徐淑이 年未四十이라 臺郎이 詰之한대 對曰 詔書曰 有如顏回, 子奇[3])어든 不拘年齒라하니 是故로 本郡이 以臣充選이라한대 郎不能屈이러니 左雄이 詰之曰 昔에 顏回는 聞一知十하니 孝廉은 聞一知幾耶아 淑이 無以對어늘 乃罷却之하고 郡守坐免하다 然이나 雄이 公直精明하야 能審覈眞僞하야 決志行之하니라 頃之오 胡廣이 出爲濟陰太守하야 與諸郡守十餘人으로 皆坐謬擧免黜호되 唯汝南陳蕃과 永川李膺과 下邳陳球等三十餘人이 得拜郎中하니 自是

로 **牧守畏慄**하야 **莫敢輕擧**라 迄于**永嘉**[4)]히 **察選**이 **淸平**하야 **多得其人**이러라

左雄이 또 上言하기를 "孔子는 '40세에 의혹하지 않았다.' 하였고, ≪禮記≫에는 '40세를 彊이라 하니, 벼슬한다.' 하였으니, 청컨대 지금부터 孝廉이 나이가 만 40세가 못 되면 살펴서 천거하지 못하게 하고, 만약 뛰어난 재주와 특이한 행실이 顔淵(顔回)과 子奇 같은 이가 있으면 나이에 구애되지 말도록 해야 합니다." 하니, 황제가 그의 말을 따랐다.

오랜 뒤에 廣陵에서 孝廉으로 천거된 徐淑이 나이가 40이 못 되었다. 臺의 郎官이 이를 힐문하자, 대답하기를 "詔書에 '顔回와 子奇 같은 이가 있으면 나이에 구애되지 않는다.'고 하였기 때문에 本郡에서 臣을 선발하여 충당한 것입니다." 하니, 郎官이 徐淑을 굴복시키지 못하였다. 左雄이 힐문하기를 "옛날에 顔回는 하나를 들으면 열을 알았는데, 孝廉은 하나를 들으면 몇이나 아는가?" 하니, 徐淑이 대답하지 못하므로 마침내 파하여 물리치고, 그를 천거한 郡守도 이 일에 걸려 면직되었다. 그러나 左雄은 공정하고 정직하고 정밀하고 밝아 眞僞를 살펴서 결심하고 실행하였다.

얼마 후 胡廣이 濟陰太守로 나가서 여러 郡의 郡守 10여 명과 함께 모두 사람을 잘못 천거한 죄에 걸려 면직되었으나 오직 汝南의 陳蕃과 永川의 李膺과 下邳의 陳球 등 30여 명은 郎中에 제수되니, 이로부터 牧守(郡縣의 長官)들이 두려워하여 감히 가볍게 천거하지 못하였다. 永嘉年間에 이르기까지 인재를 선발함이 깨끗하고 공평하여 훌륭한 인물을 많이 얻었다.

1)〔釋義〕禮稱彊仕 : 禮曲禮曰 四十〈曰〉彊이니 而仕라하니라
≪禮記≫ 〈曲禮〉에 이르기를 "40세를 彊이라 하니, 벼슬한다." 하였다.

2)〔頭註〕年齒 : 男子는 八月生齒하야 八歲而齔이요 女子는 七月生齒하야 七歲而齔하니 是壽之數也라 齔은 音襯이니 毁齒也라
男子는 8개월에 이가 나서 8세에 이를 갈고, 女子는 7개월에 이가 나서 7세에 이를 가니, 이것이 壽命의 數이다. 齔은 음이 친(츤)이니 이를 가는 것이다.

3)〔釋義〕子奇 : 齊人也라 劉向新序曰 子奇年十八에 齊君使主東阿한대 阿縣大化라
子奇는 齊나라 사람이다. 劉向의 ≪新序≫에 이르기를 "子奇는 나이 18세에 齊나라 임금이 東阿를 맡아 다스리게 하였는데, 阿縣이 크게 교화되었다." 하였다.

4)〔頭註〕永嘉：帝子沖帝年號라
永嘉는 황제(順帝)의 아들 沖帝의 연호이다.

〔史略 史評〕袁宏曰 古者四十而仕는 非謂仕必是年也요 特擧其大限하야 以爲言耳라 且顔淵子奇는 曠代一有어늘 而欲以斯爲格이면 不亦偏乎아

袁宏이 말하였다.

“옛날에 40세에 벼슬하였다는 것은 반드시 이 나이에 벼슬하였음을 이른 것이 아니요, 다만 큰 한계를 들어서 말하였을 뿐이다. 또 顔淵과 子奇는 세상에 드문 분인데, 이것을 가지고 격식을 삼고자 한다면 편벽되지 않겠는가.”

○ **洛陽宣德亭**이 **地坼**하야 **長**이 **八十五丈**이라 **帝引公卿所擧敦樸之士**하야 **使之對策**한대 **李固對曰 陛下之有尙書**는 **猶天之有北斗也**니 **斗爲天喉舌**이요 **尙書亦爲陛下喉舌**이라 **斗**는 **斟酌**[1]**元氣**하야 **運平四時**하고 **尙書**는 **出納王命**하야 **敷政四海**하니 **權尊勢重**하야 **責之所歸**라 **宜審擇其人**하야 **以毗聖政**하소서

洛陽의 宣德亭이 땅이 갈라져서 길이가 85丈이나 되었다. 황제가 公卿들이 돈후하고 질박하다고 천거한 선비들을 引見하여 對策을 말하게 하자, 李固가 대답하기를 “폐하에게 尙書가 있음은 하늘에 북두성이 있는 것과 같으니, 북두성은 하늘의 喉舌이 되고 尙書는 또한 폐하의 喉舌이 됩니다. 북두성은 元氣를 알맞게 조절하여 四時를 고르게 하고 尙書는 王命을 출납하여 四海에 정사를 펴니, 권세가 높고 세력이 중하여 무거운 책임이 돌아가는 곳입니다. 마땅히 훌륭한 사람을 살펴 가려서 성스러운 정사를 돕게 하소서.” 하였다.

1)〔通鑑要解〕斟酌：天文志曰 斗爲帝車하야 運乎四時하고 臨制四方하니 分陰陽, 建四時, 均五行, 移節度, 定諸紀가 皆繫於斗라
≪漢書≫ 〈天文志〉에 이르기를 “北斗星은 上帝의 수레가 되어 四時에 운행하고 四方을 제어하니, 陰陽을 나누고 四時를 세우며 五行을 고르게 하고 節度(節候)를 바꾸며 여러 기강을 정하는 것이 모두 북두성에 달려 있다.” 하였다.

【乙亥】 四年이라

陽嘉 4년(을해 135)

以梁商으로 爲大將軍하다

梁商을 大將軍으로 삼았다.

【辛巳】 永和六年이라

永和 6년(신사 141)

梁商이 薨하니 以梁冀[1]로 爲大將軍하다

梁商이 죽으니, 梁冀를 大將軍으로 삼았다.

1) 〔頭註〕 梁冀 : 商子라
梁冀는 梁商의 아들이다.

【壬午】 漢安元年이라

漢安 元年(임오 142)

八月에 遣杜喬, 周擧, 周栩(후), 馮羨(연), 欒巴, 張綱, 郭遵, 劉班하야 分行[1] 州郡하야 表賢良, 顯忠勤호되 其貪汚有罪者는 刺史二千石은 驛馬上之하고 墨綬以下는 便輒收擧[2]케하니 喬等은 受命之部호되 張綱은 獨埋其車輪於雒陽都亭[3]하고 曰 豺狼이 當路하니 安問狐狸리오하고 遂劾奏호되 大將軍冀와 河南尹不疑[4] 以外戚蒙恩하고 居阿衡[5]之任하야 而專肆貪叨(도)[6]하고 縱恣無極하야 以害忠良하니 謹條其無君之心十五事하노니 斯皆臣子所切齒者也니이다 書御[7]에 京師震竦이러라 時에 皇后寵方盛하야 諸梁姻族이 滿朝하니 帝雖知綱言直이나 不能用也러라 杜喬至兗州하야 表奏泰山太守李固政爲天下第一하니

上이 徵固爲將作大匠하다

8월에 杜喬·周擧·周栩·馮羨·欒巴·張綱·郭遵·劉班을 보내어서 州郡을 나누어 순행하여 賢良한 이를 표창하고 충성스럽고 근면한 자를 드러내게 하되 탐관오리로서 죄를 지은 刺史와 二千石의 관원은 驛馬로 전달하여 그 죄를 上奏하고, 墨綬(縣令) 이하의 관원은 곧바로 직접 체포하게 하였다. 杜喬 등은 명령을 받고 部로 갔으나 張綱만은 홀로 雒陽의 都亭에 수레바퀴를 묻으며 말하기를 "승냥이와 이리가 길을 막고 있으니, 어찌 여우와 살쾡이를 물을 것이 있겠는가." 하고는 마침내 탄핵하여 아뢰기를 "大將軍 梁冀와 河南尹 梁不疑는 외척으로서 은혜를 입고 阿衡의 지위에 있으면서 오로지 탐욕을 부리고 방종함이 끝이 없어서 忠良한 사람을 해치므로 그들이 군주를 무시한 열다섯 가지 일을 삼가 아뢰니, 이는 모두 臣子들이 이를 갈며 분하게 여기는 것입니다." 하였다. 글을 아뢰자 京師가 진동하고 두려워하였다.

이때 皇后의 총애가 한창 성하여 梁氏의 姻戚들이 조정에 가득하니, 황제가 비록 張綱의 말이 곧은 줄을 알았으나 쓰지 못하였다. 杜喬가 兗州에 이르러서 表文을 올려 泰山太守 李固의 정사가 천하의 제일이라고 아뢰니, 上이 李固를 불러 將作大匠으로 삼았다.

1)〔頭註〕行 : 去聲이니 巡視也라
行은 去聲이니, 순시함이다.

2)〔頭註〕驛馬上之……便輒收擧 : 〈刺史, 二千石의 大吏는 驛馬〉上奏其罪하야 取旨黜免하니 驛馬는 欲速達京師也요 一千石, 六百石의 墨綬令長[*)]以下는 便收라
〔通鑑要解〕墨綬는 縣令, 長也니 令, 長以下는 便收案擧劾其罪라
〔頭註〕刺史와 二千石의 높은 관원은 驛馬로 그 죄를 上奏하여 황제의 명령을 받아서 면직시킨 것이니, 驛馬는 속히 京師에 전달하고자 한 것이요, 一千石과 六百石의 墨綬를 차는 縣의 令과 長 이하는 곧바로 체포하는 것이다. 〔通鑑要解〕墨綬는 縣의 令과 長이니 令, 長 이하는 곧바로 체포하여 조사해서 그 죄를 탄핵하는 것이다.

*) 墨綬令長 : 墨綬는 銅印墨綬의 준말로, 수령이 차는 검은 인끈을 말한다. 令長은 ≪後漢書≫ 〈百官志〉에 "萬戶 이상의 縣을 令이라 하고, 萬戶보다 적은 것을 長

이라 한다." 하였다.

3) 〔頭註〕 都亭[*)] : 近畿內라 凡言都亭者는 竝城內亭이니 漢郡國道에 皆有都亭하니라

都亭은 畿內에 가까이 있었다. 무릇 都亭이라고 말한 것은 모두 都城 안의 亭(客舍)이니, 漢나라는 郡·國·道에 모두 都亭이 있었다.

*) 都亭 : 都邑 안의 客舍를 이르니, 秦나라 法에 10里마다 한 亭이 있었는 바, 郡縣의 治所에 都亭을 두었다.

4) 〔釋義〕 不疑 : 不疑는 梁冀之弟라

梁不疑는 梁冀의 아우이다.

5) 〔釋義〕 阿衡 : 阿衡은 伊尹號也니 謂保其國如阿하고 平其國如衡이라

阿衡은 伊尹의 호이니, 그 나라를 보전함이 阿母와 같고 그 나라를 공평하게 다스림이 저울대와 같음을 말한 것이다.

6) 〔釋義〕 貪叨 : 叨는 與饕同하니 貪財曰饕라

叨는 饕와 같으니, 재물을 탐하는 것을 饕라 한다.

7) 〔頭註〕 書御 : 御는 進也라

御는 올림이다.

梁冀恨張綱하야 思有以中傷[1)]之러니 時에 廣陵賊張嬰이 寇亂揚, 徐間하야 積十餘年에 二千石이 不能制라 冀乃以綱爲廣陵太守하니 前太守率多求兵馬호되 綱은 獨請單車之職하다 旣到에 徑詣嬰壘門하니 嬰이 大驚하야 遽走閉壘어늘 綱이 於門外에 罷遣吏兵하고 獨留所親者十餘人하고 以書諭嬰하야 請與相見한대 嬰이 見綱至誠하고 乃出拜謁이어늘 延[2)]置上坐하고 譬之曰 前後二千石이 多肆貪暴故로 致公等懷憤相聚하니 二千石이 信有罪矣라 然이나 爲之者도 又非義也라 今主上이 仁聖하야 欲以文德服叛이라 故遣太守來하니 思以爵祿相榮이요 不願以刑罰相加하노니 今誠轉禍爲福之時[3)]也니라 嬰聞하고 泣下曰 荒裔[4)]愚民이 不能自通朝廷하야 不堪侵枉하야 遂復相聚偸生하니 若魚游釜中이라 知其不可久나 且以喘息須臾間[5)]爾러니 今聞明府之言하니 乃嬰等更生之辰(신)也라하고 乃辭還營이러니 明日에 率所部萬餘人하고 歸降하다

梁冀가 張綱을 원망하여 그를 해칠 것을 생각하였다. 이때 廣陵의 도적 張嬰이 揚州와 徐州 사이에서 도둑질하고 어지럽혀 십여 년이 되도록 二千石(太守)이 제재하지 못하였다. 梁冀가 마침내 張綱을 廣陵太守로 삼으니, 전에 부임했던 太守들은 대체로 병사와 말을 많이 요구하였으나 張綱은 다만 수레 한 대를 타고 부임지로 갈 것을 청하였다.

張綱은 부임하자마자 곧바로 張嬰의 壘門에 이르니, 張嬰이 크게 놀라 급히 성문을 닫았다. 張綱이 문 밖으로 관리와 병사들을 내보내고 친한 사람 10여 명만을 남게 하고는 글로 張嬰을 타일러 서로 만나 볼 것을 청하니, 張嬰이 張綱의 지극한 정성을 보고는 마침내 나와서 배알하였다. 張綱이 그를 맞이하여 上席에 앉히고 타이르기를 "前後로 부임한 二千石이 탐욕과 포악함을 많이 부렸기 때문에 公 등이 분한 마음을 품고 서로 모여 도둑질하게 된 것이니, 二千石에게 진실로 죄가 있다. 그러나 도둑질하는 것도 義로운 일은 아니다. 지금 主上께서 인자하고 聖스러워서 배반한 이들을 文德으로 복종시키고자 하시므로 太守를 보내어 온 것이니, 나는 爵祿을 가지고 서로 영화롭게 할 것을 생각하고 형벌로 서로 가하기를 원치 않는 바, 지금이 바로 轉禍爲福의 시기이다." 하였다.

張嬰은 이 말을 듣고 눈물을 흘리며 말하기를 "먼 변방의 어리석은 백성들이 조정에 직접 통할 수가 없어서 침해와 억울함을 견디지 못하여 마침내 다시 서로 모여 구차하게 살기를 꾀한 것이니, 물고기가 솥 안에서 노는 것과 같아서 오래 버티지 못할 줄을 알면서도 우선 잠시나마 숨을 쉬어 목숨을 부지할 뿐이었는데, 지금 明府의 말씀을 들으니 바로 저희들이 다시 소생할 수 있는 때입니다." 하였다. 張嬰은 마침내 하직하고서 軍營으로 돌아갔는데, 다음 날 거느리고 있던 만여 명을 데리고 돌아와 항복하였다.

1)〔頭註〕中傷：中은 去聲이니 陰中害之라
　中은 去聲이니, 남몰래 적중시켜 해를 입히는 것이다.

2)〔頭註〕延：納也라
　延은 맞아들임이다.

3)〔通鑑要解〕轉禍爲福之時：若聞義不服하야 天子震怒하야 荊揚兗豫大兵雲合이면

血嗣俱絶하리니 二者利害를 公其深計之하라하니 嬰聞泣下하니라

張綱이 말하기를 "만약 義로운 말을 듣고도 행하지 아니하여 天子가 震怒하시어 荊州·揚州·兗州·豫州에 大軍이 구름처럼 모인다면 血嗣(제사 지내는 血孫)가 모두 끊어질 것이니, 두 가지의 利害를 公은 깊이 따져 보라." 하니, 張嬰이 듣고 눈물을 흘렸다.

4)〔頭註〕荒裔：言邊遠也라 裔는 衣裾也라

荒裔는 먼 변방을 말한다. 裔는 옷자락이다.

5)〔釋義〕喘息須臾間：喘은 疾息也요 須臾는 不久貌니 猶苟延殘喘하야 少延視息之義라

喘은 숨을 헐떡거리는 것이고 須臾는 오래지 않은 모양이니, 오히려 남은 목숨을 구차하게 연장하여 눈 뜨고 숨만 붙어 있는 목숨을 다소 연장한다는 뜻이다.

是時에 **二千石長吏有能政者**하니 **有雒陽令任峻**과 **冀州刺史蘇章**과 **膠東相吳祐**라 **章**은 **爲冀州刺史**에 **有故人**이 **爲淸河太守**러니 **章**이 **行部**하야 **欲按其姦贓**하야 **乃請太守**하고 **爲設酒肴**하야 **陳平生之好**하야 **甚歡**이라 **太守喜曰 人皆有一天**이로되 **我獨有二天**[1]이로다 **章曰 今夕**에 **蘇孺文**[2]이 **與故人飮者**는 **私恩也**요 **明日**에 **冀州刺史按事者**는 **公法也**라하고 **遂擧正其罪**하니 **州境**이 **肅然**이러라

이때 二千石의 長吏 중에 정사를 잘하는 이가 있었으니, 雒陽令 任峻과 冀州刺史 蘇章과 膠東相 吳祐였다. 蘇章은 冀州刺史가 되었을 때에 故人(옛 친구)이 淸河太守로 있었는데, 蘇章이 部를 순행하여 그의 간사함과 부정함을 조사하려 하면서 마침내 太守를 청하고 그를 위하여 술과 안주를 진설해서 평소의 우호를 말하며 매우 즐거워하였다. 太守가 기뻐하면서 말하기를 "사람들은 모두 한 하늘이 있다고 말하는데 나만 홀로 두 하늘이 있다." 하였다. 蘇章이 말하기를 "오늘 저녁에 이 蘇孺文이 벗과 함께 술을 마시는 것은 사사로운 은혜이고, 내일 冀州刺史로 일을 조사하는 것은 국가의 법이다." 하고는 마침내 그의 죄를 들어 바로잡으니, 州의 경내가 숙연하였다.

1)〔頭註〕我獨有二天：二天은 謂章必覆蓋其惡也라

두 하늘이 있다고 말한 것은 蘇章이 반드시 자신의 악행을 덮어 줄 것임을 이

른 것이다.

2)〔頭註〕孺文：蘇章字라

孺文은 蘇章의 字이다.

〔新增〕唐仲友曰 公義, 私恩이 固當竝行不相悖라 然이나 章意는 蓋欲借以警衆이니 故舊之恩은 恐不如此니라 又曰 故人이 可喩之면 使可改行이 可也요 不可喩면 勿與飮이 可也라 聖人은 無意어시늘 章有意하니 有意甚矣라 後世小人之薄於故舊者 鮮不以章藉口하나니 君子無作俑[1]哉인저

唐仲友가 말하였다.

"공적인 의리와 사사로운 은혜는 진실로 나란히 행해지고 서로 모순되지 않는다. 그러나 蘇章의 뜻은 이것을 빌어 여러 사람을 경계하고자 한 것이니, 故舊의 은혜는 이와 같아서는 안 될 듯하다."

또 말하였다.

"故人이 타이를 수 있다면 하여금 행실을 고치게 하는 것이 옳을 것이요, 타이를 수 없다면 함께 술을 마시지 않는 것이 옳다. 聖人은 사사로운 뜻이 없었는데 蘇章은 사사로운 뜻이 있었으니, 사사로운 뜻이 있음이 심하다. 後世의 小人으로서 故舊에게 박하게 하는 자들은 蘇章을 구실로 삼지 않은 이가 적으니, 君子들은 옳지 못한 前例를 만들지 말아야 할 것이다."

1)〔頭註〕作俑[*)]：俑은 從葬木偶人也니 設關而能跳踊이라 故로 名俑이라

俑은 장례에 쓰는 나무를 깎아 만든 사람의 형상이니, 機關을 설치하여 뛸 수가 있다. 그러므로 俑이라 이름한 것이다.

*) 作俑：作俑은 맨 먼저 俑을 만들어 장례에 사용한 것으로 이는 殉葬하는 제도를 만들게 된 동기라 하여, 나쁜 일을 시작함을 비유하는 말로 쓰인다.

〔史略 史評〕史斷曰 順帝享國에 漢業雖衰나 然當時可任公卿者 有李固, 杜擧하고 可任將帥者 有虞詡, 皇甫規하고 可任刺史者 有蘇章, 張綱, 任峻, 吳祐하니 若使之盡其才하고 又使各擧所知而彙征焉이면 國雖衰나 可興也어늘 而帝惟后黨預權하고 閹宦用事하야 忠良屈抑하야 不復得志하니 欲天下不亂이나 得乎아

史斷에 말하였다.

"順帝가 나라를 누릴 때에 漢나라의 功業이 비록 쇠하였으나 당시에 公卿을 맡길 만한 자로 李固와 杜擧가 있었고, 將帥를 맡길 만한 자로 虞詡와 皇甫規가 있었고, 刺史를 맡길 만한 자로 蘇章과 張綱과 任峻과 吳祐가 있었으니, 만약 이들로 하여금 재주를 다하게 하고 또 각각 아는 자를 천거하여 함께 나오게 하였다면 나라가 비록 쇠하였으나 다시 일으킬 수 있었을 것이다. 그런데 황제가 오직 后의 外戚만 권력에 참여하게 하고 宦官들이 用事하여 忠良한 자들이 억눌려서 다시는 뜻을 얻지 못하였으니, 天下가 어지럽지 않기를 바라나 될 수 있었겠는가."

【甲申】 **建康元年**이라

建康 元年(갑신 144)

八月에 **帝崩**하고 **太子卽皇帝位**하니 **年二歲**라 **梁太后臨朝**하다

8월에 황제가 별세하고 太子가 황제의 지위에 오르니, 나이가 2세였다. 梁太后가 조정에 臨御하였다.

孝沖[1)]皇帝 名炳이요 **順帝之子**니 **在位一年**이요 **壽三歲**라

孝沖皇帝는 이름이 炳이고 順帝의 아들이니, 재위가 1년이고 壽가 3세이다.

1)〔頭註〕孝沖 : 幼少在位曰沖이라
어리면서 帝位에 있는 것을 沖이라 한다.

【乙酉】 **永嘉元年**이라

永嘉 元年(을유 145)

正月에 **帝崩**하니 **梁太后徵渤海孝王鴻之子纘**하야 **卽皇帝位**하니 **年八歲**러라

정월에 황제가 별세하자, 梁太后가 渤海孝王 鴻의 아들 纘을 불러서 황제의 자리에 오르게 하니, 나이가 8세였다.

○ **太后委政宰輔**하고 **李固所言**을 **太后多從之**하야 **黃門宦官爲惡者**를 **一皆斥遣**하니 **天下咸望治平**이라 **而梁冀深忌疾之**하야 **策免固**하다

太后가 정사를 宰輔들에게 맡기고 李固가 말하는 것을 太后가 많이 따라서 黃門의 宦官 중에 악행을 저지른 자를 모두 배척하여 보내니, 천하 사람들이 모두 治平을 기대하였다. 梁冀가 李固를 매우 시기하고 미워하여 李固를 策免하였다.

〔史略 史評〕 史斷曰 沖帝二歲踐阼하고 梁后臨朝에 委政宰輔하야 李固所言을 多見采納하고 宦官黃門爲惡者를 一皆斥遣하니 天下方翹首太平이로되 而跋扈之冀 已仄目矣로다

史斷에 말하였다.

"沖帝는 2세에 즉위하고 梁后가 조정에 臨御하자 정권을 宰輔들에게 맡겨서 李固가 말하는 것을 대부분 받아들이고, 宦官과 黃門으로서 악행을 저지른 자를 한결같이 배척하여 보내니, 천하 사람들이 바야흐로 머리를 들고 태평함을 기대하였으나 跋扈將軍 梁冀는 이미 눈을 흘기고 있었다."

孝質[1]**皇帝 名纘**이요 **肅宗**[2]**玄孫**이니 **在位一年**이요 **壽九歲**라

孝質皇帝는 이름이 纘이고 肅宗의 玄孫이니, 재위가 1년이고 壽가 9세이다.

1) 〔頭註〕 孝質 : 忠正無邪曰質이라
　충성스럽고 정직하여 간사함이 없는 것을 質이라 한다.
2) 〔頭註〕 肅宗 : 章帝廟號라

肅宗은 章帝의 묘호이다.

【丙戌】本初元年이라

本初 元年(병술 146)

四月에 令郡國하야 擧明經하야 詣太學하니 自是로 遊學이 增盛하야 至三萬餘生이러라

4월에 郡國에 명하여 經學에 밝은 자를 천거해서 太學에 나오게 하니, 이로부터 遊學生이 점점 많아져서 3만여 명에 이르렀다.

○ 帝少而聰慧라 嘗因朝會하야 目梁冀曰 此는 跋扈[1]將軍也라하니 冀聞하고 深惡之하다 夏六月에 冀使左右로 置毒於煮餠[2]하야 以進之하니 帝苦煩甚而崩이라 冀迎蠡吾侯志하야 卽皇帝位하니 時年十五라 太后猶臨朝聽政하다

황제는 어린데도 총명하고 지혜로웠다. 일찍이 조회할 때를 인하여 梁冀를 지목하며 말하기를 "이는 跋扈將軍이다." 하니, 梁冀가 이 말을 듣고 매우 미워하였다. 여름 6월에 梁冀는 좌우의 측근을 시켜 삶은 떡에 독약을 넣어 올리게 하니, 황제가 몹시 고통스러워하고 번민하다가 별세하였다. 梁冀가 蠡吾侯 志를 맞이하여 황제의 자리에 오르게 하니, 이때 나이가 15세였다. 太后가 그대로 조정에 臨御하여 정사를 다스렸다.

1) 〔釋義〕 跋扈[*)] : 王氏曰 跋扈는 猶言彊梁也라 扈는 竹籬也라 水居者는 〈於〉水未至에 先作竹籬하야 候魚之入하니 水退면 小魚獨留하고 大者跳跋籬扈而出이라 故言跋扈也라

王氏가 말하였다. "跋扈는 彊梁(흉포하다)이라는 말과 같다. 扈는 대나무로 만든 통발이다. 물가에 사는 자들은 물이 밀려오기 전에 먼저 대나무 통발을 만들어 고기가 들어오기를 기다리고 있는데 물이 빠지면 작은 고기만 남고 큰 것은 통발을 뛰어넘어 나간다. 그러므로 큰 것을 跋扈라고 말한다."

*) 跋扈 : ≪爾雅≫에 "산이 낮고 큰 것을 扈라 하며, 跋은 길을 따르지 않고 뛰어

넘어 가는 것을 이른다. 흉포한 사람은 다닐 때에 바른 길을 따르지 아니하여, 산이 낮고 크면 우선 뛰어 넘어 가려 하므로 跋扈라 한다." 하였다.

2)〔頭註〕煮餠 : 湯餠也라

煮餠은 삶은 떡이다.

〔史略 史評〕史斷曰 質帝生才(纔)九歲에 而能面斥跋扈之姦하니 何其明智若是哉오 使於是時에 亟請太后하야 出御前殿하고 召宰輔大臣하야 共明證其罪而誅之면 則漢室之興을 猶未可量也라 惟其不能이라 是以로 言未脫口에 而餠中之毒이 已進矣니 哀哉인저

史斷에 말하였다.

"質帝는 태어나서 겨우 아홉 살의 나이에 跋扈하는 간신을 대면하여 배척하였으니, 어쩌면 그리도 밝고 지혜로움이 이와 같았는가. 만일 이때에 속히 太后에게 청하여 前殿(正殿)으로 나오게 하고 宰輔와 大臣들을 불러서 함께 梁冀의 죄를 명백하게 증명하고 처형했더라면 漢나라 皇室의 중흥을 오히려 이루 헤아릴 수가 없었을 것이다. 다만 이렇게 하지 못하였기 때문에 말이 입에서 나오기도 전에 떡 속의 독약이 이미 올려졌으니, 슬프다."

後漢紀

孝桓[1]皇帝[※] 名志니 **肅宗曾孫**이요 **河間王開之孫**이요 **蠡(예)吾侯翼之子**라 **在位二十一年**이요 **壽三十六**이라

孝桓皇帝는 이름이 志이니, 肅宗의 曾孫이고 河間王 開의 손자이고 蠡吾侯 翼의 아들이다. 재위가 21년이고 壽가 36세이다.

1) 〔頭註〕孝桓 : 克敵服遠曰 桓이라
　적을 이기고 먼 나라를 복종시키는 것을 桓이라 한다.

※ 梁冀雖除나 五侯肆虐하야 賢人君子 忠憤激烈하여 卒成黨錮之禍하니 人之云亡에 邦國殄瘁는 其是之謂乎인저
　梁冀가 비록 제거되었으나 五侯가 잔학함을 부려서 賢人君子가 忠憤의 마음이 격렬하여 끝내 黨錮의 禍를 이루었으니, 善人이 죽음에 나라가 멸망한다는 것은 이것을 두고 말함일 것이다.

【丁亥】 建和元年이라

建和 元年(정해 147)

六月에 **光祿勳杜喬爲太尉**하다 **自李固之廢**로 **內外喪氣**하야 **群臣**이 **側足而立**[1]호되 **唯喬正色**하야 **無所回撓(뇨)**하니 **由是**로 **朝野皆倚望焉**이러라

6월에 光祿勳 杜喬가 太尉가 되었다. 李固가 폐출된 뒤로 內外가 기운이 꺾여 신하들이 두려워서 똑바로 서지 못하였으나 오직 杜喬만은 얼굴빛을 엄정하게 하여 굴복하는 바가 없으니, 이로 말미암아 朝野가 모두 그에게 의지

하고 기대하였다.

1)〔頭註〕側足而立：恐懼而傾側하야 立不正也라
두려워서 한쪽으로 기울여 똑바로 서지 못하는 것이다.

○ **九月**에 **京師地震**하니 **喬以災異策免**하다 **梁冀誣李固, 杜喬**하야 **以爲與妖賊劉鮪(유)交通**[1]하니 **請逮按罪**하노이다 **太后素知喬忠**이라 **不許**한대 **冀遂收固下獄**하야 **死於獄中**하다 **冀使人脅杜喬曰 早從宜**[2]면 **妻子可得全**이라호되 **喬不肯**이어늘 **遂收繫之**하야 **亦死獄中**하니라

9월에 京師에 지진이 일어나니, 杜喬가 災異로 策免되었다. 梁冀가 李固와 杜喬를 모함하여 이르기를 “李固와 杜喬가 요망한 적인 劉鮪와 서로 내통하였으니, 체포하여 죄를 다스릴 것을 청합니다.” 하였다. 그러나 太后가 평소 杜喬의 충직함을 알고 있으므로 허락하지 않았는데, 梁冀가 마침내 李固를 하옥시켜 李固가 옥중에서 죽었다. 梁冀가 사람을 시켜 杜喬를 위협하기를 “일찍 적절히 처신하면(自殺하면) 처자식을 온전히 할 수 있다.”라고 하였으나 杜喬가 따르려 하지 않자, 마침내 체포하여 杜喬 또한 옥중에서 죽었다.

1)〔頭註〕劉鮪交通：清河劉文이 與南郡劉鮪交通하여 妄言호되 清河王蒜(산)이 當統天下하리라하야 欲共立蒜이라가 事覺被誅하니라 蒜은 乃章帝曾孫이라
清河郡의 劉文이 南郡의 劉鮪와 서로 내통하여 망령되이 말하기를 “清河王 蒜이 마땅히 天下를 통치해야 한다.” 하여 함께 蒜을 세우고자 하다가 일이 발각되어 주살 당하였다. 蒜은 바로 章帝의 曾孫이다.

2)〔通鑑要解〕早從宜：從宜는 令其自盡也니 使自引決也라
從宜는 自殺하게 한 것이니, 스스로 책임을 지고 자살하게 하는 것이다.

【己丑】 三年이라

建和 3년(기축 149)

朗陵侯相荀淑[1]이 **卒**하다 **淑**이 **少博學有高行**하니 **當世名賢李固, 李膺等**이

皆宗師之러라 **在朗陵**에 **涖事**[2]**明治**하니 **稱爲神君**이라하고 **有子八人**[3]호되 **竝有名稱**하니 **時人**이 **謂之八龍**이러라 **膺性簡亢**하야 **無所交接**호되 **唯以淑爲師**하고 **以同郡陳寔**으로 **爲友**러라 **荀爽**이 **嘗就謁膺**하고 **因爲其御**[4]라가 **旣還**에 **喜曰 今日**에 **乃得御李君矣**라하니 **其見慕如此**러라

朗陵侯의 相인 荀淑이 별세하였다. 荀淑은 젊었을 때에 박학하고 훌륭한 행실이 있었으니, 당대의 名賢인 李固와 李膺 등이 모두 높이 받들어 스승으로 섬겼다. 朗陵侯에 있을 때에 일을 처리하는 것이 분명하고 다스려지니, 사람들이 神君이라 칭하였다. 아들 여덟 명을 두었는데 모두 명성이 있으니, 당시 사람들이 이들을 八龍이라 칭하였다.

李膺은 성품이 소탈하고 고결하여 남과 교제함이 없었으나 다만 荀淑을 스승으로 삼고 같은 고을 출신인 陳寔을 벗으로 삼았다. 荀爽이 일찍이 李膺을 찾아가 뵙고 인하여 그를 위해 수레를 몰고는 돌아와서 기뻐하면서 말하기를 "오늘에서야 李君을 위하여 수레를 몰 수 있었다." 하니, 李膺이 사람들의 仰慕를 받음이 이와 같았다.

1) 〔頭註〕 荀淑 : 荀卿十一世孫이라
　荀淑은 荀卿의 11대손이다.

2) 〔通鑑要解〕 涖事 : 涖는 音怡니 視也요 治也라
　涖는 음이 이(리)이니, 보는 것이고 다스리는 것이다.

3) 〔通鑑要解〕 有子八人 : 八人은 儉, 緄, 靖, 燾, 汪, 爽, 肅, 專[*)]라
　아들 8명은 荀儉, 荀緄, 荀靖, 荀燾, 荀汪, 荀爽, 荀肅, 荀專이다.

*) 專 : 本傳에는 혹 尃로 되어 있으니, 음이 부이다.

4) 〔釋義〕 爲其御 : 爲李膺御車也라
　爲其御는 李膺을 위하여 수레를 몬 것이다.

【辛卯】 元嘉元年이라

元嘉 元年(신묘 151)

十一月에 詔百官하야 擧獨行之士[1]할새 涿郡이 擧崔寔하야 詣公車[2]러니 稱病不對策하고 退而論世事하니 名曰政論이라 其辭曰 凡天下所以不治者는 常由人主承平日久하야 俗漸敝而不悟하고 政浸衰而不知라 爲天下者 自非上德이면 嚴之則治하고 寬之則亂하나니 何以明其然也오 近에 孝宣皇帝明於君人之道하시고 審於爲政之理라 故로 嚴刑峻法하야 破姦軌(宄)之膽하시니 海內淸肅하고 天下密如[3]라 算計見(현)效 優於孝文이러니 及元帝卽位에 多行寬政하야 卒以墮(隳)損하야 威權始奪하야 遂爲漢室基禍之主하니 政道得失을 於斯에 可監이라 昔에 孔子作春秋에 褒齊桓, 懿晉文하시고 歎管仲之功하시니 夫豈不美文武之道哉시리오마는 誠達權救敝之理也라 故로 聖人은 能與世推移어늘 而俗士는 苦不知變하야 以爲結繩之約으로 可復治亂秦之緖[4]하고 干戚之舞로 足以解平城之圍[5]라하니 夫熊經鳥伸[6]이 雖延歷(曆)[7]之術이나 非傷寒之理요 呼吸吐納[8]이 雖度紀[9]之道나 非續骨之膏라 蓋爲國之法이 有似治身하야 平則致養하고 疾則攻焉하나니 夫刑罰者는 治亂之藥石也요 德敎者는 興平之粱肉[10]也라 夫以德敎除殘이면 是는 以粱肉治疾也요 以刑罰治平이면 是는 以藥石供養也라 方今에 承百王之敝하고 値厄運之會하야 自數世以來로 政多恩貸하야 馭委其轡하고 馬駘(태)其銜[11]하야 四牡橫奔에 皇路險傾[12]하니 方將拑勒鞬輈(겸륵건주)[13]以救之니 豈暇鳴和鑾淸節奏[14]哉리오 昔에 文帝雖除肉刑이나 當斬右趾者棄市하고 笞者往往至死하니 是는 文帝以嚴致平이요 非以寬致平也니라 山陽仲長統[15]이 嘗見其書하고 歎曰 凡爲人主 宜寫一通[16]하야 置之坐側이리라하더라

11월에 百官들에게 명하여 特立獨行(세속을 따르지 않고 높은 지조를 지켜 자기 소신대로 행동)하는 선비를 천거하게 하였다. 涿郡에서 崔寔을 천거하여 公車署에 나오게 하였으나 병을 핑계로 對策文을 올리지 않고 물러가 세상일을 논하니, 이름하기를 ≪政論≫이라 하였다. 그 내용에 다음과 같이

말하였다.

"무릇 천하가 잘 다스려지지 않는 까닭은 항상 人主가 태평을 누린 지 오래되어서 풍속이 점점 나빠지는데도 깨닫지 못하고 정사가 점점 쇠퇴하는데도 알지 못하기 때문이다.

천하를 다스림에 만일 훌륭한 德敎가 있는 경우가 아니면, 엄격하게 하면 다스려지고 너그럽게 하면 혼란해지니, 무엇으로 이와 같음을 분명히 아는가? 근자에 孝宣皇帝는 군주의 도리에 밝고 정치하는 이치를 밝게 살피셨다. 그러므로 형벌을 엄하게 하고 법을 준엄하게 해서 간사한 자들의 肝膽이 서늘해지게 하니, 海內가 깨끗하고 엄숙하며 천하가 조용하였다. 겉으로 드러난 효험을 따져 보면 孝文帝보다도 나았는데, 元帝가 즉위하자 너그러운 정사를 많이 행해서 마침내 先王의 업적을 훼손하여 권위를 실추시켜서 마침내 漢나라 황실의 禍를 초래한 군주가 되었으니, 정치하는 道의 得失을 여기에서 볼 수 있다.

옛날 孔子가 ≪春秋≫를 지으실 때에 齊나라 桓公을 기리고 晉나라 文公을 아름답게 여기며 管仲의 功을 탄미하셨으니, 어찌 文王과 武王의 道를 아름답게 여기지 않으셨겠는가마는 이는 진실로 權道를 통달하여 병폐를 구원하는 이치이다. 그러므로 聖人은 세상을 따라 함께 변화하는데 세속의 선비들은 괴롭게도 변통할 줄을 알지 못하여, 結繩의 정치로 어지러운 秦나라의 뒤를 이을 수 있고 干戚의 춤으로 平城의 포위를 풀 수 있다고 하니, 熊經鳥伸이 비록 수명을 연장하는 방술이지만 傷寒을 치료하는 방법은 아니고, 吐納의 呼吸法이 비록 수명을 오래 유지하는 방도이지만 뼈를 붙이는 고약은 아니다. 나라를 다스리는 방법은 몸을 다스리는 것과 유사하여 태평할 때에는 몸을 잘 滋養하고 병이 있을 때에는 병을 치료해야 하니, 형벌은 亂을 다스리는 藥石이고 德敎는 태평을 일으키는 고량진미이다. 德敎로써 殘賊을 제거한다면 이는 고량진미로 병을 치료하는 것이요, 형벌로 태평함을 다스린다면 이는 藥石으로 몸을 滋養하는 것이다.

현재 역대 帝王들의 폐단을 잇고 包運의 어려운 때를 만나 몇 대 이래로 정사가 너그럽게 용서해 줌이 많아서, 말을 모는 자가 고삐를 버려두고 말

주둥이의 굴레가 벗겨져 네 마리 말이 제멋대로 달림에 큰길이 가파르고 비탈이 지니 장차 말에게 굴레를 씌우고 끌채를 묶어서 바로잡아야 할 것인데, 어느 겨를에 和와 鑾을 울려 박자를 맞추겠는가? 옛날 文帝가 비록 肉刑을 제거하였으나 오른쪽 발꿈치를 베는 죄에 해당하는 자는 棄市하였고 笞刑을 당한 자가 왕왕 죽음에 이르렀으니, 이는 文帝가 엄함으로 태평함을 이룬 것이요 관대함으로 태평을 이룬 것이 아니다."

山陽의 仲長統이 일찍이 그의 글을 보고 감탄하기를 "모든 人主들은 마땅히 이 글을 한 통씩 베껴서 자리 옆에 두고 보아야 한다." 하였다.

1) 〔釋義〕 獨行之士：獨行은 言守正而不依阿於人也라
獨行은 바름을 지켜서 남에게 의지하고 아첨하지 않음을 말한다.

2) 〔譯註〕 公車：漢나라 때 상소 및 徵召에 관한 일을 관장하는 官署의 이름으로, 公家의 수레 즉 公車가 있는 곳이라 하여 이렇게 이름한 것이다. 漢代에 賢良을 부를 때는 공거로 遞送하여 公車署에 머물러 待詔하게 하였는 바, 글을 올린 뒤에 회답을 기다리는 것을 待詔라 한다. 후대에는 서울에 와서 시험 보는 것을 공거라 했다.

3) 〔頭註〕 密如：靜貌니 言其嚴密不散縱이라
密如는 조용한 모습이니, 엄밀하여 흩어지거나 방종하지 않음을 말한다.

4) 〔釋義〕 結繩之約 可復治亂秦之緖：言如亂秦之餘에 人心澆漓하니 豈可又治以結繩之政[*)]이리오
어지러운 秦나라의 뒤에 人心이 경박하니, 어찌 또 結繩의 정사로써 다스릴 수 있겠느냐고 말한 것이다.

*) 結繩之政：상고시대의 간략한 정치를 이르는 말로, 文字가 없던 시대에 새끼줄로 매듭을 지어 일의 大小를 표시한 데서 유래하였다.

5) 〔釋義〕 干戚之舞 足以解平城之圍[*1)]：王氏曰 干은 以革爲之하니 其背曰瓦요 戚은 斧也라 二者는 皆兵器니 舞者所執이니 修闡文敎也라 如高帝被圍平城時에 豈此文舞所能解乎[*2)]리오
王氏가 말하였다. "干은 가죽으로 만드니 그 등을 瓦라 하고, 戚은 도끼이다. 두 가지는 모두 병기로 춤추는 자가 잡는 것이니, 이것으로 춤을 추는 것은 文敎를 닦아 밝히는 것이다. 예컨대 高帝가 匈奴에게 平城에서 포위당했을 때에 어찌 이 文舞로 풀려날 수 있었겠는가?"

＊1) 平城之圍：漢 高祖가 즉위 7년(B.C. 200) 平城에서 匈奴의 40만 大軍에게 포위당한 일을 말한다.

＊2) 豈此文舞所能解乎：干과 戚은 武舞를 출 때 손에 잡는 도구로 왼손에는 방패를, 오른손에는 도끼를 잡는다. 釋義에 이것을 文舞라 한 것은 잘못으로 보인다. 다만 춤 자체가 유연한 동작이므로 文敎를 닦아 밝힌다 하여 文舞라고 말한 것으로 보인다.

6)〔釋義〕熊經鳥伸：莊子疏云 吹(吟)〔冷〕呼而吐故하고 呴暖吸而納新하며 如熊攀木而自經하고 類鳥飛空而伸脚하니 斯皆導引神氣以養神也라

≪莊子≫〈刻意篇〉疏에 이르기를 "찬 기운을 불어 옛 것을 토하고 따뜻한 기운을 마셔 새로운 것을 받아들이며, 곰이 나무를 잡고서 매달리는 것처럼 하고 새가 공중을 날면서 다리를 펴는 것과 같이 하는 것이니, 이는 모두 정신과 기운을 導引하여 정신을 수양하는 것이다." 하였다.

7)〔頭註〕延歷：歷은 年也라

歷은 年齒이다.

8)〔譯註〕呼吸吐納：입으로 나쁘고 탁한 기운을 토해 내고 코로 맑고 깨끗한 기운을 마시는 것으로, 道家에서 호흡을 조절하여 養生하는 방법이다.

9)〔頭註〕度紀：猶延年이라

度紀는 延年(수명을 연장함)과 같다.

10)〔通鑑要解〕粱肉：粱은 粟類라 詩詁에 粱은 似粟而大라하고 爾雅에 粱은 有黃白靑三種이며 其性涼故로 稱粱＊)이라

粱은 조의 종류이다. ≪詩詁≫에 "粱은 조와 비슷한데 크다." 하였고, ≪爾雅≫에 "粱은 황색·백색·청색 세 종류가 있으며 성질이 차가우므로 粱이라 칭한다." 하였다.

＊) 其性涼故 稱粱：涼과 粱이 음이 같으므로 말한 것이다.

11)〔釋義〕馭委其轡 馬駘其銜：銜脫曰駘라 家語云 古者에 天子以德法爲銜勒하고 以百官爲轡策이라 故善馭馬者는 正銜勒, 齊轡策하고 善馭人者는 一德法, 正百官焉이니라

말의 재갈을 벗기는 것을 駘라 한다. ≪孔子家語≫에 이르기를 "옛날에 天子는 德과 法으로 재갈과 굴레를 삼고, 百官으로 고삐와 채찍을 삼았다. 그러므로 말을 잘 모는 자는 재갈과 굴레를 바르게 하고 고삐와 채찍을 가지런히 하며, 사람을 잘 다스리는 자는 德과 法을 한결같이 하고 百官들을 바로잡는다." 하였다.

12)〔釋義〕四牡橫奔 皇路險傾：牡는 馬也니 四牡는 天子所乘之駕也라 皇路는 大路也라

牡는 말이니, 四牡는 天子가 타는 수레에 멍에하는 말이다. 皇路는 큰길이다.

13)〔釋義〕拑勒鞬輈*)：拑은 音巨炎反이니 以木銜馬口也요 勒은 謂馬轡也라 鞬은 音巨展反이니 束也요 輈는 音舟니 車轅也라

拑은 음이 巨炎反(겸)이니 나무로 말의 입에 재갈을 물리는 것이요, 勒은 말고삐를 이른다. 鞬은 음이 巨展反(건)이니 묶어 놓는 것이고, 輈는 음이 주이니 수레의 끌채이다.

*) 鞬輈：수레의 끌채를 묶어 고정시켜 수레가 앞으로 나아가지 못하게 하는 것이다.

14)〔釋義〕鳴和鑾淸節奏：說苑云 和, 鑾은 皆鈴也라 和는 金口木舌이요 鑾은 金口金舌이니 所以節車之行이라 和在軾上하고 鑾在衡上하여 近於馬라 軾은 是車上橫板이니 手所憑伏以致敬者요 衡은 是車前橫木駕馬者니 卽軛也라 升車則馬動하고 馬動則鑾鳴하고 鑾鳴則和應하여 自然有箇節奏하니 若車行太速則不相應하고 太遲則不響하고 若雜然都響이면 則〈皆〉不合節奏也라 鳴和鑾者는 五御*)中之一也라

≪說苑≫에 이르기를 "和와 鑾은 모두 말방울이다. 和는 금 입에 나무로 된 혀이고, 鑾은 金 입에 金으로 된 혀이니, 수레의 감을 절제하는 것이다. 和는 軾 위에 있고 鑾은 衡 위에 있어서 말에 가까이 있다. 軾은 수레 위에 가로댄 판자이니 손으로 잡고 기대어 엎드려서 공경을 지극히 하는 것이고, 衡은 수레 앞에 나무를 가로대어 말에 멍에하는 것이니 바로 軛이다. 수레에 오르면 말이 움직이고 말이 움직이면 방울이 울리고 방울이 울리면 和가 응하여 자연히 節奏(리듬)가 있으니, 만약 수레가 너무 빨리 가면 서로 응하지 않고 너무 느리면 소리가 나지 않으며 만약 여러 가지가 뒤섞여 함께 울리면 모두 節奏에 합하지 않는다." 하였다. 和와 鑾을 울리는 것은 五御 중의 하나이다.

*) 五御：鳴和鸞·逐水曲·過君表·舞交衢·逐禽左 등 수레를 모는 다섯 가지 방법이다. 첫째는 鳴和鸞이니, 和와 鸞은 모두 말방울인데, 和는 수레 앞의 가로대에 있고 鸞은 멍에에 있어 말이 움직이면 鸞이 울리고 和가 응함을 말한다. 둘째는 逐水曲이니, 수레를 몸에 水勢의 굴곡을 따르면서도 물에 떨어지지 않게 모는 것을 말한다. 셋째는 過君表니, 君表는 임금의 자리와 轅門 따위를 이르는 바, 급히 수레를 몰아 달려 문에 들어갈 때에 만약 조금만 기울면 수레의 축이 문의 말뚝에 부딪쳐 들어갈 수 없는 바, 이러한 실수가 없음을 말한다. 넷째는 舞交衢이니, 교

차로에서 수레를 몰 적에 회전하는 것이 춤추는 가락에 맞음을 말한다. 다섯째는 逐禽左니, 사냥할 때에 수레를 몰되 짐승과 반대 방향으로 몰아 왼쪽으로 가게 하여 군주가 쏠 수 있게 함을 말한다. 이 내용은 ≪周禮≫ 〈地官 保氏〉에 자세히 보인다.

15) 〔釋義〕 山陽仲長統 : 仲長은 複姓이요 統은 名也라 山陽郡高平人이니 故城이 在懷州하니라

仲長은 複姓이고 統은 이름이다. 山陽郡 高平 사람이니, 옛 城이 懷州에 있다.

16) 〔頭註〕 一通 : 書首末全曰通이라

글의 처음부터 끝까지 모두 씀을 通이라 한다.

溫公曰 漢家之法이 **已嚴矣**어늘 **而崔寔猶病其寬**은 **何哉**오 **蓋衰世之君**은 **率多柔懦**하고 **凡愚之佐**는 **唯知姑息**[1)]이라 **是以**로 **權幸之臣**이 **有罪不坐**하고 **豪猾之民**이 **犯法不誅**하여 **仁恩所施**가 **止於目前**하여 **奸宄得志**하고 **紀綱不立**이라 **故**로 **崔寔之論**은 **以矯一時之枉**이요 **非百世之通義也**라 **孔子曰 政寬則民慢**이니 **慢則糾之以猛**이요 **猛則民殘**이니 **殘則施之以寬**이라 **寬以制猛**하고 **猛以濟寬**이라 **政是以和**라하시니 **斯不易之常道矣**니라

溫公이 말하였다.

"漢나라의 法이 이미 엄하였는데, 崔寔이 오히려 관대함을 병통으로 여긴 것은 어째서인가? 쇠미한 세상의 군주는 대체로 유순하고 나약한 사람이 많고, 평범하고 어리석은 보좌는 오직 姑息之計만을 안다. 이 때문에 권세 있고 총애받는 신하는 죄가 있어도 걸리지 않고, 강포하고 교활한 백성들은 법을 범해도 처벌받지 아니하여, 인자한 은혜를 베푸는 것이 목전에만 그쳐서 간사한 자들이 뜻을 얻고 紀綱이 확립되지 못한다. 그러므로 崔寔의 의론은 한때의 잘못을 바로잡고자 한 것이요, 백대에 통용되는 義가 아니다.

孔子께서 말씀하기를 '정사가 너그러우면 백성들이 태만해지니 태만하면 엄함으로 바로잡고, 정사가 너무 엄하면 백성들이 쇠잔해지니 쇠잔하면 관대함을 베풀어서, 관대함으로써 엄함을 제재하고 엄함으로써

관대함을 구제한다. 정사가 이 때문에 和한 것이다.' 하였으니, 이는 바꿀 수 없는 떳떳한 道이다."

1) 〔頭註〕 姑息 : 姑는 苟요 息은 安也니 苟容取安也라 又姑는 且也니 苟且는 目前之安也라
姑는 구차함이고 息은 편안함이니, 구차하게 용납되어 편안함을 취하는 것이다. 또 姑는 우선이니, 苟且는 우선 눈앞에 보이는 편안함이다.

致堂管見曰 崔寔之論은 雖以矯一時之敝나 然不知人主尙嚴이면 有司承望하야 刑辟深切하야 必至於民無所措手足이라 故로 帝王之治는 不聞其尙嚴也라 傳所謂政寬則民慢이니 慢則糾之以猛하고 猛則民殘이니 殘則施之以寬者는 非孔子之言也라 豈有仁人爲政에 先致慢殘之敝하고 又從而濟之乎아 五經孔孟之訓에 未嘗有猛이요 皐陶稱舜曰 御衆以寬이라하고 仲虺稱湯曰 克寬克仁이라하고 乾之君德曰 寬以居之라하고 孔子答子張曰 寬則得衆[1]이라하시니 是則天地之常理요 古今之通誼也라 司馬氏所謂柔懦姑息하야 有罪不坐하고 犯法不誅가 豈寬之理哉아 所謂施恩目前하야 姦宄得志하고 紀綱不立이 又豈仁之道哉아

致堂(胡寅)의 ≪讀史管見≫에 말하였다.

"崔寔의 의논은 비록 한때의 폐단을 바로잡고자 한 것이나 人主가 위엄을 숭상하면 有司가 윗사람의 뜻에 영합하여 형벌이 심해지고 까다로워져서 반드시 백성들이 손과 발을 둘 곳을 모르는 지경에 이름을 알지 못하였다. 그러므로 帝王의 다스림은 엄함을 숭상했다는 말을 듣지 못하였으니, ≪春秋左傳≫에 이른바 '정사가 너그러우면 백성들이 태만해지니 태만하면 엄함으로 다스리고, 엄하면 백성들이 쇠잔해지니 쇠잔하면 관대함을 베푼다.'는 것은 孔子의 말씀이 아니다. 어찌 인자한 사람이 정사를 하면서 태만하고 쇠잔한 병폐를 먼저 이루고, 또 따라서 이것을 바로잡는단 말인가?

五經과 孔子·孟子의 가르침에 일찍이 엄하게 함이 있지 않았고, 皐陶가 舜임금에게 고하기를 '무리들을 다스리되 너그러움으로써 하십니다.' 하였고, 仲虺가 湯王에게 고하기를 '능히 관대하고 능히 인자하십니다.' 하였고, ≪周易≫ 乾卦의 군주의 德에는 '너그러움으로써 거한다.' 하였고, 孔子께서 子張

에게 답하시기를 '너그러우면 뭇사람들을 얻는다.' 하였으니, 이는 天地의 변함없는 떳떳한 이치이고 古今에 공통된 義이다. 司馬氏(司馬溫公)의 이른바 '군주는 유순하고 나약하며 신하는 姑息之計만 알 뿐이어서 죄가 있어도 걸리지 않고 법을 범해도 처벌받지 않는다.'는 것이 어찌 너그러움의 이치이겠으며, 이른바 '은혜를 베푸는 것이 목전에만 그쳐서 간사한 자들이 뜻을 얻고 紀綱이 확립되지 못한다.'는 것이 또 어찌 仁의 道이겠는가."

1) 〔譯註〕 皐陶稱舜曰……寬則得衆 : ≪書經≫ 〈大禹謨〉에 皐陶가 舜임금에게 말하기를 "황제의 덕이 잘못됨이 없어 아랫사람에게 임하되 간략함으로써 하고 무리들을 어거하되 너그러움으로써 한다.〔帝德罔愆 臨下以簡 御衆以寬〕" 하였고, 〈仲虺之誥〉에 仲虺가 湯王에게 말하기를 "능히 너그럽고 능히 인자하여 드러내서 兆民들에게 믿음을 받는다.〔克寬克仁 彰信兆民〕" 하였으며, ≪周易≫ 乾卦에 "君子가 배워서 지식을 모으고 물어서 分辨하며 너그러움으로 거하고 仁으로써 행하나니, ≪易經≫에 이르기를 '나타난 龍이 밭에 있으니 大人을 만나 봄이 이롭다.' 고 하였으니, 이는 人君의 德이다.〔君子學以聚之 問以辨之 寬以居之 仁以行之 易曰見龍在田利見大人 君德也〕" 하였다. 孔子가 子張에게 대답한 말은 ≪論語≫ 〈陽貨〉에 보인다.

【丙申】 永壽二年이라

永壽 2년(병신 156)

泰山, 琅琊賊公孫擧等이 聚衆至三萬人하야 破壞郡縣하니 連年討之호되 不能克이라 尙書選能治劇(극)[1]者하야 以司徒掾潁川韓韶로 爲嬴長[2]하니 賊聞其賢하고 相戒不入嬴境이라 餘縣流民萬餘戶 入縣界어늘 韶開倉賑之한대 主者[3]爭謂不可라 韶曰 長이 活溝壑之人하고 而以此伏罪면 含笑入地矣리라 太守素知韶名德이라 竟無所坐하다 韶與同郡荀淑, 鍾皓, 陳寔으로 皆嘗爲縣長하야 所至에 以德政稱하니 時人이 謂之潁川四長[4]이라하니라

泰山과 琅琊의 賊인 公孫擧 등이 무리를 모은 것이 3만여 명에 이르러 郡

縣을 파괴하니, 여러 해를 계속하여 토벌하였으나 이기지 못하였다. 尙書에서 처리하기 어려운 일을 잘 다스릴 수 있는 자를 뽑아 司徒의 아전인 潁川 韓韶를 嬴縣의 長으로 삼으니, 賊들은 그가 어질다는 말을 듣고 서로 경계하여 嬴縣의 境內로 들어오지 않았다.

나머지 縣의 流民들 1만여 戶가 嬴縣의 경내로 들어오자 韓韶가 창고를 열어 이들을 구휼하였는데, 창고를 주관하는 자가 다투어 不可함을 말하니 韓韶가 말하기를 "縣의 長이 溝壑에 빠진 사람들을 살려 주고 이 때문에 죄를 받는다면 내 웃음을 머금고 지하로 들어가겠다." 하였다. 太守가 평소 韓韶의 명성과 덕망을 알고 있었으므로 끝내 죄에 걸린 바가 없었다. 韓韶는 같은 郡의 荀淑, 鍾皓, 陳寔과 함께 모두 일찍이 縣長이 되어서 부임하는 곳마다 德政을 베푼 것으로 일컬어지니, 당시 사람들이 潁川의 四長이라 하였다.

1)〔釋義〕劇 : 劇은 艱也요 尤甚也라
劇은 어려움이고 더욱 심함이다.

2)〔釋義〕嬴長 : 嬴長者는 泰山郡嬴縣令長也니 嬴은 音盈이라
嬴長은 泰山郡 嬴縣의 令長이니, 嬴은 음이 영이다.

3)〔頭註〕主者 : 主倉粟之吏라
主者는 창고의 곡식을 주관하는 관리이다.

4)〔頭註〕潁川四長 : 四長은 韶, 淑, 寔, 皓니 皆潁川人이라〔通鑑要解〕荀淑爲當塗長이요 韓韶爲嬴長이요 陳寔爲太丘長이요 鍾皓爲林慮長也라
〔頭註〕四長은 韓韶・荀淑・陳寔・鍾皓이니, 모두 潁川 사람이다.〔通鑑要解〕荀淑은 當塗縣의 長이고, 韓韶는 嬴縣의 長이고, 陳寔은 太丘縣의 長이고, 鍾皓는 林慮縣의 長이다.

【己亥】 延熹二年이라

延熹 2년(기해 159)

梁冀一門에 前後七侯, 三皇后[1], 六貴人, 二大將軍이요 夫人女食邑稱君[2]者七人이요 尙公主[3]者三人이요 其餘卿將尹校[4]五十七人이라 冀專擅威柄

하야 凶恣日積하고 秉政이 幾二十年에 威行內外하니 天子拱手하야 不得有所親與라 帝旣不平之러니 又遣客하야 刺殺議郎邴尊이어늘 帝大怒하야 呼中常侍單(선)超, 徐璜과 黃門令具瑗(완)과 小黃門[5]史左悺, 唐衡하야 定議誅之한대 冀及妻壽卽日에 皆自殺하니 百姓이 莫不稱慶이러라 收冀財貨하야 縣官이 斥賣[6]하니 合三十餘萬萬이라 以充王府하야 用減天下稅租之半[7]하고 散其苑囿하야 以業窮民하고 封單超, 徐璜等五人하야 爲縣侯하니 世謂之五侯[8]러라

梁冀는 한 가문에서 전후에 걸쳐 7명의 侯와 3명의 皇后와 6명의 貴人과 2명의 大將軍이 배출되었으며, 부인과 여자로서 食邑을 소유하고 君을 칭한 자가 7명이고 公主에게 장가든 자가 3명이고, 그 나머지 九卿과 中郎將과 尹(河南尹, 京兆尹)과 校尉가 57명이었다. 梁冀가 위엄과 권세를 專擅하여 흉악함과 방자함이 날로 쌓이고 정권을 잡은 지가 거의 20년에 가까워서 위엄이 內外에 행해지니, 天子는 팔짱을 끼고 보고만 있을 뿐 친히 관여하는 바가 없었다.

황제가 이미 이것을 불평해 하고 있었는데, 梁冀가 또다시 자객을 보내어 議郎 邴尊을 찔러 죽이니, 황제가 크게 노하여 中常侍인 單超와 徐璜, 黃門令인 具瑗, 小黃門史인 左悺과 唐衡을 불러서 의논을 정하고 梁冀를 주벌하였다. 梁冀와 그의 아내 壽가 당일로 모두 자살하니, 백성들이 경하하지 않는 이가 없었다. 梁冀의 財貨를 거두어 縣官이 放賣하니 도합 30여 萬萬이었다. 이것을 王府에 충당하여 이로써 천하의 조세의 절반을 감면해 주었고, 그의 동산을 흩어서 곤궁한 백성들에게 주어 경작하게 하였다. 單超와 徐璜 등 5명을 봉하여 縣侯로 삼으니, 세상에서 이들을 일러 五侯라 하였다.

1) 〔附註〕 三皇后 : 章帝后恭懷皇后는 梁竦之女也요 順帝后順烈皇后는 竦孫梁商之女也요 桓帝后懿憲皇后는 亦商之女也니 梁冀亦商之子라

세 명의 皇后란 章帝의 后인 恭懷皇后는 梁竦의 딸이었고, 順帝의 后인 順烈皇后는 梁竦의 손자인 梁商의 딸이었고, 桓帝의 后인 懿憲皇后 또한 梁商의 딸이었으니, 梁冀 또한 梁商의 아들이다.

2) 〔頭註〕 夫人女食邑稱君 : 如和平元年에 封梁冀妻孫壽爲襄城君之類라

和平 元年에 梁冀의 妻인 孫壽를 봉하여 襄城君으로 삼은 것과 같은 따위이다.

3) 〔頭註〕 尙公主 : 見六卷이라 尙은 奉也니 奉事公主요 不敢斥言娶也라

公主에게 장가든 것은 6권에 보인다. 尙은 받듦이니, 공주를 받들어 섬기는 것이요, 감히 장가든다고 곧바로 가리켜 말하지 못하는 것이다.

4) 〔通鑑要解〕 卿將尹校 : 卿은 九卿이요 將은 中郎將이요 尹은 河南尹, 京兆尹也요 校는 諸校尉也라

卿은 九卿이고, 將은 中郎將이고, 尹은 河南尹과 京兆尹이고, 校는 여러 校尉이다.

5) 〔頭註〕 中常侍……小黃門 : 中常侍, 黃門, 小黃門은 竝宦官名이라

中常侍・黃門・小黃門은 모두 환관의 관직 명칭이다.

6) 〔釋義〕 斥賣 : 斥은 棄也니 謂不用而賣之也라

斥은 버림이니, 사용하지 않고 파는 것을 이른다.

7) 〔釋義〕 以充王府 用減天下稅租之半 : 王氏曰 以充王府用의 用字는 當屬下句라 用은 因也니 因是除減天下稅租之半이라

王氏가 말하였다. "'充王府用'의 用字는 마땅히 아래 句에 붙여야 한다. 用은 인함이니, 이로 인하여 천하의 조세의 절반을 감면해 준 것이다."

8) 〔通鑑要解〕 五侯 : 單超新豐侯, 徐璜武原侯, 具瑗東武陽侯, 左悺上蔡侯, 唐衡汝陽侯也라

五侯란 單超는 新豐侯이고, 徐璜은 武原侯이고, 具瑗은 東武陽侯이고, 左悺은 上蔡侯이고, 唐衡은 汝陽侯이다.

【新增】 尹氏曰 梁冀之死는 桓帝特以恣橫으로 怒而殺之爾요 非能討有罪而正王誅也[1]라 然이나 當冀擅權之時하야는 誠有未易然者어니와 迨其既斃하야는 無復顧慮어늘 漢朝諸人이 盍亦申告于朝하야 糾擧本初[2]鴆毒之禍하야 顯明大義하야 討其不赦之罪오 殘其身하고 汚瀦其宮이면 庶幾討賊之義가 暴白[3]於天下어늘 而當時則不暇也하니 吁可歎哉인저

尹氏가 말하였다.

"梁冀가 죽은 것은 桓帝가 다만 그가 방자하고 전횡한다고 하여 노여워해서 죽인 것일 뿐이요, 그가 지은 죄를 토벌하여 王法으로 마땅히 주벌해야 할 것을 바로잡은 것은 아니다. 그러나 梁冀가 권력을 독단할 때를 당해서는 진실로 이렇게 하기가 쉽지 않지만 그가 이미 죽음에 미쳐서는 다시 돌아보

고 염려할 것이 없는데도 漢나라 조정의 여러 사람들이 어찌하여 또한 조정에 사실을 보고하여 本初 연간에 質帝를 鴆毒으로 시해한 화를 규찰하여 적발해서 大義를 드러내어 밝혀 그의 용서받을 수 없는 죄를 토벌하지 않았는가. 그 몸을 죽이고 그 집을 웅덩이로 만들었다면 거의 역적을 토벌하는 의리가 천하에 드러나 분명해졌을 터인데 당시에는 이에 미칠 겨를이 없었으니, 아! 탄식할 만하다."

1)〔頭註〕正王誅也：冀鴆殺質帝라
  正王誅는 梁冀가 質帝를 짐독으로 죽인 죄를 바로잡는 것이다.
2)〔通鑑要解〕本初：質帝年號라
  本初는 質帝의 연호이다.
3)〔頭註〕暴白：暴은 顯示也요 明白也라
  暴은 드러내 보이는 것이고 명백함이다.

大司農黃瓊이 **爲太尉**하다 **是時**에 **新誅梁冀**하니 **天下想望異政**이라 **黃瓊**이 **首居公位**하야 **乃擧奏州郡**에 **素行貪汚**하야 **至死徙者十餘人**하니 **海內翕然稱之**러라 **瓊**이 **辟汝南范滂**하니 **滂**이 **少厲淸節**하야 **爲州里所服**이러니 **爲淸詔使**[1]하야 **案察**[2]**冀州**할새 **滂**이 **登車攬轡**(람비)[3]하고 **慨然有澄淸天下之志**하니 **守令贓汚**[4]**者 皆望風解印綬去**러라

大司農 黃瓊이 太尉가 되었다. 이때 梁冀를 갓 죽였으므로 천하 사람들이 새로운 정사를 생각하고 기대하였다. 黃瓊이 첫 번째로 公의 지위에 올라 마침내 州郡에서 평소 貪汚를 저지른 자를 적발하여 아뢰어서 죽거나 유배간 자가 10여 명에 이르니, 온 천하가 翕然(일치하는 모양)히 칭찬하였다.

黃瓊이 汝南의 范滂을 부르니, 范滂은 젊어서부터 깨끗한 절개를 닦아서 州郡과 鄕里에서 心服을 받았다. 그를 淸詔使로 삼아 冀州 지방을 案察하게 하였다. 그리하여 范滂이 수레에 올라 고삐를 잡고 慨然히 천하를 깨끗이 할 뜻을 두니, 守令으로서 부정을 저지르고 탐욕스러운 자들이 모두 風聲만 듣고도 印綬를 풀어 놓고 떠나갔다.

1)〔通鑑要解〕淸詔使：三公府에 有淸詔員하니 以承詔使也라
三公의 府에 淸詔員을 두었으니, 황제의 명령을 받드는 사신이다.
2)〔頭註〕案察：案은 行察也요 又考也, 驗也라
案은 가서 살피는 것이요, 또 상고하는 것이고 징험하는 것이다.
3)〔釋義〕攬轡：攬은 撮持也요 轡는 馬轡也라
攬은 잡는 것이고, 轡는 말고삐이다.
4)〔通鑑要解〕贓汚：吏受賂也니 凡非理所得財賄을 皆曰贓也라
贓汚는 관리가 뇌물을 받는 것이니, 무릇 非理로 얻은 재물을 모두 贓이라고 한다.

○ **尙書令陳蕃**이 **上疏**하야 **薦五處士**하니 **豫章徐穉**와 **彭城姜肱**과 **汝南袁閎**(굉)[1]과 **京兆韋著**와 **潁川李曇**(담)이라 **帝悉以安車**[2]**玄纁**(훈)으로 **備禮徵之**호되 **皆不至**러라 **蕃**이 **性方峻**[3]하야 **不接賓客**호되 **唯穉來**면 **特設一榻**(탑)이라가 **去則縣(懸)之**러라 **帝又徵安陽魏桓**이어늘 **其鄕人**이 **勸之行**한대 **桓曰 夫干祿求進**은 **所以行其志也**어늘 **今**에 **後宮千數**를 **其可損乎**며 **廐馬萬匹**을 **其可減乎**며 **左右權豪**를 **其可去乎**아 **皆對曰 不可**라한대 **桓**이 **乃慨然歎曰 使桓生行死歸**면 **於諸子**에 **何有哉**[4]오하고 **遂隱身不出**하다

尙書令 陳蕃이 상소하여 5명의 隱士를 천거하니, 豫章의 徐穉와 彭城의 姜肱과 汝南의 袁閎과 京兆의 韋著와 潁川의 李曇이었다. 황제가 安車와 玄纁으로 禮를 갖추어 이들을 불렀으나 모두 오지 않았다.

陳蕃은 성품이 방정하고 준엄하여 빈객들을 접대하지 않았으나 오직 徐穉가 오면 특별히 걸상 한 개를 비치했다가 〈앉게 하고〉 그가 떠나면 거두어 매달아 놓았다.

황제가 또 安陽의 魏桓을 부르자 그 고향 사람들이 갈 것을 권하였는데, 魏桓이 말하기를 "녹봉을 구하고 등용되기를 구하는 것은 자신의 뜻을 행하려고 해서인데, 지금 천 명으로 헤아려지는 後宮을 줄일 수 있겠으며, 만 필이나 되는 마구간의 말을 줄일 수 있겠으며, 左右의 權臣들과 豪强한 자들을

제거할 수 있겠는가?" 하니, 모두 대답하기를 "불가능하다." 하였다. 魏桓이 마침내 慨然히 탄식하기를 "가령 내가 살아서 갔다가 죽어서 돌아온다면 여러분들에게 무슨 유익함이 있겠는가?" 하고는 마침내 몸을 숨기고 나가지 않았다.

1)〔頭註〕袁閎 : 閎은 音橫이라
閎은 음이 횡이다.

2)〔釋義〕安車 : 車以蒲裹故로 安也니 若今之小車라
安車는 수레를 부들로 싸기 때문에 편안하니, 지금의 작은 수레와 같은 것이다.

3)〔通鑑要解〕方峻 : 端正峻急也라
方峻은 단정하고 준엄한 것이다.

4)〔通鑑要解〕於諸子何有哉 : 君忤强諫하야 死而後歸하니 勸行者에 復何益也리오
於諸子何有哉는 '내가 나아가면 군주를 거스르고 강력하게 간하여 죽은 뒤에야 돌아올 것이니, 가기를 권한 자에게 다시 무슨 유익함이 있겠는가?'라고 말한 것이다.

○ 帝旣誅梁冀에 權勢專歸宦官하니 五侯尤貪縱하야 傾動內外러라

황제가 이미 梁冀를 처형하자 권세가 오로지 宦官에게 돌아가니, 五侯가 더욱 탐욕스럽고 방종하여 조정 내외를 傾動(기세가 진동하여 사람들을 두렵게 함)시켰다.

○ 帝從容問侍中爰延호되 朕은 何如主也오 對曰 陛下爲漢中主[1)]니이다 帝曰 何以言之오 對曰 尙書令陳蕃이 任事則治하고 中常侍黃門이 與政則亂이라 是以로 知陛下可與爲善이며 可與爲非[2)]니이다 帝曰 昔에 朱雲이 廷折欄檻[3)]이러니 今에 侍中이 面稱朕違하니 敬聞闕[4)]矣라하고 拜五官中郎將하다

황제가 조용히 侍中 爰延에게 묻기를 "짐은 어떠한 군주인가?" 하니, 대답하기를 "폐하는 漢나라의 중간 정도의 군주이십니다." 하였다. 황제가 말하기를 "어찌하여 그렇게 말하는가?" 하자, 대답하기를 "尙書令 陳蕃이 일을 맡으면 다스려지고, 中常侍와 黃門이 정사에 참여하면 혼란해집니다. 이 때문에

폐하께서는 더불어 善을 하실 수도 있고, 더불어 잘못을 하실 수도 있음을 아는 것입니다." 하니, 황제가 말하기를 "옛날에 朱雲은 조정에서 난간을 부러뜨렸는데, 지금 侍中은 면전에서 짐의 잘못을 말하니 공경히 잘못을 듣겠다." 하고 爰延을 五官中郎將에 임명하였다.

1)〔通鑑要解〕中主：中才之主也라
　中主는 〈현명하지도 어리석지도 않은〉 중간 정도의 재주를 지닌 군주이다.
2)〔通鑑要解〕可與爲善 可與爲非：顧補佐者何如耳라
　補佐하는 자가 어떠한 지를 돌아볼 뿐임을 말한 것이다.
3)〔頭註〕廷折欄檻*)：折欄檻은 在十四卷己酉年이라
　朱雲이 난간을 부러뜨린 일은 14권 己酉年條에 있다.
*) 廷折欄檻：成帝 때 朱雲이 대신의 무능함을 지적하고, 승상이며 왕의 師傅인 安昌侯 張禹를 죽여 나머지 사람들을 격려하라고 청하자, 成帝가 노하여 朱雲을 죽이게 하였다. 御史가 朱雲을 끌어내리려 하자, 朱雲이 대궐의 난간을 부여잡으니, 난간이 부러졌다. 이때 朱雲이 큰 소리로 말하기를 "신은 죽어서 龍逢과 比干을 따라 지하에서 놀면 만족합니다." 하니, 御史가 마침내 朱雲을 데리고 갔다. 左將軍 辛慶忌가 冠을 벗고 대궐 아래에서 머리를 조아리며 아뢰기를 "이 신하가 평소 狂直하기로 알려졌으니, 만일 그 말이 옳다면 처벌해서는 안 되고 그 말이 그르더라도 진실로 용납해야 합니다." 하니, 成帝의 노여움이 풀렸다. 뒤에 난간을 고칠 때를 당하여 成帝가 말하기를 "바꾸지 말고 그대로 보수해서 直言한 신하를 旌表하라." 하였다.
4)〔頭註〕闕：失也요 過也라
　闕은 실수이고 잘못이다.

○ 九月에 以大鴻臚劉寵[1]으로 爲司空하다 寵이 嘗爲會稽太守하야 簡除[2]煩苛하고 禁察非法하니 郡中이 大治라 徵爲將作大匠이러니 山陰縣에 有五六老叟自若邪(야)山谷間出하야 人賷百錢하고 以送寵曰 山谷鄙生이 未嘗識郡朝[3]어니와 他守時엔 吏發求民間[4]하야 至夜不絶하고 或狗吠竟夕하야 民不得安이러니 自明府下車以來로 狗不夜吠하고 民不見吏하니 年老에 遭値聖明이러니 今聞當見棄去故로 自扶奉送하노이다 寵曰 吾政이 何能及公言邪아 勤苦父老라하고

爲人選一大錢[5])하야 受之하다

9월에 大鴻臚 劉寵을 司空으로 삼았다. 劉寵이 일찍이 會稽太守가 되어서 번거로움과 까다로움을 제거하고 불법을 금하여 살피니, 고을 안이 크게 다스려졌다. 朝廷에서 불러서 將作大匠을 삼았는데, 山陰縣에 사는 5, 6명의 노인이 若邪山 골짜기 사이로부터 나와 사람마다 百錢씩 가지고 와서 劉寵을 전송하며 말하기를 "산골짝의 비천한 인생이 일찍이 郡廳의 일을 알지 못했습니다마는 다른 太守가 부임해 왔을 때에는 아전들이 백성들에게 징발하고 요구하여 밤이 되어도 끊이지 않고, 혹은 개 짖는 소리가 밤새도록 이어져서 백성들이 편안히 살 수가 없었는데, 훌륭하신 明府께서 부임한 이래로는 개들이 밤중에 짖지 않고 백성들이 아전을 보지 못하니, 나이가 늙어 聖明한 시대를 만났습니다. 그런데 이제 저희들을 버리고 떠나가신다는 말을 들었기에 스스로 부축하고 나와서 전송하는 것입니다." 하였다. 劉寵이 말하기를 "나의 정사가 어찌 公들의 말씀에 미칠 수 있겠는가? 父老에게 수고를 끼쳤도다." 하고는 사람들을 위하여 大錢 한 개씩을 골라서 받았다.

1) 〔通鑑要解〕 劉寵 : 齊悼惠王之後也라
劉寵은 齊나라 悼惠王의 후예이다.

2) 〔頭註〕 簡除 : 簡은 與揀同이라
簡은 揀과 같다.

3) 〔通鑑要解〕 郡朝 : 郡廳事[*])曰郡朝요 公府廳事曰府朝라
郡의 廳事를 郡朝라 하고, 公府의 廳事를 府朝라 한다.

*) 廳事 : 廳은 일을 다스리는 곳이므로 廳事라고 한 것이다.

4) 〔釋義〕 吏發求民間 : 言吏於徵發時에 求取於百姓이라
吏發求民間은 관리들이 징발할 때에 백성에게 요구하여 받음을 말한 것이다.

5) 〔頭註〕 爲人選一大錢 : 爲는 去聲이요 人은 謂每一人이라
爲는 去聲이고, 人은 한 사람씩을 이른다.

○ 郭泰 博學善談論이라 初遊雒陽할새 時人이 莫識호되 陳留 符融이 一見嗟異하고 因以介[1])於河南尹李膺한대 膺與相見하고 曰 吾見士多矣로되 未有如

郭林宗者也로다 其聰識通朗과 高雅密博이 今之華夏에 鮮見其儔라하고 遂與爲友하니 於是에 名震京師러라 後歸鄕里할새 衣冠諸儒送至河上하니 車數千兩이라 膺이 唯與泰同舟而濟하니 衆賓이 望之하고 以爲神仙焉이러라 泰性明知人하고 好獎訓士類하야 周遊郡國이러니 孟敏이 客居太原할새 荷甑(하증)墮地[2]호되 不顧而去어늘 泰見而問其意한대 對曰 甑已破矣니 視之何益이리오 泰知其德性하고 因勸令遊學하야 遂知名當世하니라 或問范滂曰 郭林宗은 何如人고 滂曰 隱不違親[3]하고 貞不絶俗[4]하야 天子不得臣이요 諸侯不得友라 吾不知其他로라 陳留仇香이 至行純嘿호되 鄕黨에 無知者라 年四十에 爲蒲亭長[5]이러니 民有陳元이 獨與母居할새 母詣香하야 告元不孝[6]어늘 香이 到元家하야 爲陳人倫孝行하야 譬以禍福之言한대 元이 感悟하야 卒爲孝子러라 考城令[7]王奐이 署香[8]爲主簿하고 謂之曰 聞在蒲亭에 陳元을 不罰而化之라하니 得無少鷹鸇之志[9]耶아 香曰 以爲鷹鸇이 不若鸞鳳故로 不爲也로라 奐曰 枳(지)棘[10]之林은 非鸞鳳所集이요 百里는 非大賢之路라하고 乃以一月俸(봉)資香하야 使入太學하니 郭泰, 符融이 齎刺[11]謁之하고 因留宿이러니 明旦에 泰拜之曰 君은 泰之師요 非泰之友也라하니라

郭泰는 博學하고 談論을 잘하였다. 처음 雒陽에 갔을 때에 당시 그를 아는 사람들이 없었으나 陳留의 符融이 한번 보고는 감탄하고 특이하게 여겨 河南尹 李膺에게 소개하였다. 李膺이 郭泰와 서로 만나 보고는 말하기를 "내가 선비를 많이 만나 보았지만 郭林宗(郭泰)과 같은 자는 있지 않았다. 그의 총명한 식견과 通明함, 高雅함과 박학함은 지금의 中華에서는 그를 필적할 만한 자를 보기 어렵다." 하고는 마침내 그와 더불어 벗하니, 이에 명성이 京師에 진동하였다. 뒤에 鄕里로 돌아갈 때에 衣冠을 차린 여러 선비들이 전송하여 黃河 가에 이르니, 전송 나온 수레가 수천 대였다. 李膺이 오직 郭泰와 한 배를 타고 건너가니, 여러 손님들이 멀리서 바라보고는 神仙이라고 여겼다.

郭泰는 천성이 총명하여 사람을 잘 알아보고 선비들을 장려하고 가르치기

를 좋아하면서 郡國을 周遊하였다. 孟敏이 나그네로 太原에 있을 때에 시루를 메고 가다가 땅에 떨어뜨렸는데도 돌아보지 않고 그대로 갔다. 郭泰가 보고 그 이유를 물으니, 대답하기를 "시루가 이미 깨졌으니 돌아본들 무슨 소용이 있겠는가." 하였다. 郭泰는 그의 德性이 훌륭함을 알고는 인하여 그에게 권고하여 遊學하게 해서 마침내 이름이 당대에 알려졌다. 혹자가 范滂에게 묻기를 "郭林宗은 어떠한 사람인가?" 하니, 范滂이 말하기를 "숨어도 어버이를 떠나지 않고 곧음을 지키더라도 세속을 끊지 아니하여 천자가 신하로 삼을 수 없고 제후가 벗으로 삼을 수 없다. 나는 그 밖의 것은 모르겠다." 하였다.

陳留의 仇香이 지극한 효행이 있고 순후하고 침묵하였으나 鄕黨에서 그를 알아주는 자가 없었다. 나이 40에 蒲亭長이 되었는데, 백성 중에 陳元이란 자가 홀로 어머니와 살고 있었다. 그의 어머니가 仇香을 찾아와서 陳元의 불효함을 고발하였는데, 仇香이 陳元의 집에 이르러 人倫과 孝行을 말하고 아울러 禍福의 應報를 가지고 타이르니, 陳元이 감동하고 깨달아 마침내 효자가 되었다. 考城令 王奐이 仇香을 임명하여 主簿를 삼고 그에게 이르기를 "내 들으니 蒲亭에 있을 때에 陳元을 처벌하지 않고 교화시켰다 하니, 鷹鸇의 뜻이 부족한 것이 아닌가?" 하니, 仇香이 말하기를 "鷹鸇이 봉황새만 못하기 때문에 하지 않은 것이다." 하였다. 王奐은 말하기를 "탱자나무와 가시나무 숲은 봉황새가 앉을 곳이 아니요, 百里 되는 작은 고을은 大賢의 길이 아니다." 하고는 한 달치 녹봉을 仇香에게 주어 仇香으로 하여금 太學에 들어가게 하니, 郭泰와 符融이 명함을 가지고 찾아가 배알하고 인하여 유숙하였다. 다음 날 아침 郭泰가 그에게 절하며 말하기를 "君은 저의 스승이요, 저의 벗이 아닙니다." 하였다.

1) 〔附註〕 因以介 : 古人相見에 必因紹介以傳辭하니라 紹者는 繼也요 介者는 因也니 言因人以相接見也라 介不一人故로 禮云 紹介以傳命이라하니라 〔通鑑要解〕 介는 繼紹也니 言及之意也라 古者에 主有儐이요 客有介라 介者는 因也니 因人以相接見也라 儐은 導也니 接賓以禮曰儐이라
〔附註〕 옛사람은 서로 만나 볼 때에 반드시 소개를 통하여 말을 전하였다. 紹는

이어받음이고 介는 통함이니, 사람을 통하여 서로 접견함을 말한다. 介는 한 사람이 아니기 때문에 禮에 "소개하여 명령을 전달한다." 하였다. 〔通鑑要解〕 介는 이어받음이니, 말이 미친다는 뜻이다. 옛날에 주인은 儐을 두고 손님은 介를 두었다. 介는 통함이니, 사람을 통해 서로 접견하는 것이다. 儐은 인도함이니, 손님을 禮로 접대하는 것을 儐이라 한다.

2) 〔釋義〕 荷甑墮地 : 荷는 負也요 墮는 落也라
荷는 메는 것이고, 墮는 떨어짐이다.

3) 〔釋義〕 隱不違親 : 隱不違親者는 介子推之類也라 新序曰 晉文公反國하여 介子推無爵이라 去之介山이러니 文公求不得하여 焚山而死하니라 左傳에 作介之推하니 註에 介姓이요 推名이요 之는 語助聲이라 〔通鑑要解〕 雖隱이라도 不背父母라
〔釋義〕 숨어도 어버이를 떠나지 않았다는 것은 介子推와 같은 무리이다. 劉向의 ≪新序≫에 이르기를 "晉나라 文公이 亡命 생활을 하다가 본국으로 돌아와 군주가 되어서 介子推에게는 벼슬을 내리지 않았다. 介子推가 떠나 介山으로 갔는데, 그 후 文公이 찾았으나 찾지 못하자 〈그를 나오게 하기 위하여〉 山에 불을 질렀는데 타 죽었다." 하였다. ≪春秋左傳≫에는 介之推로 되어 있으니, 註에 "介는 姓이고, 推는 이름이고, 之는 어조사이다." 하였다. 〔通鑑要解〕 비록 숨더라도 부모를 저버리지 않는 것이다.

4) 〔釋義〕 貞不絶俗 : 貞不絶俗者는 柳下惠之類也라 柳下惠는 春秋時魯公族이니 姓展이요 名禽이요 字季니 居柳下而施德惠하여 因以爲號하니라 〔通鑑要解〕 雖貞勁이라도 不棄風俗이라
〔釋義〕 곧음을 지키더라도 세속을 끊지 않는다는 것은 柳下惠와 같은 무리이다. 柳下惠는 春秋時代 魯나라 公族으로, 성이 展이고 이름이 禽이고 字가 季인바, 柳下라는 고을에 살면서 德과 은혜를 베풀었으므로 인하여 호로 삼은 것이다. 〔通鑑要解〕 비록 곧더라도 세속을 버리지 않는 것이다.

5) 〔釋義〕 蒲亭長 : 蒲亭은 在陳留郡考城縣이라 漢因秦하여 大率十里一亭하고 亭有長以禁盜賊하니라
蒲亭은 陳留郡 考城縣에 있다. 漢나라는 秦나라 제도를 따라서 대체로 10里에 1亭을 두고 亭에는 長이 있어 도적을 금하였다.

6) 〔通鑑要解〕 告元不孝 : 元母告元不孝어늘 香曰 吾近日에 過元舍러니 廬屋整頓하고 耕耘以時하니 此非惡人이라 寡養孤苦하니 何以一朝之憤으로 棄歷年之勤乎아 하니 母涕泣而起하니라

陳元의 어머니가 陳元이 불효한다고 고발하자, 仇香이 말하기를 "내가 근래에 陳元의 집을 방문하였는데 집이 정돈되어 있고 논밭을 갈고 김매기를 제때에 하니, 이는 악한 사람이 아니다. 과부가 되어서 고아를 어렵게 길렀으니, 어찌 하루아침의 분심으로 여러 해 동안 부지런히 기른 것을 버린단 말인가?" 하니, 어머니가 눈물을 흘리면서 일어났다.

7) 〔釋義〕 考城令 : 考城縣은 屬陳留하니 今睢州縣이라

考城縣은 陳留에 속하니, 지금의 睢州縣이다.

8) 〔頭註〕 署香 : 署는 謂除官이라

署는 관직을 제수함을 이른다.

9) 〔釋義〕 鷹鸇之志 : 左傳에 季孫行父曰 見無禮於君者면 誅之를 如鷹鸇之逐鳥雀也라하니라

≪春秋左傳≫ 文公 18年條에 季孫行父가 말하기를 "군주에게 무례한 자를 보면 그를 주벌하기를 매와 새매가 참새를 쫓듯이 해야 한다." 하였다.

10) 〔釋義〕 枳棘 : 枳似橘이라 周禮曰 橘踰淮北而爲枳 是也라 棘은 小棗叢生者라

탱자나무는 귤과 유사하다. ≪周禮≫ 〈冬官 考工記〉에 이르기를 "귤나무가 淮水를 넘어 북쪽으로 오면 탱자가 된다."고 한 것이 이것이다. 棘은 멧대추나무로 叢生하는 것이다.

11) 〔通鑑要解〕 齎刺 : 齎는 持也라 書姓名以通於尊者曰刺라

齎는 가져가는 것이다. 성명을 써서 尊者에게 통하는 것을 刺라 한다.

〔史略 史評〕 茅容危坐하야 獨與衆異하고 孟敏墮甑호되 無所顧惜하니 是皆生質之美 如此로되 自非先達有見之士 獎勸而造就之면 鮮有不湮沒者니 若郭泰는 可謂能成人之美矣로다

茅容은 무릎 꿇고 앉아 홀로 여러 사람과 달랐고, 孟敏은 시루를 땅에 떨어뜨렸으나 돌아보고 애석해하는 바가 없었으니, 이는 모두 타고난 자질의 아름다움이 이와 같았던 것이다. 그러나 만일 먼저 통달하여 식견이 있는 선비가 이들을 장려해서 성취하게 하지 않았다면 매몰되지 않은 자가 적었을 것이니, 郭泰와 같은 자는 남의 아름다움을 이루어 주었다고 이를 만하다.

【乙巳】 八年이라

延熹 8년(을사 165)

李膺이 **復拜司隷校尉**하니 **時**에 **小黃門張讓**의 **弟朔**이 **爲野王令**하야 **貪殘無道**러니 **畏膺威嚴**하야 **逃還京師**하야 **匿於兄家合柱**[1]**中**이라 **膺**이 **知其狀**하고 **率吏卒**하고 **破柱取朔**하야 **付雒陽獄**하고 **受辭畢**에 **卽殺之**하니 **自此**로 **諸黃門常侍 皆鞠躬屛氣**하야 **休沐**[2]에 **不敢出宮省**이라 **帝怪問其故**한대 **竝叩頭泣曰 畏李校尉**로소이다 **時**에 **朝廷**이 **日亂**하야 **綱紀頹弛**호되 **而膺**이 **獨持風裁**(재)[3]하야 **以聲名自高**하니 **士有被其容接者**면 **名爲登龍門**[4]**云**이러라

李膺이 司隷校尉에 다시 제수되니 이때에 小黃門 張讓의 아우 張朔이 野王令이 되어서 탐욕스럽고 잔인무도하였는데, 李膺의 위엄을 두려워하여 京師로 도망해 돌아와서 형의 집 夾壁 속에 숨었다. 李膺이 그 내용을 알고는 관리와 병졸들을 거느리고 가서 벽을 부수고 張朔을 체포하여 雒陽의 감옥에 넣고 供招를 받은 다음 즉시 죽이니, 이로부터 여러 黃門의 中常侍가 모두 몸을 굽히고 숨을 죽여 휴가를 받았을 때에도 감히 宮省을 나가지 못하였다. 황제가 괴이하게 여겨 까닭을 묻자, 모두 머리를 찧고 눈물을 흘리면서 말하기를 "李校尉를 두려워해서입니다." 하였다. 이때 조정이 날로 문란하여 기강이 무너지고 해이해졌으나 李膺만은 홀로 風裁(엄격한 풍모와 뛰어난 판별력)를 지켜서 명성으로 스스로 높이니, 선비 중에 그의 접대를 받는 자가 있으면 이름하여 "龍門에 올랐다."고 하였다.

1) 〔釋義〕 合柱[*] : 合柱는 謂夾壁也라

合柱는 夾壁을 이른다.

＊) 合柱 : 여러 개의 나무로 만들어진 속이 빈 기둥을 이른다.

2) 〔頭註〕 休沐 : 漢律에 吏五日得一休沐이라하니 言休息以洗沐也라

漢나라 법에 관리는 5일에 한 번 휴가를 받는다고 하였으니, 휴식하면서 목욕함을 말한다.

3) 〔釋義〕 風裁 : 風者는 雷厲風飛之謂요 裁는 謂能鑑別也라

風은 우레처럼 엄하고 바람이 부는 것을 이르고, 裁는 鑑別함을 이른다.

4) 〔通鑑要解〕 登龍門 : 絳州地에 有龍門하니 水險不通하야 魚(鱉)〔鼈〕之屬은 〈莫能上〉하고 大魚薄集龍門下나 不得上하니 上則爲龍이라
絳州 지역에 龍門이 있으니, 물길이 험하여 통과하지 못해서 물고기와 자라 따위가 올라가지 못하고 큰 물고기도 龍門 아래에 이르러 모여드나 올라가지 못하는 바, 올라가기만 하면 龍이 된다고 하여 龍門이라고 이름했다 한다.

○ 徵東海相劉寬하야 爲尙書令하다 寬이 歷典三郡에 溫仁多恕하야 雖在倉卒이나 未嘗疾言遽色하고 吏民이 有過면 但用蒲鞭罰之하야 示辱而已요 終不加苦하며 每見父老에 慰以農里之言하고 少年은 勉以孝悌之訓하니 人皆悅而化之러라

東海相 劉寬을 불러 尙書令으로 삼았다. 劉寬이 세 고을을 차례로 맡아 다스릴 때에 온화하고 인자하고 용서함이 많아서 비록 창졸간에 있더라도 일찍이 말을 빨리 하거나 얼굴색을 갑자기 바꾼 적이 없었으며, 관리와 백성들이 잘못이 있으면 다만 부들 채찍을 사용하여 벌을 주어서 욕을 보일 뿐 끝내 가혹한 형벌을 가하지 않았으며, 父老들을 만날 때마다 농사 이야기로 위로하고 소년들에게는 효도하고 공경하라는 가르침으로 권면하니, 사람들이 모두 기뻐하여 교화되었다.

【丙午】 九年이라

延熹 9년(병오 166)

初에 帝爲蠡(예)吾侯하야 受學於甘陵周福이러니 及卽位에 擢福爲尙書하다 時에 同郡河南尹房植이 有名當朝하니 鄕人이 爲之謠曰 天下規矩는 房伯武[1]요 因師獲印은 周仲進[2]이라하야 二家賓客이 互相譏揣(췌)[3]하야 遂各樹朋徒하야 漸成尤隙하니 由是로 甘陵에 有南北部하야 黨人之議 自此始矣러라 汝南太守宗資는 以范滂爲功曹하고 南陽太守成瑨은 以岑晊(지)爲功曹하야 皆委心聽任하야 使之褒善糾違하야 肅淸朝府하니 於是에 二郡이 爲之謠曰 汝南太守는

范孟博[4]이니 南陽 宗資는 主畫(획)諾[5]하고 南陽太守는 岑公孝[6]니 弘農成瑨은 但坐嘯[7]라하더라 太學諸生三萬餘人에 郭泰及潁川賈彪 爲其冠하야 與李膺, 陳蕃, 王暢으로 更相褒重하니 學中이 語曰 天下模楷[8]는 李元禮요 不畏彊禦[9]는 陳仲擧요 天下俊秀는 王叔茂라하니 於是에 中外承風하야 競以臧否(비)相尙하니 自公卿以下로 莫不畏其貶議하야 屣(시)履到門[10]이러라

예전에 황제가 蠡吾侯였을 때에 甘陵의 周福에게 수학하였는데, 즉위하자 周福을 발탁하여 尙書로 삼았다. 이때에 같은 고을 사람인 河南尹 房植이 당대에 이름이 알려지니, 甘陵 사람들이 인하여 동요를 지어 부르기를 "천하의 법도는 房伯武요, 스승이 되어 印綬를 얻은 것은 周仲進이다."라고 하여 두 집안의 賓客들이 서로 기롱하여 마침내 각각 朋黨을 세워서 점점 원망과 틈을 이루니, 이로 말미암아 甘陵에 南部와 北部 두 파가 있어서 朋黨의 의론이 이로부터 시작되었다.

汝南太守 宗資는 范滂을 功曹로 삼고 南陽太守 成瑨은 岑晊를 功曹로 삼아 모두 이들에게 마음을 바치고 전적으로 신임하여 이들로 하여금 잘하는 사람을 표창하고 어기는 자를 규찰해서 郡廳의 기강을 엄숙하고 맑게 하니, 이에 두 고을 사람들이 동요를 지어 부르기를 "汝南太守는 范孟博(范滂)이니 南陽의 宗資는 승낙하는 것만 주관하고, 南陽太守는 岑公孝(岑晊)이니 弘農의 成瑨은 다만 앉아서 읊조리기만 한다." 하였다.

太學生 3만여 명 중에 郭泰와 潁川의 賈彪가 으뜸이어서 李膺, 陳蕃, 王暢과 더불어 번갈아 서로 칭찬하고 소중히 여기니, 태학 안에서 말하기를 "천하의 모범은 李元禮(李膺)요, 彊禦(억세어서 善을 거부하는 사람)를 두려워하지 않는 자는 陳仲擧(陳蕃)요, 천하의 준수한 자는 王叔茂(王暢)이다." 하였다. 이에 中外가 풍속을 이루어서 다투어 인물의 善惡을 褒貶하는 것을 숭상하니, 公卿으로부터 이하가 그들의 폄하하는 의론을 두려워하여 그 문에 발자취가 이르지 않은 이가 없었다.

1) 〔通鑑要解〕 伯武 : 植字라
　伯武는 房植의 字이다.

2) 〔通鑑要解〕 仲進 : 福字也
仲進은 周福의 字이다.
3) 〔頭註〕 譏揣 : 揣는 度(탁)也요 量也니 言度量其輕重長短而爲譏議也라
揣는 측량하고 헤아림이니, 가볍고 무거움과 길고 짧음을 헤아려서 비판하여 논평함을 말한다.
4) 〔譯註〕 孟博 : 孟博은 范滂의 字이다.
5) 〔通鑑要解〕 主畫諾 : 諾者는 隨言而應하여 無所違也니 畫諾은 猶畫可*)也라
諾은 남의 말을 따라 응하여 어기는 바가 없는 것이니, 畫諾은 畫可(결재)와 같다.
*) 畫可 : 군주가 신하의 上奏에 대해 批答할 때에 '可'字를 쓰는 바, 可는 上奏한 바를 윤허하니 그대로 시행해도 됨을 나타내는 것이다.
6) 〔釋義〕 岑公孝 : 公孝는 岑晊字라
公孝는 岑晊의 字이다.
7) 〔通鑑要解〕 但坐嘯 : 嘯는 吟也니 言但坐而吟嘯하고 於郡事에 無所預也라
嘯는 시를 읊조림이니, 다만 앉아서 시를 읊조리기만 할 뿐 고을의 일에 대해서는 간여하는 바가 없음을 말한다.
8) 〔通鑑要解〕 模楷 : 楷는 式也요 模는 法也니 辰集이라 〈吳正道 明六書라〉 許愼說文에 有不足者어든 補之한대 臨川吳文正公澄이 問曰 模楷二字는 假借乎아 曰取義也라 曰何以取木爲義오 曰 昔에 模木生周公塚上한대 其葉이 春靑, 夏赤, 秋白, 冬黑하야 以色得其正也요 楷木生孔子塚上한대 其(榦)〔幹〕枝疎而不屈하야 以質得其直也라 若正與直이면 可爲法則이어늘 況在周孔之塚乎아 問曰 出何書아하니 曰 出淮南王草木譜라
楷는 法式이고, 模는 法이니 ≪康熙字典≫ 〈辰集〉에 보인다. 吳正道는 六書에 밝아서 許愼의 ≪說文解字≫에 부족한 것이 있으면 보충하였다. 文正公 臨川 吳澄이 그에게 묻기를 "模와 楷 두 글자는 假借한 것인가?" 하니, 대답하기를 "뜻을 취한 것이다." 하였다. "어찌하여 木을 취하여 뜻으로 삼았는가?" 하니, 대답하기를 "옛날에 模나무가 周公의 무덤 위에 자랐는데, 그 잎이 봄에는 푸르고 여름에는 붉고 가을에는 희고 겨울에는 검어서 그 색이 바름을 얻었고, 楷나무가 孔子의 무덤 위에 자랐는데 그 줄기와 가지가 성글면서도 굽지 않아 木質이 그 곧음을 얻었다. 바름〔正〕과 곧음〔直〕은 법칙으로 삼을 만한데, 더구나 周公과 孔子의 무덤 위에 자람에 있어서이겠는가." 하였다. "이 내용이 무슨 책에 나오는가?" 하

고 물으니, 대답하기를 "≪淮南王草木譜≫에 나온다." 하였다.

9) 〔釋義〕 不畏彊禦：詩烝民篇註云 不畏懼彊梁禦善之人也라

≪詩經≫ 〈烝民篇〉 註에 이르기를 "不畏彊禦는 彊梁하여 善을 거부하는 사람을 두려워하지 않는 것이다." 하였다.

10) 〔釋義〕 屣履到門：屣는 不躡跟也라 〔通鑑要解〕 不暇正履하야 曳之而行이니 言忽遽也라

〔釋義〕 屣는 신발을 제대로 발에 신지 않은 것이다. 〔通鑑要解〕 신을 제대로 신을 겨를이 없어 신을 끌고서 나오는 것이니, 급함을 이른다.

○ **賈彪嘗爲新息長**[1)]이러니 **小民**이 **貧困**하야 **多不養子**[2)]어늘 **彪嚴爲其制**하야 **與殺人同罪**하다 **城南**에 **有盜劫害人者**하고 **北**에 **有婦人殺子者**어늘 **彪出按驗**할새 掾(연)**吏欲引南**[3)]한대 **彪怒曰 賊寇害人**은 **此則常理**어니와 **母子相殘**은 **逆天違道**라하고 **遂驅車北行**하야 **按致其罪**하니 **城南賊**이 **聞之**하고 **亦面縛**[4)]**自首**하니라 **數年間**에 **人養子者以千數**라 **曰 此**는 **賈父之所生也**라하고 **皆名之爲賈**[5)]하다

賈彪가 일찍이 新息縣의 長이 되었는데, 백성들이 빈곤하여 자식을 부양하지 않는 자가 많자, 賈彪가 그 제도를 엄격히 하여 살인죄와 똑같이 처벌하였다. 성 남쪽에는 도둑질하고 위협하여 사람을 해친 자가 있었고 성 북쪽에는 자식을 죽인 아낙네가 있었는데, 賈彪가 나가서 조사하여 증험할 때에 아전이 수레를 끌고 남쪽으로 가려 하자, 賈彪가 노하여 말하기를 "도적이 사람을 해친 것은 떳떳한 이치이지만 母子間에 서로 해친 것은 天理를 거스르고 天道를 위배한 것이다." 하고는 마침내 수레를 몰고 북쪽으로 가서 조사하여 女人의 죄를 다스리니, 성 남쪽의 도적이 그 말을 듣고 또한 두 손을 등 뒤로 돌려 묶고 얼굴은 앞을 향하고서 자수하였다. 몇 년 사이에 고을 백성 중에 자식을 부양하는 자가 천 명으로 헤아려졌다. 이들은 말하기를 "이는 賈父가 낳은(살려 준) 것이다." 하고는 모두 이름을 賈라 하였다.

1) 〔釋義〕 新息長：汝南에 有新息縣이라 長은 猶令也라 按汝南은 今蔡州是요 新息은 今息州是라

汝南에 新息縣이 있다. 長은 令과 같다. 살펴보건대 汝南은 지금의 蔡州가 이곳

이고, 新息은 지금의 息州가 이곳이다.

2)〔通鑑要解〕不養子：貧困하야 使子行乞이라

자식을 부양하지 않았다는 것은 빈곤하여 자식으로 하여금 다니면서 구걸하게 한 것이다.

3)〔釋義〕掾吏欲引南：掾은 官屬也라 欲引南은 謂欲向城南하야 按盜賊也라 劉貢父曰 吏는 當作史라

掾은 官屬이다. 수레를 끌고 남쪽으로 가려고 했다는 것은 城의 남쪽으로 향하여 도적을 조사하고자 함을 이른다. 劉貢父가 말하기를 "掾吏의 吏자는 마땅히 史자가 되어야 한다." 하였다.

4)〔頭註〕面縛：縛手於後而面向前也라

두 손은 등 뒤로 돌려 묶고 얼굴은 〈사람들에게 보이도록〉 앞을 향하는 것이다.

5)〔釋義〕名之爲賈：凡生男則名曰賈子라하고 生女면 名曰賈女라하니라

무릇 아들을 낳으면 이름을 賈子라 하고, 딸을 낳으면 賈女라 하였다.

○ 河內張成이 善風角[1]하야 推占當赦라하야 敎子殺人이어늘 司隷李膺이 督促收捕러니 旣而오 逢宥獲免이라 膺이 愈懷憤疾하야 竟案殺之하다 成이 素以方技로 交通宦官하고 帝亦頗訊[2]其占이러니 宦官이 敎成弟子牢修[3]하야 上書告호되 膺等이 養太學遊士하고 交結諸郡生徒하야 互相驅馳하야 共爲部黨하야 誹訕(비산)朝廷하고 疑亂風俗이라하다 於是에 天子震怒하야 班[4]下郡國하야 逮捕[5]黨人할새 布告天下하야 使同忿疾케하고 案經三府[6]하니 太尉陳蕃이 卻之曰 今所案者는 皆海內人譽요 憂國忠公之臣이니 此等은 猶將十世宥也어늘 豈有罪名不章[7]而致收掠(량)者乎아하고 不肯平署[8]한대 帝愈怒하야 遂下膺等於黃門北寺獄[9]하니 其辭所連及에 杜密, 陳翔及陳寔, 范滂之徒二百餘人이라 或逃遁不獲이라 皆懸金購募하야 使者四出相望이어늘 陳寔曰 吾不就獄이면 衆無所恃라하고 乃自往請囚하다 范滂이 至獄하니 獄吏謂曰 凡坐繫者는 皆祭皐陶라한대 滂曰 皐陶는 古之直臣이라 知滂無罪인댄 將理之於帝오 如其有罪인댄 祭之何益이리오 衆人이 由此亦止러라 陳蕃이 復上書極諫한대 帝諱其言切[10]하

야 **託以蕃辟召 非其人**이라하야 **策免之**하다

河內의 張成이 風角을 미루어 점을 잘 쳤는데, 마땅히 赦免令이 있을 것이라고 예측하여 아들로 하여금 사람을 죽이게 하였다. 司隷 李膺이 독촉하여 張成 父子를 체포하게 하였는데 이윽고 사면을 받아 죄를 면하니, 李膺은 더욱 분하고 미워하는 마음을 품어 끝까지 조사하여 그를 죽였다. 張成은 평소 方術로써 환관들과 서로 교통하였고 황제 또한 자못 그에게 占卜을 묻곤 하였는데, 환관들이 張成의 제자인 牢修를 사주하여 글을 올려 고발하기를 "李膺 등이 太學에 遊學하는 선비들을 기르고 여러 郡의 生徒들과 결탁하여 서로 몰고 다니면서 함께 部黨을 만들어 조정을 비방하고 풍속을 어지럽힌다." 하였다.

이에 天子가 진노하여 郡國에 조칙을 내려 黨人들을 체포하게 하였는데, 천하에 포고하여 사람들로 하여금 똑같이 분하고 미워하게 하고 文案이 三府를 거치게 하니, 太尉 陳蕃이 이를 퇴각하며 말하기를 "지금 조사하는 자들은 모두 온 천하 사람들이 칭찬하는 바이며 나랏일을 근심하는 충성스럽고 공정한 신하들이니, 이들에게는 오히려 10代 동안 죄를 지어도 용서해 주어야 할 터인데, 어찌 죄명이 드러나지 않았는데도 체포하여 고문한단 말인가?" 하고는 서명하려 하지 않았다.

이에 황제가 더욱 노하여 마침내 李膺 등을 黃門 北寺獄에 하옥시키니, 獄案의 내용에 연루된 것이 杜密 ·陳翔과 陳寔·范滂의 무리 200여 명에 이르렀다. 혹은 도망하여 잡을 수가 없었는데, 모두 현상금을 내걸어서 이들을 체포하는 使者가 사방으로 나가 길에 서로 이어졌다. 陳寔이 말하기를 "내가 옥에 나아가지 않으면 여러 사람들이 믿을 곳이 없다." 하고는 마침내 스스로 가서 옥에 갇히기를 청하였다.

范滂이 옥에 이르자, 獄吏가 말하기를 "무릇 법에 걸려 구속되는 자는 皐陶에게 제사해야 한다." 하니, 范滂이 말하기를 "皐陶는 옛날의 강직한 신하이니, 나의 무죄함을 안다면 장차 上帝가 다스려 줄 것이요, 만일 내가 죄가 있다면 제사 지낸다 한들 무슨 유익함이 있겠는가." 하니, 여러 사람들이 이로 말미암아 또한 중지하였다.

陳蕃이 다시 글을 올려 지극히 간하자, 황제가 그의 말이 激切함을 꺼려서 陳蕃이 불러온 사람들이 적임자가 아니라고 핑계 대어 그를 策免하였다.

1) 〔釋義〕 善風角*) : 謂善能推占風角也라 角은 隅也니 謂候四方四隅之風하야 以占吉凶也라

善風角은 風角術을 미루어 점을 잘 침을 이른다. 角은 귀퉁이이니 四方과 四隅의 바람을 살펴서 길흉을 점침을 이른다.

*) 風角 : 고대의 점치는 法인데 宮·商·角·徵·羽의 五音을 가지고 바람을 점쳐 길흉을 정하는 것이라 한다.

2) 〔頭註〕 頗訊 : 訊은 音信이니 問也라

訊은 음이 신이니, 물음이다.

3) 〔通鑑要解〕 牢修 : 人名이다.

牢修는 사람의 이름이다.

4) 〔頭註〕 班 : 與頒通이니 布也라

班은 頒과 통하니, 반포함이다.

5) 〔釋義〕 逮捕 : 王氏曰 逮者는 其人在하야 而直追取之요 捕者는 其人亡이면 當討捕之라 故有或但言逮하고 或但言捕하니 當知異義也라

王氏가 말하였다. "逮는 그 사람이 있으면 곧바로 쫓아와 잡는 것이고, 捕는 그 사람이 도망갔으면 마땅히 토벌하여 잡아야 하는 것이다. 그러므로 혹은 逮라고만 말하고, 혹은 捕라고만 말하였으니, 뜻이 다름을 알아야 한다.

6) 〔頭註〕 案經三府 : 案은 文案也요 三府는 太尉, 司徒, 司空 三公之府라

案은 文案이고, 三府는 三公인 太尉 · 司徒 · 司空의 府이다.

7) 〔通鑑要解〕 罪名不章 : 章은 明也니 謂罪名不明이라

章은 밝음이니, 죄명이 분명하지 않음을 이른다.

8) 〔釋義〕 致收掠者乎 不肯平署 : 收는 繫也라 掠은 音亮이니 笞擊也라 平署는 猶言連署也라

收는 구속함이다. 掠은 音이 량이니 笞刑을 치는 것이다. 平署는 나란히 서명한다는 말과 같다.

9) 〔釋義〕 北寺獄*) : 屬黃門署라

北寺獄은 黃門署에 속하였다.

＊）北寺獄：黃門署가 宮省의 북쪽에 있었기 때문에 北寺獄이라고 이름한 것이다.

10）〔釋義〕言切：言切句絶이니 謂所言太切直也라

言切에서 구두를 떼니, 말한 바가 너무 간절하고 곧음을 이른다.

時에 黨人獄에 所染逮[1]者 皆天下名賢이라 度遼將軍皇甫規 自以西州豪傑로 恥不得與하야 乃自上言호되 臣前薦故大司農張奐하니 是는 附黨也요 又臣이 昔論輸左校[2]時에 太學生張鳳等이 上書訟臣[3]하니 是는 爲黨人所附也니 臣宜坐之니이다 朝廷이 知而不問하다 杜密이 素與李膺으로 名行相次라 時人이 謂之李, 杜故로 同時被繫하니라

이때 黨人의 獄에 연루되어 체포된 자는 모두 천하의 名賢이었다. 度遼將軍 皇甫規는 자신이 西州의 호걸로서 여기에 참여되지 못함을 부끄러워하여 마침내 스스로 上言하기를 "신이 지난번 故 大司農 張奐을 천거하였으니 이는 黨人에게 붙은 것이요, 또 신이 옛날 죄를 받아 左校로 끌려갔을 때에 太學生 張鳳 등이 글을 올려 신을 변호하였으니, 이는 黨人에게 붙은 것입니다. 臣도 마땅히 죄에 걸려야 합니다." 하였으나 조정에서는 이를 알고도 불문에 붙였다.

杜密은 평소 李膺과 명망이 서로 비등하였다. 그러므로 당시 사람들이 李, 杜라고 일렀기 때문에 동시에 체포되어 하옥당한 것이었다.

1）〔通鑑要解〕染逮：染謂獄辭所染汚也라

染은 獄辭(죄인의 자백한 말)에 연루되어 더럽혀짐을 이른다.

2）〔附註〕論輸左校：論은 議法也요 (玄)〔左〕校는 屬將作大匠이니 議法而輸作於左校也라 皇甫規惡絶宦官하야 不與交通이라 桓帝庚子年에 討羌降之하니 於是에 宦官共誣規貨賂群羌하야 令其文降이라하니 璽書讓責하다 及還에 論功當封이어늘 而宦官徐璜, 左悺等이 求貸호되 規終不答하니 璜等陷以前事하야 遂論輸左校하니라 文降은 謂以文簿虛降이라

論은 법을 의논하는 것이고 左校는 將作大匠에 속하였으니, 법을 의논하여 죄인을 左校로 보내어 복역을 시키는 것이다. 皇甫規가 宦官을 미워하고 끊어서 더불어 상대하지 않았다. 桓帝 庚子年에 羌族을 토벌하여 항복시키자, 이에 환관들

이 함께 皇甫規가 羌族들에게 뇌물을 받고서 문서로만 항복하게 했다고 모함하니, 황제가 親書를 내려 꾸짖었다. 皇甫規가 개선하자, 論功行賞하여 봉해야 했는데 환관인 徐璜과 左悺 등이 뇌물을 요구하였으나 皇甫規가 끝내 응하지 않자, 徐璜 등은 앞서의 일을 가지고 모함하여 마침내 죄를 논하여 左校로 끌려갔다. 文降은 문서로만 허위로 항복함을 이른다.

3) 〔釋義〕 太學生張鳳等 上書訟臣：延熹五年에 下皇甫規獄하니 張鳳等三百餘人이 詣闕訟其寃하니라

延熹 5년에 皇甫規를 하옥시키니, 張鳳 등 300여 명의 太學生이 대궐에 나아가 억울함을 호소하였다.

【丁未】 永康元年이라

永康 元年(정미 167)

陳蕃이 **旣免**에 **朝臣**이 **震栗**하야 **莫敢復爲黨人言者**라 **賈彪曰 吾不西行**[1])이면 **大禍不解**라하고 **乃入雒陽**하야 **說城門校尉竇武**와 **尙書霍諝**(서)**等**하야 **使訟之**하니 **武上疏曰 陛下卽位以來**로 **未聞善政**하고 **近者**에 **奸臣牢修 造設黨議**하야 **遂收前司隷校尉李膺等**하야 **逮考連及**이 **數百人**이요 **曠年拘錄**호되 **事無效驗**이라 **膺等**은 **誠陛下稷, 卨**(설)[2]), **伊, 呂之佐**[3])어늘 **而虛爲奸臣賊子之所誣枉**하니 **惟陛下**는 **留神澄省**하소서

陳蕃 등이 면직된 뒤에, 朝臣들이 두려워하여 감히 다시는 黨人을 위하여 말하는 자가 없었다. 賈彪가 말하기를 "내가 서쪽(雒陽)으로 가지 않으면 큰 화가 풀리지 않을 것이다." 하고는 마침내 雒陽에 들어가서 城門校尉 竇武와 尙書 霍諝 등을 설득하여 호소하게 하니, 마침내 竇武가 上疏하여 아뢰기를 "폐하께서 즉위한 이래로 善政이 있다는 말을 듣지 못하였고, 근자에 간신인 牢修가 黨議를 만들어 내어 마침내 前 司隷校尉 李膺 등을 체포해서 잡아다 고문하여 연루된 자가 수백 명이요, 해가 지나도록 죄인들을 구류하여 기록하였으나 일에 분명한 징험이 없습니다. 李膺 등은 진실로 폐하의 稷·卨

(설)·伊尹·呂望과 같은 훌륭한 보좌인데, 헛되이 姦臣과 賊子들에게 모함을 당하였으니, 바라건대 폐하께서는 유념하여 밝게 살피소서." 하였다.

1)〔通鑑要解〕吾不西行：彪는 潁川人이니 自潁川으로 至雒陽히 爲西行이라
賈彪는 潁川 사람이니, 潁川에서 雒陽에 이르려면 서쪽으로 가야 한다.

2)〔通鑑要解〕卨：六書에 通用契字也라하니라
卨字는 ≪六書≫에 "契字와 통용된다." 하였다.

3)〔釋義〕稷, 卨, 伊, 呂之佐：稷은 名棄요 姓姬氏요 卨은 姓子氏니 皆舜之臣이라 伊尹은 名摯니 殷湯之相이요 呂望은 周武王之相姜太公也니 從其封姓이라 故曰 呂라
稷은 이름이 棄이고 姓은 姬氏이며, 卨은 姓이 子氏이니, 모두 舜임금의 신하이다. 伊尹은 이름이 摯이니 殷나라 湯王의 정승이고, 呂望은 周나라 武王의 정승인 姜太公이니 그 봉한 姓을 따랐기 때문에 呂라고 한 것이다.

書奏에 霍諝亦爲表請하니 帝意稍解하야 使中常侍王甫로 就獄訊黨人할새 范滂等이 皆三木囊頭[1]로 暴於階下라 甫以次辨詰曰 卿等이 更相拔擧하야 迭爲脣齒하니 其意如何오 滂曰 仲尼有言하사대 見善如不及하며 見惡如探湯이라하시니 滂이 欲使善善同其淸하고 惡惡同其汚라 謂王政之所願聞이러니 不悟更以爲黨이로다 古之修善은 自求多福이러니 今之修善은 身陷大戮이로다 身死之日에 願埋滂於首陽山側하야 上不負皇天하고 下不愧夷齊[2]하리라하니 甫愍然爲之改容하고 乃得竝解桎梏[3]이러라 李膺等이 又引宦官子弟하니 宦官이 懼하야 請帝以天時宜赦라하야 六月에 赦天下改元하고 黨人二百餘人을 放歸田里하고 書名三府하야 禁錮[4]終身하다 范滂이 往候霍諝而不謝한대 或讓之어늘 滂曰 昔에 叔向이 不見祁奚하니 吾何謝焉[5]이리오 滂이 南歸汝南[6]하니 南陽士大夫迎之者 車數千兩이라 鄕人殷陶, 黃穆이 侍衛於滂하야 應對賓客한대 滂謂陶等曰 今子相隨면 是는 重吾禍也라하고 遂遁還鄕里하다

글을 아뢰자 霍諝 또한 表文을 올려 청하니, 황제의 마음이 다소 풀어졌다. 中常侍 王甫로 하여금 옥에 나아가 黨人들을 심문하게 하였는데, 范滂

등이 모두 목과 손발에 형틀을 차고 머리에 자루를 뒤집어 쓴 채 뜰 아래에 서 있었다. 王甫가 차례로 논변하여 묻기를 "卿 등은 번갈아 서로 사람을 발탁하고 천거해서 번갈아 입술과 이가 되었으니, 그 뜻이 무엇인가?" 하였다.

范滂이 말하기를 "仲尼께서 말씀하기를 '선함을 보거든 미치지 못할 듯이 하며, 악함을 보거든 끓는 물에 손을 담근 것처럼 피하라.' 하였으니, 나는 선량한 사람들이 그 깨끗함을 함께하는 것을 좋아하고, 악하고 나쁜 사람들이 그 더러움을 함께하는 것을 미워하게 만들려 하였다. 그리하여 조정에서 우리가 이렇게 하는 것을 듣기 원할 것이라고 생각하였는데, 이것을 가지고 다시 우리들을 黨人이라고 지목할 줄은 깨닫지 못하였다. 옛날에 善行을 닦음은 스스로 많은 복을 구하는 것이었는데, 지금에 善行을 닦음은 몸을 죽임에 빠뜨린다. 나는 이 몸이 죽는 날 首陽山 곁에 묻어 주어 위로는 皇天을 저버리지 않고 아래로는 伯夷와 叔齊에게 부끄럽지 않기를 바란다." 하니, 王甫가 측은히 여겨 얼굴빛을 고치고 이에 모두 桎梏(형틀)을 풀어 주었다.

李膺 등이 또다시 환관의 자제들을 罪網으로 끌어들이니, 환관들이 두려워하여 황제에게 天時를 이유로 마땅히 사면해야 한다고 청하여 6월에 천하에 사면령을 내리고 연호를 永康이라 고치며, 黨人 200여 명을 추방하여 田里에 돌려보내고 이들의 이름을 三府에 써서 종신토록 禁錮하게 하였다.

范滂이 霍諝에게 가서 문후하고 고맙다고 사례하지 않았다. 或人이 그를 꾸짖자, 范滂이 말하기를 "옛날에 叔向이 祁奚를 만나 보지 않았으니, 내 어찌 사례할 것이 있겠는가?" 하였다. 范滂이 남쪽으로 고향인 汝南에 돌아오니, 南陽의 士大夫들이 그를 영접하기 위하여 타고 온 수레가 수천 대에 이르렀다. 같은 고을 사람인 殷陶와 黃穆이 范滂의 곁에서 모시고 호위하여 빈객들을 응대하자, 范滂이 殷陶 등에게 이르기를 "이제 자네들이 서로 따라다니면 이는 나의 禍를 가중시키는 것이다." 하고, 마침내 도망하여 鄕里로 돌아갔다.

1) 〔釋義〕 三木囊頭 : 謂桎梏加於頭及手足也라 〔頭註〕 三木은 頭及手足에 皆有械하고 更以物覆頭也라

〔釋義〕 桎梏(형틀)을 목과 손발에 가함을 이른다. 〔頭註〕 三木은 머리와 손과

발에 모두 형틀이 있는 것이고, 또다시 물건(자루)을 머리에 뒤집어씌우는 것이다.

2) 〔頭註〕 夷齊 : 餓死首陽山이라

伯夷와 叔齊는 首陽山에서 굶어 죽었다.

3) 〔通鑑要解〕 桎梏 : 繫手曰桎이요 繫足曰梏이라

손에 채우는 것을 桎(수갑)이라 하고, 발에 채우는 것을 梏(차꼬)이라 한다.

4) 〔通鑑要解〕 禁錮 : 錮는 鑄銅鐵에 塞隙也니 謂塞其仕進之路也라

錮는 동과 철을 주조할 때에 틈을 막는 것이니, 禁錮는 벼슬에 나아가는 길을 막음을 이른다.

5) 〔釋義〕 叔向……吾何謝焉 : 王氏曰 叔向은 名肸이요 姓羊舌氏니 弟羊舌虎는 皆春秋晉公族也라 祁奚는 姓名이니 晉大夫也라 左傳襄二十(一)〔二〕年에 晉之執政范宣子殺欒盈之黨할새 叔虎與焉이어늘 宣子竝囚叔向이라 祁奚聞之하고 見宣子曰 鯀殛而禹興하니 奈何以虎而棄社稷고한대 宣子說하여 以言諸平公而免之러니 祁奚不見叔向而歸하고 叔向亦不告免焉而朝라 註言 祁奚爲國이요 非私叔向也며 叔向不告謝祁奚하고 卽往朝君은 明不爲己也라하니라

王氏가 말하기를 "叔向은 이름이 肸이고 姓이 羊舌氏이니, 아우 羊舌虎와 함께 모두 春秋時代 晉나라의 公族이었다. 祁奚는 姓名이니 晉나라 大夫이다." 하였다. ≪春秋左傳≫ 襄公 22年條에 "晉나라의 執政인 范宣子가 欒盈의 黨人을 죽일 적에 叔虎가 여기에 참여되자, 范宣子가 叔向을 함께 가두었다. 祁奚가 이 말을 듣고 范宣子를 만나 보고 말하기를 '鯀을 귀양 보냈는데도 禹임금이 일어났으니, 어찌하여 叔虎 때문에 社稷을 〈위하는 叔向을〉 버리십니까?' 하였다. 范宣子가 기뻐하고 晉나라 平公에게 말하여 죄를 면하였는데 祁奚는 叔向을 만나 보지 않고 그대로 돌아갔으며, 叔向 또한 면죄되었음을 고하지 않고 조회했다." 하였다. 註에 이르기를 "祁奚는 국가를 위한 것이고 叔向을 사사로이 봐준 것이 아니며, 叔向이 祁奚에게 면죄되었음을 고하여 사례하지 않고 즉시 가서 군주에게 조회한 것은 祁奚가 자신을 풀어 준 것이 자기 개인을 위한 것이 아님을 밝힌 것이다." 하였다.

6) 〔釋義〕 汝南 : 句絶이라 漢汝南郡을 後周改蔡州하니 今汝寧府是라

汝南에서 句를 뗀다. 漢나라 汝南郡을 後周는 蔡州로 고쳤으니, 지금의 汝寧府가 이곳이다.

〔史略 史評〕史斷曰 桓帝政遷五侯하고 刑淫三獄[1]하야 姦邪肆虐에 流衍四方하야 賢愚混殽하고 是非逆置하니 可謂亂矣라 然이나 猶綿綿不至於絶者는 上則有公卿大夫陳蕃, 李膺, 楊秉, 劉寵, 李固, 杜喬之徒 面折廷爭하야 用公義以扶其危하고 下則有韋布之士符融, 郭泰, 范滂, 許劭之流 立私論以捄其敗라 是以로 政治雖濁이나 而風俗不衰라 惜乎라 黨錮諸君子 生玆不辰하야 適丁亂世하야 乾綱[2]解紐하고 陰邪得路하야 天下大勢 如長江大河不可復返이어늘 而諸君子 欲以區區之口舌로 障其流而廻其瀾하고 激其濁而揚其淸하니 豈不難哉아 且私相品題하야 自立禍的하야 而不知挾彈操弓者睥睨於左右矣니 天地一網罟라 高飛竟何益고 哀哉라

史斷에 말하였다.

"桓帝는 정권이 五侯에게 옮겨 가고 형벌이 三獄에 지나쳐서 간사한 자가 사나운 짓을 함부로 함에 해독이 사방에 퍼져서 어진 자와 어리석은 자가 뒤섞이고 是非가 도치되었으니, 혼란하다고 이를 만하였다. 그런데도 오히려 면면히 이어져서 끊김에 이르지 않았던 것은 위에는 公卿大夫인 陳蕃·李膺·楊秉·劉寵·李固·杜喬의 무리가 면전에서 꺾고 조정에서 간쟁하여 公義로써 위태로움을 붙들어 줌이 있었고, 아래에는 布衣의 선비인 符融·郭泰·范滂·許劭의 무리가 私論을 세워 실패를 바로잡아 줌이 있었기 때문이다. 이 때문에 정치가 비록 혼탁하였으나 풍속이 쇠하지 않은 것이다.

애석하다. 黨錮에 걸린 여러 君子들이 이처럼 나쁜 때에 태어나서 亂世를 맞이하여 乾綱이 해이해지고 陰邪(음험하고 간사함)가 길을 얻어서 天下의 大勢가 長江과 大河가 흘러가 다시 돌아올 수 없는 것과 같이 되었는데, 여러 君子가 구구한 입과 혀를 가지고 그 흐름을 막고 그 물결을 되돌리며 그 탁함을 맑게 하고 그 깨끗함을 드날리고자 하였으니, 어찌 어렵지 않겠는가? 또 사사로이 인물을 품평하여 스스로 禍의 표적을 세워서 탄환을 끼고 활을 잡고 있는 자가 좌우에서 엿보고 있음을 알지 못하였으니, 하늘과 땅이 하나의 그물이었다. 높이 난다 한들 끝내 무슨 유익함이 있었겠는가? 아! 슬프다."

1) 〔譯註〕 政遷五侯 刑淫三獄 : 五侯는 다섯 명의 宦官을 侯에 봉한 것으로 單超는 新豐侯에, 徐璜은 武原侯에, 左悺은 上蔡侯에, 具瑗은 東武陽侯에, 唐衡은 汝陽

侯에 봉해졌다. 三獄은 세 가지 刑獄 사건으로, 李固와 杜喬, 李雲과 杜衆, 成瑨과 劉質의 獄事를 가리키는 바, 이들 여섯 명은 모두 直諫을 하다가 혹은 참소를 당하여 下獄되어 죽거나, 혹은 棄市刑을 당하였다.

2) 〔譯註〕 乾綱 : ≪周易≫의 乾卦는 純剛의 德을 지녔다 하여 天道와 人君에게 비하는 바, 곧 군주의 권위와 기강을 말한 것이다.

○ 初에 詔書下하야 擧鉤黨[1]할새 郡國所奏相連及者 多至百數로되 唯平原相史弼이 獨無所上하니 詔書前後迫切하야 州郡이 髠[2]笞掾史라 從事[3]坐傳舍하야 責曰 詔書疾惡黨人하야 旨意懇惻이라 靑州六郡[4]에 其五는 有黨이어늘 平原은 何治而得獨無오 弼曰 先王이 疆理天下에 畫界分境하야 水土異齊[5]하고 風俗[6]不同하니 他郡은 自有나 平原은 自無하니 胡可相比리오 若承望上司하야 誣陷良善하고 淫刑濫罰하야 以逞非理면 則平原之人이 戶可爲黨하리니 相[7]有死而已니 所不能也로라

처음에 조서를 내려 黨人들을 끌어넣어 검거할 때에 郡國에서 아뢰어 서로 연루된 자가 많게는 백여 명에 이르렀으나 오직 平原相 史弼만이 上奏한 것이 없자, 조서를 전후로 절박하게 내려 州郡에서 아전의 머리를 깎고 볼기를 쳤다. 從事官이 傳舍(驛舍)에 앉아서 꾸짖기를 “上께서 黨人들을 미워하여 조서에 말씀하신 뜻이 간곡하다. 靑州에 속한 여섯 郡 중에 다섯 郡은 黨人이 있는데, 平原郡은 어떻게 다스렸기에 홀로 黨人이 없는가?” 하니, 史弼이 말하기를 “先王이 천하를 다스릴 때에 경계를 긋고 나누어서 水土가 같지 않고 풍속이 동일하지 않다. 다른 郡은 黨人이 있으나 平原郡은 본래 없으니, 어찌 서로 견줄 수 있겠는가? 만약 上司의 지시를 받들어 선량한 사람을 모함하고 지나친 형벌을 내려서 도리가 아닌 일을 함부로 행한다면 平原郡 사람들이 가가호호마다 黨人이 될 것이다. 相은(나는) 죽음이 있을 뿐이니, 나는 결코 할 수 없다.” 하였다.

1) 〔釋義〕 擧鉤黨 : 擧는 劾也요 鉤黨者는 相鉤引其黨與也라
擧는 탄핵함이요, 鉤黨은 그 黨與들을 서로 끌어넣는 것이다.

2) 〔頭註〕 髡 : 髡은 剔髮也라

髡은 머리털을 깎는 것이다.

3) 〔釋義〕 從事 : 從事는 中都官也니 主察擧百官犯法者라 〔通鑑要解〕 靑州從事가 坐平原傳舍하야 而責弼也라

〔釋義〕 從事는 中都官이니, 百官 중에 법을 범한 자를 살펴 적발하는 것을 주관하는 자이다. 〔通鑑要解〕 靑州의 從事가 平原의 客舍에 앉아 史弼을 꾸짖은 것이다.

4) 〔釋義〕 靑州六郡 : 今益都府는 本漢北海郡이니 禹貢靑州也라 六郡은 謂濟南, 平原, 樂安, 北海, 東萊, 齊國이라

益都府는 본래 漢나라 北海郡이니, 禹貢의 靑州이다. 여섯 郡은 濟南郡, 平原郡, 樂安郡, 北海郡, 東萊郡, 齊國郡을 이른다.

5) 〔釋義〕 水土異齊 : 言不同和也라 周禮五齊*)者는 水火木金土五者不相入也라

異齊는 똑같지 않음을 말한 것이다. ≪周禮≫의 五齊는 水·火·木·金·土의 五行이 서로 침범하지 않는다.

*) 周禮五齊 : ≪周禮≫ 〈天官 酒正〉에 五齊는 宗廟 등의 큰 제사에 사용하는 다섯 가지 술로, 첫 번째는 찌꺼기가 둥둥 떠 있는 泛齊, 두 번째는 찌꺼기를 거르지 않은 술인 醴齊, 세 번째는 濁酒인 盎齊, 네 번째는 술 찌꺼기가 밑에 가라앉아 있는 붉은색의 緹齊, 다섯 번째는 탁주와 청주가 반반씩 섞여 있는 沈齊인데, 큰 제사에 사용하는 술은 질박함을 숭상하여 찌꺼기를 제거하지 않고 맛이 없는 술을 첫째로 친다.

6) 〔附註〕 異齊風俗 : 異齊는 記曰 凡居民材에 必因天地寒暖燥濕廣谷大川하야 異制하니 民生其間者異俗하야 則剛柔輕重遲速異(制)〔齊〕라 風俗은 凡民察五常之性에 而其剛柔緩急하야 音聲不同이 繫水土之風氣故로 謂之風이요 好惡所舍에 動靜無常하야 隨君上之情欲故로 謂之俗이라

異齊는 ≪禮記≫ 〈王制〉에 이르기를 "무릇 백성들이 사용하는 재료를 쌓아 둘 적에는 반드시 天地의 춥고 더움과 건조하고 습함과 넓은 골짜기와 큰 냇물을 따라 제도가 다르니, 그 사이에 사는 백성들도 풍속이 달라 강하고 유순하고 경솔하고 후중하고 느리고 빠름이 똑같지 않다." 하였다. 風俗은, 무릇 백성들이 五常의 성품을 살필 때에 그 강하고 유순하고 느리고 급하여 음성의 똑같지 않음이 水土의 風氣에 관계되므로 이것을 風이라 이르고, 좋아하고 미워하는 마음이 머무는 바에 動靜이 일정하지 않아서 군주와 윗사람의 하고자 함을 따르기 때문에

俗이라 이르는 것이다.

7)〔頭註〕相 : 去聲이라
相은 去聲(정승)이다.

○ **十二月丁丑**에 **帝崩**하고 **竇太后臨朝**하니 **城門校尉竇武 定策禁中**하고 **迎河間孝王**[1]**曾孫宏**하야 **立之**하니 **時年**이 **十二**러라

12월 丁丑일에 황제가 별세하고 竇太后가 조정에 臨御하였다. 城門校尉 竇武가 궁중에서 계책을 정하고 河間 孝王의 曾孫인 宏을 맞이하여 그를 세우니, 이때 나이가 12세였다.

1)〔頭註〕孝王 : 章帝子라
孝王은 章帝의 아들이다.

後漢紀

孝靈[1)]皇帝[※] 名宏이니 肅宗之玄孫이요 河間孝王之曾孫이라 在位二十二年이요 壽三十四라

孝靈皇帝는 이름이 宏이니, 肅宗의 玄孫이고 河間孝王(劉開)의 曾孫이다. 재위가 22년이고 壽가 34세이다.

1)〔頭註〕孝靈：亂而不損曰靈이라
혼란한데도 亂을 다스려 줄어들게 하지 못함을 靈이라 한다.

※ 宦官之禍에 毒流搢紳하야 忠臣義士 駢首就戮하니 不免召外兵以除內難이라 於是에 虺蜴雖除나 而虎狼入室矣니라
환관의 禍에 해독이 搢紳(士大夫)들에게 미쳐서 忠臣과 義士가 차례로 죽음을 당하니, 外部의 군대를 불러들여 內亂을 제거함을 면치 못하였다. 이에 이무기와 뱀은 비록 제거되었으나 범과 이리가 방 안으로 들어오게 되었다.

【戊申】 建寧元年이라

建寧 元年(무신 168)

以竇武[1)], 陳蕃, 胡廣으로 參錄尙書事[2)]하다

竇武・陳蕃・胡廣을 나란히 錄尙書事로 삼았다.

1)〔頭註〕竇武：太后之父라
竇武는 太后의 아버지이다.

2)〔頭註〕參錄尙書事*):三人을 謂之參이라
　3명을 參이라 이른다.
*) 錄尙書事:≪資治通鑑綱目集覽≫에 이르기를 "錄은 채택하여 기록하는 것이니, 온갖 일을 총괄하여 거느리는 것이다. 漢나라 武帝 초기에 領尙書事가 있었으니, 章帝 때에 趙憙와 牟融이 모두 錄尙書事였다. 尙書에 錄이라는 명칭이 있게 된 것이 여기에서 비롯되었는 바, 冢宰가 자신(百官 자신)의 직책을 총괄하는 것과 같은 뜻이니, 大臣 중에 권세가 중한 자가 맡는다.〔錄 采記也 總領衆事也 漢武初 有領尙書事 章帝時 趙憙牟融竝錄尙書事 尙書有錄名 蓋始于此 猶冢宰總己之義 大臣權重者爲之〕" 하였다.

○ 初에 竇太后之立也에 陳蕃이 有力焉이러니 及臨朝에 政無大小히 皆委於蕃이라 蕃與竇武로 同心戮力하야 以獎[1]王室하고 徵天下名賢李膺, 杜密, 尹勳, 劉瑜等하야 皆列於朝廷하야 與共參政事하니 於是에 天下之士 莫不延頸[2]하야 想望太平호되 而中常侍曹節, 王甫等이 共相朋結하고 諂事太后하야 太后信之하니 蕃, 武疾之러라 嘗共會朝堂할새 蕃이 私謂武曰 曹節, 王甫等이 自先帝時로 操弄國權하야 濁亂海內하니 今不誅之면 後必難圖라하니 武深然之어늘 蕃이 大喜하야 以手推(퇴)[3]席而起하다 會에 有日食之變이어늘 蕃이 謂武曰 昔에 蕭望之困一石顯[4]하니 況今石顯數十輩乎아 可因日食하야 斥罷宦官하야 以塞天變이라하니 武乃白太后하야 誅曹節等이라호되 太后猶豫未忍이러라 曹節이 召尙書하야 脅使作詔版[5]하야 拜王甫爲黃門令하고 持節捕收武等하니 武不受詔라 執蕃送北寺獄하야 殺之하다 王甫將虎賁羽林等合千餘人하고 圍武하니 武自殺이어늘 梟首雒陽都亭하고 收捕宗親賓客姻屬하야 悉誅之하고 遷皇太后於南宮하니 於是에 群小得志하고 士大夫皆喪氣러라

예전에 竇太后가 皇后로 봉해질 때에 陳蕃이 공로가 있었는데, 竇太后가 조정에 臨御하게 되자 크고 작은 정사를 가리지 않고 모두 陳蕃에게 맡겼다. 陳蕃이 竇武와 마음을 함께하고 힘을 모아 왕실을 돕고 천하의 유명한 賢士

인 李膺・杜密・尹勳・劉瑜 등을 불러서 모두 조정에 나열하여 함께 정사에 참여하게 하니, 이에 천하의 선비들이 목을 빼고 太平盛世를 기대하지 않은 이가 없었으나 中常侍 曹節과 王甫 등은 함께 서로 결탁하고 아첨으로써 太后를 섬겨서 太后가 이들을 신임하니, 陳蕃과 竇武가 이들을 미워하였다.

이들이 일찍이 함께 조정에 모여 있을 때에 陳蕃이 竇武에게 은밀히 이르기를 "曹節과 王甫 등이 先帝(桓帝) 때부터 국가의 권력을 쥐고 농간하여 온 천하를 혼탁하고 어지럽게 하니, 지금 그들을 죽이지 않으면 뒤에는 반드시 도모하기 어려울 것이다." 하니, 竇武가 깊이 옳게 여겼다. 이에 陳蕃이 크게 기뻐하여 손으로 자리를 밀치고(박차고) 일어났다.

마침 日食의 변고가 있자, 陳蕃이 竇武에게 이르기를 "옛날 蕭望之는 石顯 한 명에게 곤궁을 당하였는데, 더구나 지금 石顯과 같은 자가 수십 명에 이름에랴. 日食을 인하여 宦官들을 배척하고 파면하여 하늘의 변고를 막아야 한다." 하였다. 竇武가 마침내 太后에게 아뢰고 曹節 등을 죽이려 하였으나 太后가 猶豫하고 차마 결행하지 못하였다.

曹節이 尙書를 불러 위협해서 詔版을 만들게 하여 王甫를 黃門令에 임명하고는 節을 잡고 竇武 등을 체포하게 하니, 竇武가 詔命을 받지 않았다. 陳蕃을 붙잡아 北寺獄으로 보내어 살해하였다. 王甫가 虎賁과 羽林軍 등 도합 천여 명을 거느리고 竇武를 포위하니, 竇武가 자살하였다. 그의 머리를 雒陽의 都亭에 梟示하고 그의 宗親과 賓客과 姻戚들을 체포해서 모두 죽였으며 皇太后를 南宮으로 옮겼다. 이에 여러 小人들이 뜻을 얻고 士大夫들이 모두 기운을 잃었다.

1) 〔頭註〕 奬 : 助也요 崇也라
奬은 도움이고 높임이다.

2) 〔通鑑要解〕 延頸 : 延은 引也라
延은 늘임이다.

3) 〔頭註〕 推*) : 擊也라
推는 침이다.

*) 推 : 胡三省 註에 "推는 一本에 椎로 되어 있다." 하였는 바, 椎는 박찬다는 뜻으로 보인다.

4) 〔釋義〕 蕭望之困一石顯 : 元帝時에 宦官石顯이 誣譖望之하니 望之飮鴆自殺하니라

元帝 때에 환관 石顯이 蕭望之를 모함하니, 蕭望之가 鴆毒을 마시고 자살하였다.

5) 〔釋義〕 詔版 : 木簡爲之하니 其長尺一*1)이라 唐高宗時에 〈詔幷州〉 婦人〈年〉八十以上을 皆版授郡君*2)하니라 史炤曰 謂不加告命하고 以版策授之라

詔版은 木簡으로 만드니, 길이가 1尺 1寸이다. 唐나라 高宗 때에 詔令을 내려 幷州의 80세 이상인 婦人에게 모두 版冊에 써서 郡君을 제수하게 하였다. 史炤가 말하기를 "詔版은 告命(사령장)을 가하지 않고 版冊에 써서 제수함을 이른다." 하였다.

*1) 尺一 : 옛날에 詔板의 길이가 1尺 1寸이므로 天子의 詔書를 칭하여 尺一이라 하였는 바, 尺一牘 또는 尺一板이라고도 칭하였다.

*2) 郡君 : 古代 婦女子의 封號로 漢나라 武帝가 처음으로 王太后의 어머니인 臧兒를 높여 平原君이라 하였는 바, 이것이 郡君을 봉한 시초이다. 이때 則天武后가 자기 고향인 幷州에 행차하여 친척들을 모아 잔치하며 나이 많은 부인들에게 특별히 은전을 내렸는 바, 郡君에는 正四品과 從四品, 正五品의 차이가 있다.

〔史略 史評〕 楊氏曰 曹節等이 竊弄神器하니 固天下所同疾이요 竇氏는 以至親으로 操重柄하야 招延耆德하야 相與協謀하니 剿除姦凶이 其勢易矣라 然而身敗功頹하야 貽國後患者는 幾事不密而禍成於猶豫也일새 豈不惜哉아

楊氏가 말하였다.

"曹節 등이 神器(천자의 자리)를 도둑질하여 희롱하니 진실로 천하 사람들이 함께 미워한 바이고, 竇氏는 至親으로 중한 권세를 잡아 나이 많고 덕 있는 자들을 불러 맞이해서 서로 더불어 함께 도모하였으니 姦凶을 제거하기가 형세상 쉬웠을 것이다. 그런데도 자신이 실패하고 공이 무너져서 나라에 후환을 끼친 것은 機密의 일이 치밀하지 못하고 유예하여 결단하지 못한 데서 禍가 이루어졌기 때문이니, 어찌 애석하지 않겠는가?"

【己酉】 二年이라

建寧 2년(기유 169)

初에 李膺等이 雖廢錮나 天下士大夫 皆高尙其道而汚穢朝廷[1]하야 希之者唯恐不及이라 更共相標榜[2]하야 爲之稱號할새 以竇武, 陳蕃, 劉淑으로 爲三君하니 君者는 言一世之所宗也요 李膺, 荀翊, 杜密, 王暢, 劉祐, 魏朗, 趙典, 朱寓로 爲八俊하니 俊者는 言人之英也요 郭泰, 范滂, 尹勳, 巴肅 及宗慈, 夏馥, 蔡衍, 羊陟으로 爲八顧하니 顧者는 言能以德行引人者也요 張儉, 翟超, 岑晊, 范康 及劉表, 陳翔, 孔昱, 檀敷로 爲八及하니 及者는 言其能導人追宗[3]者也요 度尙 及張邈, 王孝, 劉儒, 胡毋班[4], 秦周, 蕃嚮, 王章으로 爲八廚하니 廚者는 言能以財救人者也라

처음에 李膺 등이 비록 禁錮당하였으나 천하의 士大夫들이 모두 그의 道를 높이고 숭상하며 朝廷을 더럽게 여겨서 李膺 등을 바라는 자가 행여 미처 만나 보지 못할까 두려워하였다. 그리하여 번갈아 서로 標榜하여 호칭할 때에 竇武・陳蕃・劉淑을 三君이라 하였으니 君이란 온 세상이 높이는 바를 말한 것이요, 李膺・荀翊・杜密・王暢・劉祐・魏朗・趙典・朱寓를 八俊이라 하였으니 俊이란 사람 중에 英傑을 말한 것이요, 郭泰・范滂・尹勳・巴肅・宗慈・夏馥・蔡衍・羊陟을 八顧라 하였으니 顧란 德行으로 남을 인도하는 자를 말한 것이요, 張儉・翟超・岑晊・范康・劉表・陳翔・孔昱・檀敷를 八及이라 하였으니 及이란 사람을 인도하여 따라 높이는 자를 말한 것이요, 度尙・張邈・王孝・劉儒・胡毋班・秦周・蕃嚮・王章을 八廚라 하였으니 廚란 재물을 가지고 사람을 구제하는 자를 말한 것이다.

1) 〔頭註〕 汚穢朝廷 : 以朝廷爲汚穢也라
朝廷을 더럽게 여기는 것이다.

2) 〔釋義〕 相標榜 : 相表襮也라 黨錮傳註에 標榜은 猶言稱揚也라
서로 標榜함은 서로 드러내는 것이다. ≪後漢書≫ 〈黨錮傳〉 註에 "標榜은 稱揚(칭찬)이란 말과 같다." 하였다.

3) 〔釋義〕 導人追宗 : 導는 引也요 宗은 謂所宗仰也라
導는 인도함이요, 宗은 숭상하여 우러르는 바를 이른다.

4) 〔釋義〕 胡毋班：毋音無니 其先은 本陳胡公之後라 公子元이 奔齊하야 遂有齊國하고 齊宣王母弟를 封毋鄕하니 遠本胡公하고 近取毋邑이라 故以爲氏하니라
胡毋의 毋는 음이 무이니, 그 先代는 본래 陳나라 胡公의 후손이었다. 公子 元이 齊나라로 달아나 마침내 齊나라를 소유하였고 齊 宣王의 母弟를 毋鄕에 봉하니, 멀리는 胡公에게 근본하고 가까이는 毋邑에서 취하였다. 그러므로 이로써 氏로 삼은 것이다.

及陳, 竇[1]用事에 **復擧拔膺等**이러니 **陳, 竇誅**에 **膺等**이 **復廢**하니 **宦官**이 **疾惡膺等**하야 **每下詔書**에 **輒申黨人之禁**하고 **侯覽[2]**이 **怨張儉[3]尤甚**이라 **覽**의 **鄕人朱竝**이 **素佞邪**하야 **爲儉所棄**러니 **承覽意指**하야 **上書告儉**이 **與同鄕三十四人**으로 **別相署號**하야 **共爲部黨**하야 **圖危社稷**호되 **而儉爲之魁**라하니 **詔刊章[4]捕儉等**하니 **曹節**이 **因此諷有司**하야 **奏諸鉤黨者 故司空虞放 及李膺, 杜密, 朱寓, 荀翊, 翟超, 劉儒, 范滂等**하야 **請下州郡考治**하니 **是時**에 **上**의 **年**이 **十四**라 **問節等曰 何以爲鉤黨[5]**고 **對曰 鉤黨者**는 **卽黨人也**니이다 **上曰 黨人**을 **何用爲惡(오)而欲誅之耶**아 **對曰 皆相擧群輩**하야 **欲爲不軌[6]**니이다 **上曰 不軌**는 **欲如何**오 **對曰 欲圖社稷**이니이다 **上**이 **乃可其奏**하다 **或**이 **謂李膺曰 可去矣**라하니 **對曰 事不辭難**하고 **罪不逃刑[7]**이 **臣之節也**라 **吾年**이 **已六十**이요 **死生有命**하니 **去將安之**오하고 **乃詣詔獄**하야 **考死**하니 **門生故吏 竝被禁錮**하니라

陳蕃과 竇武가 권력을 잡게 되자 다시 李膺 등을 들어 발탁하였는데, 陳蕃과 竇武가 죽자 李膺 등이 다시 폐출당하였다. 宦官들이 李膺 등을 미워해서 매번 조서를 내릴 때마다 번번이 黨人의 禁錮를 거듭하였고 侯覽은 張儉을 원망하기를 더욱 심하게 하였다. 侯覽과 같은 고을 사람인 朱竝은 평소 아첨하고 간사하여 張儉에게 버림을 받았는데, 侯覽의 意向을 받들어 글을 올려서 誣告하기를 '張儉이 같은 고을 사람 34명과 별도로 호칭을 만들어서 함께 部黨을 결성하여 社稷을 위태롭게 할 것을 도모하였는데 張儉이 괴수가 되었다.'고 하였다. 조서를 내리되 고발한 사람의 姓名을 깎아서 지우고 張儉 등

을 체포하게 하였다. 曹節이 이로 인하여 有司에게 넌지시 사주하여 鉤黨(서로 끌어 모아 同黨을 만든)한 자로 前 司空 虞放과 李膺·杜密·朱寓·荀翊·翟超·劉儒·范滂 등을 지목하여 州郡에 회부시켜 고문해서 죄를 다스리도록 주청하게 하니, 이때 主上의 나이가 14세였다. 上이 曹節 등에게 묻기를 "어찌하여 鉤黨이라 하는가?" 하니, 대답하기를 "鉤黨이란 곧 黨人입니다." 하였다. 上이 말하기를 "黨人이 어떤 악행을 저질렀기에 죽이고자 하는가?" 하자, 대답하기를 "그들이 모두 서로 결탁하여 不軌를 도모하고자 하였습니다." 하였다. 上이 말하기를 "不軌를 도모하였다는 것은 무엇을 하고자 하는 것인가?" 하자, 대답하기를 "社稷을 도모하고자 하는 것입니다." 하였다. 上이 그제서야 그 주청을 허락하였다.

혹자가 李膺에게 이르기를 "도망갈 만하다." 하니, 李膺이 대답하기를 "일을 함에 어려움을 사양하지 않고, 죄가 있음에 형벌을 피하지 않는 것은 신하의 절개이다. 내 나이가 이미 60세이며 죽고 사는 것은 天命이 있으니, 도망가면 장차 어디로 가겠는가?" 하고는 마침내 詔獄에 나아가서 고문을 받아 죽으니, 그의 門生과 옛 官屬들이 모두 禁錮를 당하였다.

1) 〔頭註〕 陳竇 : 陳蕃, 竇武라
陳竇는 陳蕃과 竇武이다.

2) 〔頭註〕 侯覽 : 宦者라
侯覽은 환관이다.

3) 〔頭註〕 怨張儉*) : 儉爲山陽督郵하야 破宦官踰制(家)〔冢〕宅하니라
張儉이 山陽의 督郵가 되어 정해진 제도를 넘은 宦官의 墳墓와 가옥을 부수었다.

*) 怨張儉 : 당시 侯覽의 고향 집이 山陽郡의 屬縣인 防東에 있었는데, 侯覽은 백성들을 못살게 굴었고 또 어머니 喪을 당하여 무덤을 너무 크게 만들어서 國法을 어겼다. 이에 張儉이 그를 탄핵하는 글을 올렸으나 侯覽은 끝내 이것을 차단하여 올리지 못하게 하였으며, 이로 인해 張儉을 크게 원망하게 되었다.

4) 〔釋義〕 刊章 : 王氏曰 刊章은 刊行之文也니 如今板榜이라 〔通鑑要解〕 刊은 削也니 不欲宣露竝名故로 削除之하고 而直捕儉等이라 集覽에 刊章은 印行文이니 如今板榜이라
〔釋義〕 王氏가 말하였다. "刊章은 목판에 새겨서 세상에 유행하는 글이니, 지금

의 板榜과 같다."〔通鑑要解〕 刊은 깎는 것이니, 고발자인 朱竝의 이름을 드러내려고 하지 않았으므로 이름을 삭제하고 다만 張儉 등을 체포하게 한 것이다. ≪資治通鑑綱目集覽≫에 "刊章은 인쇄하여 간행한 글이니, 지금의 板榜과 같은 것이다." 하였다.

5)〔釋義〕 鉤黨*) : 註見桓帝永康元年註하니라
鉤黨은 註가 桓帝 永康元年의 註에 보인다.
*) 鉤黨 : 그 黨與들을 서로 끌어당기는 것이다.

6)〔頭註〕 不軌 : 爲不道니 軌는 法度也라 爲人臣而欲圖危社稷을 謂之不軌也라
不軌는 도리에 맞지 않는 일을 하는 것이니, 軌는 법도이다. 신하가 되어 社稷을 위태롭게 하려는 것을 일러 不軌라 한다.

7)〔通鑑要解〕 事不辭難 罪不逃刑 : 左傳에 事君不辭難이요 有罪不逃刑이라
≪春秋左傳≫에 "임금을 섬김에 어려운 일을 사양하지 않고, 죄가 있음에 형벌을 피하지 않는다." 하였다.

○ 汝南督郵[1]吳道 受詔捕范滂할새 至征羌[2]하야 抱詔書하고 閉傳舍하야 伏牀而泣하니 一縣이 不知所爲라 滂聞之하고 曰 必爲我也라하고 卽自詣獄하니 縣令郭揖이 大驚하야 出解印綬하고 引與俱亡曰 天下大矣니 子何爲在此오 滂曰 滂死則禍塞하리니 何敢以罪累君이며 又令老母流離乎아 其母就與之訣[3]曰 汝今與李杜齊名하니 死亦何恨이며 旣有令名하고 復求壽考면 可兼得乎아 滂이 跪受敎하고 再拜而辭하고 顧其子曰 吾欲使汝爲惡이면 則惡不可爲요 使汝爲善이면 則我不爲惡[4]이라하니 行路聞之하고 莫不流涕러라 凡黨人死者 百餘人이요 妻子皆徙邊하고 天下豪傑及儒學有行義者를 宦官이 一切指爲黨人이라하야 其死徙廢禁[5]者 又六七百人이러라

汝南의 督郵인 吳道가 詔勅을 받고 范滂을 체포할 때에 范滂의 집이 있는 征羌縣에 도착하여 객사의 문을 닫고서 詔勅을 안고 牀에 엎드려 우니, 온 縣 사람들이 어찌할 줄을 몰랐다. 范滂이 이를 듣고 말하기를 "반드시 나 때문이다." 하고는 즉시 스스로 獄에 나아가니, 縣令인 郭揖이 크게 놀라서 달려나와 印綬를 풀어버리고 范滂과 함께 도망가자고 하며 말하기를 "천하가

크니(넓으니) 그대는 어찌 이곳에 있으려 하는가." 하였다. 范滂이 말하기를 "내가 죽으면 화가 그칠 것이니, 어찌 감히 君에게 죄를 연루시키며 또 老母로 하여금 流離하게 하겠는가." 하였다. 范滂의 어머니가 아들과 永訣하며 말하기를 "네가 이제 李膺·杜密과 명성이 같으니 죽는다 한들 무슨 한이 있겠으며, 이미 훌륭한 명예를 얻고 또다시 長壽하기를 구한다면 겸하여 얻을 수 있겠는가." 하니, 范滂이 무릎을 꿇고 가르침을 받고는 재배하여 하직하였다. 范滂이 자기 아들을 돌아보고 이르기를 "내가 너로 하여금 惡을 행하게 하자니 惡을 해서는 안 되고, 내가 너로 하여금 善을 행하게 하자니 내가 惡을 하지 않았는데도 이와 같다." 하니, 길 가는 사람들이 이 말을 듣고 눈물을 흘리지 않은 이가 없었다.

무릇 黨人으로서 죽은 자가 1백여 명이고 처자식을 모두 변경으로 옮겼으며, 천하의 호걸과 훌륭한 행실이 있는 유학자를 宦官들이 일체 黨人이라고 지목하여 죽거나 귀양가거나 폐출당하고 禁錮된 자가 또 6, 7백 명이었다.

1)〔頭註〕督郵：主簿之屬이니 州府엔 主簿요 郡엔 督郵라
督郵는 主簿의 등속이니, 州府에서는 主簿라 하고 郡에서는 督郵라 한다.

2)〔釋義〕征羌：征羌縣은 屬汝南이라
征羌縣은 汝南郡에 속하였다.

3)〔通鑑要解〕訣：死者辭曰永訣也라
죽는 자가 하직하는 것을 永訣이라 한다.

4)〔譯註〕吾欲使汝爲惡……則我不爲惡：내가 너에게 惡을 하라고 하자니 惡을 해서는 안 되고, 또 善을 하라고 하자니 내가 惡을 하지 않고 善을 하였는데도 이처럼 禍를 당한다. 그러므로 惡을 하라고 할 수도 없고 善을 하라고 할 수도 없음을 말한 것이다.

5)〔頭註〕廢禁：廢棄而禁錮라
廢禁은 버려지고 금고당하는 것이다.

○ 郭泰聞黨人之死하고 私爲之慟曰 詩云 人之云亡에 邦國殄瘁[1]라하니 漢室이 滅矣로다 但未知瞻烏爰止컨대 于誰之屋[2]爾로다 泰雖好臧否(비) 人物이나

而不爲危言激論이라 故로 能處濁世而怨禍不及焉하니라

郭泰는 黨人들이 죽었다는 말을 듣고 속으로 애통해하며 말하기를 "≪詩經≫에 이르기를 '善人들이 죽음에 나라가 다하고 병든다.' 하였으니, 漢나라 황실이 멸망할 것이다. 다만 '저 까마귀가 앉는 것을 보건대 누구의 지붕에 앉을지.' 알지 못하겠다." 하였다.

郭泰는 인물을 평가하기를 좋아하였으나 높은(위험한) 말과 과격한 의론을 하지 않았다. 그러므로 어지러운 세상에 처하면서도 원망과 화가 미치지 않았다.

1) 〔釋義〕 邦國殄瘁 : 詩瞻卬篇註에 殄은 盡이요 瘁는 病也라
≪詩經≫ 〈瞻卬篇〉 註에 "殄은 다함이고, 瘁는 병듦이다." 하였다.

2) 〔釋義〕 瞻烏爰止 于誰之屋 : 詩正月篇文이라 毛傳曰 言不幸而遭國之將亡하야 將被囚執하야 未知復從何人而受祿하니 如視烏之飛에 不知其將止於誰之屋也라
'瞻烏爰止 于誰之屋'은 ≪詩經≫ 〈正月篇〉의 내용이다. ≪毛傳≫에 이르기를 "불행히도 나라가 장차 멸망할 때를 만나서 장차 갇힘을 당하여 다시 어떤 사람으로부터 祿(福)을 받을지 알 수 없으니, 이는 마치 까마귀가 날아가는 것을 봄에 장차 누구의 지붕에 앉을지 알 수 없는 것과 같다." 하였다.

○ 張儉이 亡命困迫하야 望門投止[1)]하니 莫不重其名行하야 破家相容[2)]이라 其所經歷에 伏重誅者以十數요 連引收考者 布徧天下하니 宗親이 竝皆殄滅하고 郡縣이 爲之殘破라 儉이 與魯國孔褒[3)]有舊라 亡抵褒라가 不遇러니 褒弟融이 年十六에 匿之하다 後에 事泄하야 儉이 得亡走어늘 國相이 收褒, 融送獄하야 未知所坐러니 融曰 保納舍藏[4)]者는 融也니 當坐니이다 褒曰 彼來求我니 非弟之過니이다 吏問其母한대 母曰 家事는 任長[5)]이니 妾當其辜라하야 一門이 爭死라 郡縣이 疑不能決하야 乃上讞(얼)之[6)]하니 詔書竟坐褒하다 及黨禁解에 儉이 乃還鄕里하야 後爲衛尉라가 卒하니 年이 八十四러라

張儉이 亡命하여 곤궁하고 절박하므로 人家를 보면 들어가 투숙하니, 그의 명망과 덕행을 소중히 여겨서 집안이 망하는 후환을 무릅쓰고 그를 용납하여

숨겨 주지 않는 이가 없었다. 그리하여 그가 지나가는 곳마다 중한 벌을 받아 죽은 자가 열로 헤아려지고 연좌되어 체포되고 고문을 받은 자가 천하에 널리 퍼져 있으니, 그의 宗族과 친척들이 모두 죽고 가문이 멸망하였으며 郡縣이 이 때문에 殘破되었다. 張儉이 魯나라의 孔褒와 옛부터 사귄 교분이 있었다. 도망하여 孔褒에게 갔다가 만나지 못했는데, 孔褒의 아우 融이 나이 16세에 張儉을 숨겨 주었다. 뒤에 이 일이 탄로 나자 張儉이 도망하여 달아나니, 魯國의 相이 孔褒와 孔融을 체포하여 감옥으로 보내어서 누구에게 죄를 씌워야 할지 알지 못하였다. 孔融이 말하기를 "보증하여 張儉을 받아들이고 집에 숨겨 준 것은 나이니, 내가 죄를 받아야 합니다." 하니, 孔褒가 말하기를 "저 張儉이 나를 찾아온 것이니, 아우의 잘못이 아닙니다." 하였다. 獄吏가 그 어머니에게 묻자, 어머니가 말하기를 "家事는 家長을 따르는 법이니, 첩이 그 죄를 담당하겠습니다." 하여 한집안 사람들이 서로 죽기를 다투었다. 郡縣에서는 猶豫하고 결정하지 못하여 마침내 조정에 아뢰니, 조서를 내려 孔褒를 죄주었다. 黨禁이 풀리자 張儉이 비로소 鄕里로 돌아와 뒤에 衛尉가 되었다가 죽으니, 나이가 84세였다.

1)〔釋義〕望門投止：王氏曰 謂窘迫之中에 見門卽投歸而止宿하야 求隱匿也라
王氏가 말하였다. "매우 절박한 가운데 人家를 보면 곧바로 투숙하여 머물러서 숨겨 주기를 구한 것이다."

2)〔釋義〕破家相容：謂寧破壞其家業而容隱張儉이라
破家相容은 차라리 자기 家業을 파괴할지언정 張儉을 용납하여 숨겨 줌을 이른다.

3)〔通鑑要解〕魯國孔褒：孔子二十世孫也라
魯나라의 孔褒는 孔子의 20대손이다.

4)〔頭註〕保納舍藏：謂自保無他而納儉하고 因舍止而藏匿之라
保納舍藏은 스스로 딴 일이 없음을 보증하여 張儉을 받아들이고 인하여 머물게 해서 숨겨 줌을 이른다.

5)〔釋義〕家事任長：王氏曰 任從家之長이라
王氏가 말하였다. "집안의 어른(어머니)을 따르는 것이다."

6)〔釋義〕上讞之：上은 奏也요 讞은 正獄議罪也니 漢書에 音魚列反이라

上은 아뢰는 것이고 讞은 獄事를 바로잡고 죄를 의논하는 것이니, ≪漢書≫에 음이 魚列反(열)이다 하였다.

○ **夏馥**이 **聞張儉亡命**하고 **歎曰 孼**[1]**自己作**이어늘 **空汚良善**이로다 **一人逃死**에 **禍及萬家**하니 **何以生爲**리오하고 **乃自翦鬚變形**하고 **入林慮山中**[2]하야 **隱姓名**하고 **爲冶家傭人**하야 **無知者**러니 **黨禁未解而卒**하니라

夏馥은 張儉이 망명했다는 말을 듣고 탄식하기를 "재앙이 자기로부터 일어났는데 부질없이 선량한 사람들을 관련시키는구나. 한 사람이 죽음을 피함에 화가 萬家에 미치니, 어찌 살려 하는가." 하고는 마침내 스스로 수염을 깎고 모습을 바꾸고 林慮山 속에 들어가 姓名을 숨기고는 冶家(대장장이의 집)의 머슴이 되어서 그를 알아보는 자가 없었는데, 黨禁이 풀리기 전에 죽었다.

1) 〔頭註〕 孼 : 罪也요 災也라
孼은 죄이고 재앙이다.

2) 〔通鑑要解〕 林慮山中 : 林은 作隆이니 漢避殤帝諱故로 改曰林慮이라
林자는 隆자가 되어야 하니, 漢나라가 殤帝의 諱를 피하였기 때문에 林慮라고 고친 것이다.

○ **初**에 **范滂等**이 **非訐**[1]**朝政**하니 **自公卿以下**로 **皆折節下之**라 **太學生**이 **爭慕其風**하야 **以爲文學將興**하고 **處士復用**이라호되 **申屠蟠**이 **獨歎曰 昔戰國之世**에 **處士橫議**[2]하니 **列國之王**이 **至爲擁篲(수)先驅**[3]러니 **卒有坑儒燒書之禍**하니 **今之謂矣**라하고 **乃絶迹於梁碭(탕)**[4]**之間**하고 **因樹爲屋**하야 **自同傭人**이러니 **居二年**에 **滂等**이 **果罹黨錮之禍**호되 **唯蟠**은 **超然免於評論**이러라

처음에 范滂 등이 조정을 비방하니, 公卿으로부터 이하가 모두 허리를 굽혀 그에게 몸을 낮추었다. 太學生들이 다투어 그의 풍모를 사모해서 文學이 장차 흥성하고 處士가 다시 등용될 것이라고 말하였으나 申屠蟠만은 홀로 탄식하기를 "옛날 戰國時代에 處士가 멋대로 의논하니 列國의 王이 〈선비를 위

하여〉 빗자루를 들고 길을 쓸며 앞에서 인도하기까지 하였으나 끝내 선비를 구덩이에 묻어 죽이고 책을 불태우는 禍가 있었으니, 지금을 말한 것이다.” 하고는 마침내 梁國의 碭縣 사이에 자취를 숨기고 나무에 기대어 집을 짓고서 스스로 머슴처럼 생활하였다. 2년이 지난 뒤에 范滂 등은 과연 黨錮의 禍에 걸렸으나 오직 申屠蟠만은 초연히 評論을 면하였다.

1)〔頭註〕 訐 : 橫議是非也라
 訐은 옳고 그름을 제멋대로 의논하는 것이다.

2)〔頭註〕 橫議 : 橫은 去聲이니 不順理也라 不中則曰橫議요 不正則曰邪說이라
 橫議의 橫은 去聲이니, 도리를 따르지 않는 것이다. 도리에 맞지 않은 것을 橫議라 하고 바르지 않은 것을 邪說이라 한다.

3)〔頭註〕 擁篲先驅*) : 篲者는 所以掃니 鄒衍如燕할새 昭王이 擁篲先驅하야 請列弟子之行하니라
 篲는 소제하는 도구이니, 鄒衍이 燕나라에 갔을 때에 昭王이 빗자루를 들고 선두에 서서 弟子의 항렬에 나란히 설 것을 청하였다.

*) 擁篲先驅 : 존귀한 사람을 맞이할 때 비를 가지고 앞길을 쓸며 인도하여 敬意를 표하고 禮節을 다함을 말한다. ≪史記≫ 〈孟子荀卿列傳〉에 “鄒衍이 燕나라에 갔는데 昭王이 빗자루를 들고 길을 쓸며 선두에 서서 안내하여 그 제자의 자리에 나열되어 受業받기를 청하였다.〔鄒衍如燕 昭王擁彗先驅 請列弟子之座而受業〕” 하였다.

4)〔通鑑要解〕 梁碭 : 梁國有碭縣이라
 梁國에 碭縣이 있다.

溫公曰 天下有道면 君子揚于王庭하야 以正小人之罪하야 而莫敢不服하고 天下無道면 君子囊括不言[1]하야 以避小人之禍라도 而猶或不免이라 黨人이 生昏亂之世하야 不在其位어늘 四海橫流에 而欲以口舌救之하야 臧否人物하고 激濁揚淸이라가 撩(료)虺蛇之頭[2]하고 踐虎狼之尾하야 以至身被淫刑하고 禍及朋友하야 士類殲滅하야 而國隨以亡하니 不亦悲乎아 夫惟郭泰는 旣明且哲하야 以保其身하고 申屠蟠은 見幾而作하야 不俟終日하

니 **卓乎其不可及已**로다

溫公이 말하였다.

"천하에 道가 있으면 君子가 왕의 조정에서 드날려 小人의 죄를 바로 잡아서 감히 복종하지 않는 이가 없고, 천하에 道가 없으면 君子는 주머니의 주둥이를 묶듯이 말을 하지 않아서 小人의 禍를 피하더라도 오히려 혹 禍를 면치 못한다. 黨人들은 혼란한 세상에 태어나서 그 지위에 있지 않으면서 온 천하가 혼탁할 때에 입과 혀로써 세상을 구원하고자 하였다. 그리하여 인물을 평론하며 혼탁한 것을 맑게 하고 깨끗한 것을 드날리다가 이무기와 뱀의 머리를 움켜쥐고 범과 이리의 꼬리를 밟아서 자신은 혹독한 형벌을 받고 禍가 朋友에게까지 미쳐서 士類가 섬멸되어 나라가 따라서 멸망함에 이르렀으니, 슬프지 않은가. 오직 郭泰는 이미 밝고 또 지혜로워서 자기 몸을 보전하였고 申屠蟠은 기미를 보고 일어나 하루가 마치기를 기다리지 않고 떠나갔으니, 드높아서 미칠 수가 없다."

1) 〔頭註〕 囊括不言 : 囊括은 閉愼不言을 如囊口之括結이라
囊括은 입을 다물고 삼가서 말하지 않기를 주머니의 주둥이를 묶어 매는 것과 같이 하는 것이다.

2) 〔頭註〕 撩虺蛇之頭 : 撩는 捫也라 虺는 蛇屬이니 細頸大頭하고 色如文繡하니 大者는 長十八尺이라
撩는 잡는 것이다. 虺는 뱀의 종류이니, 목이 가늘고 머리가 크며 색깔이 수놓은 것 같으니, 큰 것은 길이가 18척이다.

【壬子】 熹平元年이라

熹平 元年(임자 172)

三月에 **太傅胡廣**이 **薨**하니 **年**이 **八十二**라 **廣**이 **周流四公**[1]하야 **三十餘年**에 **歷事六帝**[2]하니 **禮任**이 **極優**하고 **所辟**이 **多天下名士**라 **與故吏陳蕃, 李咸**으로 **竝爲**

三司[3]하야 練達故事하고 明解朝章이라 故로 京師諺에 曰 萬事不理는 問伯始[4]하고 天下中庸은 有胡公이라하더라 然이나 溫柔謹慤(각)[5]하야 常遜言恭色하야 以取媚於時하고 無忠直之風하니 天下以此薄之하니라

3월에 太傅 胡廣이 죽으니, 나이가 82세였다. 胡廣은 四公을 두루 거쳐서 30여 년에 여섯 황제를 차례로 섬기니, 예우와 신임이 지극히 융숭하였고 그가 불러온 사람은 대부분 천하의 名士였다. 故吏(예전에 데리고 있던 부하 관원)인 陳蕃・李咸과 함께 三司(三公)가 되어서 故事에 숙달하고 조정의 典章을 밝게 알았다. 이 때문에 京師의 속담에 이르기를 "만사가 다스려지지 않거든 伯始(胡廣)에게 물어라. 天下의 中庸은 胡公에게 있네." 하였다. 그러나 사람됨이 온화하고 유순하고 삼가서 항상 말을 겸손히 하고 얼굴빛을 공손히 하여 세상에 잘 보임을 취하고 忠直한 기풍이 없으니, 천하 사람들이 이 때문에 하찮게 여겼다.

1) 〔釋義〕 周流四公 : 按四公은 本傳曰 凡一履司空이요 再作司徒요 三登太尉요 又爲太傅라

四公은 ≪後漢書≫ 〈胡廣傳〉에 이르기를 "무릇 첫 번째는 司空에 올랐고, 두 번째는 司徒가 되었고, 세 번째는 太尉에 올랐고, 또 太傅가 되었다." 하였다.

2) 〔頭註〕 六帝 : 安順沖質桓靈이라

여섯 황제는 安帝・順帝・沖帝・質帝・桓帝・靈帝이다.

3) 〔頭註〕 三司 : 鹽鐵, 戶部, 度支也라

三司는 鹽鐵・戶部・度支이다.

4) 〔釋義〕 伯始 : 胡廣字라

伯始는 胡廣의 字이다.

5) 〔釋義〕 慤 : 謹也요 愿也라

慤은 삼감이요, 공손함이다.

〔新增〕 默齋[1]曰 大臣이 爲國柱石하야 處天下危疑之際인댄 當以安國家, 定社稷으로 爲己任하야 盡忠竭力하야 死生以之可也라 若胡廣者는 歷事六帝하고 周流四公하야 眷倚最重이어늘 而乃依阿[2]取容於權臣宦豎之間하야 無所正救

하고 甚者는 定策大議에도 亦曲從梁冀하니 將焉用彼相[3]哉리오 此無他라 小人之心은 本只爲持祿保位하야 而不知其禍足以亡人之國이라 孔子曰 鄙夫는 可與事君也與哉아 其未得之也엔 患得之하고 旣得之엔 患失之하나니 苟患失之면 無所不至矣[4]라하시니 此胡廣之謂也니라

默齋가 말하였다.

"大臣이 국가의 柱石이 되어 천하가 위태롭고 의심스러운 즈음에 처했으면 마땅히 國家를 편안히 하고 社稷을 안정시키는 것을 자신의 임무로 삼아서 충성을 다하고 힘을 다하여 죽고 삶에 이에 따르는 것이 옳다. 胡廣과 같은 자는 여섯 황제를 차례로 섬기고 四公을 두루 거쳐서 군주의 총애하고 의지함이 가장 중하였는데, 마침내 權臣과 宦官의 사이에서 굽혀 따르고 용납됨을 취하여 국가를 바로잡고 구원하는 바가 없었고, 심한 경우에는 국가의 계책을 결정하는 큰 의논에도 자신의 의견을 굽혀 梁冀를 따랐으니, 장차 저 相(정승)을 어디에 쓰겠는가. 이는 다른 이유가 없다. 小人의 마음은 본래 다만 녹봉을 유지하고 지위를 보전하고자 하여 그 禍가 남의 나라를 멸망시킬 수 있음을 알지 못하기 때문이다. 孔子가 말씀하기를 '비루한 지아비와 더불어 군주를 섬길 수 있겠는가. 부귀를 얻기 전에는 얻을 것을 걱정하고 이미 얻고 나서는 잃을 것을 걱정하니, 만일 잃을 것을 걱정하면 못하는 짓이 없다.' 하셨으니, 이는 胡廣과 같은 경우를 두고 말씀한 것이리라."

1) 〔頭註〕 默齋[*)] : 字粹然이니 蔡正孫이라
 默齋는 字가 粹然이니 성명이 蔡正孫이다.

*) 默齋 : 頭註에는 蔡正孫이라 하였으나, 宋나라 游九言을 가리키는 듯하다. 游九言의 字는 誠之이다.

2) 〔頭註〕 依阿 : 阿는 依也라
 阿는 의지함이다.

3) 〔頭註〕 將焉用彼相[*)] : 相은 去聲이니 語注에 瞽者之相也라
 相은 去聲이니 ≪論語≫의 注에 "瞽者(봉사)의 相(길을 인도해 주는 사람)이다." 하였다.

*) 將焉用彼相 : 이 내용은 ≪論語≫ 〈季氏〉에 보이는 바, "위태로운데도 붙잡아 주지 못하며 넘어지는데도 부축해 주지 못한다면 장차 저 相(도와주는 신하)을 어

디에다 쓰겠는가.〔危而不持 顚而不扶 則將焉用彼相矣〕" 하였다.

4)〔譯註〕孔子曰……無所不至矣 : 이 내용은 ≪論語≫ 〈陽貨〉에 보인다.

【乙卯】 四年이라

熹平 4년(을묘 175)

三月에 詔諸儒하야 正五經文字하고 命議郞蔡邕하야 爲古文篆隷[1)]三體書之하야 刻石하야 立于太學門外하다

3월에 여러 儒者들에게 명하여 五經의 文字를 교정하게 하고, 議郞인 蔡邕에게 명하여 古文·篆書·隷書의 세 가지 書體로 五經을 써서 비석에 새겨 이것을 太學 문 밖에 세우게 하였다.

1)〔通鑑要解〕古文篆隷 : 古文은 謂孔壁中書요 篆隷는 皆秦程邈所造로 篆有大篆小篆이요 隷書는 主徒隷하야 從簡易也라 或曰 造隷書는 起於官獄多事하니 苟趨簡易하야 施於徒隷也라 孔壁中書는 昔에 孔襄[*)]이 預知秦王焚盡諸子書하야 以古文寫出一本하야 藏于壁中也라

古文은 孔子의 옛집 벽 속에서 나온 글씨(蝌蚪文字)이고, 篆書와 隷書는 모두 秦나라 程邈이 만든 것으로 篆書는 大篆과 小篆이 있으며, 隷書는 徒隷(낮은 계급의 신분)에게 사용하기 위하여 簡易함을 따른 것이다. 혹자는 말하기를 "隷書를 만든 것은 官獄에 일이 많음에서 비롯되었으니, 구차하게 簡易함을 따라 만들어서 아전에게 시행했다." 하였다. 孔壁 가운데의 책은 옛날 孔襄이 秦始皇이 諸子百家의 서책을 불태워 없앨 것을 미리 알고 古文으로 한 본을 베껴서 벽 속에 숨긴 것을 말한다.

*) 孔襄 : ≪家語≫에는 孔襄으로 기록되어 있으나 ≪漢紀≫에는 孔鮒로 되어 있다.

【丙辰】 五年이라

熹平 5년(병진 176)

永昌太守曹鸞이 上書曰 夫黨人者는 或耆年淵德[1)]이요 或衣冠英賢이니 皆

宜股肱王室하고 **左右(佐佑)**[2]**大猷者也**어늘 **而久被禁錮**하야 **辱在塗泥**하니 **災異水旱**이 **皆由於斯**니이다 **帝省奏**하고 **大怒**하야 **卽詔收鸞下獄**하야 **掠殺之**하고 **於是**에 **詔州郡**하야 **更考黨人**의 **門生故吏**와 **父子兄弟在位者**하야 **悉免官禁錮**호되 **爰及五屬**[3]하다

永昌太守 曹鸞이 上書하기를 "黨人들은 혹 나이가 많고 德이 깊으며 혹 衣冠을 갖춘 뛰어나고 어진 선비들이니, 모두 마땅히 왕실의 股肱이 되고 큰 계책을 도와야 할 자들인데 오랫동안 禁錮당하여 욕되이 진흙 속에 매몰되어 있으니, 災異와 水害와 旱害가 모두 여기에서 연유한 것입니다." 하였다. 황제가 아뢴 글을 살펴보고는 크게 노해서 즉시 명하여 曹鸞을 체포해 하옥시켜서 고문하여 죽였다. 이에 州郡에게 명하여 다시 黨人의 門生과 故吏와 父子와 兄弟로서 지위에 있는 자를 다시 상고해서 모두 관직을 파면하고 禁錮하되 이에 五服 이내의 친족에게까지 미쳤다.

1) 〔通鑑要解〕 耆年淵德 : 耆는 老也요 淵은 深也라
耆는 나이가 많은 것이요, 淵은 깊음이다.

2) 〔頭註〕 左右 : 與佐佑通이라
左右는 佐佑와 통한다.

3) 〔釋義〕 五屬 : 屬은 族也니 謂斬衰(최), 齊衰, 大功, 小功, 緦麻五服內之親이라
屬은 친족이니, 斬衰·齊衰·大功九月·小功五月·緦麻三月의 五服 이내의 친족을 이른다.

【丁巳】 六年이라

熹平 6년(정사 177)

市賈小民이 **有相聚**하야 **爲宣陵**[1]**孝子者 數十人**이어늘 **詔皆除太子舍人**[2]하다

시장에서 장사하는 백성들이 서로 모여서 宣陵(桓帝)의 孝子라고 자칭하는 자가 수십 명이 있자, 명하여 이들에게 모두 太子舍人을 제수하였다.

1) 〔釋義〕 宣陵 : 宣陵은 桓帝陵墓라

宣陵은 桓帝의 陵墓이다.

2)〔頭註〕太子舍人：秩二百石이니 更直宿衛하니라

太子舍人은 품계가 二百石이니, 東宮에서 번갈아 번을 서고 宿衛하였다.

【戊午】光和元年이라

光和 元年(무오 178)

二月에 置鴻都門學[1]하고 其諸生을 皆勅州郡하야 三公이 擧用辟召호되 或出爲刺史太守하고 入爲尙書侍中하고 有封侯賜爵[2]者하니 士君子 皆恥與列焉이러라

2월에 鴻都門學을 설치하고 여기에 소속된 諸生들을 모두 州郡에 명해서 三公이 추천하고 불러오되 혹은 나가서 刺史와 太守가 되고 조정에 들어와서 尙書와 侍中이 되며 侯에 봉해지고 작위를 하사받은 자가 있으니, 士大夫와 군자들이 모두 이들과 同列에 있는 것을 부끄럽게 여겼다.

1)〔附註〕鴻都門學：鴻都는 門名이니 於門內置學하고 引諸生能爲文賦者하야 竝待詔러니 時勅州, 郡, 三公하야 擧召能爲辭賦及工書鳥篆者하야 皆加引召하니 無行趨勢之徒 多雜其間하야 以陳閭里小事한대 帝甚悅之하야 待以不次之位하니라

鴻都는 門의 이름이니, 鴻都門 안에 학교를 설치하고 諸生 중에 문장과 詩賦를 잘 짓는 자를 데려와서 함께 待詔하게 하였는데, 이때 州・郡과 三公에게 명하여 辭賦와 鳥篆을 잘 쓰는 자를 추천하고 불러서 모두 데려오니, 행실이 없고 권세에 따르는 무리들이 그 사이에 많이 섞여 있어서 閭里의 작은 일을 아뢰자 황제가 매우 기뻐하여 不次의 지위로써 대우하였다.

2)〔頭註〕爵：位也라 大夫以上은 與宴享然後에 贈爵以章有德이라 故로 因謂命秩爲爵이라

爵은 지위이다. 大夫 이상은 宴享에 참여한 뒤에 술잔을 주어 덕이 있음을 드러내었다. 그러므로 인하여 秩(품계)을 명하는 것을 爵이라 한다.

○ 是歲에 初開西邸[1]하고 賣官入錢할새 各有差하니 二千石은 二千萬이요 四百

石은 四百萬이요 其以德次應選者는 半之하고 或三分之一이라 於西園에 立庫以貯之하다 或詣闕上書하야 占令長하고 隨縣好醜하야 豐約有賈(價)호되 富者則先入錢하고 貧者는 到官然後倍輸하며 又私令左右賣公卿하니 公은 千萬이요 卿은 五百萬이러라 初에 帝爲侯時에 常苦貧이러니 及卽位에 每歎桓帝不能作家居[2]하야 曾無私錢이라 故로 賣官聚錢하야 以爲私藏이러라

이 해에 처음으로 西邸를 열고 관직을 팔아 돈을 받아들일 적에 각각 차등이 있으니, 二千石은 2천만 錢이고 四百石은 4백만 錢이며 德의 차등에 따라 마땅히 선발된 자는 절반이거나 혹은 3분의 1이었다. 西園에 창고를 세워 돈을 저장하였다. 혹자는 대궐에 나와 글을 올려 돈을 내고 縣令과 縣長을 차지하고, 縣의 좋고 나쁨에 따라 가격의 높고 낮은 차이가 있었는데 부유한 자는 돈을 먼저 납입하고 가난한 자는 관청에 부임한 뒤에 곱절로 바쳤으며, 또 은밀히 左右의 측근들로 하여금 公卿의 지위를 팔게 하니 公은 1천만 錢이고 卿은 5백만 錢이었다. 처음에 皇帝가 侯로 있을 때에 항상 가난함을 괴롭게 여겼는데, 즉위하게 되자 매번 桓帝가 집안에 쌓아 둔 재물이 없어서 私錢이 없음을 한탄하였다. 이 때문에 관직을 팔아 돈을 모아서 사사로이 보관하였다.

1)〔頭註〕西邸：開邸舍於西園하고 因謂之西邸라
西邸는 西園에 邸舍를 열고 인하여 이를 西邸라 일렀다.

2)〔通鑑要解〕家居[*)]：帝不能在家也라
桓帝가 집안에 재물을 쌓아 두지 않은 것이다.

*) 家居：胡三省 註에 "居는 쌓아 둠〔積〕이다." 하였다.

【庚申】三年이라

光和 3년(경신 180)

作罼圭[1]靈昆苑할새 司徒楊賜[2]諫이어늘 上以問侍中任芝, 樂松한대 對曰 昔에 文王之囿는 百里로되 人以爲小[3]하고 齊宣王은 四十里로되 人以爲大하니 今

與百姓共之[4)]하시면 **無害於政也**리이다 **帝悅**하야 **遂爲之**하다

罼圭苑과 靈昆苑을 만들 적에 司徒 楊賜가 간하자, 上이 侍中인 任芝와 樂松에게 물으니, 대답하기를 "옛날에 文王의 동산은 100리였으나 백성들이 작다고 하였고, 齊나라 宣王의 동산은 40리였으나 백성들이 크다고 하였으니, 지금 백성들과 이것을 함께하신다면 정치함에 해로움이 없을 것입니다." 하였다. 靈帝가 기뻐하여 마침내 동산을 만들었다.

1) 〔通鑑要解〕 罼圭 : 罼은 壁吉切이라 罼圭苑有二하야 東苑西苑이니 竝在雒陽宣平門外이라
  罼은 음이 壁吉切(필)이다. 罼圭苑은 두 개가 있어, 東苑과 西苑이었으니, 모두 雒陽의 宣平門 밖에 있었다.
2) 〔釋義〕 楊賜 : 秉之子라
  楊賜는 楊秉의 아들이다.
3) 〔通鑑要解〕 爲小 : 民人이 皆云狹小라
  爲小는 백성들이 모두 협소하다고 이른 것이다.
4) 〔通鑑要解〕 共之 : 與民으로 且田且苑[*)]이라
  백성들과 함께 사냥하기도 하고 짐승을 기르기도 하는 것이다.
*) 苑 : 옛날에 禽獸를 기르고 초목을 심어 놓은 곳으로 帝王이나 貴族의 園林을 가리킨다.

致堂管見曰 天下之理가 至五經語孟이면 亦可謂正矣요 邪說之害가 至五經語孟이면 亦可謂息矣라 然而道大如天이로되 見在乎人이라 堯舜爲天下得人이어시늘 而奪國者用以爲名하고 湯武應天革命이어시늘 而伐君者取以藉口하며 胤侯征羲和어늘 而討不附己者資焉하고 伊尹放太甲이어늘 而欲廢其主者說焉하며 五就湯, 五就桀이 非爲利也어늘 而求富貴利達者 以爲大人欲速其功也라하고 致辟管叔하고 囚蔡降霍이 非爲己也어늘 而手刃同氣者 以爲聖人與我同志也라하며 曰公劉好貨라하면 則掊克取(聚)斂[1)]이 不知紀極하고 曰召公闢國이라하면 則窮兵遠討가 無有休息하며 曰省耕斂하야 助不足이라하면 則出錢貸民而取其息하고 曰藏不售(與)〔興〕滯(同)〔用〕이라하면 則置官畜貨而自爲市하며 有父之讐로되 忍恥不報하면 則曰春秋貴息兵이라하고 以華夏之尊으로 臣

服仇虜하면 則曰文王事昆夷라하야 遂使詆訾[2]儒術者로 擧是爲笑하야 曰 五經孔孟이 殆亦奸宄之囊橐耳라하나니라 彼樂松任芝之所以欺靈帝者는 特弁髦[3]土梗[4]이니 未足多誚어니와 至使六經孔孟之格言으로 爲後人欺世取寵之資는 不容不辨也니라

致堂(胡寅)의 ≪讀史管見≫에 말하였다.

"천하의 이치가 五經과 ≪論語≫, ≪孟子≫에 이르면 또한 바르다고 이를 만하고, 간사한 말의 폐해가 五經과 ≪論語≫, ≪孟子≫에 이르면 또한 그친다고 이를 만하다. 그러나 道가 하늘처럼 크되 보는 것은 사람에게 달려 있다. 堯임금과 舜임금이 천하를 위하여 인물을 얻으셨는데 나라를 빼앗는 자들이 이것을 이용하여 명분으로 삼고, 湯王과 武王이 하늘의 뜻에 응하여 革命하셨는데 군주를 공격하는 자들이 이것을 취하여 구실로 삼으며, 夏나라의 胤侯가 羲氏와 和氏를 정벌하자 자신을 따르지 않는 자를 토벌하는 자들이 이것을 이용하고, 商나라의 伊尹이 太甲을 추방하자 군주를 폐위하려는 자들이 이것을 말하며, 伊尹이 다섯 번 湯王에게 나아가고 다섯 번 桀王에게 나아간 것이 자신의 이익을 위해서가 아니었는데 부귀와 이익과 영달을 구하는 자들이 '大人은 그 功을 속히 보려 한다.'고 말하고, 周公이 管叔을 죽이고 蔡叔을 가두고 霍叔을 강등한 것이 자신을 위해서가 아니었는데 직접 同氣間을 해치는 자들이 '聖人(周公)도 나와 뜻이 같다.'고 말하며, 公劉가 재화를 좋아했다고 말하면 掊克과 聚斂이 끝을 알지 못하고, 召公이 국경을 개척했다고 말하면 군대를 다 동원하여 멀리 토벌함이 그침이 없으며, 군주가 봄에 밭 갈고 가을에 수확함을 살펴서 부족함을 도왔다고 말하면 돈을 내어 백성들에게 꾸어 주고서 그 利息을 취하고, 팔리지 않는 것을 보관하고 滯用(정체)된 물건을 일으켜 사용했다고 말하면 관원을 두고 재화를 저축하여 스스로 이익을 챙기며, 아버지의 원수가 있는데도 부끄러움을 참고 보복하지 않고는 '≪春秋≫에는 전쟁을 그치는 것을 귀하게 여겼다.'고 말하며, 華夏의 존귀함으로 오랑캐에게 신하로 복종하고는 '文王이 昆夷를 섬겼다.'고 말한다. 그리하여 마침내 儒學을 비방하는 자들로 하여금 이것을 들어 비웃으며 '五經과 孔子와 孟子가 거의 또한 간악한 자의 주머니와 전대일 뿐이다.'라고

말하게 한다.

저 樂松과 任芝가 靈帝를 속인 것은 다만 經傳을 弁髦처럼 여기고 土梗(흙으로 빚은 인형)처럼 여긴 것이니 크게 꾸짖을 것이 못 되나 六經과 孔子·孟子의 格言으로 하여금 후인들이 세상을 속이고 총애를 취하는 자료로 삼게 함에 있어서는 분별하지 않을 수가 없다."

1)〔頭註〕掊克聚斂*)：侵割曰掊克이라
침해하여 빼앗아 감을 掊克이라 한다.

*) 掊克聚斂：掊克은 자기를 자랑하고 남을 해치는 자라 하기도 하고, 善良하지 못한 사람이라 하기도 하며, 聚斂과 같은 말이라 하기도 한다. 聚斂은 百姓들에게 苛斂誅求하여 재산을 축적함을 이른다.

2)〔頭註〕呰：毁也라
呰는 헐뜯음이다.

3)〔附註〕弁髦：髦는 幼時剪髮爲之{象}하니 冠則棄之라 童子始冠에 必以弁하니 蓋緇布冠也라 三加冠成禮하면 而棄其始冠緇布之冠하야 永不復用也라
髦는 어렸을 때 머리털을 잘라 만드니, 冠禮를 하면 버린다. 童子가 처음 관례할 때에 반드시 皮弁을 쓰니, 皮弁은 緇布冠이다. 세 번 冠을 가하여 冠禮를 이루면 처음 관례할 때에 쓴 緇布冠을 버려서 영원히 다시 쓰지 않는다.

4)〔頭註〕土梗：猶土人遭雨則壞라
흙 인형이 비를 맞으면 무너지는 것과 같은 것이다.

桓典이 爲侍御史하니 宦官이 畏之라 典이 常乘驄(총)馬[1]하니 京師爲之語曰 行行且止하야 避驄馬御史라하니라

桓典이 侍御史가 되니, 환관들이 그를 두려워하였다. 桓典이 항상 驄馬를 타고 다니니, 京師 사람들이 말하기를 "가다가 발걸음을 멈추어서 驄馬御史를 피하라." 하였다.

1)〔通鑑要解〕驄馬：青白色謂之驄이라
青白色의 말을 驄(청총마)이라 한다.

【甲子】中平元年이라

中平 元年(갑자 184)

初에 鉅鹿張角이 奉事黃老하고 以妖術敎授하야 號를 太平道라하고 呪符水以療病하니 衆이 共神之라 角이 分遣弟子하야 周遊四方하야 轉相誑誘하니 十餘年間에 徒衆이 數十萬이라 自靑, 徐, 幽, 冀, 荊, 楊, 兗(연), 豫八州之人이 莫不畢應하니 凡三十六方[1]에 大方은 萬餘人이요 小方은 六七千이라 角의 弟子唐周上書告之한대 有詔逐捕角等하다 角이 勅諸方俱起할새 皆着黃巾하야 以爲標幟[2]라 故로 時人이 謂之黃巾賊이라하니라 旬月之間에 天下響應하니 京師震動이라 帝召群臣會議하니 北地太守皇甫嵩(숭)이 以爲宜解黨禁하고 益出中藏錢과 西園廐馬[3]하야 以班(頒)軍士하소서 上이 問計於中常侍呂强한대 對曰 黨錮久積에 人情怨憤하니 若不赦宥면 轉與張角合謀하야 爲變이 滋大하리이다 帝懼而從之하야 乃赦天下黨人하고 還諸徙者호되 唯張角은 不赦하다

처음에 鉅鹿의 張角이 黃老(黃帝와 老子)를 신봉하여 요망한 방술로 사람을 가르치면서 太平道라 호칭하고 呪符水(주술을 가한 부적을 태운 물)로 병을 치료하니, 따르는 무리들이 모두 그를 神明이라 여겼다. 張角이 제자를 나누어 보내어 사방에 두루 돌아다니면서 서로 속이고 유혹하게 하니, 10여 년 사이에 信徒가 수십만 명에 이르렀다. 靑州로부터 徐州・幽州・冀州・荊州・楊州・兗州・豫州 등 여덟 州의 사람들이 호응하지 않는 이가 없으니, 모두 36方으로 大方은 만여 명이고 小方은 6, 7천 명이었다.

張角의 제자인 唐周가 글을 올려 이를 고발하자, 명하여 張角 등을 뒤쫓아 가서 체포하게 하였다. 張角이 여러 方에게 명하여 함께 거사할 때에 모두 黃巾을 써서 標幟(標識)로 삼았다. 그러므로 당시 사람들이 이들을 일러 黃巾賊이라 하였다. 열흘에서 한 달 사이에 천하가 호응하니, 京師가 진동하였다.

황제가 여러 신하들을 불러 회의하니, 北地太守 皇甫嵩이 말하기를 "黨禁을 풀고 中藏錢(御用으로 보관된 禁錢)과 西園의 마구간에 있는 말을 많이

내어서 군사들에게 나누어 주소서." 하였다. 上이 中常侍 呂强에게 계책을 묻자, 대답하기를 "黨錮의 禍가 오래 쌓임에 人情이 원망하고 분히 여기니, 만약 이들을 용서하지 않으면 張角과 함께 모의해서 변란이 점점 커질 것입니다." 하였다. 황제가 두려워하여 그의 말을 따라서 마침내 천하의 黨人들을 사면하고 여러 귀양 보낸 자들을 돌아오게 하였으나 오직 張角만은 사면하지 않았다.

1)〔頭註〕三十六方：方은 猶將軍이라
方은 將軍과 같다.
2)〔通鑑要解〕標幟：幟는 雉志兩音이라
幟는 '치'와 '지' 두 가지 음으로 읽는다.
3)〔通鑑要解〕益出中藏錢 西園廐馬：中藏錢은 漢所謂禁錢[*]也요 西園廐馬는 卽騄驥馬也라
中藏錢은 漢나라 때에 이른바 禁錢이란 것이고, 西園의 마구간에 있는 말은 곧 騄驥馬이다.
*) 禁錢：황제가 사용하는 少府의 돈을 가리킨다. 소부의 돈은 주로 황제가 사용하는 데에만 공급되므로 禁錢이라 한다.

○ 發天下精兵하야 遣盧植討張角하고 皇甫嵩, 朱儁은 討潁川黃巾하다 儁이 戰敗러니 會에 騎都尉曹操 將兵適至라 嵩, 操 與朱儁合軍하야 更與賊戰하야 大破之하다 操少機警有權數[1]하고 而任俠[2]放蕩이어늘 太尉橋玄이 異焉하야 謂操曰 天下將亂에 非命世之才[3]면 不能濟也니 能安之者는 其在君乎인저 君이 未有名하니 可交許子將하라하니 子將者는 訓之從子劭也라 好人倫[4]하고 多所賞識하야 與從兄靖으로 俱有高名이라 好共覈論鄕黨人物하야 每月에 輒更其品題[5]라 故로 汝南俗에 有月旦評[6]焉이러라 曹操往造劭而問之曰 我는 何如人고 劭鄙其爲人하야 不答하니 操乃劫之어늘 劭曰 子는 治世之能臣이요 亂世之姦雄[7]이니라 操大喜而去[8]하니라

천하의 정예병을 징발하여 盧植을 보내어 張角을 토벌하게 하고, 皇甫嵩과

朱儁은 潁川의 黃巾賊을 토벌하게 하였다. 朱儁이 黃巾賊과 싸워 패하였는데, 마침 騎都尉인 曹操가 군사를 거느리고 이르렀다. 皇甫嵩과 曹操가 朱儁과 군대를 합하여 다시 黃巾賊과 싸워서 그들을 대파하였다. 曹操는 어려서부터 기민하고 민첩하고(약삭빠르고) 권모술수가 있었으며 任俠하고 방탕(호탕)하였다.

太尉 橋玄이 기이하게 여겨서 曹操에게 이르기를 "천하가 장차 혼란할 터인데 세상에 이름날 만한 재주가 아니면 구제할 수 없으니, 이를 안정시킬 자는 아마도 君일 것이다. 君이 아직 명성이 있지 않으니 許子將과 서로 사귀라." 하였으니, 子將은 許訓의 從子인 許劭였다.

許劭는 人倫(인물의 품평)을 좋아하고 인물을 많이 鑑識하여 從兄인 許靖과 함께 높은 명망이 있었다. 鄕黨의 인물들의 실상을 함께 조사하여 논평하기를 좋아해서 매월마다 품평하는 제목을 바꾸었다. 그러므로 汝南의 풍속에 月旦評이 있었다. 曹操가 許劭에게 찾아가서 묻기를 "나는 어떠한 사람인가?" 하니, 許劭가 그 사람됨을 비루하게 여겨서 답하지 않았다. 曹操가 마침내 위협하자, 許劭가 말하기를 "그대는 치세의 유능한 신하이고 난세의 간사한 영웅이다." 하니, 曹操가 크게 기뻐하며 떠나갔다.

1) 〔釋義〕 機警有權數 : 機警은 謂機關而警省이요 權數는 謂權謀術數라
機警은 機關이 있으면서 警省(약삭빠름)함을 이르고, 權數는 권모술수를 이른다.

2) 〔頭註〕 任俠 : 任은 〈謂任使〉其氣力이요 俠은 以權力俠輔人也니 所謂權行州里하야 力折公侯也라
任은 氣力(세력)을 부림을 이르고, 俠은 권세와 힘으로써 남을 돕는 것이니, 이른바 '권세가 州里에 행해져 힘이 公侯를 꺾는다.'는 것이다.

3) 〔通鑑要解〕 命世之才 : 謂天命之하야 生斯世之人也라 有一意하니 命者는 名也니 言賢人有名於世也라
命世之才는 하늘이 명하여 이 세상에 태어나게 한 사람을 이른다. 또 한 가지 뜻이 있으니, 命은 名과 통하니, 賢人이 세상에 유명함을 말한다.

4) 〔譯註〕 人倫 : 윤리도덕의 人倫을 말한 것이 아니고 사람들의 人品을 논평함을 이른다. 倫은 等倫의 뜻이다.

5)〔頭註〕品題：題亦品也라
　題도 또한 품평이다.

6)〔釋義〕月旦評：許劭與兄靖으로 好論鄕黨人物하고 每月更其品題라 故其俗에 有月旦評焉이라
　許劭가 從兄인 許靖과 함께 鄕黨의 인물을 논평하기를 좋아하고 매월 그 品題를 바꾸었기 때문에 汝南의 풍속에 月旦評이 있었던 것이다.

7)〔頭註〕姦雄：言其才絶世也라 天下治則盡其能하야 爲世用이요 天下亂則逞其智하야 爲時雄이라
　姦雄은 재주가 세상에 뛰어남을 말한다. 천하가 잘 다스려지면 그 재능을 다하여 세상에 쓰여지고, 천하가 어지러우면 그 지혜를 부려서 세상의 영웅이 되는 것이다.

8)〔原註〕操大喜而去：操後爲魏太祖하니라
　曹操는 뒤에 魏나라 太祖가 되었다.

○ 盧植이 破張角하야 垂[1]當拔之러니 宦官이 誣植抵罪[2]어늘 詔皇甫嵩討角하다 嵩이 與角弟梁戰하야 大破之하고 斬梁하다 角은 先已病死라 剖棺戮屍하고 傳首京師하다

盧植이 張角을 격파하여 거의 함락하게 되었는데 환관이 盧植을 모함하여 죄에 걸리게 되자, 皇甫嵩에게 명하여 張角을 토벌하게 하였다. 皇甫嵩이 張角의 아우 張梁과 싸워서 그를 대파하고 張梁을 목 베었다. 張角은 먼저 이미 병으로 죽었으므로 棺을 쪼개어 시신을 욕보이고 首級을 京師로 보내었다.

1)〔頭註〕垂：幾也라
　垂는 거의이다.

2)〔附註〕誣植抵罪：遣宦官左豐視軍이러니 求賂不得하고 還言於帝曰 賊易破耳어늘 盧中郞이 固壘息軍하야 以待天討니이다한대 帝怒하야 檻車徵植하야 減死一等하니라
　환관 左豐을 보내어 군대를 시찰하게 하였는데, 盧植에게 뇌물을 요구하였으나 얻지 못하자 돌아가 황제에게 말하기를 "적을 격파하기가 쉬운데, 盧中郞(盧植)

이 보루를 굳게 지키고 군사들을 휴식시키며 天討(천자의 토벌)를 기다리고 있습니다." 하였다. 이에 황제가 노하여 盧植을 檻車로 불러와 사형에서 한 등급을 감한 죄로 다스렸다.

【乙丑】 二年이라

中平 2년(을축 185)

崔烈이 **因傅母**[1)]하야 **入錢五百萬**하고 **得爲司徒**러니 **及拜日**에 **帝顧謂親幸者曰 悔不小靳**[2)](근)이라 **可至千萬**이로다

崔烈이 傅母를 통하여 500만 錢을 바치고 司徒가 되었는데, 그를 제수하는 날에 황제가 친애하고 신임하는 자를 돌아보고 이르기를 "조금 더 아끼지 않은 것이 후회스럽다. 천만 전에 이를 수 있었는데." 하였다.

1) 〔釋義〕 傅母 : 宮中阿保者也라 蓋當時三公이 往往因常侍阿保하야 入錢西園하고 得之하니라

傅母는 궁중에서 阿保(양육)하는 자이다. 당시의 三公들이 왕왕 常侍(환관)와 阿保를 통하여 西園에 돈을 바치고 三公의 지위를 얻었다.

2) 〔原註〕 靳 : 靳은 固惜之也라

靳은 굳이 아끼는 것이다.

【丁卯】 四年이라

中平 4년(정묘 187)

前大(太)丘長陳寔이 **卒**하니 **海內赴弔者 三萬餘人**이라 **寔**이 **在鄕閭**에 **平心率物**[1)]하야 **其有爭訟**하야 **輒求判正**[2)]이면 **曉譬曲直**하니 **退無怨者**하고 **至乃歎曰 寧爲刑罰所加**언정 **不爲陳君所短**이라하니라 **楊賜**, **陳耽**이 **每拜公卿**에 **群僚畢賀**어든 **輒歎寔大位未登**에 **愧於先之**라하니라

前 太丘縣長 陳寔이 별세하니, 海內에서 달려와 조문한 자가 3만여 명이었

다. 陳寔이 鄕里에 있을 적에 마음을 공평하게 하고 사람들의 表率(모범)이 되어서, 쟁송하는 자가 있어 곧 그에게 판결해 주고 바로잡아 줄 것을 요구하면 잘잘못을 깨우쳐 주고 말해 주니, 물러가서 원망하는 자가 없었으며 심지어는 탄식하기를 "차라리 형벌을 받을지언정 陳君에게 비평을 받는 바가 되지 않겠다." 하였다. 楊賜와 陳耽이 公卿에 제수될 때마다 여러 동료들이 모두 하례하면 두 사람은 그때마다 탄식하며 陳寔이 큰 지위에 오르기 전에 자신들이 먼저 요직을 맡은 것이 부끄럽다고 하였다.

1) 〔通鑑要解〕 率物 : 率은 從也[*]라
率은 따름이다.

*) 率 從也 : ≪通鑑要解≫에는 이렇게 해석하였으나 ≪漢語大辭典≫ 등을 참고하여 表率, 즉 모범이 된다는 뜻으로 해석하였음을 밝혀 둔다.

2) 〔通鑑要解〕 判正 : 判은 分也요 剖也니 剖析而見理也라
判은 나눔이고 쪼갬이니, 분석하여 이치를 보여 주는 것이다.

【己巳】 六年이라

中平 6년(기사 189)

四月에 **帝崩**하고 **皇子辯**[1]이 **卽皇帝位**하니 **年**이 **十四**라 **何太后臨朝**하야 **封皇弟協**[2]하야 **爲陳留王**하다 **宦官蹇碩**이 **欲誅大將軍何進**[3]**而立協**이어늘 **中軍校尉袁紹 因勸進悉誅諸宦官**하니 **進**이 **乃白太后**호되 **太后不聽**이라 **紹等**이 **又爲畫策**하야 **多召四方猛將**하야 **使竝引兵向京城**하야 **以脅太后**하니 **進**이 **然之**하다 **典軍校尉曹操 聞而笑曰 宦者之禍**는 **古今宜有**니 **但世主不當假之權寵**하야 **使至於此**라 **旣治其罪**인댄 **當誅元惡**이니 **一獄吏足矣**어늘 **何至紛紛召外兵乎**아 **欲盡誅之**인댄 **事必宣露**하리니 **吾見其敗也**리라

4월에 靈帝가 별세하고 皇子 辯이 황제에 즉위하니, 이때 나이가 14세였다. 何太后가 조정에 臨御하여 皇弟인 劉協을 봉하여 陳留王으로 삼았다. 환관 蹇碩이 大將軍 何進을 죽이고 劉協을 세우고자 하자, 中軍校尉 袁紹가 인

하여 何進에게 환관들을 다 죽일 것을 권하니, 何進이 마침내 太后에게 아뢰었으나 太后가 들어주지 않았다.

袁紹 등이 또다시 계책을 내어서 사방의 용맹한 장수들을 많이 불러와서 함께 군대를 이끌고 京城으로 향하여 태후를 위협하게 하니, 何進이 그 말을 옳게 여겼다. 典軍校尉 曹操가 이 말을 듣고 웃으며 말하기를 "환관의 禍는 古今에 있었으니, 다만 세상의 군주가 그들에게 권력과 총애를 빌려 주어서 이러한 지경에 이르지 않게 할 뿐이다. 이미 그들의 죄를 다스리려 한다면 마땅히 元兇을 죽여야 하니, 한 명의 獄吏면 충분하다. 어찌 분분하게 外部의 군대를 불러온단 말인가? 환관들을 다 죽이고자 한다면 일이 반드시 탄로 날 것이니, 내 그 실패함을 볼 것이다." 하였다.

1)〔頭註〕皇子辯：何后子라
皇子 劉辯은 何太后의 아들이다.

2)〔頭註〕皇弟協：王美人子也라 帝以辯輕佻無威儀라하야 欲立協이러니 猶豫未決이라가 會疾篤하야 屬協於蹇碩하니 欲先討何進而立協하니라
황제의 아우인 劉協은 王美人의 아들이다. 靈帝가 劉辯이 경박하고 威儀가 없다 하여 劉協을 세우려고 하였는데, 猶豫하고 결정하지 못하다가 마침 병이 심해져서 劉協을 蹇碩에게 부탁하니, 蹇碩이 먼저 何進을 토벌한 다음 劉協을 세우려고 하였다.

3)〔頭註〕何進：何后異母兄이라
何進은 何太后의 異母(異腹) 오라비이다.

○ 何進이 召董卓[1]하야 使將兵詣京師하니 卓이 卽時就道하야 幷上書曰 中常侍張讓等이 竊倖承寵하야 濁亂海內하니 臣은 聞揚湯止沸[2]는 莫若去薪이요 潰癰雖痛이나 勝於內食[3]이라하니이다 昔에 趙鞅이 興晉陽之甲하야 以逐君側之惡[4]하니 今臣이 輒鳴鐘鼓[5]하고 如洛陽하야 請收讓等하야 以淸奸穢하리이다 太后猶不從이러라 中常侍張讓, 段珪 詐以太后詔召進하야 斬進於嘉德殿前하니 袁紹及何苗[6] 聞進被害하고 乃引兵屯朱雀闕下하야 捕得趙忠等及諸宦者하야 皆殺之하니 凡二千餘人이라 進兵攻省內[7]하니 張讓等이 困迫하야 遂將帝

與陳留王하고 **出穀門**[8)]이라가 **讓等**이 **投河而死**하니 **帝獨乘一馬**하고 **從雒舍**[9)] **南行**이러라 **董卓**이 **聞帝在北**하고 **迎於北芒(邙)阪**(판)**下**[10)]하다 **卓**이 **與帝語**에 **語不可了**[11)]러니 **乃更與陳留王語**하니 **無所遺失**이라 **卓**이 **大喜**하야 **以王爲賢**이라하고 **有廢立之意**하야 **遂脅太后**하야 **廢帝爲弘農王**하고 **立陳留王協**하야 **爲帝**하다

何進이 董卓을 불러서 군대를 거느리고 京師에 오게 하니, 董卓이 즉시 길에 오르면서 아울러 글을 올리기를 "中常侍 張讓 등이 황제의 총애를 도둑질하고 이용하여 온 천하를 혼탁하게 하고 어지럽히고 있습니다. 臣이 듣건대 '끓는 물을 퍼냈다가 다시 부어 끓는 것을 막음은 솥 밑의 장작을 빼는 것만 못하고, 종기를 터뜨리는 것은 비록 아프지만 종기가 안으로 살을 먹어 들어가는 것보다는 낫다.'고 하였습니다. 옛날에 趙鞅이 晉陽의 군대를 일으켜서 군주 곁에 있는 악한 자를 축출하였으니, 지금 臣이 곧 종과 북을 울리며 洛陽(雒陽)에 가서 張讓 등을 체포하여 간사함과 더러움을 깨끗이 제거할 것을 청합니다." 하였으나 太后가 오히려 따르지 않았다.

中常侍 張讓과 段珪가 태후의 명령을 사칭하여 何進을 불러내어 何進을 嘉德殿 앞에서 목 베었다. 袁紹와 何苗는 何進이 살해당했다는 말을 듣고는 마침내 군대를 이끌고 朱雀闕 아래에 주둔하여 趙忠 등 여러 환관들을 체포해서 모두 죽이니, 모두 2천여 명이었다.

군대를 진격하여 궁궐 안을 공격하니, 張讓 등이 몹시 곤궁하고 절박하여 마침내 황제와 陳留王을 데리고 穀門으로 나가다가 張讓 등이 黃河에 투신하여 죽었다. 황제가 홀로 말 한 필을 타고 雒舍를 따라 남쪽으로 갔다. 董卓은 황제가 북쪽에 있다는 말을 듣고는 北芒阪 아래에서 맞이하였다. 董卓이 황제와 말을 해 보니 말을 분명히 하지 못하였는데, 다시 陳留王과 말을 해 보니 빠뜨리는 바가 없었다. 董卓은 크게 기뻐하며 陳留王이 어질다 여겨 황제를 폐위하고 다시 세울 뜻이 있었다. 그리하여 마침내 태후를 위협하여 황제를 폐위하여 弘農王으로 삼고 陳留王 劉協을 세워서 황제로 삼았다.

1) 〔附註〕 董卓 : 隴西臨洮人이라 爲州兵馬掾하야 守塞下러니 雙帶兩鞬하고 左右馳射하며 膂力過人하야 爲羌, 胡所畏라 盧植被誣하야 檻車徵還하니 以卓代之

하니라

董卓은 隴西 臨洮 사람이다. 州의 兵馬掾이 되어 변방 부근을 지켰는데, 두 활집을 쌍으로 차고 좌우로 말을 달리며 활을 쏘았고 힘이 보통 사람보다 뛰어나서 羌族과 胡族들이 두려워하는 바가 되었다. 盧植이 모함을 받아 함거로 소환되자 董卓으로 대신하였다.

2)〔通鑑要解〕揚湯止沸：枚乘諫吳王曰 欲湯之滄에 一人炊之면 百人揚之라도 無益也니 不如絶薪止火니이다

枚乘이 吳王에게 간하기를 "끓는 물을 넘치지 않게 할 때에 한 사람이 불을 때면 백 사람이 저어도 무익하니, 섶을 넣는 것을 멈추고 불을 끄는 것만 못합니다." 하였다.

3)〔頭註〕潰癰雖痛 勝於內食：言癰疽蘊結하야 破之雖痛이나 勝於內食肥肉하야 浸淫滋大也라

종기가 곪아서 터뜨리는 것이 비록 아프지만 안으로 살을 먹어 들어가 점점 커지는 것보다는 나음을 말한 것이다.

4)〔頭註〕趙鞅……以逐君側之惡：趙鞅은 春秋之末 定公時人이니 卽趙簡子也라 君側之惡은 謂荀寅與士吉射也라

趙鞅은 春秋時代 말엽 魯나라 定公 때 사람이니, 바로 趙簡子이다. 군주 곁에 있는 악한 자는 荀寅과 士吉射를 이른다.

5)〔頭註〕鳴鐘鼓：聲其罪也라

종과 북을 울린다는 것은 그 죄를 성토하는 것이다.

6)〔頭註〕何苗：進之弟也라

何苗는 何進의 아우이다.

7)〔附註〕省內：漢宮中을 本曰禁中이니 謂門戶有禁하야 非侍(御)〔衛〕通籍之臣이면 不得入也라 後避元后諱하야 改曰省中하니 言入此者는 皆當省察이요 不可妄也라

漢나라 宮中을 본래 禁中이라 하였으니, 門戶에 금지하는 자가 있어서 侍衛하는 자와 門籍에 이름을 기록한 신하가 아니면 들어갈 수가 없음을 이른다. 뒤에 元后의 諱를 피하여 省中이라고 고쳤으니, 이곳에 들어오는 자는 모두 살펴야 하고 함부로 해서는 안 됨을 말한 것이다.

8)〔頭註〕穀門：洛城正北門名이라

穀門은 洛城 정북쪽 문의 이름이다.

9)〔頭註〕 雒舍 : 地名이라

雒舍는 지명이다.

10)〔釋義〕 北芒阪下 : 芒은 本作邙하니 山名也라 在河南雒陽縣北七十里故로 曰北邙이라 阪은 音返이니 坡阪也라

芒은 본래 邙으로 되어 있으니, 北邙은 山 이름이다. 河南郡 雒陽縣 북쪽 70리 지점에 있으므로 北邙이라 하였다. 阪은 音이 반(판)이니 坡阪(언덕)이다.

11)〔頭註〕 了 : 曉解也라

了는 분명히 이해함이다.

〔史略 史評〕 史斷曰 靈帝卽位에 昏愚尤甚하야 保養奸回를 過於骨肉하고 殲滅忠良을 甚於寇仇하며 鬻獄賣官에 錯直擧枉하고 災異迭見에 史不絶書하야 積多士之憤하고 蓄四海之怨이라 於是에 何進召戎하고 董卓乘釁하야 虺蜴雖除나 而虎狼復入室矣니 可悲也乎인저

史斷에 말하였다.

"靈帝가 즉위하자 昏愚함이 더욱 심하여 간사한 자들을 보호하고 기르기를 骨肉(兄弟間)보다 더하였고, 忠良한 자들을 섬멸하기를 원수보다 더 심하게 하였으며, 돈을 받고서 유리한 판결을 내려 주고 관직을 팔아먹어 정직한 사람을 버리고 부정한 사람을 들어 썼으며, 災異가 번갈아 나타남에 史官의 기록이 끊이지 아니하여, 많은 선비들의 분노가 쌓이고 온 천하 사람들의 원망이 쌓였다. 이에 何進이 외부의 군대를 불러오고 董卓이 틈을 타서 이무기와 뱀을 비록 제거하였으나 범과 이리가 다시 방 안에 들어왔으니, 참으로 슬프다."

○ **董卓**이 **率諸公上書**하야 **追理陳蕃, 竇武及諸黨人**하야 **悉復其爵位**하고 **遣使弔祠**하고 **擢用其子孫**하다 **伍瓊**이 **說卓**하야 **矯桓靈之政**하고 **擢用天下名士**하니 **卓**이 **從之**하다 **於是**에 **徵處士荀爽, 申屠蟠等**하야 **復就**하니 **拜爽平原相**하야 **行至宛陵**에 **遷光祿勳**하고 **視事三日**에 **進拜司空**하니 **自被徵命**으로 **及登台司**[1] **凡九十三日**이러라

董卓이 諸公들을 거느리고 글을 올려서 陳蕃과 竇武 및 여러 黨人들을 다시 심리하여 그들의 관작을 모두 회복시키고, 使者를 보내어 조문하고 제사하게 하고는 그 자손들을 발탁 등용하였다.

伍瓊이 董卓을 설득하여 桓帝와 靈帝의 잘못된 정사를 바로잡고 천하의 名士들을 발탁하여 등용하게 하니, 董卓이 이를 따랐다. 이에 處士인 荀爽과 申屠蟠 등을 불러서 다시 나오게 하였다. 荀爽에게 平原相을 제수하여 荀爽이 길을 떠나 宛陵에 이르자 光祿勳으로 승진되었고 사무를 본 지 3일 만에 승진하여 司空에 제수되었으니, 부르는 명령을 받음으로부터 台司에 오르기까지 총 93일이었다.

1) 〔附註〕 台司 : 斗魁[*)]下三台星이 兩兩而居하니 在人에 爲三公이요 在天에 爲三台라 三台色齊하면 君臣和라 又上台爲太尉요 中台爲司徒요 下台爲司空이라
斗魁 아래의 三台星이 두 개씩 서로 모여 있으니, 사람에 있어서는 三公이 되고 하늘에 있어서는 三台가 된다. 三台星의 색깔이 고르면 군신간이 화합한다. 또 上台는 太尉가 되고 中台는 司徒가 되고 下台는 司空이 된다.

*) 斗魁 : 北斗七星의 첫번째부터 네번째까지의 네 별을 가리키는 바, 곧 樞, 璿, 璣, 權을 이른다.

○ 董卓이 拜袁紹渤海太守하니 袁術[1)]은 出犇(奔)南陽하고 曹操는 變易姓名하고 間行[2)]東歸하야 至陳留하야 散家財하고 合兵得五千人하다

董卓이 袁紹를 渤海太守에 임명하니, 袁術은 南陽으로 도망하여 달아났고 曹操는 성명을 바꾸고 샛길로 동쪽으로 돌아가 陳留에 이르러서 家産을 흩어 병력을 규합하여 5천 명을 얻었다.

1) 〔頭註〕 袁術 : 紹之從弟로 畏卓出奔하니라
袁術은 袁紹의 從弟로 동탁을 두려워하여 도망하여 달아난 것이다.

2) 〔頭註〕 間行 : 間은 去聲이니 見五卷이라
間은 去聲이니, 해설이 五卷에 보인다.

後漢紀

孝獻[1]皇帝※上 名은 協이요 字는 伯和니 靈帝中子라 在位三十一年이요 壽四十一이라

孝獻皇帝는 이름이 協이고 字가 伯和이니 靈帝의 中子이다. 재위가 31년이고 壽가 41세이다.

1)〔頭註〕孝獻：聰明睿智曰獻이라
　총명하고 지혜로움을 獻이라 한다.

※ 獻生不辰하야 身播國屯하야 終我四百하고 永作虞賓*)하니라
　獻帝는 좋지 못한 때에 태어나 몸이 播遷하고 나라가 어려워서 우리(漢나라) 400년의 國運을 마치고 길이 虞賓이 되었다.

*)〔譯註〕虞賓：堯임금의 아들인 丹朱를 가리킨다. 虞나라 舜임금이 丹朱를 賓禮로써 대우하였기 때문에 虞賓이라 하는데, 丹朱가 不肖하여 나라를 잃었으므로 이로써 亡國之主를 비유한 것이다.

【庚午】 初平元年이라

初平 元年(경오 190)

正月에 **關東州郡**이 **皆起兵**하야 **以討董卓**할새 **推渤海太守袁紹**하야 **爲盟主**하니 **紹**는 **屯河內**하고 **曹操**는 **屯酸棗**[1]하고 **袁術**은 **屯魯陽**하니 **衆各數萬**이라 **豪傑**이 **多歸心袁紹者**로되 **鮑信**이 **獨謂曹操曰 大略**은 **不世出**[2]하나니 **能撥亂反正者**는 **君也**라 **苟非其人**이면 **雖强**이나 **必斃**하리니 **君**은 **殆天之所啓乎**인저

正月에 關東의 州郡이 모두 군대를 일으켜서 董卓을 토벌할 적에 渤海太守 袁紹를 추대하여 盟主로 삼으니, 袁紹는 河內에 주둔하고 曹操는 酸棗縣에 주둔하고 袁術은 魯陽에 주둔하였는바, 병력이 각각 수만 명이었다. 호걸들이 袁紹에게 마음을 돌리는 자가 많았으나 鮑信은 홀로 曹操에게 이르기를 "큰 지략은 세상에 자주 나오지 않으니, 亂을 다스려서 본래의 바름으로 돌아오게 할 자는 君이다. 만일 그럴 만한 사람이 아니면 비록 강하더라도 반드시 실패할 것이니, 君은 아마도 하늘이 이 난세를 구원하기 위하여 보낸 사람일 것이다." 하였다.

1) 〔通鑑要解〕 酸棗 : 退溪頭註에 縣名이라
酸棗는 退溪의 頭註에 縣의 이름이라고 하였다.

2) 大略不世出 : ≪資治通鑑≫ 등에 大자가 夫자로 되어 있는 바, 뜻에는 큰 차이가 없으므로 原文에 따라 해석하였다.

○ **董卓**이 **以山東兵盛**이라하야 **欲遷都以避之**하야 **遂燒焚宮廟官府**하고 **劫遷天子**하야 **三月**에 **車駕入長安**하다

董卓은 山東의 군사(토벌군)들이 강성하다 하여 遷都하여 피하고자 해서 마침내 궁궐과 祠堂과 官府를 불태우고 天子를 위협하여 옮겨서 3월에 車駕(天子)가 長安으로 들어갔다.

○ **長沙太守孫堅**[1]이 **亦起兵討董卓**이러니 **至南陽**하니 **衆已數萬人**이라 **前到**[2] **魯陽**하야 **與袁術合兵**하니 **術**이 **由是得據南陽**하고 **表堅行破虜將軍**하다

長沙太守 孫堅이 또한 군대를 일으켜 董卓을 토벌하였는데 南陽에 이르니 병력이 이미 수만 명이었다. 魯陽으로 전진하여 袁術과 병력을 합하니, 袁術이 이로 말미암아 南陽을 점거하고 表文을 올려 孫堅을 천거하여 破虜將軍으로 삼았다.

1) 〔原註〕 孫堅 : 後에 其子權卽位하니 是爲吳라
뒤에 그 아들 孫權이 즉위하니, 이것이 吳나라이다.

2)〔頭註〕前到：前進也라
前到는 전진함이다.

○ 幽州牧劉虞 務存寬政하고 勸督農桑하니 民悅年登하야 穀石三十[1)]이라 青, 徐士庶避難歸虞者 百萬이러니 皆忘其遷徙焉이러라

幽州牧 劉虞가 힘써 너그러운 정사를 보존하고 농사와 양잠을 권면하니, 백성들이 기뻐하고 年事가 풍년이 들어서 곡식이 한 섬에 30錢이었다. 靑州와 徐州의 士庶人들이 戰亂을 피하여 劉虞에게 歸附한 자가 백만 명이었는데, 모두 타향살이하는 시름을 잊었다.

1)〔通鑑要解〕三十：穀一石에 錢三十也라
곡식이 한 섬에 30錢인 것이다.

【辛未】 二年이라

初平 2년(신미 191)

孫堅이 進屯陽人[1)]하야 與董卓戰하야 大破之하다 堅이 進至雒陽하야 掃除陵廟[2)]하니 卓이 奔還長安이어늘 堅이 遂軍魯陽하다

孫堅이 전진하여 陽人聚에 주둔해서 董卓과 싸워 크게 격파하였다. 孫堅이 전진하여 雒陽에 이르러서 陵墓를 청소하니 董卓이 달아나 長安으로 돌아가자, 孫堅이 마침내 魯陽에 군대를 주둔하였다.

1)〔頭註〕陽人：聚名이니 聚는 見三卷★狐聚注[*)]라
陽人은 聚落의 이름이니, 陽人聚는 3권 ★狐聚의 注에 보인다.

*) 三卷★狐聚注：徐廣이 말하였다. "★狐聚는 陽人聚에 가까우니, 洛陽 남쪽 150리에 있다." ≪括地志≫에 "汝州 밖의 옛 梁城이 곧 ★狐聚이다." 하였다. 秦나라 제도에 큰 고을을 鄕이라 하고, 작은 고을을 聚라 하였다.

2)〔譯註〕掃除陵廟：전란에 적병에게 서울을 빼앗겼다가 다시 수복하면 王陵과 宗廟에 먼저 참배하고 소제한다.

○ **劉表時爲荊州刺史**라 **袁術**이 **使孫堅擊表**어늘 **表遣黃祖逆戰**하야 **射堅殺之**[1)]하다

劉表가 이때 荊州刺史로 있었다. 袁術이 孫堅으로 하여금 劉表를 공격하게 하자, 劉表가 黃祖를 보내어 맞이해 싸워서 孫堅을 쏘아 죽였다.

1)〔頭註〕射堅殺之：袁術이 與袁紹有隙하야 各立黨援以相圖라 術은 結公孫瓚하고 紹는 連劉表한대 術使堅擊表라
　袁術이 袁紹와 틈이 있자, 각각 지원하는 黨與를 세워서 서로 도모하였다. 袁術은 公孫瓚과 동맹을 맺고 袁紹는 劉表와 연합하였는데, 袁術이 孫堅으로 하여금 劉表를 공격하게 하였다.

○ **公孫瓚**[1)]이 **大破青州黃巾**하니 **威名**이 **大震**이러라

公孫瓚이 青州의 黃巾賊을 크게 격파하니, 위엄과 명성이 크게 떨쳐졌다.

1)〔頭註〕瓚：渤海校尉라
　公孫瓚은 渤海의 校尉였다.

○ **初**에 **涿**(탁)**郡劉備**[1)]는 **中山靖王**[2)]**之後也**라 **垂手下膝**하고 **顧自見其耳**하며 **有大志, 少語言**하고 **喜怒**를 **不形於色**이러라 **嘗與公孫瓚**으로 **同師事盧植**이라 **由是**로 **往見瓚**한대 **瓚以爲平原相**하다 **備少與河東關羽**와 **涿郡張飛**로 **相友善**이러니 **以羽, 飛**로 **爲別部司馬**하야 **分統部曲**[3)]하다 **備與二人**으로 **寢則同牀**하야 **恩若兄弟**하며 **而稠人廣坐**에 **侍立終日**하야 **隨備周旋**하고 **不避艱險**이러라

처음에 涿郡의 劉備는 中山靖王의 후손이었다. 팔을 늘어뜨리면 무릎까지 내려오고 돌아보면 스스로 자신의 귀를 볼 수 있었으며 큰 뜻이 있고 말수가 적으며 기뻐하고 노여워하는 감정을 얼굴빛에 드러내지 않았다. 일찍이 公孫瓚과 함께 盧植을 師事하였으므로 이로 말미암아 公孫瓚을 찾아가 만났는데, 公孫瓚이 그를 平原相으로 삼았다.

劉備는 젊어서 河東의 關羽, 涿郡의 張飛와 서로 친했는데, 關羽와 張飛를 別部司馬로 삼아서 部曲을 나누어 통솔하게 하였다. 劉備는 두 사람과 함께 잘 때에는 한 침상에서 자서 은혜가 형제와 같았으며, 여러 사람들이 많이 모여 앉아 있을 때에 關羽와 張飛가 劉備를 모시고 서서 날을 마쳐 劉備를 따라 周旋하고 어려움과 험함을 피하지 않았다.

1)〔原註〕劉備 : 備는 後爲昭烈帝하니라
劉備는 뒤에 蜀漢의 昭烈帝가 되었다.
2)〔頭註〕靖王 : 名勝이니 景帝賈夫人之所生이라
中山靖王은 이름이 勝이니, 景帝 賈夫人의 소생이다.
3)〔譯註〕部曲 : 古代의 군대 編制에, 大將軍의 진영에는 5部에 部마다 校尉 한 사람이 있었고, 部에는 曲이 있으며 曲에는 軍候 한 사람이 있었다.

○ 公孫度[1]威行海外하니 中國人士避亂者 多歸之라 北海管寧[2]과 邴原, 王烈이 皆往依焉하다 寧이 少時에 與華歆爲友러니 嘗與歆共鋤菜라가 見地有金하고 寧은 揮鋤不顧하야 與瓦石無異로되 歆은 捉而擲之하니 人이 以是로 知其優劣이러라 王烈은 器業[3]이 過人하야 少時에 名聞이 在原, 寧之右하고 善於敎誘라 鄕里에 有盜牛者하야 主得之러니 盜請罪曰 刑戮은 是甘이어니와 乞不使王彦方[4]知也라하니라 烈이 聞而使人謝之하고 遺布一端[5]하다 或이 問其故한대 烈曰 盜懼吾聞其過하니 是는 有恥惡之心이라 旣知恥惡이면 則善心將生이라 故로 與布하야 以勸爲善也로라 後有老父 遺劍於路러니 行道一人이 見而守之라 至暮에 老父還尋得劍하고 怪之하야 以事告烈한대 烈이 使推求하니 乃先盜牛者也러라 諸有爭訟曲直에 將質之於烈이라가 或至塗而反하며 或望廬而還하야 皆相推[6]以直하야 不敢使烈聞之러라

公孫度가 海外에 위엄이 행해지니, 中國의 人士로서 피난하는 자들이 그에게 많이 귀의하였다. 北海의 管寧과 邴原과 王烈이 모두 가서 그에게 귀의하였다. 管寧은 젊었을 때에 華歆과 친한 벗이 되었는데, 일찍이 華歆과 함께

채소밭을 김매다가 땅속에 금이 있는 것을 발견하고 管寧은 호미만 휘두를 뿐 금을 쳐다보지 아니하여 기와나 자갈과 다름없이 여겼으나 華歆은 금을 주웠다가 던지니, 사람들이 이 일로써 그 優劣을 알았다.

王烈은 器局과 功業이 보통 사람보다 뛰어나서 젊었을 때의 명성이 邴原과 管寧보다 위에 있었고, 사람들을 가르치고 유도하기를 잘하였다. 鄕里에 소를 훔친 자가 있었는데 소 주인이 이를 잡자, 도둑이 죄를 받기를 청하며 말하기를 "형벌은 달게 받겠으나 王彦方(王烈)으로 하여금 알게 하지 말라." 하였다. 王烈이 이를 듣고 사람을 시켜 사례하고 베 한 필을 주니, 혹자가 그 이유를 물었다. 王烈이 말하기를 "도둑이 자기 잘못을 내가 들을까 두려워하였으니, 이는 惡을 부끄러워하는 마음이 있는 것이다. 이미 惡을 부끄러워할 줄 알았으면 善한 마음이 장차 생겨날 것이다. 그러므로 내가 그에게 삼베를 주어서 善을 행하기를 권장한 것이다." 하였다.

뒤에 노인이 길에서 劍을 잃어버렸는데, 길 가던 어떤 사람이 이것을 보고는 지키고 있었다. 저녁때가 되어서 노인이 다시 돌아와서 劍을 찾고는 기이하게 여겨 이 사실을 王烈에게 고하였다. 王烈이 사람을 시켜서 사실을 캐어보니, 바로 예전에 소를 훔쳤던 자였다. 여러 사람들이 서로 曲直을 쟁송할 때에 장차 王烈에게 질정하려고 하다가 혹은 중간에 되돌아오기도 하고, 혹은 王烈의 집을 바라보고는 돌아와서 모두 정직함으로써 서로 미루어 감히 王烈로 하여금 이 말을 듣지 못하게 하였다.

1) 〔附註〕 公孫度 : 遼東人이라 董卓이 薦爲遼東太守한대 爲遼東郡所輕이어늘 度皆以法誅之하니 郡中震慄하며 東伐高句麗하고 西擊烏丸하야 威行海外하니라
 公孫度는 遼東 사람이다. 董卓이 천거하여 遼東太守를 삼으니 遼東郡에서 경멸하였다. 公孫度가 모두 법대로 이들을 주벌하니 고을 안이 두려워하였으며, 동쪽으로 高句麗를 정벌하고 서쪽으로 烏丸(烏桓)을 공격하여 위엄이 海外에 행해졌다.

2) 〔頭註〕 管寧 : 字幼安이라
 管寧은 字가 幼安이다.

3) 〔頭註〕 器業 : 器局功業이라

器業은 器局과 功業이다.

4)〔頭註〕彦方 : 烈字라

彦方은 王烈의 字이다.

5)〔頭註〕一端 : 六丈曰端이니 一曰八丈也요 又古以二丈爲端이라

〈布帛의 길이가〉 6丈인 것을 端이라 하니, 어떤 本에는 8丈을 端이라 하였고, 또 옛날에는 2丈을 端이라 하였다.

6)〔通鑑要解〕相推 : 推는 朱子綱目에 移也라하니라

推는 朱子의 ≪資治通鑑綱目≫에 "옮겨 주는 것이다" 하였다.

【壬申】 三年이라

初平 3년(임신 192)

初에 **荀淑**이 **有孫**하니 **曰彧**(욱)이라 **少有才名**이러니 **何顒**이 **見而異之曰 王佐才也**라하더라 **及天下亂**에 **彧**이 **聞曹操有才略**하고 **乃從操**하니 **操與語大悅**하야 **曰吾子房**[1]**也**라하고 **以爲奮武司馬**[2]하다

처음에 荀淑이 손자가 있었으니 이름이 彧이었다. 어려서 재주가 있다는 명성이 있었는데, 何顒이 보고서 기이하게 여겨 말하기를 "王者를 보좌할 만한 재주이다." 하였다. 천하가 혼란하게 되자 荀彧은 曹操가 재주와 지략이 있다는 말을 듣고 마침내 曹操를 따르니, 曹操는 荀彧과 말을 해 보고는 크게 기뻐하며 말하기를 "나의 張子房이다." 하고, 荀彧을 奮武司馬로 삼았다.

1)〔頭註〕子房 : 張良字라

子房은 張良의 字이다.

2)〔通鑑要解〕奮武司馬 : 朱子綱目에 操初起兵에 爲奮武將軍이라 故로 以彧爲奮武司馬也라

朱子의 ≪資治通鑑綱目≫에 "曹操가 처음에 군대를 일으킬 때에 奮武將軍이었으므로 荀彧을 奮武司馬로 삼은 것이다." 하였다.

○ **董卓**의 **車服**이 **僭擬天子**라 **司徒王允**이 **與司隷校尉黃琬**과 **僕射士孫瑞**[1]

로 **密謀誅卓**하고 **使中郎將呂布**로 **持矛刺卓**하고 **趣(促)兵斬之**하니 **百姓**이 **歌舞於道**러라

董卓의 수레와 의복이 참람하여 天子와 같았다. 司徒 王允이 司隷校尉 黃琬, 僕射 士孫瑞와 함께 董卓을 죽일 것을 은밀히 모의하고 中郎將 呂布로 하여금 창을 잡고 董卓을 찌르고 군대를 재촉하여 목을 베게 하니, 백성들이 길에서 노래하고 춤을 추었다.

1)〔釋義〕士孫瑞 : 士는 姓이요 孫瑞는 名也라
士는 姓이고 孫瑞는 이름이다.

○ **青州黃巾**이 **寇兗州**하야 **殺刺史**[1)]어늘 **濟北相鮑信等**이 **迎東郡太守曹操**하야 **領兗州刺史**하니 **追擊黃巾**하야 **悉降之**하고 **得精兵三十餘萬**하다

青州의 黃巾賊이 兗州를 침략하여 刺史를 죽이자, 濟北의 相인 鮑信 등이 東郡太守 曹操를 맞이하여 領兗州刺史가 되게 하니, 曹操는 黃巾賊을 추격하여 모두 항복시키고 정예병 30여만 명을 얻었다.

1)〔頭註〕殺刺史[*)] : 劉岱라
刺史는 劉岱이다.

*) 殺刺史 : 青州의 黃巾賊이 兗州를 침략하니, 劉岱가 이들과 맞서 싸우려 하였다. 濟北相 鮑信이 간하기를 “지금 적의 숫자가 百萬이나 되어서 백성들이 모두 두려워하고 士卒들이 싸울 뜻이 없으니, 대적할 수가 없습니다. 賊軍은 輜重이 없어서 오직 노략질로 살아가고 있으니, 지금 士卒들의 힘을 비축하여 우선 굳게 성을 지키는 것만 못합니다. 이렇게 하면 저들은 싸우려 해도 우리가 상대해 주지 않아 싸울 수가 없고 공격하려고 해도 공격할 수가 없어서 그 형세가 반드시 이산될 것이니, 그때에 정예병을 뽑아 요해처를 점거하여 공격한다면 격파할 수 있을 것입니다.” 하였으나 劉岱는 그의 말을 따르지 않고 마침내 황건적과 싸우다가 패하여 죽임을 당하였다.

○ **董卓**의 **部將李傕**(각), **郭汜**(사)[1)]**等**이 **攻長安**하야 **殺王允**하다

董卓의 部將 李傕과 郭汜 등이 長安을 공격하여 王允을 죽였다.

1)〔頭註〕汜*) : 似泛二音이라.

汜는 '사'와 '범' 두 가지 음이 있다.

*) 汜 : 金正國의 ≪思齋摭言≫에 다음과 같은 내용이 실려 있다.

"金正國이 일찍이 校理로서 경연에서 ≪資治通鑑綱目≫의 東漢 獻帝紀를 講하다가 李傕·郭汜에 이르러서 '汜' 자의 音을 '似'로 講하였는데, 뒤에 中宗이 '汎' 자로 읽으므로 金正國이 아뢰기를 '汜는 음이 似입니다.' 하니, 中宗이 이르기를 '일찍이 범·사 두 가지 음으로 읽는다.' 하였다. 이에 金正國은 등에 땀이 흠뻑 배었는데, 講을 마치고 물러 나와서 곧 郭汜의 이름을 찾아보니, 과연 범·사 두 가지 음으로 나와 있었다."

○ **袁術**이 **進據壽春**하고 **遂領其州**하다

袁術이 전진하여 壽春을 점거하고 마침내 그 州를 거느렸다.

【癸酉】 四年이라

初平 4년(계유 193)

初에 **京雒**이 **遭董卓之亂**하야 **民**이 **流移東出**하야 **多依徐土**러니 **遇曹操至**하야 **坑殺男女數十萬口於泗水**하니 **水爲不流**라 **進攻**睢**陵, 夏丘**하야 **皆屠之**하니 **鷄犬**이 **亦盡**하고 **墟邑**에 **無復行人**[1)]이러라

처음에 京雒(낙양)이 董卓의 난을 만나 백성들이 流離하여 동쪽으로 옮겨가서 徐州 땅에 많이 의지하였는데, 曹操가 이르러서 男女 수십만 명을 泗水에 빠뜨려 죽이니, 물이 이 때문에 흐르지 못하였다. 전진하여 睢陵과 夏丘를 공격해서 모두 도륙하니, 닭과 개도 다 없어지고 빈 고을엔 다시 行人이 없었다.

1)〔頭註〕無復行人 : 曹操父嵩이 避難하야 在瑯琊어늘 操迎之러니 陶謙別將이 掩襲殺之하니 操引兵하야 擊徐州하니라

曹操의 아버지 曹嵩이 난을 피하여 瑯琊에 있으므로, 曹操가 맞이해 오려고 하였는데, 陶謙의 別將이 기습하여 죽이니, 曹操가 군대를 이끌고 徐州를 공격하였다.

○ 公孫瓚이 攻劉虞殺之하고 盡有幽州之地[1]하다

公孫瓚이 劉虞를 공격하여 죽이고 幽州 땅을 다 소유하였다.

1) 〔原註〕 公孫瓚……盡有幽州之地 : 建安四年에 爲袁紹所滅이라
公孫瓚은 建安 4년에 袁紹에게 멸망당하였다.

【甲戌】 興平元年이라

興平 元年(갑술 194)

曹操之攻陶謙也에 平原相劉備 將兵救之하고 遂歸謙하다 謙이 疾篤하야 謂別駕東海麋竺(미축)曰 非劉備면 不能安此州也라하더니 謙卒에 竺이 率州人迎備한대 備遂領徐州하다

曹操가 陶謙을 공격할 때에 平原相 劉備가 군대를 거느리고 가서 그를 구원하고 마침내 陶謙에게 귀의하였다. 陶謙이 병이 위독해지자 別駕인 東海 麋竺에게 이르기를 "劉備가 아니면 이 州를 안정시키지 못할 것이다." 하였다. 陶謙이 죽자 麋竺이 고을 사람을 거느리고 劉備를 맞이하니, 劉備가 마침내 徐州를 거느리게 되었다.

○ 初에 孫堅이 生四男하니 策, 權, 翊, 匡이라 策은 年十餘歲에 已交結知名하니 舒人周瑜 與策同年으로 亦英達夙成이라 聞策聲問[1]하고 自舒來造焉하야 便推結分好[2]러니 及堅死에 策年十七이라 乃渡江居江都하야 結納豪俊하야 有復讐之志러라 到壽春하야 見袁術한대 術이 甚奇之하야 以堅餘兵千餘人으로 還策하고 表爲懷義校尉하다

처음에 孫堅이 네 아들을 낳으니, 孫策·孫權·孫翊·孫匡이었다. 孫策은 나이 십여 세에 이미 명성이 알려진 사람들과 교분을 맺으니, 舒縣 사람 周瑜는 孫策과 同年으로 또한 英明하고 豁達하며 夙成하였다. 孫策의 명성을 듣고는 舒州로부터 와서 두 사람이 곧 誠心을 미루어 分好(友誼)를 맺었는데, 孫堅이 죽을 적에 孫策의 나이가 17세였다. 마침내 揚子江을 건너 江都에 거주하면서 호걸들과 교분을 맺어 〈아버지를 위해〉 복수할 뜻이 있었다. 壽春에 이르러 袁術을 뵙자, 袁術이 매우 기특하게 여겨서 孫堅의 남은 병력 천여 명을 孫策에게 돌려주고 表文을 올려 그를 懷義校尉로 삼았다.

1) 〔頭註〕 聲問 : 問은 與聞通하니 聲所至也라
問은 聞과 통하니, 名聲이 이르는 것이다.

2) 〔原註〕 推結分好 : 分, 好는 竝去聲이라 〔釋義〕 謂推結交分愛好也라
〔原註〕 分과 好는 모두 去聲이다. 〔釋義〕 誠心을 미루어 교분과 우호를 맺음을 이른다.

【乙亥】 二年이라

興平 2년(을해 195)

曹操攻鉅野하야 **斬呂布將薛蘭**하다 **操以陶謙已死**라하야 **欲遂取徐州**하고 **還乃定布**어늘 **荀彧曰 昔**에 **高祖保關中**하고 **光武據河內**하야 **皆深根固本**하야 **以制天下**하야 **進足以勝敵**하고 **退足以堅守**라 **故**로 **雖有困敗**나 **而終濟大業**하니이다 **將軍**이 **本以兗州首事**하야 **平山東之難**[1]하니 **百姓**이 **無不歸心悅服**이요 **且河, 濟**는 **天下之要地也**라 **今雖殘壞**나 **猶易以自保**니 **是亦將軍之關中, 河內也**라 **不可以不先定**이니이다 **操乃止**하다

曹操가 鉅野를 공격하여 呂布의 장수 薛蘭을 목 베었다. 曹操는 陶謙이 이미 죽었다 하여 마침내 徐州를 점령하고 돌아와서 呂布를 평정하고자 하였다. 荀彧이 말하기를 "옛날에 高祖는 關中을 확보하고 光武帝는 河內를 점거하여, 모두 뿌리를 깊게 하고 근본을 견고히 하여 천하를 제압해서, 나아가

면 충분히 적을 이길 수 있고 물러나면 충분히 굳게 지킬 수 있었습니다. 이 때문에 비록 어려움과 실패가 있었으나 끝내 大業을 이룬 것입니다. 장군이 본래 兗州를 가지고 일을 시작해서 山東의 난을 평정하였으니, 백성들의 마음이 돌아와 기뻐하고 복종하지 않는 자가 없고, 또 黃河와 濟水는 천하의 요해지입니다. 현재 비록 殘破하였으나 오히려 보존하여 지키기가 쉬우니, 이 또한 장군의 關中이요 河內입니다. 이곳을 먼저 평정하지 않을 수 없습니다." 하니, 曹操가 마침내 徐州를 공격하려던 계획을 중지하였다.

1) 〔頭註〕 山東之難 : 謂黃巾이니 見上壬申年이라
山東의 難은 黃巾賊을 이르니, 앞의 壬申年條에 보인다.

○ 李傕, 郭汜(사)[1]爭權하야 治兵相攻하다 傕이 迎帝하야 幸其營하고 遂燒宮殿官府어늘 七月에 楊奉, 董承等이 將兵送乘輿東歸하니 乘輿居棘籬中이러라

李傕과 郭汜가 권력을 다투어서 군대를 다스려 서로 공격하였다. 李傕이 황제를 맞이하여 자기 진영으로 행차하게 하고 마침내 궁전과 관부를 불태웠다. 7월에 楊奉과 董承 등이 군대를 거느리고 乘輿를 전송하여 동쪽으로 돌아가게 하니 乘輿가 가시울타리 속에 있었다.

1) 〔原註〕 李傕 郭汜 : 後에 曹操誅李傕三族하고 郭汜는 爲其將所殺하니라
뒤에 曹操가 李傕을 죽이고 三族을 멸하였으며, 郭汜는 그의 장수에게 살해당하였다.

○ 孫策이 說袁術曰 家有舊恩在江東하니 願助舅[1]討橫江하야 橫江이 拔이어든 因投本土[2]하야 召募면 可得兵하리니 以佐定天下하리이다하니 術이 許之하다 策이 渡江轉鬪하야 所向에 皆破하니 莫敢當其鋒者라 百姓이 聞孫郎[3]至하고 皆失魂魄[4]이러니 及策至에 軍士奉令하고 不敢虜掠하야 鷄犬菜茹[5]를 一無所犯이라 民乃大悅하야 競以牛酒勞軍이러라 策의 爲人이 美姿顔, 能笑語하고 性이 闊達聽受하야 善於用人하니 是以로 士民見者 莫不盡心하야 樂爲致死하니 威震

江東이러라

孫策이 袁術을 설득하기를 "저희 집안은 江東 지방에 옛 은혜가 있으니, 원컨대 외삼촌을 도와 橫江을 토벌하여 橫江이 함락되거든 인하여 本土에 들어가서 사람들을 불러 모으면 병력을 얻을 수 있을 것이니, 보좌하여 천하를 평정할 수 있을 것입니다." 하니, 袁術이 이를 허락하였다.

孫策이 揚子江을 건너 전전하며 싸워서 가는 곳마다 모두 격파하니, 감히 그의 예봉을 당해 내는 자가 없었다. 백성들은 孫郎이 온다는 말을 듣고 모두 魂飛魄散하였는데, 孫策이 이르자 군사들이 명령을 잘 받들고 감히 노략질하지 아니하여 닭과 개와 채소를 하나도 범하는 바가 없었다. 백성들이 이에 크게 기뻐하여 다투어 쇠고기와 술을 가지고 군사들을 위로하였다.

孫策은 사람됨이 얼굴이 아름답고 談笑를 잘하였으며, 성질이 활달하여 남의 말을 받아들여서 사람을 쓰기를 잘하였다. 이 때문에 선비와 백성들 중에 그를 만나 본 자는 마음을 다하지 않음이 없어서 기꺼이 목숨을 바치니, 위엄이 江東 지방에 떨쳐졌다.

1)〔釋義〕舅 : 策之舅는 吳景이다.
孫策의 외숙은 吳景이다.

2)〔通鑑要解〕因投本土 : 綱目에 策本江東人故로 謂之本土라
≪資治通鑑綱目≫에 "孫策은 본래 江東 사람이므로 本土라고 일렀다." 하였다.

3)〔通鑑要解〕孫郎 : 策이 年雖少나 有位號일새 吳人皆謂之孫郎이라
孫策이 비록 나이가 어렸으나 爵位와 名號가 있었으므로 吳지방 사람들이 〈그의 이름을 부르지 않고〉 모두 그를 孫郎이라 칭하였다.

4)〔頭註〕魂魄 : 心之精爽이라
魂魄은 마음의 精靈이다.

5)〔頭註〕菜茹 : 茹도 亦菜也라
茹도 채소이다.

【丙子】 建安元年이라

建安 元年(병자 196)

袁術이 攻劉備하야 以爭徐州어늘 備使張飛守下邳하고 自將拒術이러니 呂布[1] 襲下邳하니 張飛敗走라 備降於布하니 布復以備爲豫州刺史하고 布는 自稱徐州牧이라하다

袁術이 劉備를 공격하여 徐州를 다투자, 劉備가 張飛로 하여금 下邳를 지키게 하고는 직접 군대를 거느리고 袁術을 막았는데, 呂布가 下邳를 습격하니 張飛가 패하여 도망하였다. 劉備가 呂布에게 항복하니, 呂布가 다시 劉備를 豫州刺史로 삼고 呂布는 徐州牧이라고 스스로 칭하였다.

1) 〔附註〕 呂布 : 初에 騎都尉丁原이 以布爲主簿하야 甚見親待러니 董卓이 誘布殺原하고 幷其兵하고 以布爲騎都尉하야 誓爲父子하고 甚愛信之하다 嘗小失有隙이러니 王允謀誅卓할새 使布爲內應하니 布遂刺殺卓하고 與卓將李傕等戰敗하야 投袁紹하니 袁術이 引布擊劉備하다 〈豫州刺史〉術이 勸布襲下邳하고 許助軍糧한대 布襲下邳하고 虜備妻子及將吏家口라 備收餘兵하야 與術戰敗하고 降於布하니 布亦忿術運糧不繼하야 復以備爲豫州刺史하니라

처음에 騎都尉 丁原이 呂布를 主簿로 삼아서 매우 친애하고 우대하였는데, 董卓이 呂布를 유인하여 丁原을 죽이고 그 군대를 병합한 다음 呂布를 騎都尉로 삼아서 父子間이 되기로 맹세하고, 매우 사랑하고 신임하였다. 일찍이 작은 잘못으로 틈이 있었는데, 王允이 董卓을 죽일 것을 모의할 적에 呂布를 시켜서 내응하게 하니, 呂布가 마침내 董卓을 찔러 죽였다. 董卓의 장수인 李傕 등과 싸워 패하고는 袁紹에게 돌아가니 袁術이 呂布를 데리고 劉備를 공격하였다. 豫州刺史 袁術이 呂布에게 下邳를 습격하도록 권하고 군량을 도울 것을 허락하였는데, 呂布가 下邳를 습격하고 劉備의 妻子 및 장수와 관리들의 家率들을 사로잡았다. 劉備가 남은 병력을 수습하여 袁術과 싸워 패하고는 呂布에게 항복하니, 呂布 또한 袁術이 군량을 계속 운반해 주지 않은 것에 분노하여 다시 劉備를 豫州刺史로 삼았다.

○ 楊奉, 韓暹(섬)이 奉車駕至雒陽하니 是時에 宮室이 燒盡하야 百官이 披荊棘[1]하고 依牆壁間이러라 曹操在許하야 謀迎天子한대 衆以爲山東未定이라하니 荀彧曰 昔에 晉文公이 納周襄王에 而諸侯景(影)從[2]하고 漢高祖爲義帝縞(호)[3]

素에 而天下歸心이니이다 自天子蒙塵[4)]으로 將軍이 首唱義兵이나 徒以山東擾亂으로 未遑遠赴러니 今鑾駕旋軫[5)]에 東京이 榛(진)蕪[6)]라 義士는 有存本之思하고 兆民은 懷感舊之哀하니 誠因此時하야 奉主上以從人望은 大順也요 秉至公以服天下는 大略也요 扶弘義以致英俊은 大德也니 四方에 雖有逆節이나 其何能爲리잇고 操乃將兵詣雒陽하야 引董昭[7)]問計한대 昭曰 惟有移駕幸許耳라한대 操曰 此는 孤之本志也라하고 遂遷都許하다

楊奉과 韓暹이 車駕를 받들고 雒陽에 이르니, 이때에 궁실이 불타 없어져서 백관들이 荊棘을 헤치고 담장과 벽 사이에 의지해 있었다. 曹操가 許 땅에 있으면서 天子를 맞이해 올 것을 모의하자, 사람들은 山東이 아직 평정되지 못했다고 말하였다. 荀彧은 말하기를 "옛날에 晉나라 文公이 周나라 襄王을 맞아들이자 諸侯들이 그림자처럼 따랐고, 漢나라 高祖가 義帝를 위하여 喪服을 입자 天下의 마음이 돌아왔습니다. 天子가 蒙塵한 뒤로 將軍께서 먼저 義兵을 제창하였으나 다만 山東이 소란하므로 멀리 달려갈 겨를이 없었습니다. 그런데 이제 鑾駕가 멍에를 돌림에 東京이 황폐해졌습니다. 그리하여 忠義의 선비는 근본을 보존할 생각이 있고 億兆의 백성들은 옛날을 생각하는 슬픈 마음을 품고 있으니, 진실로 이때를 이용하여 主上을 받들어 사람들의 기대에 부응하는 것은 義理에 크게 순하고, 至公無私함을 잡아 지켜 천하를 복종시킴은 큰 지략이고, 大義를 붙들어 영걸들을 招致함은 큰 德이니, 사방에 비록 반역하는 賊臣이 있으나 그들이 어찌 무슨 일을 하겠습니까?" 하였다.

曹操가 이에 군대를 거느리고 雒陽에 나아가서 董昭를 데려다가 계책을 물으니, 董昭가 말하기를 "오직 車駕를 옮겨 許 땅으로 감이 있을 뿐입니다." 하였다. 曹操는 말하기를 "이것이 나의 본뜻이다." 하고는 마침내 許 땅으로 遷都하였다.

1) 〔釋義〕 荊棘 : 荊은 楚木也요 棘은 小棗叢生者라
荊은 가시나무이고, 棘은 멧대추나무로 叢生한다.

2)〔通鑑要解〕諸侯景從：景은 讀曰影이니 言如影之從形也라 左傳에 孤偃이 言於晉文公曰 求諸侯인댄 莫如勤王이니 諸侯信之요 且大義也라하니 晉侯以左師逆王하다 王入于王城하야 以取太叔于溫하야 殺之于濕城하다 遂定霸業하니 天下服從하니라

景은 影으로 읽으니, 그림자가 형체를 따르는 것과 같음을 말한다. ≪春秋左傳≫에 孤偃이 晉 文公에게 말하기를 "諸侯의 霸者가 되려고 한다면 天子의 일에 盡力하는 것만 한 것이 없으니, 다른 諸侯들이 믿을 것이고 또 大義名分이 있습니다." 하니, 文公이 左軍으로 襄王을 맞이하였다. 襄王이 王城으로 들어가서 반란을 일으킨 太叔을 溫 땅에서 잡아 濕城에서 죽였다. 이로 말미암아 文公이 마침내 霸業을 정하니 천하가 복종하였다.

3)〔釋義〕縞：繒之精白者라

縞는 비단 중에 精하고 흰 것이다.

4)〔釋義〕蒙塵：左傳註云 天子出奔을 謂之蒙塵이라하니라〔頭註〕言播越하야 在草莽蒙冒塵埃也라

〔釋義〕≪春秋左傳≫의 註에 이르기를 "天子가 도망하여 달아나는 것을 蒙塵이라 한다." 하였다.〔頭註〕蒙塵은 帝王이 播越(播遷)하여 草野에서 먼지를 뒤집어씀을 말한다.

5)〔釋義〕旋軫：軫은 車後橫木也니 旋軫은 猶言回轅이라

軫은 수레 뒤에 가로댄 나무이니, 旋軫은 멍에를 돌린다는 말과 같다.

6)〔釋義〕榛蕪：榛은 木叢生之貌요 蕪는 荒穢也라

榛은 나무가 叢生하는 모양이고 蕪는 황폐함이다.

7)〔通鑑要解〕董昭：曹操謀臣이라

董昭는 曹操의 謀臣이다.

○ 中平[1]以來로 天下亂離하야 民棄農業하니 諸軍竝起에 率乏糧穀하야 無終歲之計라 飢則寇略[2]하고 飽則棄餘하야 瓦解[3]流離하야 無敵自破者 不可勝數러라 袁紹는 在河北에 軍人이 仰食桑椹(심)[4]하고 袁術은 在江, 淮에 取給蒲蠃(라)[5]하니 民多相食하야 州里蕭條라 羽林監棗祗 請建置屯田이어늘 曹操從之하야 以祗爲屯田都尉하고 以騎都尉任峻으로 爲典農中郞將하야 募民屯田許

下[6]하야 **得穀百萬斛**이라 **於是**에 **州郡**이 **例置田官**하야 **所在**에 **積穀**하야 **倉廩**이 **皆滿**이라 **故**로 **操征伐四方**에 **無運糧之勞**하야 **遂能兼幷群雄**하니 **軍國之饒 起於祗而成於峻**이러라

中平 이래로 천하가 혼란하고 분열되어 백성들이 농업을 폐기하니, 여러 군대가 아울러 일어남에 대부분 糧穀이 부족하여 한 해를 마칠 계책도 없었다. 굶주리면 노략질하고 배부르면 나머지를 버려서 와해되고 유리하여 적이 없는데도 스스로 멸망하는 자가 이루 헤아릴 수 없었다.

袁紹는 河北에 있을 때에 군사들이 〈먹을 것이 없어〉 뽕나무 열매(오디)를 따서 먹었고 袁術은 長江과 淮河 사이에 있을 때에 蒲蠃(소라)를 채취해 먹으니, 백성들이 대부분 서로 잡아먹어서 州里가 쓸쓸하였다. 羽林監 棗祗가 屯田을 설치할 것을 청하자, 曹操가 그의 말을 따라 棗祗를 屯田都尉로 삼고 騎都尉 任峻을 典農中郎將으로 삼아서 백성을 모집하여 許都 아래에서 屯田을 경작하게 하여 곡식 백만 斛을 얻었다. 이에 州郡에서 으레 田官(농사짓는 관원)을 두어 소재지마다 곡식을 쌓아 두어 倉廩이 모두 가득하였다. 이 때문에 曹操가 四方을 정벌할 때에 양식을 운반하는 노고가 없어 마침내 群雄들을 겸병할 수 있었으니, 군대와 국가의 풍요로움이 棗祗에게서 시작되어 任峻에게서 이루어졌다.

1) 〔通鑑要解〕 中平 : 靈帝年號라
   中平은 靈帝의 年號이다.
2) 〔頭註〕 寇略 : 略은 掠通이니 取也라
   略은 掠(약탈)과 통하니, 빼앗음이다.
3) 〔釋義〕 瓦解 : 瓦解는 言如衆瓦之解라
   瓦解는 기와 조각들이 흩어지는 것과 같음을 말한다.
4) 〔通鑑要解〕 桑椹 : 椹은 桑實也라
   椹은 뽕나무 열매(오디)이다.
5) 〔頭註〕 蒲蠃 : 蠃는 或作螺니 蚌屬이라
   蠃는 혹 螺로 쓰기도 하니, 蒲蠃는 蚌蛤(조개)의 종류이다.
6) 〔通鑑要解〕 許下 : 許는 謂許州也라 許下는 洛曰洛下, 郟(겹)曰郟下之類也라

許는 許州를 이른다. 許下는 洛을 洛下라 하고, 郲을 郲下라고 말하는 따위이다.

○ **劉備合兵**하야 **得萬餘人**하니 **呂布惡**(오)**之**하야 **自出兵攻備**라 **備敗走**하야 **歸曹操**하니 **操厚遇之**하고 **以爲豫州牧**하다

劉備가 병력을 규합하여 만여 명을 얻으니, 呂布가 이를 미워하여 스스로 군대를 내어 劉備를 공격하였다. 劉備가 패주하여 曹操에게 귀의하니, 曹操가 그를 후대하고 豫州牧으로 삼았다.

【丁丑】 二年이라

建安 2년(정축 197)

春에 **袁紹與曹操書**호되 **辭語驕慢**이어늘 **操謂荀彧, 郭嘉曰 今**에 **將討不義而力不敵**하니 **何如**오 **對曰 劉, 項之不敵**은 **公所知也**라 **漢祖**는 **唯智勝項羽**라 **故**로 **羽雖彊**이나 **終爲所禽**하니 **今**에 **紹有十敗**하고 **公有十勝**[1)]하니 **紹雖彊**이나 **無能爲也**니이다

봄에 袁紹가 曹操에게 편지를 보내었는데, 言辭가 오만하였다. 曹操가 荀彧과 郭嘉에게 이르기를 "지금 의롭지 못한 자(袁紹)를 토벌하려 하나 힘이 대등하지 못하니, 어찌해야 하는가?" 하자, 다음과 같이 대답하였다.

"劉邦과 項羽가 대등하지 못했던 것은 公이 아시는 바입니다. 漢 高祖(劉邦)는 오직 지혜로 項羽를 이겼습니다. 그러므로 項羽가 비록 강하였으나 끝내 劉邦에게 사로잡힌 것입니다. 이제 袁紹는 열 가지 패배할 이유가 있고 公은 열 가지 이길 이유가 있으니, 袁紹가 비록 강대하나 이기지 못할 것입니다."

1) 〔附註〕 紹有十敗 公有十勝 : 紹繁禮多儀어늘 公體任自然하니 此道勝也요 紹以逆動이어늘 公奉順以率天下하니 此義勝也요 紹以寬濟寬[*)]이어늘 公糾之以猛하야 上下知制하니 此治勝也요 紹(內)〔外〕寬(外)〔內〕忌하야 用人而疑어늘 公外寬內明하야 用人無疑하니 此度勝也요 紹多謀少決하야 失在後事어늘 公得策輒行하야

應變無窮하니 此謀勝也요 紹高義揖遜하야 以收名譽어늘 公至心待人하야 不爲虛美하야 忠正遠見之士 皆願爲用하니 此德勝也요 紹見人飢寒이면 念形於色이나 其所不見엔 慮或不及이어늘 公雖所不見이나 慮無不周하니 此仁勝也요 紹大臣爭權하야 讒言惑亂이어늘 公御下以道하야 浸潤不行하니 此明勝也요 紹是非不可知어늘 公所是는 進之以禮하고 所不是는 正之以法하니 此文勝也요 紹好爲虛勢하야 不知兵要어늘 公以少克衆하야 用兵如神하니 此武勝也라

袁紹의 열 가지 패배할 이유와 曹操의 열 가지 이길 이유를 다음과 같이 말하였다. "袁紹는 禮儀가 번거로운데 公은 自然에 맡겨 두니 이는 道가 이기는 것이요, 袁紹는 逆行하는데 公은 順理를 받들어 천하를 거느리니 이는 義가 이기는 것이요, 袁紹는 너그러움으로써 너그러움을 구제하는데 公은 엄함으로써 바로잡아서 上下가 제재할 줄 아니 이는 다스림이 이기는 것이요, 袁紹는 겉으로는 너그러우나 속으로는 시기하여 사람을 쓰면서도 의심하는데 公은 겉으로 너그럽고 속으로 밝아서 사람을 씀에 의심함이 없으니 이는 度量이 이기는 것이요, 袁紹는 꾀가 많으나 결단력이 부족하여 일을 뒤늦게 함에 문제가 있는데 公은 계책을 얻으면 즉시 행하여 변화에 응하여 다함이 없으니 이는 智謀가 이기는 것이요, 袁紹는 의리가 높고 揖讓하여 명예를 거두는데 公은 지극한 마음으로 사람을 대하여 공연히 찬미하지 않아서 충성스럽고 정직하고 식견이 원대한 선비들이 모두 쓰여지기를 원하니 이는 德이 이기는 것이요, 袁紹는 사람이 굶주리고 추위에 떠는 것을 보면 가엾게 여기는 생각이 낯빛에 나타나지만 보지 않은 것에 대해서는 생각이 혹 미치지 못하는데 公은 비록 보지 않은 것이라도 생각이 두루 미치지 않음이 없으니 이는 仁이 이기는 것이요, 袁紹는 大臣들이 권력을 다투어서 참소하는 말로 미혹시키고 어지럽히는데 公은 아랫사람을 道로써 어거하여 浸潤(물이 젖어서 번지는 것처럼 조금씩 오래도록 함)의 참소가 행해지지 않으니 이는 밝음이 이기는 것이요, 袁紹는 옳고 그름을 알 수 없는데 公은 옳게 여기는 사람은 禮로써 올려 주고 옳지 않다고 여기는 사람은 法으로써 바로잡으니 이는 文이 이기는 것이요, 袁紹는 허장성세를 좋아하여 用兵의 요점을 알지 못하는데 公은 적은 병력으로 많은 적을 이겨서 用兵術이 神과 같으니 이는 武가 이기는 것입니다."

*) 以寬濟寬 : 桓帝와 靈帝 이래로 정사가 너무 너그러워 잘못되었는데, 袁紹 또한 너무 너그러웠다. 그러므로 너그러움으로써 너그러움을 다스린다고 말한 것이다.

○ **袁術**이 **稱帝於壽春**하다

袁術이 壽春에서 帝를 칭하였다.

○ **始**에 **呂布因陳登**하야 **求徐州牧**이라가 **不得**하다 **登**이 **還**이어늘 **布怒**하야 **拔戟斫几曰 卿父**[1]**勸吾**하야 叶(協)**同曹操**하고 **絶婚公路**[2][3]러니 **今吾所求無獲**하고 **而卿父子竝顯重**하니 **但爲卿所賣耳**로다 **登**이 **不爲動容**하고 **徐對之曰 登**이 **見曹公言**호되 **養將軍**은 **譬如養虎**하야 **當飽其肉**이니 **不飽則將**噬(서)**人**이라한대 **公曰不如卿言**하다 **譬如養鷹**하야 **飢卽爲用**이요 **飽則**颺**去**라하니 **其言**이 **如此**라한대 **布意乃解**하다

처음에 呂布가 陳登을 통하여 徐州牧이 될 것을 요구했다가 얻지 못하였다. 陳登이 돌아오자 呂布가 노하여 창을 뽑아 책상을 내리치며 말하기를 "卿의 아버지(陳珪)가 나에게 권하여 曹操와 협동하고 公路(袁術)와 혼인을 끊게 하였는데, 이제 나는 구하던 바를 얻지 못하고 卿의 父子는 모두 현달하고 중하게 되었으니, 한갓 卿에게 속임을 당하였을 뿐이다." 하였다.

陳登이 말소리와 낯빛을 바꾸지 않고 천천히 대답하기를 "제가 曹公을 만나 말하기를 '장군(呂布를 가리킴)을 기르는 것은 비유하자면 호랑이를 기르는 것과 같아서 고기를 배불리 먹여야 하니, 배부르지 않으면 사람을 물 것입니다.'라고 하자, 曹公이 말하기를 '卿의 말과 같지 않다. 비유하자면 매를 기르는 것과 같아서 배가 고프면 곧 쓰임이 될 것이요, 배가 부르면 날아갈 것이다.' 하였으니, 그의 말이 이와 같았습니다." 하자, 呂布의 마음이 비로소 풀렸다.

1) 〔頭註〕 卿父 : 陳珪也라 秦漢以來로 君呼臣以卿이러니 隋唐以來로 尊之則稱公이요 儕輩以下則稱卿也라

卿의 아버지는 陳珪이다. 秦・漢 이후로 군주가 신하를 부를 때에 卿이라 하였는데, 隋・唐 이후로는 높일 경우에는 公이라 칭하고 同列 이하일 경우에는 卿이라 칭하였다.

2)〔原註〕公路：袁術字也라
公路는 袁術의 字이다.

3)〔附註〕婚公路：布以備爲豫州刺史하고 自爲徐州牧한대 術懼하야 爲子求婚하니 布許之하다 術遣使하야 以稱帝告布하고 因以迎婦하니 布遣女하다 陳珪恐合從爲難하야 乃說布曰 曹公奉迎天子하야 輔贊國政하니 將軍이 宜與協謀하야 共存大計어늘 今與術結婚이면 必受不義之名하야 將有累卵之危하리이다하니 時女已在途러니 布追還絶婚하니라
呂布가 劉備를 豫州刺史로 삼고 스스로 徐州牧이라 하자, 袁術이 두려워하여 아들을 위해 혼인할 것을 요구하니, 呂布가 이를 허락하였다. 袁術이 使者를 보내어서 帝를 칭한 사실을 呂布에게 고하고 인하여 며느리를 맞이하니, 呂布가 딸을 보냈다. 陳珪는 呂布와 袁術이 合縱하여 난을 일으킬까 두려워해서 마침내 呂布를 설득하기를 “曹公이 천자를 받들어 맞이하여 국정을 돕고 있으니, 장군이 曹公과 協謀하여 함께 큰 계책을 보존하여야 할 터인데, 이제 袁術과 결혼하면 반드시 의롭지 못한 이름을 받아서 장차 累卵의 위태로움이 있을 것입니다.” 하니, 이때 딸이 이미 출발하여 도중에 있었는데 呂布가 쫓아가 딸을 돌아오게 하고 혼인하는 것을 거절하였다.

【戊寅】 三年이라

建安 3년(무인 198)

曹操攻呂布殺之[1]하다

曹操가 呂布를 공격하여 죽였다.

1)〔頭註〕殺之：布가 復與術通也라
呂布가 다시 袁術과 내통하였다.

【己卯】 四年이라

建安 4년(기묘 199)

袁紹擊公孫瓚[1]하야 滅之하다

袁紹가 公孫瓚을 공격하여 멸망시켰다.

1)〔附註〕公孫瓚 : 遼西人이라 拜降虜校尉하니 虜憚其勇하야 莫敢抗犯하고 遠竄塞外라 然恃其才力하야 不卹百姓하고 睚眦必報하며 州里善士에 名在其右者는 必以法害之하고 所在侵暴하니 百姓怨之하니라 上癸酉年에 殺劉虞하고 盡有幽州之地하니라

公孫瓚은 遼西 사람이다. 降虜校尉에 제수되니, 오랑캐들이 그의 용맹함을 두려워하여 감히 항거하거나 침범하지 못하고 멀리 변방 밖으로 도망하였다. 그러나 자신의 재주와 힘을 믿고서 백성들을 구휼하지 않고 눈을 흘기는 작은 원한에도 반드시 보복하였으며, 州里의 훌륭한 선비 중에 명망이 자신보다 위에 있는 자는 반드시 법으로써 옭아매어 해치고 있는 곳마다 침해하고 포학하니, 백성들이 원망하였다. 앞의 癸酉年條에 보면 '公孫瓚이 劉虞를 살해하고는 幽州의 땅을 다 소유했다.' 하였다.

○ 初에 董承[1]이 稱受帝衣帶中密詔라하고 與劉備로 謀誅曹操하다 操從容謂備曰 今天下英雄은 惟使君[2]與操耳니 本初[3]之徒는 不足數也라하니 備方食이라가 失匕(匙)箸[4]러니 値雷震이라 備因曰 聖人云 迅雷風烈에 必變이라하니 良有以也로다 遂與承及种(충)輯等으로 同謀러니 會에 操遣備邀袁術이어늘 備遂殺徐州刺史車冑하고 留關羽하야 守下邳하야 行太守事하고 身還小沛하니 郡縣이 多叛操爲備하야 備衆이 數萬人이라 遣使하야 與袁紹連兵하다

처음에 董承이 황제(獻帝)에게서 衣帶 속에 있던 密詔를 받았다고 칭하고는 劉備와 더불어 曹操를 죽일 것을 모의하였다. 曹操가 조용히 劉備에게 이르기를 "이제 천하의 영웅은 오직 使君과 나뿐이니, 本初(袁紹)의 무리는 셀 것이 못 된다." 하였다. 劉備가 막 밥을 먹다가 수저를 놓쳤는데 마침 우레가 치니, 劉備가 인하여 말하기를 "聖人이 말씀하기를 '빠른 우레와 거센 바람이 있으면 반드시 낯빛을 변한다.' 하였으니, 참으로 이유가 있습니다." 하였다. 劉備는 마침내 董承, 种輯 등과 함께 曹操를 살해할 것을 모의하였는데, 마침 曹操가 劉備를 보내어 袁術을 맞이하게 하였다. 劉備가 마침내 徐州刺史 車冑를 죽이고 關羽를 남겨 두어 下邳를 지키면서 太守의 일을 행

하게 하고 자신은 小沛로 돌아가니, 郡縣들이 대부분 曹操를 배반하고 劉備의 편이 되어서 劉備의 병력이 수만 명이었다. 使者를 보내어 袁紹와 군대를 연합하였다.

1) 〔頭註〕 董承 : 車騎將軍이니 獻帝后父라
 董承은 車騎將軍이니 獻帝의 后妃의 아버지이다.
2) 〔譯註〕 使君 : 사또와 같은 말로 지방 장관을 이르는 바, 여기서는 劉備를 가리킨 것이다.
3) 〔頭註〕 本初 : 袁紹字라
 本初는 袁紹의 字이다.
4) 〔通鑑要解〕 失匕箸 : 匕는 匙也요 箸는 挾也라 備以操知其英雄하고 懼將圖己라 故로 驚失匕箸하니라
 匕는 숟가락이고 箸는 젓가락이다. 劉備는 曹操가 자신이 영웅임을 알아보고 장차 자신을 해칠까 두려워하였다. 그러므로 우렛소리에 놀라 숟가락과 젓가락을 떨어뜨린 것처럼 하여 자신이 영웅이 아님을 보인 것이다.(영웅은 이처럼 작은 일에 절대로 놀라지 않기 때문이다.)

〔新增〕 尹氏曰 自曹操劫遷天子以來로 天下已非漢有라 董承이 以元舅之尊으로 親承密詔하야 與昭烈로 謀誅操而不克이라 故로 昭烈在徐하야 因遂起兵이라 然前史에 未有書其討操者요 獨范史[1]에 載董承等受密詔誅操하야 其立義頗精이라 然이나 不言昭烈討操之擧라 至陳壽志魏하야는 反謂董承等謀反伏誅하니 其謬妄無理가 莫甚於此러니 及其志蜀하야는 始於昭烈稱漢中王之下에 錄其與董承等同謀誅操之語하니 此則實事難泯하야 不可得而曲說者也라 今朱子綱目이 於此에 特筆起義曰起兵徐州하야 討曹操者는 正所以扶三綱, 立人極하야 誅亂臣賊子於千百載之下하야 使古今大義로 無時而不明하야 要使逆亂之徒로 終無以自立於天下하니 其垂世敎也大矣라 故로 予曰綱目修而亂臣賊子懼라하노라

 尹氏가 말하였다.

"曹操가 天子를 위협하여 遷都한 이래로 천하가 이미 漢나라의 소유가 아니었다. 董承이 元舅(國舅)의 높은 신분으로 직접 密詔를 받들어 昭烈과 함

께 曹操를 죽일 것을 모의하였으나 결행하지 못하였다. 그러므로 昭烈이 徐州에 있으면서 인하여 마침내 군대를 일으킨 것이다. 그러나 이전의 역사책에는 昭烈이 曹操를 토벌한 내용을 쓴 것이 없고, 다만 范曄의 ≪後漢書≫에 董承 등이 密詔를 받고 曹操를 주벌했다고 기재하여 義를 세움이 자못 정밀하였다. 그러나 昭烈이 曹操를 토벌한 일은 말하지 않았다. 陳壽의 ≪三國志≫에 魏나라의 일을 기록함에 이르러서는 도리어 '董承 등이 반란을 도모하다가 죽음을 당하였다.'고 말하였으니 잘못되고 망령되어 이치에 맞지 않음이 이보다 더 심함이 없었는데, 蜀漢의 일을 기록함에 미쳐 처음으로 昭烈이 漢中王을 칭한 내용 아래에 董承 등과 함께 曹操를 죽일 것을 모의했다는 말을 기록하였으니, 이는 실제 사실을 없애기가 어려워서 하는 수 없이 굽혀 말한 것이다.(부득이 돌려서 말한 것이다.)

지금 朱子의 ≪資治通鑑綱目≫은 이에 대하여 특별히 기록하여 義例를 세우고 '徐州에서 군대를 일으켜 曹操를 토벌했다.'고 말하였으니, 이는 바로 三綱을 扶持하고 人極(사람의 도리)을 세워서 亂臣賊子를 천백년 뒤에 토벌하여 古今의 大義로 하여금 밝혀지지 않을 때가 없어서 요컨대 逆臣과 亂臣의 무리로 하여금 끝내 천하에 설 수 없게 한 것이니, 세상에 가르침을 드리움이 크다. 그러므로 나는 ≪資治通鑑綱目≫이 만들어짐에 亂臣賊子가 두려워했다고 말하는 것이다."

1)〔頭註〕范史 : 范曄은 劉宋文帝時人이니 撰東漢史라
范曄은 劉宋(南朝 때 劉裕가 세운 宋나라) 文帝 때 사람이니, ≪後漢書≫를 지었다.

【庚辰】五年이라

建安 5년(경진 200)

操欲自攻備한대 **諸將**이 **皆曰 袁紹方來**어늘 **而棄之東**이라가 **紹乘人後**면 **若何**오 **郭嘉曰 紹性遲而多疑**하니 **來必不速**이요 **備新起**에 **衆心**이 **未附**하니 **急擊之**면

必敗하리이다 **操師遂東**하다

曹操가 직접 劉備를 공격하고자 하자, 諸將들이 모두 말하기를 "袁紹가 막쳐들어올 터인데 그를 버리고 동쪽으로 갔다가 袁紹가 기회를 틈타 배후를 공격하면 어떻게 합니까?" 하며 반대하였다. 郭嘉가 말하기를 "袁紹는 성질이 느리고 의심이 많으니 오더라도 반드시 속히 오지 않을 것이요, 劉備가 새로 일어나서 사람들의 마음이 아직 완전히 따르지 않으니 급히 공격하면 반드시 패퇴시킬 것입니다." 하였다. 曹操의 군대가 마침내 동쪽으로 진출하였다.

○ **冀州別駕田豐**이 **說袁紹曰 曹操與劉備連兵**하니 **未可卒解**[1)]라 **公**이 **擧軍而襲其後**면 **可一往而定**하리이다 **紹辭以子疾未得行**[2)]하다

冀州의 別駕 田豐이 袁紹를 설득하기를 "曹操가 劉備와 전쟁을 계속하니, 대번에 결판이 나지 않을 것입니다. 公이 군대를 일으켜 曹操의 후미를 습격하면 한 번 가서 평정할 수 있을 것입니다." 하였으나, 袁紹는 아들의 병 때문에 갈 수 없다고 사양하였다.

1) 〔通鑑要解〕 卒解 : 卒은 讀曰猝이요 解는 判也라
 卒은 猝로 읽고, 解는 판가름이다.

2) 〔通鑑要解〕 說袁紹……未得行 : 豐이 擧杖擊地曰 嗟呼라 遭難遇之時어늘 而以嬰兒之病失其會하니 惜哉라 事去不諧矣로다
 田豐이 지팡이를 들어 땅을 치며 말하기를 "아! 좀처럼 만나기 어려운 좋은 때를 만났는데 어린 자식의 병 때문에 그 기회를 놓치니, 안타깝다. 일이 글러 버려 이루어지지 못하겠구나." 하였다.

○ **曹操擊劉備破之**하야 **獲其妻子**하고 **進拔下邳**하야 **禽關羽**하다 **備奔靑州**하야 **歸袁紹**하니 **操還軍官渡**[1)]하다

曹操가 劉備를 공격하여 깨뜨려서 그 처자식을 사로잡고, 進軍하여 下邳를 함락하고 關羽를 사로잡았다. 劉備가 靑州로 달아나 袁紹에게 歸附하니, 曹

操가 군대를 이끌고 官渡로 돌아왔다.

1)〔頭註〕官渡：地名이니 在河南이라
官渡는 지명이니, 河南에 있다.

○ 紹乃議攻許[1]하야 進軍黎陽하고 遣其將顏良하야 攻劉延於白馬어늘 曹操北救劉延하니 顏良이 來逆戰이라 操使張遼, 關羽로 先登[2]擊之러니 羽望見良麾蓋[3]하고 策馬하야 刺良於萬衆之中하야 斬其首而還하니 紹軍이 莫能當者라 遂解白馬之圍하다

袁紹가 마침내 許都를 공격할 것을 의논하여 黎陽으로 진군하고, 장수 顏良을 보내어 白馬에서 劉延을 공격하였다. 曹操가 북쪽으로 가서 劉延을 구원하니, 顏良이 와서 맞이하여 싸웠다. 曹操가 張遼와 關羽로 하여금 先鋒이 되어 공격하게 하였는데, 關羽가 顏良의 지휘하는 깃발과 日傘을 멀리서 바라보고는 말에 채찍질을 하여 달려 나가 수많은 무리 가운데에서 顏良을 찔러 머리를 베고 돌아오니, 袁紹의 군사들이 맞서는 자가 없었다. 마침내 白馬의 포위가 풀렸다.

1)〔頭註〕議攻許：曹操迎帝하야 都許하니라
曹操가 황제를 맞이하여 許縣에 도읍하였다.

2)〔頭註〕先登：猶言先軍이니 左傳注에 率先鄭兵以登許國之城이라하니라
先登은 先軍(先鋒)이란 말과 같으니, ≪春秋左傳≫ 注에 "鄭나라 군대에게 솔선을 보여 許나라의 城에 올라갔다." 하였다.

3)〔頭註〕麾蓋：大將軍所乘戎車에 設幢麾張蓋라
麾蓋는 大將軍이 타는 戎車에 幢麾를 설치하고 일산을 편 것이다.

○ 初에 操壯關羽之爲人이나 而察其心神하니 無久留之意라 使張遼로 以其情問之한대 羽歎曰 吾極知曹公待我厚나 然이나 吾受劉將軍恩하야 誓以共死하니 不可背之라 吾終不留니 要當立效하야 以報曹公하고 乃去耳리라 遼以羽言報操한대 操義之러라 及羽殺顏良에 拜書告辭하고 而奔劉備於袁軍[1]하니 左

右欲追之어늘 操曰 彼各爲其主니 勿追也하라하다

처음에 曹操는 關羽의 사람됨을 장하게 여겼으나 그의 心神을 관찰해보니 오랫동안 머물 뜻이 없었다. 張遼를 시켜 그 사정을 묻자, 關羽가 탄식하기를 "曹公께서 나를 후대하신 것을 내가 잘 알고 있으나 나는 劉將軍의 은덕을 입어서 함께 죽기로 맹세하였으니, 그를 배반할 수가 없습니다. 나는 끝내 머물지 않을 것이니, 다만 功를 세워서 曹公에게 보답한 뒤에 비로소 떠날 것입니다." 하였다. 張遼가 關羽의 말을 曹操에게 보고하니, 曹操가 의롭게 여겼다. 關羽가 顔良을 죽였을 때에 글을 올려 하직을 고하고 袁紹 軍中의 劉備에게 달려가니, 左右가 그를 추격하려 하자 曹操가 말하기를 "저는 각기 그 주인을 위하는 것이니, 쫓지 말라." 하였다.

1)〔頭註〕奔劉備於袁軍：時에 備與紹連兵이라
당시에 劉備는 袁紹와 병력을 연합하였다.

○ 孫策[1]이 病甚하니 呼權하야 佩以印綬하고 謂曰 擧江東之衆하야 決機於兩陳之間하야 與天下爭衡[2]은 卿不如我요 擧賢任能하야 各盡其心하야 以保江東은 我不如卿이라하다 策이 卒하니 張昭, 周瑜等이 謂權可與共成大業이라하야 遂委心而服事焉이러라

孫策이 병이 심해지자, 孫權을 불러서 印綬를 채워 주고 이르기를 "江東의 무리를 동원하여 두 진영 사이에서 기회를 노려 천하의 영웅들과 승패를 다툼은 卿이 나만 못하고, 어진 사람을 들어 쓰고 유능한 사람에게 맡겨서 각각 그 마음을 다하여 江東을 보존하게 하는 것은 내가 卿만 못하다." 하였다. 孫策이 죽으니, 張昭와 周瑜 등은 孫權이 함께 대업을 이룰 만하다고 여겨 마침내 마음을 바쳐 복종하고 섬겼다.

1)〔頭註〕孫策：孫堅生四男하니 曰策, 權, 翊, 匡이라
孫堅은 네 아들을 낳았으니, 孫策・孫權・孫翊・孫匡이다.

2)〔通鑑要解〕爭衡：衡은 所以平輕重也라 爭衡은 言分爭之世에 兵力所加에 天下大勢爲之輕重也라

저울대는 輕重을 공평하게 하는 것이다. 爭衡은 분쟁하는 세상에 兵力이 어느 한쪽에 가해지면 천하의 大勢가 이 때문에 가벼워졌다 무거워졌다 함을 말한다.

○ **袁紹軍陽武**어늘 **曹操擊破之**하야 **盡燔其糧穀**하고 **殺士卒千餘人**하야 **皆取其鼻**하야 **以示紹軍**하니 **於是**에 **紹軍**이 **驚擾大潰**라 **紹與八百騎**로 **渡河走**어늘 **操追之不及**하다 **紹**의 **爲人**이 **寬雅有局度**하야 **喜怒**를 **不形於色**이나 **而性**이 **矜愎**[1] **自高**하야 **短於從善**이라 **故**로 **至於敗**러라

袁紹가 陽武에 주둔하자, 曹操가 그를 격파하여 糧穀을 다 불태우고 士卒 천여 명을 죽여서 그 코를 모두 베어 袁紹의 군사들에게 보이니, 이에 袁紹의 군사들이 놀라고 동요하여 크게 무너졌다. 袁紹가 800명의 騎兵과 黃河를 건너 도망하였는데, 曹操가 추격하였으나 따라잡지 못하였다. 袁紹는 사람됨이 너그럽고 고상하여 기국과 도량이 있어서 기쁨과 노여움을 얼굴빛에 나타내지 않았으나 성품이 교만하고 괴팍하여 스스로 높은 체해서 善言을 따르는 데에 부족하였다. 그러므로 실패함에 이른 것이다.

1) 〔通鑑要解〕 矜愎 : 愎은 字彙에 自用也요 又咈也라
愎은 ≪字彙≫에 "스스로 자신만 옳다고 하는 것이요, 또 성내는 것이다." 하였다.

【辛巳】 六年이라

建安 6년(신사 201)

曹操自擊劉備於汝南하니 **備奔劉表**[1]라 **表聞備至**하고 **自出郊迎**하야 **以上賓禮待之**하고 **益其兵**하야 **使屯新野**하다 **備在荊州數年**이러니 **嘗於表坐**에 **起至厠**이러니 **慨然流涕**어늘 **表怪問備**한대 **備曰 平常**에 **身不離鞍**하야 **髀**(비)[2]**肉**이 **皆消**러니 **今不復騎**하야 **髀裏肉生**이라 **日月如流**하야 **老將至矣**어늘 **而功業**을 **不建**이라 **是以**로 **悲耳**라하더라

曹操가 직접 劉備를 汝南에서 공격하니, 劉備가 劉表에게 달려갔다. 劉表는 劉備가 왔다는 말을 듣고 직접 郊外에 나가서 맞이하여 上賓의 예로써 대우하고 병력을 보태 주어 新野에 주둔하게 하였다. 劉備가 荊州에 있은 지 몇 년이 되었는데, 한번은 劉表와 함께 자리에 앉아 있다가 일어나 측간에 갔는데 갑자기 慨然히 눈물을 흘렸다. 劉表가 괴이하게 여겨 劉備에게 묻자, 劉備가 말하기를 "예전에는 평상시에 몸이 말안장을 떠나지 않아서 넓적다리의 살이 항상 적었는데, 지금은 다시 말을 타지 않아서 넓적다리에 살이 붙었습니다. 세월이 흐르는 물과 같아서 늙음이 장차 이를 터인데 功業을 세우지 못했습니다. 이 때문에 슬퍼하는 것입니다." 하였다.

1)〔頭註〕劉表 : 荊州刺史라
　劉表는 이때 荊州刺史였다.
2)〔釋義〕髀 : 股骨也니 股外曰髀라
　髀는 넓적다리의 뼈이니, 다리의 바깥쪽을 髀라 한다.

【壬午】七年이라

建安 7년(임오 202)

袁紹自軍敗로 **慙憤發病**하야 **夏五月**에 **薨**하다 **紹有三子**하니 **譚, 熙, 尙**이라 **衆**이 **以譚長**이라하야 **欲立之**러니 **審配**[1]**矯**[2]**紹命立尙**하니 **譚不得立**하고 **自稱將軍**하야 **屯黎陽**하다

袁紹는 군대가 패한 뒤로 부끄러워하고 분하게 여겨 병이 나서 여름 5월에 죽었다. 袁紹는 세 아들을 두었으니, 袁譚·袁熙·袁尙이다. 사람들은 袁譚이 나이가 많다 하여 그를 세우고자 하였는데, 審配가 袁紹의 命이라고 칭탁하여 袁尙을 세우니, 袁譚이 서지 못하고 스스로 將軍이라 칭하고 黎陽에 주둔하였다.

1)〔頭註〕審配 : 姓名이라
　審配는 姓名이다.

2)〔頭註〕矯：托也라

矯는 칭탁(사칭)함이다.

【癸未】八年이라

建安 8년(계미 203)

袁譚, 袁尙이 治兵相攻하다 時에 曹操擊劉表하야 軍西平이러니 譚이 遣辛毗하야 詣操請救어늘 操群下 多以爲劉表彊하니 宜先平之요 譚, 尙은 不足憂也라하니 荀攸曰 天下方有事어늘 而劉表坐保江漢之間하니 其無四方之志를 可知矣요 袁氏는 據四州[1]之地하야 帶甲이 數十萬이라 使二子和睦이면 則天下之難[2]이 未息也리니 今及其亂而取之면 天下定矣리이다 操從之하다

袁譚과 袁尙이 군대를 다스려 서로 공격하였다. 이때 曹操가 劉表를 공격하여 西平에 주둔하고 있었는데, 袁譚이 辛毗를 보내어 曹操에게 가서 구원을 요청하였다. 曹操의 여러 부하들은 대부분 "劉表가 강성하니 마땅히 먼저 평정해야 하고, 袁譚과 袁尙은 족히 근심할 것이 못 됩니다."라고 하였으나, 荀攸는 말하기를 "천하가 지금 일(전쟁)이 한창인데 劉表가 앉아서 江漢의 사이를 보존하고 있으니, 사방을 경영할 뜻이 없음을 알 수 있으며, 袁氏는 4州의 땅을 점거하여 帶甲(갑옷 입은 군졸)이 수십만 명입니다. 만일 이들 두 아들이 화목한다면 천하의 患難이 그치지 않을 것이니, 이제 그들이 싸울 때에 미쳐서 그들을 취한다면 천하가 평정될 것입니다." 하였다. 曹操가 그의 말을 따랐다.

1)〔頭註〕四州：袁紹爲大將軍하야 兼督冀, 青, 幽, 幷四州하니라

4州는 袁紹가 大將軍이 되어서 冀州・青州・幽州・幷州의 네 州를 겸하여 맡았다.

2)〔頭註〕天下之難：謂能爲曹操患也라

천하의 환난이란 曹操의 근심거리가 될 수 있음을 이른다.

【甲申】 九年이라

建安 9년(갑신 204)

曹操擊袁尙破之하니 尙與熙는 俱奔遼西하고 譚은 叛走南皮[1)]어늘 追斬之하다

曹操가 袁尙을 공격하여 쳐부수니, 袁尙과 袁熙는 遼西로 함께 달아나고 袁譚은 배반하고 南皮로 도망갔는데, 추격하여 목을 베었다.

1)〔釋義〕南皮 : 滄州南皮縣은 漢屬河間國하니라
滄州의 南皮縣은 漢나라 때 河間國에 속하였다.

○ 九月에 詔以操領冀州牧하다

9월에 명하여 曹操를 領冀州牧으로 삼았다.

【丁亥】 十二年이라

建安 12년(정해 207)

初에 琅邪諸葛亮이 寓居襄陽隆中[1)]하야 每自比管仲, 樂毅하니 時人이 莫之許也로되 惟潁川徐庶與崔州平[2)]이 謂爲信然이러라 劉備在荊州하야 訪士於襄陽司馬徽한대 徽曰 儒生俗士 豈識時務리오 識時務者는 在乎俊傑하니 此間에 自有伏龍, 鳳雛니라 備問爲誰오 曰 諸葛孔明[3)]과 龐士元[4)]也니라 徐庶見備於新野하니 備器之[5)]러니 庶謂備曰 諸葛孔明은 臥龍也니 將軍은 豈願見之乎아 備曰 君與俱來하라 庶曰 此人은 可就見이언정 不可屈致也니 將軍이 宜枉駕顧之하라

처음에 琅邪 사람인 諸葛亮이 襄陽의 隆中에 우거하여 항상 자신을 管仲과 樂毅에게 비교하니, 세상 사람들은 허여하지 않았으나 오직 潁川의 徐庶와 崔州平만은 진실로 그렇다고 말하였다.

劉備가 荊州에 있을 때에 襄陽의 司馬徽에게 훌륭한 선비를 묻자, 司馬徽가 말하기를 "儒生과 俗士가 어찌 時務를 알겠는가? 時務를 아는 것은 俊傑에게 달려 있으니, 이 지역에 진실로 伏龍과 鳳雛가 있다." 하였다. 劉備가 "누구입니까?" 하고 묻자, "諸葛孔明(諸葛亮)과 龐士元(龐統)이다." 하였다.

徐庶가 新野에서 劉備를 만나 보니 劉備는 그를 소중히 여겼다. 徐庶가 劉備에게 말하기를 "諸葛孔明은 臥龍(숨어 있는 용)이니, 장군은 어찌 그를 만나 보려고 하지 않습니까?" 하였다. 劉備가 말하기를 "君이 그와 함께 오라." 하니, 徐庶가 말하기를 "이 사람은 찾아가서 볼 수는 있을지언정 굽혀서 오게 할 수는 없으니, 장군이 마땅히 枉駕하여 가서 그를 만나야 합니다." 하였다.

1)〔釋義〕襄陽隆中 : 襄陽은 春秋楚邑이러니 秦兼天下하고 自漢以北爲南陽하니 今鄧州是요 自漢以南爲南郡하니 今荊州是라 襄陽은 乃〈南陽南郡〉二郡之地라 本傳註에 家于南陽鄧縣하니 號曰隆中이라

襄陽은 春秋時代 楚나라의 邑이었는데, 秦나라가 천하를 겸병하고 漢水 이북을 南陽이라 하였으니 지금의 鄧州가 이곳이요, 漢水 이남을 南郡이라 하였으니 지금의 荊州가 이곳이다. 襄陽은 바로 南陽과 南郡 두 郡의 땅이다. ≪三國志 蜀志≫ 〈諸葛亮傳〉의 註에 "諸葛亮은 南陽의 鄧縣에 거주하였으니, 隆中이라 이름한다." 하였다.

2)〔頭註〕崔州平 : 烈之子라

崔州平은 崔烈의 아들이다.

3)〔頭註〕孔明 : 亮字라

孔明은 諸葛亮의 字이다.

4)〔頭註〕士元 : 統字라

士元은 龐統의 字이다.

5)〔頭註〕器之 : 物之有用者를 謂之器라하니 器之者는 重之也라

유용한 물건을 器라고 이르니, 器之는 소중하게 여기는 것이다.

備由是詣亮하야 **凡三往乃見**하고 **因屛人曰 漢室傾頹**에 **姦臣**[1]이 **竊命**하니 **孤不度德量力**하고 **欲信(伸)大義於天下**호되 **而智術**이 **短淺**이라 **遂用猖蹶**(궐)[2]

하야 至于今日이나 然志猶未已하니 君은 謂計將安出고 亮曰 今曹操已擁百萬之衆하야 挾天子以令諸侯하니 此는 誠不可與爭鋒이요 孫權은 據有江東하야 已歷三世[3]에 國險而民附하고 賢能이 爲之用하니 此는 可與爲援而不可圖也라 荊州는 北據漢, 沔(면)[4]하고 利盡南海하며 東連吳會[5]하고 西通巴蜀하니 此는 用武之國이로되 而其主不能守하니 此는 殆天所以資將軍也라 益州는 險塞요 沃野千里하야 天府之土[6]어늘 劉璋[7]이 闇弱하고 張魯[8]在北하야 民殷國富로되 而不知存恤하니 智能之士[9] 思得明君이라 將軍이 旣帝室之冑[10]로 信義著於四海하니 若跨有荊, 益하야 保其巖阻[11]하고 撫和戎, 越하고 結好孫權하야 內修政治하고 外觀時變이면 則霸業을 可成이요 漢室을 可興矣리이다 備曰 善타하다 於是에 與亮情好日密하니 關羽, 張飛不悅이어늘 備解之曰 孤之有孔明은 猶魚之有水也니 願諸君은 勿復言하라 羽, 飛乃止하다

劉備는 이로 말미암아 諸葛亮을 찾아가, 무릇 세 번을 가서야 비로소 諸葛亮을 만나 보고 인하여 사람들을 물리치고 말하기를 "漢나라 황실이 기울어짐에 姦臣(曹操)들이 國權을 도둑질하니, 나는 자신의 德과 力量을 헤아리지 않고 천하에 大義를 펴고자 하나 智謀가 짧고 얕아서 마침내 좌절과 실패를 겪어 오늘날에 이르렀다. 그러나 나의 뜻은 오히려 그치지 않으니, 君은 장차 어떻게 계책을 내어야 한다고 생각합니까?" 하니, 諸葛亮이 대답하였다.

"이제 曹操는 이미 백만의 병력을 보유하고서 天子를 끼고 제후를 호령하니 이는 진실로 더불어 銳鋒을 다툴 수 없으며, 孫權은 江東 지방을 점거하여 이미 三代를 지나서 地勢가 험하고 백성들이 따르며 덕 있는 자와 유능한 자들이 쓰여지고 있으니 이는 더불어 同盟이 되어야 하고 도모할 수는 없습니다. 荊州는 북쪽으로 漢水와 沔水를 점거하고 남쪽으로 南海의 이익을 다 차지하며 동쪽으로 吳會와 연접하고 서쪽으로 巴蜀과 통하니, 이는 武力을 쓸 수 있는 나라입니다. 그런데 그 주인이 제대로 지키지 못하니, 이는 아마도 하늘이 내려 주어 장군의 밑천으로 삼게 하려는 것인 듯합니다. 益州는 험한 요새지이고 비옥한 들이 천 리에 이어져 있어 天府의 땅인데 이곳을 다

스리는 劉璋이 어리석고 무능하며, 張魯가 북쪽에 있어 백성이 많고 나라가 부유하나 백성들을 보존하고 구휼할 줄 모르니, 지혜롭고 유능한 선비들이 현명한 군주를 얻을 것을 생각하고 있습니다. 將軍은 皇室의 후손으로 信義가 四海에 드러났으니, 만약 荊州와 益州를 차지하여 산천의 험고함을 확보하고 戎族과 越 지방을 어루만져 화친하고 孫權과 우호를 맺어, 안으로 정치를 닦고 밖으로 時變을 관찰한다면 霸業을 이룩할 수 있고 漢나라 황실을 부흥시킬 수 있을 것입니다."

劉備가 말하기를 "좋다." 하고, 이에 諸葛亮과 情誼가 날로 친밀해지니, 關羽와 張飛가 기뻐하지 않았다. 劉備는 이들에게 해명하기를 "나에게 孔明이 있음은 물고기에게 물이 있는 것과 같으니, 諸君들은 더 이상 말하지 말라." 하니, 關羽와 張飛가 이에 그쳤다.

1) 〔頭註〕 姦臣 : 謂曹操라
姦臣은 曹操를 이른다.

2) 〔原註〕 猖蹶 : 蹶은 僵也니 失脚貌라
蹶은 쓰러짐이니, 失足한 모양이다.

3) 〔頭註〕 三世 : 堅, 策, 權이라
3代는 孫堅, 孫策, 孫權이다.

4) 〔釋義〕 荊州北據漢沔 : 禹貢荊州注曰 荊州之域은 北距南條荊山하고 南盡衡山之陽이라하니 今江陵府是라 括地志云 沔水는 出武都郡하야 東南入江이라 漢水源出梁州金牛縣東一十八里嶓冢山하니라
≪書經≫ 〈禹貢〉의 荊州 註에 "荊州 지역은 북으로 南條荊山에 이르고 남쪽으로 衡山의 남쪽을 다한다." 하였으니, 지금 江陵府가 이곳이다. ≪括地志≫에 이르기를 "沔水는 武都郡에서 나와 동남쪽으로 양자강으로 들어간다. 漢水는 근원이 梁州 金牛縣 동쪽 18리 지점인 嶓冢山에서 나온다." 하였다.

5) 〔釋義〕 吳會 : 吳都曰吳會니 今蘇州是라 宋陞平江府하니라 〔頭註〕 吳地니 爲荊揚交廣之都會라
〔釋義〕 吳都를 吳會라 하니, 지금의 蘇州가 이곳이다. 宋나라 때 平江府로 승격되었다. 〔頭註〕 吳會는 吳 지방이니, 荊州·揚州·交州·廣州의 都會이다.

6) 〔釋義〕 天府之土 : 財物所聚曰府니 言益州之地는 物産饒多하야 可備贍給이라

재물이 모이는 곳을 府라 하니, 益州 땅은 물산이 풍부하여 넉넉히 공급함에 대비할 수 있음을 말한 것이다.

7)〔頭註〕劉璋 : 焉之子也니 景帝子魯恭王之後라 焉은 以宗室로 拜中郎하고 領益州牧이러니 子璋襲位라

劉璋은 劉焉의 아들이니, 景帝의 아들인 魯恭王의 후손이다. 劉焉은 宗室로서 中郎에 제수되고 領益州牧이 되었는데, 아들 劉璋이 지위를 세습하였다.

8)〔釋義〕張魯 : 卽五斗米賊이니 以鬼道惑人하야 久據漢中하니라

張魯는 바로 五斗米教의 賊이니, 귀신의 방법으로 사람들을 미혹시켜 오랫동안 漢中을 점거하였다.

9)〔頭註〕智能之士 : 張松法正之徒라

지혜롭고 유능한 선비는 張松과 法正의 무리이다.

10)〔頭註〕胄 : 裔也라

胄는 후예이다.

11)〔頭註〕巖阻 : 巖險也라

巖阻는 높고 험한 것이다.

〔新增〕尹氏曰 自三代衰, 王政廢로 士之隨世就功名者 多矣라 當漢之末하야 群雄雲擾에 凡一智一能之士 莫不乘時奮發하야 蘄[1]以自見하니 孰謂一世人龍如孔明者 方且高臥隆中하야 抱膝長吟하야 略無意於當世하고 而又以管樂自許者哉아 向使昭烈이 不垂三顧之勤이면 則將槁死巖穴하야 與草木俱腐耳리라 及其一起하야는 則功名事業이 彪炳[2]顯著하야 不可得而泯沒하니 亮豈大言無當者리오 彼其擇理甚精而處己甚明하니 謂枉己면 不可以直人也라 故로 不苟合以求售하고 謂托身을 不可以非所也라 故로 不肯苟仕於僭竊하야 時乎未遇면 則高蹈丘園하고 道苟可行이면 則奮志事業이라 君臣旣合에 魚水相懽하니 則聲大義於天下하야 使興衰繼絶하야 翊扶正統之志가 昭如日星이라 然後에 篡竊之徒가 其罪始暴(폭)白而不可掩하니 是豈區區一智一能之士隨世就功名者 可同日語哉아 朱子筆之曰 劉備見諸葛亮於隆中이라하시니 其與聘莘野, 訪渭濱[3]者로 越千載如出一轍이라 嗚呼라 三代而下로 孰謂出處之正이 有如孔明者哉아 不有君子表而出之면 則孔明亦後世人物耳리니 噫라

尹氏가 말하였다.

"三代가 쇠하고 王政이 폐해짐으로부터 세상을 따라 功名을 이룬 선비가 많았다. 漢나라 말기를 당하여 群雄들이 구름처럼 일어나자, 무릇 한 가지 지혜와 한 가지 재능이 있는 선비들이 때를 타고 분발하여 자신을 드러내기를 바라지 않은 자가 없었으니, 한 세상의 人龍(俊傑)으로서 孔明과 같은 자가 막 隆中에 높이 누워(은거하여) 무릎을 껴안고 앉아 길게 시를 읊으면서 조금도 당세에 뜻이 없고, 또 管仲과 樂毅로써 자신을 허여하는 자인 줄을 그 누가 생각하였겠는가. 그때 만일 昭烈이 諸葛亮의 草屋으로 세 번이나 찾아가지 않았다면 諸葛亮은 장차 巖穴에서 말라 죽어서 초목과 함께 썩어 없어졌을 것이다. 한 번 세상에 나옴에 미쳐서는 功名과 事業이 찬란하게 드러나서 매몰될 수가 없었으니, 諸葛亮이 어찌 큰소리만 치고 부합함이 없는 자이겠는가. 저 사람은 이치를 가림이 매우 정밀하고 처신함이 매우 분명하였으니, 자기 몸을 굽히면 남을 바로잡을 수가 없다고 생각하였다. 그러므로 구차히 영합하여 팔리기를 구하지 않았다. 그리고 몸을 의탁하는 것을 올바르지 않은 곳에 할 수 없다고 생각하였다. 그러므로 참람하고 도둑질한 자에게 구차히 벼슬하려고 하지 아니하여, 때를 만나지 못하면 山林에 은거하고 道를 만일 행할 수 있으면 事業에 뜻을 분발하였다. 군주와 신하가 이미 부합함에 물고기가 물을 만난 것처럼 서로 기뻐하자 천하에 大義를 밝혀서 쇠한 것을 일으키고 끊어진 것을 이어서 正統을 도와 부지하려는 뜻이 해와 별처럼 밝았다. 그런 뒤에야 찬탈하고 도둑질한 무리들이 그 죄가 비로소 크게 드러나서 가릴 수가 없었으니, 이 어찌 구구하게 한 가지 지혜와 한 가지 재능이 있는 선비가 세상을 따라 功名을 이룬 것과 똑같이 말할 수 있겠는가. 朱子가 쓰기를 '劉備가 諸葛亮을 隆中에서 만나 보았다.' 하였으니, 이는 湯王이 伊尹을 莘野에서 초빙한 것과 文王이 太公望을 渭水 가로 방문한 것과 천 년을 뛰어넘어 한 자취에서 나온 것과 같다. 아, 三代 이후로 出處의 올바름이 孔明과 같은 자가 있을 줄을 누가 생각하였겠는가. 君子가 이것을 표출하지 않았다면 孔明 또한 후세의 인물일 뿐이었을 것이니, 아! 슬프다."

1) 〔頭註〕 蘄 : 與祈通이라
蘄는 祈와 통한다.

2)〔頭註〕彪炳：彪는 虎文也라
彪는 호피 무늬이다.
3)〔頭註〕聘莘野 訪渭濱：莘野는 伊尹이요 渭濱은 太公이라
莘野는 莘野에서 농사지은 伊尹이요, 渭濱은 渭水 가에서 낚시질한 姜太公이다.

〔史略 史評〕胡氏曰 三國人才之盛은 後世鮮及이라 然이나 孔明則高邁獨出하야 巍然三代之佐[1]矣라 亞於伊傅어늘 而以管樂自比者는 謙辭也니 才與管仲等而德則過之니라

胡氏가 말하였다.

“三國時代에 훌륭한 인재가 많음은 후세에 미칠 수가 없다. 그러나 諸葛孔明은 고매하고 특출하여 우뚝이 三代時代의 보좌였다. 그리하여 伊尹과 傅說에 버금갈 정도였는데 管仲과 樂毅로써 자신을 비유한 것은 겸사이니, 재주는 管仲과 비슷하였으나 德은 管仲을 능가하였다.”

1)〔譯註〕三代之佐：三代는 夏의 禹王, 商의 湯王, 周의 文王·武王으로 三代之佐는 이들을 보좌한 賢臣을 가리키는 바, 禹王은 伯益, 湯王은 伊尹과 仲虺, 文王·武王은 姜太公과 周公 旦, 召公 奭이 있었다.

司馬徽清雅하야 **有知人之鑑**이라 **同縣龐德公**[1]이 **素有重名**하니 **徽兄事之**러라 **德公**이 **常(嘗)謂孔明爲臥龍**이요 **士元爲鳳雛**요 **德操**[2]**爲水鑑**이라하니 **故**로 **德操與劉備語而稱之**하니라

司馬徽는 깨끗하고 고상하여 사람을 알아보는 鑑識이 있었다. 同縣의 龐德公이 평소 중한 명망이 있었으니 司馬徽가 그를 형으로 섬겼다. 龐德公이 일찍이 孔明을 臥龍이라 하고, 士元을 鳳雛라 하고, 德操(司馬徽)를 水鑑이라 하였으므로 德操가 劉備와 말할 때에 이렇게 칭한 것이다.

1)〔頭註〕德公：統從父也라
德公은 龐統의 從父(伯叔父)이다.
2)〔釋義〕德操：司馬徽字라
德操는 司馬徽의 字이다.

○ 秋七月에 曹操南擊劉表할새 會에 表卒하고 子琮이 爲嗣러니 九月에 操至新野하니 琮이 遂擧州降操하다

가을 7월에 曹操가 남쪽으로 劉表를 공격할 때에 마침 劉表가 죽고 아들 劉琮이 후사를 이었는데, 9월에 曹操가 新野에 이르니 劉琮이 마침내 州를 들어 曹操에게 항복하였다.

○ 時에 劉備屯樊[1)]이러니 大驚[2)]하야 呼部曲共議하니 或이 勸備攻琮이면 荊州를 可得이라한대 備曰 劉荊州臨亡에 託我以孤遺하니 背信自濟는 吾所不爲로라 備將其衆去하야 過襄陽하니 荊州人이 多歸備하야 比到當陽[3)]하야는 衆이 十餘萬人이요 輜重이 數千兩이라 日行十餘里하고 別遣關羽하야 乘船數百艘(소)[4)]하야 使會江陵[5)]하다 或謂備曰 宜速行하야 保江陵이니이다 備曰 夫濟大事인댄 必以人爲本이니 今人歸吾어늘 吾何忍棄去리오

이때 劉備가 樊城에 주둔해 있었는데 〈曹操가 공격해 온다는 말을 듣고〉 크게 놀라 部曲을 불러 함께 의논하니, 혹자가 劉備에게 劉琮을 공격하면 荊州를 얻을 수 있다고 말하였으나, 劉備는 말하기를 "劉荊州(劉表)가 죽을 때에 나에게 그 孤兒를 부탁하였으니, 信義를 저버리고 자신의 일을 이루는 것은 내 하지 않겠다." 하였다. 劉備가 그의 무리를 거느리고 떠나 襄陽을 지나가니, 荊州 사람들이 劉備에게 많이 귀의하여 當陽에 이름에 미쳐서는 무리가 10여만 명이었고 輜重이 수천 대였다. 하루에 십여 리를 가고, 따로 關羽를 보내어 수백 척의 배를 타고서 江陵에서 만나기로 하였다. 혹자가 劉備에게 이르기를 "마땅히 신속히 가서 江陵을 지켜야 합니다." 하였으나, 劉備는 말하기를 "大事를 이루려면 반드시 사람을 근본으로 삼아야 하니, 이제 사람들이 나에게 귀의하는데 내 어찌 차마 버리고 가겠는가." 하였다.

1) 〔釋義〕 樊 : 城名이니 在襄陽城西北五里하니라
樊은 城의 이름이니 襄陽城 서북쪽 5리 지점에 있다.

2)〔通鑑要解〕大驚：聞劉琮降於操하니 操之在宛故也라

劉備가 크게 놀란 것은 劉琮이 曹操에게 항복했다는 말을 들어서이니, 이때 曹操가 宛 땅에 가까이 있었기 때문이었다.

3)〔頭註〕當陽：縣名이라

當陽은 縣의 이름이다.

4)〔頭註〕百艘：艘는 音騷이니 船之總名이라

艘는 음이 소이니, 배의 총칭이다.

5)〔釋義〕使會江陵：江陵者는 禹貢荊州니 春秋楚之郢都라 三國에 吳立荊州러니 後宋爲江陵府하니라

江陵은 ≪書經≫ 〈禹貢〉의 荊州이니, 春秋時代 楚나라의 郢都이다. 三國時代에 吳나라가 荊州를 세웠는데, 뒤에 宋나라가 江陵府로 삼았다.

習鑿齒[1)]論曰 劉玄德[2)]이 雖顚沛險難이나 而信義愈明하고 勢偪事危나 而言不失道하야 追景升之顧[3)]하야 則情感三軍하고 戀赴義之士[4)]하야 則甘與同敗하니 終濟大業이 不亦宜乎아

習鑿齒가 논하였다.

"劉玄德이 비록 顚沛하고 험난하였으나 信義가 더욱 드러나고, 형세가 절박하고 사정이 위태로웠으나 말이 도리를 잃지 않았다. 景升(劉表)이 죽을 때 돌아보고 부탁한 일을 追念하여 眞情이 三軍을 감동시켰고, 義를 따르는 선비들을 연연해하여 그들과 환난을 함께 함을 달게 여겼으니, 끝내 大業을 이룬 것이 당연하지 않은가."

1)〔頭註〕習鑿齒：晉人이라

習鑿齒는 晉人이다.

2)〔頭註〕玄德：備字라

玄德은 劉備의 字이다.

3)〔頭註〕追景升[*)]之顧：思劉表之托孤幼라

景升이 돌아보고 부탁한 일을 추념한다는 것은 劉表가 어린 고아를 부탁하였음을 생각한 것이다.

*) 景升：劉表의 字이다.

4)〔頭註〕戀赴義之士：謂人歸而不忍棄去라

義를 따르는 선비들을 연연해한다는 것은 사람들이 劉備에게 귀의하므로 차마 버리고 떠나지 못함을 이른다.

曹操以江陵에 **有軍實**[1)]하니 **恐劉備據之**라하야 **乃釋輜重**하고 **輕軍至襄陽**하야 **聞備已過**하고 **操將精騎五千**하고 **往追之**할새 **一日一夜**에 **行三百餘里**하야 **及於當陽之長坂**[2)]하니 **備棄妻子走**하다

曹操가 江陵에 軍實(군사와 무기)이 있었으니 劉備가 점거할까 두렵다 하여 마침내 輜重隊를 버리고 경무장한 군대로 襄陽에 이르러 劉備가 이미 지나갔다는 말을 들었다. 曹操는 정예 기병 5천 명을 데리고 가서 추격할 때에 一晝夜 만에 300여 리를 행군하여 當陽의 長坂에서 따라잡으니, 劉備가 처자를 버리고 도망하였다.

1)〔頭註〕軍實：謂車徒器械芻糧之類라
　軍實은 車兵과 步卒, 器械, 꼴과 양식 따위를 이른다.

2)〔釋義〕當陽之長坂：南陽當陽縣이니 今屬荊門州하니 縣在州西北九十里라 元和志云 綠林山이 在當陽縣東南百二十里하니 卽所謂當陽之長坂也라
　當陽의 長坂은 南陽의 當陽縣으로 지금 荊門州에 속하니, 縣은 州의 서북쪽 90리 지점에 있다. ≪元和志≫에 이르기를 "綠林山이 當陽縣 동남쪽 120리 지점에 있으니, 바로 이른바 當陽의 長坂이라는 곳이다." 하였다.

○ **曹操進軍江陵**하다

曹操가 江陵으로 進軍하였다.

○ **初**에 **魯肅**이 **聞劉表卒**하고 **言於孫權**호되 **請往說劉備**하야 **使撫表衆**하야 **共治曹操**라하더니 **會**에 **備南走**어늘 **肅迎之於當陽長坂**하야 **謂備曰 孫討虜**[1)]는 **敬賢禮士**하고 **兵精糧多**하니 **足以立事**라 **今爲君計**컨대 **莫若遣腹心**하야 **自結於東**이니이다 **備用肅計**하야 **進住鄂縣之樊口**[2)]하다

처음에 魯肅은 劉表가 죽었다는 말을 듣고 孫權에게 말하기를 "가서 劉備

를 설득하여 劉表의 무리를 어루만지게 해서 함께 曹操에게 대응하자."고 하였는데, 마침 劉備가 남쪽으로 도망왔다. 魯肅은 當陽의 長坂에서 맞이하여 劉備에게 이르기를 "孫討虜(孫權)는 賢者를 공경하고 선비를 예우하며 군사들이 정예하고 양식이 많으니 충분히 성공할 수 있습니다. 지금 君을 위하여 계책을 헤아려 보건대 心腹을 보내어 스스로 江東과 동맹을 맺는 것만 못합니다." 하였다. 劉備가 魯肅의 계책을 따라 나아가서 鄂縣의 樊口에 주둔하였다.

1) 〔釋義〕 孫討虜 : 孫權爲討虜將軍하니라
孫權이 討虜將軍이 되었으므로 孫討虜라 한 것이다.

2) 〔釋義〕 樊口 : 在江夏郡鄂縣하니라
樊口는 江夏郡 鄂縣에 있다.

○ 曹操自江陵으로 將順江東下어늘 諸葛亮曰 事急矣라 請奉命求救於孫將軍이라하고 遂與魯肅으로 詣孫權하다 亮說權曰 海內大亂에 將軍은 起兵江東하고 劉豫州[1]는 收衆漢南하야 與曹操로 竝爭天下러니 今操芟(삼)夷[2]大難하야 略已平矣요 遂破荊州[3]하야 威震四海하니 英雄[4]이 無用武之地라 故로 豫州遁逃至此하니 願將軍은 量力而處之하소서 若能以吳, 越之衆으로 與中國抗衡인댄 不如早與之絶이요 若不能인댄 何不北面而事之릿고 權曰 劉豫州何不遂事之乎아 亮曰 田橫은 齊之壯士耳로되 猶守義不辱[5]이어든 況劉豫州는 王室之胄요 英才蓋世하니 安能爲之下乎잇가 權勃然曰 吾不能擧全吳之地하야 受制於人이로다 吾計決矣라 非劉豫州면 莫可以當曹操者라 然이나 豫州新敗之後에 安能抗此難乎아 亮曰 今戰士還者及關羽水軍精甲이 萬人이요 劉琦[6]合江夏[7]戰士하면 亦不下萬人이라 曹操之衆이 遠來疲敝하고 聞追豫州하야 輕騎一日一夜에 行三百餘里라하니 此所謂强弩之末이 勢不能穿魯縞[8]者也라 故로 兵法에 忌之曰 必蹶(궐)上將軍[9]이라하니이다 且北方之人이 不習水戰하고 又荊州之民附操者는 偪兵勢耳요 非心服也니 今將軍이

誠能與豫州로 協規同力이면 破操軍이 必矣요 操軍敗면 則荊, 吳[10]之勢强하고 鼎足之形成矣리이다

曹操가 江陵으로부터 장차 강물을 따라 동쪽으로 내려오려 하였다. 諸葛亮이 劉備에게 말하기를 "일이 급하게 되었습니다. 청컨대 명령을 받들어 孫將軍에게 구원을 요청하겠습니다." 하고, 마침내 魯肅과 함께 孫權을 찾아갔다. 諸葛亮이 孫權을 설득하기를 "海內가 크게 어지러워 장군은 江東에서 군대를 일으켰고, 劉豫州(劉備)는 漢水의 남쪽에서 병력을 수습하여 曹操와 함께 천하를 다투었는데, 이제 曹操가 큰 난리를 평정하여 대략 이미 평정되었고, 마침내 荊州를 격파하여 위엄이 四海에 진동하니, 영웅이 무력을 쓸 여지가 없습니다. 이 때문에 劉豫州가 도망하여 여기에 이르렀으니, 원컨대 장군께서는 힘을 헤아려 대처하시기 바랍니다. 만약 吳·越의 병력을 가지고 중국과 맞서려 한다면 일찍 曹操와 끊어 버리는 것만 못하고, 만약 이렇게 할 수 없다면 어찌 北面하여 그를 섬기지 않습니까." 하였다.

孫權이 말하기를 "劉豫州는 어찌하여 마침내 그를 섬기지 않는가?" 하니, 諸葛亮이 말하기를 "田橫은 齊나라의 壯士였을 뿐인데도 義를 지키고 굴복하지 않았는데, 하물며 劉豫州는 왕실의 후손이고 뛰어난 재주가 세상을 뒤덮을 만하니, 어찌 그의 아래에 있을 수가 있겠습니까?" 하였다. 孫權이 발끈하여 말하기를 "내가 吳나라 전 지역을 들어서 남에게 제재받지는 않을 것이다. 나의 계책이 이미 결정되었으니, 劉豫州가 아니면 曹操를 당해 낼 만한 자가 없다. 그러나 劉豫州가 새로 패전한 뒤에 어떻게 이러한 난에 맞서겠는가?" 하니, 諸葛亮이 말하기를 "지금 돌아온 병사와 關羽의 수군 정예병이 만 명이고, 劉琦가 江夏의 병사를 규합하면 또한 만 명을 밑돌지 않을 것입니다. 曹操의 무리는 먼 길을 오느라 피폐하고, 듣건대 劉豫州를 추격할 때에 경무장한 기병이 一晝夜에 300여 리를 행군했다 하니, 이는 이른바 '강한 쇠뇌의 화살이 끝에 가면 형세가 魯나라의 얇은 비단도 뚫지 못한다.'는 것입니다. 그러므로 ≪孫子兵法≫에 이를 꺼려 말하기를 '반드시 上將軍이 쓰러진다.'고 하였습니다. 또 북방 사람들은 水戰에 익숙하지 못하고, 또 荊州의 백성들이 曹操에게 歸附한 것은 군대의 위세에 핍박을 받아서일 뿐이요 마음으로 복종한 것은 아닙니다. 지금 將軍이 진실로 劉豫州와 계획을 같이하고 힘을 합친다면 틀림없이 曹操의 군대를 격파할 수 있을 것이며, 曹操의 군대가 패하면 荊州와 吳의 형세가 강해져서 三國이 솥발처럼 벌여 서는 형세가 이루어질 것입니다." 하였다.

1) 〔釋義〕 劉豫州 : 劉備爲豫州刺史라 故云劉豫州라하니라
劉備가 豫州刺史가 되었기 때문에 劉豫州라고 이른 것이다.

2) 〔頭註〕 芟夷 : 芟은 刈요 夷는 平이라
芟은 벰이요, 夷는 평정함이다.

3) 〔頭註〕 破荊州 : 劉表子琮이 降操하니라
荊州를 격파하였다는 것은 劉表의 아들인 劉琮이 曹操에게 항복하였으므로 말한 것이다.

4) 〔頭註〕 英雄 : 謂劉豫州라
英雄은 劉豫州(劉備)를 이른다.

5) 〔釋義〕 田橫……猶守義不辱 : 七國時에 齊王田榮死어늘 橫自立이러니 及項羽滅에 橫懼誅하야 與其徒五百人으로 入居海島하다 漢高祖赦而召之한대 橫與其客二人으로 詣洛陽이라가 未至三十里自殺하니 帝拜二客爲都尉하고 以王禮葬하다 田橫旣葬에 二客穿其冢旁하고 皆自剄下從之어늘 帝又召其海中五百人하야 使至러니 聞橫死하고 亦皆自殺하니라
七國時代(戰國時代)에 齊王 田榮이 죽자 田橫이 스스로 서서 왕이 되었는데, 項羽가 멸망하자 田橫은 죽임을 당할까 두려워하여 그 무리 500명과 함께 海島에 들어가 거주하였다. 漢나라 高祖가 사면하고 부르자, 田橫은 그의 門客 두 사람과 함께 洛陽으로 오다가 30리 못 미친 곳에서 자살하니, 高祖는 두 문객을 제수하여 都尉로 삼고 王의 禮로 장사 지냈다. 田橫을 장례한 뒤에 두 문객은 무덤의 옆을 뚫고 모두 스스로 목을 찔러 죽어서 九泉으로 따라갔다. 高祖가 또다시 海中의 500명을 불러서 오게 하였는데, 이들은 田橫이 죽었다는 말을 듣고 또한 모두 자살하였다.

6) 〔頭註〕 劉琦 : 江夏太守니 表子琮兄이라
劉琦는 江夏太守였으니, 劉表의 아들이고 劉琮의 형이다.

7) 〔釋義〕 江夏 : 春秋時에 謂之江汭하고 漢置江夏郡하야 領鄂縣이러니 三國에 吳

更名武昌하고 隋改鄂州하니라

江夏는 春秋時代에는 江汭라 일렀고, 漢나라는 江夏郡을 설치하고 鄂縣을 거느렸는데, 三國時代에 吳나라가 武昌으로 이름을 바꾸었고 隋나라는 鄂州로 고쳤다.

8)〔釋義〕 魯縞：繒之精白者曰縞니 曲阜之俗이 善作之하야 尤爲輕細라 故謂之魯縞라

비단 중에 곱고 흰 것을 縞라 하니, 曲阜의 풍속이 이 비단을 잘 만들어서 특히 가볍고 가늘었기 때문에 魯縞라고 한 것이다.

9)〔釋義〕 必蹶上將軍*)：蹶은 斃也니 大將軍이 必致僵仆也라

蹶은 쓰러짐이니 급히 행군하면 大將軍이 반드시 쓰러지는 것이다.

*) 必蹶上將軍：≪孫子≫〈軍爭〉에 “하루에 100里를 달려 이익을 취하려 하면 三軍의 장수가 모두 사로잡히고, 50里를 달려 이익을 취하려 하면 上將軍이 쓰러지고, 30里를 달려 이익을 취하려 하면 군대가 3분의 2밖에 이르지 않는다.〔百里而爭利則擒三將軍 五十里而爭利則蹶上將軍 三十里而爭利則三分之二至〕”라고 보인다.

10)〔頭註〕 荊吳：荊은 謂備요 吳는 謂權이라

荊은 劉備를 이르고, 吳는 孫權을 이른다.

是時에 **曹操遺權書曰 近者**에 **奉辭伐罪**하야 **旌麾南指**하니 **劉琮**이 **束手**라 **今治水軍八十萬衆**하야 **方與將軍**으로 **會獵於吳**호리라 **權以示群下**하니 **莫不響震失色**이라 **長史張昭等曰 將軍大勢 可以拒操者**는 **長江也**러니 **今操得荊州**하야 **長江之險**을 **以與我共之矣**니 **不如迎之**니이다 **魯肅**이 **密言於權曰 向察衆人之議**하니 **專欲誤將軍**이라 **不足與圖大事**하니 **願早定大計**하소서

이때 曹操가 孫權에게 편지를 보내기를 “근자에 황제의 명령을 받들어 죄 있는 자를 토벌해서 깃발이 남쪽을 향하니, 劉琮이 두 손을 들고 항복하였다. 이제 水軍 80만 명을 다스려서 바야흐로 장군과 吳 지방에서 만나 싸우려 한다.” 하였다. 孫權이 이 편지를 여러 부하들에게 보이니, 목소리가 떨리고 낯빛이 변하지 않은 자가 없었다.

長史 張昭 등은 말하기를 “장군의 大勢로 볼 때 曹操를 막을 수 있는 것은 長江이었는데, 이제 曹操가 荊州를 얻어서 長江의 험고함을 우리와 함께 나

누어 가졌으니, 그를 맞이하는 것만 못합니다." 하였다. 魯肅이 은밀하게 孫權에게 말하기를 "조금 전에 여러 사람들의 의논을 살펴보니, 오로지 장군을 그르치고자 합니다. 족히 큰일을 도모할 수 없으니, 큰 계책을 속히 정하소서." 하였다.

時에 周瑜至鄱(파)陽이라 肅이 勸權하야 召瑜還[1)]한대 瑜至에 謂權曰 操雖托名漢相이나 其實은 漢賊也라 將軍이 割據江東하야 兵精足用하니 當橫行天下하야 爲漢家除殘[2)]去穢어든 況操自送死 而可迎之耶잇가 請爲將軍籌之호리이다 今北土未平에 馬超, 韓遂[3)] 尙在關西하야 爲操後患이어늘 而操舍鞍馬하고 杖舟楫[4)]하야 與吳, 越爭衡하고 又今盛寒에 馬無藁草어늘 驅中國士衆하야 遠涉江, 湖之間하니 不習水土하야 必生疾病하리니 此數者는 用兵之患也라 瑜請得精兵五萬人하야 保爲將軍破之하리이다

이때 周瑜가 鄱陽에 이르렀는데, 魯肅이 孫權에게 권하여 周瑜를 불러 돌아오게 하였다. 周瑜가 이르자, 孫權에게 이르기를 "曹操가 비록 명색은 漢나라 정승이라고 칭탁하고 있으나 실제는 漢나라의 역적입니다. 將軍은 江東지방을 할거하여 군사들이 정예로워 충분히 쓸 수 있으니, 천하에 횡행하여 漢나라를 위해 殘害하는 자들을 제거하고 더러움을 제거해야 할 터인데, 더구나 曹操가 스스로 죽으러 왔는데 맞이할 수 있겠습니까. 將軍을 위하여 계획할 것을 청합니다. 지금 북쪽 지방이 평정되지 못하여 馬超와 韓遂가 아직도 關西 지방에 있어 曹操의 후환이 되고 있습니다. 그런데 曹操가 안장 얹은 말을 버리고 배와 노에 의지하여 吳·越과 다투고, 또 지금 엄동설한에 말은 짚과 마초가 없는데 中國의 군사들을 몰아서 멀리 江·湖의 사이를 건너오니, 水土에 익숙하지 못하여 반드시 질병이 생길 것입니다. 이 몇 가지는 用兵의 병통입니다. 제가 정예병 5만 명을 얻어서 보장하고(책임지고) 將軍을 위해 격파하겠습니다." 하였다.

1) 〔通鑑要解〕 召瑜還 : 瑜已前受命이나 蓋行未遠이라 故로 召還也라

周瑜가 이미 전에 명을 받고 길을 떠났으나 아직 멀리 가지 않았으므로 불러서 돌아오게 한 것이다.

2)〔頭註〕除殘：殘은 賊也요 害也라 孟子에 賊義者를 謂之殘이라
殘은 상하게 함이요, 해침이다. ≪孟子≫에 "義를 해치는 자를 殘이라 이른다." 하였다.

3)〔頭註〕馬超韓遂：超가 靈帝末에 與遂로 起事於西州하여 鎭關中하니라〔通鑑要解〕國誌에 超는 遂之甥姪也라
〔頭註〕馬超가 靈帝 말년에 韓遂와 더불어 西州에서 擧事하여 關中을 鎭撫하였다.〔通鑑要解〕≪三國志≫에 "馬超는 韓遂의 甥姪이다." 하였다.

4)〔頭註〕操舍鞍馬 杖舟楫：杖은 持也라 北人은 便於鞍馬하고 南人은 便於舟楫하니 言操舍長取所短也라
杖은 잡음이다. 북쪽 지방 사람들은 안장 얹은 말(騎馬戰)을 편하게 여기고, 남쪽 지방 사람들은 배와 노(水戰)를 편하게 여기니, 曹操가 장점을 버리고 단점을 취하였음을 말한 것이다.

權曰 老賊이 欲廢漢自立이 久矣로되 徒忌二袁[1], 呂布, 劉表與孤耳러니 今數雄已滅하고 惟孤尙存하니 孤與老賊으로 勢不兩立이라 君言當擊하니 此는 天以君授孤也로다 因拔刀斫案曰 諸將吏 敢復有言當迎操者면 與此案同하리라하고 因撫瑜背曰 公瑾[2]아 卿言이 至此하니 甚合孤心이로다 五萬兵은 難卒合[3]이어니와 已選三萬人하니 卿與子敬[4], 程公[5]으로 便在前發하라 孤當續發人衆하야 爲卿後援이리라하고 遂以周瑜, 程普로 爲左右督하야 將兵하야 與備幷力逆操하고 以魯肅으로 爲贊軍[6]校尉하야 助畫方略하다 劉備在樊口하야 日遣邏(라)吏[7]於水次하야 候望權軍이러니 吏望見瑜船하고 馳往白備한대 備乃乘單舸(가)하고 往見瑜하고 問曰 今拒曹公이 深爲得計니 戰卒이 有幾오 瑜曰 三萬人이로라 備曰 恨少로다 瑜曰 此自足用이니 豫州는 但觀瑜破之하라하고 進與操遇於赤壁[8]하다

孫權이 말하기를 "老賊(曹操)이 漢나라를 폐하고 스스로 서려고 한 지가

오래되었으나 다만 두 袁氏와 呂布와 劉表와 나를 꺼릴 뿐이었는데, 이제 영웅들이 이미 멸망하고 오직 나만 남아 있으니, 나는 老賊과 형세가 兩立할 수 없다. 그대가 공격해야 한다고 말하니, 이는 하늘이 그대를 나에게 준 것이다.” 하였다. 孫權은 인하여 칼을 뽑아 책상을 내리치며 말하기를 “여러 장수와 관리 중에 감히 다시 曹操를 맞이해야 한다고 말하는 자가 있으면 이 책상과 똑같이 될 것이다.” 하고, 인하여 周瑜의 등을 어루만지면서 말하기를 “公瑾아! 卿의 말이 여기에 이르니, 나의 마음과 매우 부합한다. 5만 명의 병력은 갑자기 모으기 어려우나 이미 3만 명을 선발하였으니, 卿이 子敬(魯肅)·程公(程普)과 함께 앞에서 출발하라. 나는 계속하여 사람들을 징발해서 卿의 후원이 되겠다.” 하고는 마침내 周瑜와 程普를 左右督으로 삼아서 병력을 거느리고 劉備와 힘을 합해 曹操를 맞아 싸우게 하고, 魯肅을 贊軍校尉로 삼아 方略을 도와서 계획하게 하였다.

劉備는 樊口에 있으면서 날마다 巡邏하는 관리를 물가에 보내어 孫權의 군대를 정탐하게 하였는데, 巡邏하는 관리가 周瑜의 배가 오는 것을 멀리서 바라보고 달려가 劉備에게 아뢰었다. 劉備가 마침내 배 한 척을 타고 가서 周瑜을 만나 보고 묻기를 “지금 曹公에게 대항하는 것이 참으로 좋은 계책인데, 싸울 병력이 얼마나 되는가?” 하니, 周瑜가 대답하기를 “3만 명입니다.” 하였다. 劉備가 말하기를 “적은 것이 한스럽다.” 하니, 周瑜가 말하기를 “이것만 가지고도 충분히 쓸 수 있으니, 劉豫州는 다만 이 周瑜가 曹操의 군대를 격파하는 것을 구경만 하십시오.” 하고 나아가서 曹操와 赤壁에서 만났다.

1)〔頭註〕二袁：紹, 術이라
두 袁氏는 袁紹와 袁術이다.

2)〔頭註〕公瑾：瑜字라
公瑾은 周瑜의 字이다.

3)〔頭註〕卒合：卒은 急也라
卒은 갑자기이다.

4)〔原註〕子敬：肅字也라
子敬은 魯肅의 字이다.

5)〔釋義〕程公：程公은 謂程普라
程公은 程普를 이른다.

6)〔頭註〕贊軍：使之贊軍謀하고 因以爲官稱이라
贊軍은 그로 하여금 군대의 策略을 돕게 하고, 인하여 이로써 관직의 명칭을 삼은 것이다.

7)〔頭註〕邏吏：邏는 遊偵也, 探伺也니 遊兵也라
邏는 돌아다니며 정탐하고 탐색하여 엿보는 것이니, 정탐하기 위하여 일정한 장소 없이 돌아다니는 병사이다.

8)〔釋義〕赤壁：王氏曰 按方輿勝覽黃州註에 引水經하야 載赤鼻山하고 齊安拾遺에 遂〈以赤鼻山〉爲赤壁山하니 其說乖繆라 蓋周瑜自柴桑으로 至武昌縣樊口하고 而後遇於赤壁하니 則赤壁은 當臨大江하야 在樊口之上이어늘 今赤鼻山은 在樊口對岸하니 何待進軍而後遇之乎아 又赤壁初戰에 操軍不利하야 引次江北하야 而後有烏林之敗하니 則烏林은 當在江之北岸이요 赤壁은 在江之南岸이어늘 今乃云赤壁在江之北이라하니 亦非也라
王氏가 말하였다. "≪方輿勝覽≫의 黃州 註에 ≪水經≫을 인용하여 赤鼻山이라 기재하였고, ≪齊安拾遺≫에는 마침내 赤鼻山을 赤壁山이라 하였으니, 그 말이 잘못되었다. 周瑜가 柴桑으로부터 武昌縣의 樊口에 이르고 뒤에 赤壁에서 만났으니, 赤壁은 마땅히 大江에 임하여 樊口의 위에 있어야 하는데, 지금 赤鼻山은 樊口의 對岸에 있으니, 어찌 進軍한 뒤에 만날 필요가 있겠는가? 또 赤壁의 처음 싸움에 曹操의 군대가 이롭지 못하여 군대를 이끌고 江北에 주둔하여 뒤에 烏林의 敗戰이 있었으니, 그렇다면 烏林은 마땅히 강의 北岸에 있어야 하고 赤壁은 강의 南岸에 있어야 할 터인데, 지금 도리어 赤壁이 강의 북쪽에 있다고 하였으니, 또한 잘못이다."

時에 操軍衆이 已有疾疫하야 初一交戰에 操軍不利하야 引次江北이라 瑜部將黃蓋曰 今寇衆我寡하니 難與持久요 操軍이 方連船艦(함)하야 首尾相接하니 可燒而走也라하고 乃取蒙衝鬪艦[1)]하야 載燥荻(조적)枯柴하고 灌油其中하고 先以書遺操하야 詐云欲降이라하니 時에 東南風이 急이라 蓋以十艦으로 最著前하야 中江擧帆하고 餘船은 以次俱進하니 操軍吏士 皆出營立觀하고 指言蓋降이라라 去

北軍二里餘에 同時發火하니 火烈風猛하야 船往如箭이라 燒盡北船하고 延及岸上營落[2]하니 人馬燒溺하야 死者甚衆이라 瑜等이 率輕騎하고 繼其後하야 靁(雷)鼓[3]大進하니 北軍이 大壞라 操引兵從華容道步走어늘 劉備, 周瑜 水陸竝進하야 追操至南郡하다 時에 操軍이 兼以饑疫死者太半[4]이라 操乃留曹仁, 徐晃하야 守江陵하고 引軍北還하니 於是에 將士形勢自倍라 瑜乃渡江屯北岸하야 與仁相拒하다

이때 曹操의 군사들이 이미 疫病을 앓고 있어서 처음 한 번 교전했을 때에 曹操의 군대가 불리하였으므로 군대를 이끌고 강의 북쪽에 주둔하였다. 周瑜의 部將 黃蓋가 말하기를 "이제 敵은 병력이 많고 우리는 적으니 더불어 持久戰을 하기 어렵고, 曹操의 군대는 막 艦船을 연결시켜 머리와 꼬리가 서로 이어져 있으니 불을 놓고 도망할 만하다." 하고, 마침내 蒙衝의 戰艦을 가져다가 마른 갈대와 마른 나무를 가득 실은 다음 그 가운데 기름을 붓고는 曹操에게 미리 편지를 보내어 거짓으로 "항복하고자 한다." 하였다.

이때 東南風이 거세게 불자, 黃蓋가 10척의 전함을 가장 前面에 배치한 다음 강 복판에서 돛을 들어 올리고 나머지 배들은 차례로 함께 나아가니, 曹操 軍中의 관리와 군사들이 모두 진영을 나와 서서 구경하고 손가락질하며 '黃蓋가 항복하려 한다.'고 말하였다. 北軍(江北의 曹操 군대)과 2里 남짓 떨어졌을 때 동시에 불을 놓으니, 불이 맹렬하고 바람이 세차서 배가 쏜살같이 갔다. 북쪽의 戰船들을 모두 불태우고 江岸 위에 있는 진영과 群落에까지 뻗치니, 사람과 말이 불에 타고 물에 빠져 죽은 자가 매우 많았다.

周瑜 등이 정예 기병을 거느리고 그 뒤를 이어서 우레처럼 북을 치며 크게 전진하니, 北軍이 크게 무너졌다. 曹操가 군대를 이끌고 華容道를 따라 徒步로 도망하자, 劉備와 周瑜가 水陸으로 함께 전진하여 曹操를 추격해서 南郡에 이르렀다. 이때 曹操의 군사들은 饑餓와 疫病까지 겹쳐서 죽은 자가 太半이었다. 曹操는 마침내 曹仁과 徐晃을 남겨 두어 江陵을 지키게 하고, 군대를 이끌고 북쪽으로 돌아가니, 이에 孫權과 劉備 장병들의 形勢가 저절

로 倍加되었다. 周瑜는 마침내 강을 건너 北岸에 주둔해서 曹仁과 서로 대치하였다.

1)〔釋義〕 蒙衝鬪艦 : 蒙衝은 戰船也라 所以衝突敵船이니 字與艨艟通이라 釋名에 上下重板曰艦이요 外狹而長曰艨艟이라

蒙衝은 戰船이다. 적의 선박에 충돌하는 배이니, 글자가 艨艟와 통한다. ≪釋名≫에 "위아래에 두꺼운 판자가 있는 것을 艦이라 하고, 밖이 좁고 긴 것을 艨艟이라 한다." 하였다.

2)〔頭註〕 營落 : 落은 居也니 人所聚居曰村落이라

落은 거처하는 것이니, 사람들이 모여 사는 곳을 村落이라 한다.

3)〔頭註〕 靁鼓 : 靁는 與雷同하니 去聲이니 疾擊鼓也라

靁는 雷와 같으니, 去聲이니, 靁鼓는 북을 빠르게 치는 것이다.

4)〔頭註〕 太半 : 凡三分有二爲太半이요 有一爲少半이라

무릇 3분의 2를 太半이라 하고, 3분의 1을 少半이라 한다.

蘇東坡曰 魏武長於料事而不長於料人이라 是故로 有所重發而喪其功하고 有所輕爲而至於敗라 劉備는 有蓋世之才而無應卒之機라 方其新破劉璋에 蜀人未附하야 一日而四五驚하야 斬之不能禁하니 釋此時不取라가 而其後에 遂至於不敢加兵者 終其身이라 孫權은 勇而有謀하니 此不可以聲勢恐喝取也어늘 魏武不用中原之長技[1)]하고 而與之爭於舟楫之間하고 一日一夜에 行三百里以爭利하야 犯此二敗하야 以攻孫權이라 是以로 喪師於赤壁하야 以成吳之强이라 且夫劉備는 可以急取而不可以緩圖니 方其危疑之間하야 卷甲而趨之가 雖兵法之所忌나 可以得志요 孫權은 可以計取而不可以勢破也어늘 而欲以荊州新附之卒로 乘勝而取之하니 彼非不知其難이요 特欲僥倖於權之不敢抗也니 此는 用之於新造之蜀이라야 乃可以逞이라 故로 夫魏武重發於劉備而喪其功하고 輕爲於孫權而至於敗하니 此不亦長於料事而不長於料人之過歟아

蘇東坡(蘇軾)가 말하였다.

"魏 武帝(曹操)는 일을 헤아리는 데는 뛰어났으나 사람을 헤아리는 데는 뛰어나지 못하였다. 이 때문에 신중하게 대응하여 功을 잃은 경우가 있고, 가볍게 행동하여 실패에 이른 경우가 있다.

劉備는 세상을 뒤덮을 만한 뛰어난 재주가 있었으나 별안간에 대응하는 機智는 없었다. 劉備가 처음 劉璋을 격파했을 때에 蜀 지방 사람들이 따르지 아니하여 하루에도 네댓 차례씩 놀라서 〈지키는 장수들이〉 斬刑을 가하여 진압해도 안정시키지 못하였다. 그런데 曹操는 이때 내버려 두고 취하지 않다가 그 뒤에 마침내 감히 군대를 내어 공격하지 못해서 죽을 때까지 그러하였다.

그리고 孫權은 용맹하고 智謀가 있었으니 이는 聲勢와 恐喝로 취할 수 없는 것이었는데, 魏 武帝는 中原의 長技인 騎兵을 사용하지 않고 배와 노를 사용한 水戰으로 다투었으며 一晝夜 만에 300리를 달려가 이익을 다투었다. 그리하여 이 두 가지 실수를 범하고 孫權을 공격하였다. 이 때문에 赤壁大戰에서 군대를 잃어 吳나라의 강성함을 이루어 준 것이다.

또 劉備는 급히 취해야 하고 늦게 도모해서는 안 되었다. 사람들이 위태롭게 여기고 의심할 때를 당해서 갑옷을 벗고 급히 달려갔어야 하니, 이는 비록 병법에서 꺼리는 것이지만 魏 武帝가 이 계책을 썼으면 뜻을 얻을 수 있을 것이다. 그리고 孫權은 계책으로 취할 수는 있어도 세력으로 격파할 수는 없는데, 魏 武帝가 荊州의 새로 歸附한 군사들을 가지고 승세를 타 孫權을 취하고자 하였으니, 저 魏 武帝가 그 어려움을 알지 못한 것이 아니라 다만 孫權이 감히 항거하지 못하기를 요행으로 바랐던 것이니, 이 계책은 새로 만들어진 蜀漢(劉備)에 썼어야 비로소 뜻을 이룰 수 있었다. 그러므로 魏 武帝가 劉備에게는 신중하게 대응하여 功을 잃었고 孫權에게는 가볍게 행동하여 실패에 이르렀으니, 이것이 일을 헤아리는 데는 뛰어나나 사람을 헤아리는 데에는 뛰어나지 못한 잘못이 아니겠는가.”

1) 〔頭註〕 長技 : 卽鞍馬라
長技는 바로 鞍馬(騎兵)를 가리킨다.

李舜臣曰 擧江東之力이면 足以抗天下之全師者는 赤壁之戰이 爲之張本也라 當漢之季하야 曹操以陰賊嶮狠之資로 潛移漢鼎이라 荊州之役에 長驅數十萬衆하야 飄忽奮迅而下江陵하니 目中에 已無吳越矣러니 尙賴江東諸將의 忠憤激烈하야 出而與劉豫州等으로 合謀併力하야 一擧而焚之於赤壁之下하니 當此之

時하야 老瞞褫魄[1]하야 顚沛頻〔瀕〕死하야 義師之勝氣가 大振於東南이라 江東君相이 儻能乘此之銳하야 蹶彼之困하야 命一二驍將하야 間道啣枚[2]하야 以要其歸路하고 而周瑜輩는 以大兵躡之런들 則彼衆可盡得이요 而操可生虜리라 惜夫라 孫劉不知出此也여 曹操旣遁하야 荊楚旣平하니 其意謂虎豹豺狼之屬을 旣已驅而出境이라하야 不啻便足이라 於是에 關羽周瑜雜處南郡하고 劉豫州亦駐兵公安[3]하야 聚三雄於荊州하고 而縱曹操於河南하니 則是曹操以荊州爲餌而漁天下也라 嗚呼라 以一荊州而縶三雄하야 遽至於頓輿[4]息轡而倒戈相攻하니 此何爲哉아 知此然後에 知赤壁之役에 所以不能遂入中原者는 非江東土綿力[5]薄之罪요 而孫劉縱敵以爭荊州之罪也라 且荊州는 吳蜀之衝也라 天下有變이어든 命一上將하야 將荊州之衆하야 以向宛洛[6]이면 則足以衝敵人之胸腹이니 孫劉於此而爭之 固也라 然이나 愚以爲孫劉之爭荊州는 當爭於赤壁未戰之前이요 不當爭於赤壁旣戰之後라하노라 何則고 江東之師 聯鑣竝轡하야 才(纔)過襄鄧이면 則荊州已爲筌蹄[7]矣어늘 奈何로 周呂[8]之徒 眷眷於此오 自赤壁旣勝之後로 且戰且攻이라가 至荊州而遽止하야 終不肯越荊襄一步하야 以向中原이라 今日借荊州하고 明日索荊州하며 今日奪荊州하고 明日分荊州하야 六七年間에 以一荊州之故로 內自相攻하야 而中原國賊[9]을 乃置之度外하니 此果何爲者哉아

李舜臣이 말하였다.

"江東 지방의 병력을 다 동원하였으면 충분히 온 천하의 군대에게 맞설 수 있음은 赤壁大戰이 그 張本이 된다. 漢나라 말기를 당하여 曹操는 음흉하고 사나운 자품으로 漢나라의 國統을 몰래 차지하려 하였다. 荊州의 싸움에 수십만의 군대를 몰아서 폭풍처럼 빨리 江陵으로 내려가니, 吳越 지방은 이미 眼中에 없었다. 그런데 오히려 江東의 장수들이 忠憤心의 격렬함을 힘입어 출동하여 劉豫州 등과 계책을 합하고 힘을 아울러서 일거에 曹操의 군대를 赤壁江 아래에서 불태웠으니, 이때를 당하여 老瞞(曹操)은 魂飛魄散하여 엎어지고 자빠지며 거의 죽을 지경에 이르러서 義兵의 勝氣가 東南地方에 크게 떨쳐졌다.

江東(吳)의 군주와 정승이 만일 이 銳氣를 틈타 저의 곤궁함을 쓰러뜨려서

한두 명의 용맹한 장수에게 명하여 샛길로 가되 군사들에게 재갈을 물려 은밀히 출동하여 曹操가 돌아가는 길을 차단하게 하고, 周瑜 등은 大軍을 거느리고 뒤를 밟았던들 저 曹操의 무리를 다 잡을 수 있었을 것이며 曹操를 생포할 수 있었을 것이다. 孫權과 劉備가 이렇게 할 줄 모른 것이 애석하다.

曹操가 이미 도망하여 荊楚 지방이 평안해지니, 그들의 마음에 호랑이와 표범과 승냥이와 이리의 무리를 이미 몰아내어 국경 밖으로 내쫓았다고 여겨서 곧바로 만족할 뿐만이 아니었다. 이때 關羽와 周瑜는 南郡에 뒤섞여 있었고 劉豫州 또한 公安에 군대를 주둔하여 荊州에 세 영웅이 몰려 있었고 河南에다가 曹操를 풀어 주었으니, 이는 曹操가 荊州를 가지고 미끼를 삼아 천하를 낚은 것이다. 아! 한 荊州를 가지고 세 영웅을 옭아매어서 별안간 수레를 멈추고 고삐를 쉬게 하여 창을 거꾸로 들고 서로 공격함에 이르게 하였으니, 이것이 무슨 짓인가. 이것을 안 뒤에 赤壁의 싸움에 마침내 中原으로 쳐들어가지 못한 것은 江東 지방이 국토가 작고 힘이 약한 죄가 아니요, 孫權과 劉豫州가 賊을 풀어 주고서 荊州를 다툰 죄임을 알 수 있다.

또한 荊州는 吳와 蜀의 요충지이다. 천하에 변란이 있어 한 上將軍에게 명하여 荊州의 병력을 거느리고서 宛縣과 洛陽으로 향하게 한다면 충분히 적(曹操)의 心腹을 찌를 수 있으니, 孫權과 劉備가 이때에 다툰 것이 당연하다. 그러나 어리석은 나는 생각건대 孫權과 劉備가 荊州를 다툰 것은 赤壁에서 싸우기 전에 다투었어야 하고, 赤壁에서 싸운 뒤에 다투어서는 안 된다고 여긴다. 어째서인가? 江東의 군대가 재갈을 연결하고 고삐를 나란히 하고서 겨우 襄陽과 鄧州를 지나가기만 하면 荊州는 이미 통발과 올가미가 되어 쓸모없는 것이 되는데, 어찌하여 周瑜와 呂蒙의 무리는 이곳을 연연해했단 말인가. 赤壁에서 이미 승리한 뒤로 한편으로는 싸우고 한편으로는 공격하다가도 荊州에 이르면 즉시 그쳐서 끝내 荊州와 襄陽을 한 걸음이라도 넘어가서 中原으로 향하려 하지 않았다. 그리하여 今日에는 荊州를 빌려 주었다가 明日에는 荊州를 반환할 것을 요구하고, 今日에는 荊州를 빼앗았다가 明日에는 荊州를 나누어 주어, 6, 7년 사이에 한 荊州 때문에 안으로 자기들끼리 공격하고 中原의 國賊인 曹操를 마침내 度外에 버려두었으니, 마침내 과연 무엇하는 짓이란 말인가."

1)〔釋義〕老瞞褫魄：老瞞은 曹操小字阿瞞也라 褫魄은 褫는 奪也니 言喪其魄也라
老瞞은 曹操의 어릴 때의 字가 阿瞞이므로 이렇게 칭한 것이다. 褫는 빼앗음이니, 褫魄은 넋을 잃음을 말한다.

2)〔釋義〕枚：似箸니 使士卒銜之하야 以止語也라
枚는 젓가락과 비슷하니, 병졸에게 이것을 물려 말을 못하게 하는 것이다.

3)〔頭註〕公安：縣名이라
公安은 縣의 이름이다.

4)〔頭註〕頓輿：頓은 次也라
頓은 주둔함이다.

5)〔通鑑要解〕綿力：綿은 弱也라
綿은 약함이다.

6)〔頭註〕宛洛：宛은 南陽宛縣이요 洛은 洛陽也라
宛은 南陽의 宛縣이고, 洛은 洛陽이다.

7)〔頭註〕筌蹄：筌은 取魚竹器요 蹄는 取兎之具니 得魚忘筌하고 得兎忘蹄라
筌은 물고기를 잡는 대나무 그릇(통발)이고 蹄는 토끼를 잡는 기구(올가미)이니, 물고기를 잡고 나면 통발을 잊어버려야 하고 토끼를 잡고 나면 올가미를 잊어버려야 한다.

8)〔頭註〕周呂：周瑜, 呂蒙也라
周呂는 周瑜와 呂蒙이다.

9)〔頭註〕國賊：謂曹操라
國賊은 曹操를 이른다.

十二月에 **劉備表劉琦**하야 **爲荊州刺史**하고 **引兵南徇**[1)]하니 **武陵, 長沙, 桂陽, 零陵四郡**이 **皆降之**하다

12월에 劉備가 表文을 올려 劉琦를 荊州刺史로 삼고 군대를 이끌어 남쪽으로 순행하니, 武陵·長沙·桂陽·零陵 네 郡이 모두 항복하였다.

1)〔頭註〕徇：略也라
徇은 경략함이다.

後漢紀

孝獻皇帝 下

【己丑】 建安十四年이라

建安 14년(기축 209)

十二月에 **周瑜攻曹仁歲餘**에 **所殺傷**이 **甚衆**이라 **仁**이 **委城走**어늘 **瑜屯據江陵**하다 **會**에 **劉琦卒**하니 **權以備領荊州牧**한대 **周瑜分南岸地**[1)]하야 **以給備**하다 **權**이 **以妹妻備**하니 **妹才捷剛猛**하야 **有諸兄風**하야 **侍婢百餘人**이 **皆執刀侍立**하니 **備每入**에 **心常凜凜**[2)]이러라

12월에 周瑜가 曹仁을 공격한 지 한 해가 넘었는데, 殺傷한 사람이 매우 많았다. 曹仁이 城을 버리고 달아나자, 周瑜가 江陵에 주둔하여 점거하였다. 마침 劉琦가 죽으니, 孫權이 劉備로 하여금 荊州牧을 겸하게 하자, 周瑜가 南岸 지역을 나누어 劉備에게 주었다. 孫權이 누이를 劉備에게 시집보내니, 孫權의 누이는 재주 있고 민첩하며 굳세고 용맹하여 여러 오라비들의 氣風이 있었다. 侍婢 백여 명이 모두 칼을 잡고 侍立하니, 劉備가 매번 들어갈 때마다 마음에 항상 두려워하였다.

1) 〔頭註〕 南岸地：荊江之南岸이니 則零陵, 桂陽, 武陵, 長沙四郡也라
南岸 지역은 荊江의 남쪽 언덕이니, 零陵·桂陽·武陵·長沙의 네 郡이다.

2) 〔頭註〕 凜凜：恐爲所圖也라

凜凜은 해를 당할까 두려워하는 것이다.

○ 曹操密遣蔣幹하야 往說周瑜한대 幹이 乃布衣葛巾으로 自託私行하야 詣瑜하니 瑜出迎之하야 立[1]謂幹曰 子翼[2]은 良苦로다 遠涉江湖하야 爲曹氏作說客耶아하고 因延幹하야 與周觀營中하고 行視倉庫軍資器仗訖에 還飮宴이라가 因謂幹曰 丈夫處世에 遇知己之主하야 外託君臣之義하고 內結骨肉之恩하야 言行計從하고 禍福共之하니 假使蘇·張[3]更生이나 能移其意乎아 幹이 但笑하고 終無所言이라가 還白操호되 稱瑜雅量高致는 非言辭所能間也라하니라

曹操가 은밀히 蔣幹을 보내어 가서 周瑜를 설득하게 하니, 蔣幹이 마침내 삼베옷에 葛巾을 쓰고 자칭 사사로운 친분으로 만나러 가는 것이라고 칭탁하고는 周瑜에게 갔다. 周瑜가 나와서 맞이하고 곧 蔣幹에게 이르기를 "子翼이 참으로 고생한다. 멀리 江湖를 건너와서 曹氏를 위해 유세객이 되었는가?" 하고는 인하여 蔣幹을 맞이해서 그와 함께 진영 안을 두루 구경하고 창고와 군수물자와 병장기를 巡視하였다. 周瑜는 그런 다음 돌아와 술을 마시고 잔치하다가 인하여 蔣幹에게 이르기를 "大丈夫가 세상을 살아감에 자신을 알아주는 군주를 만나 겉으로는 君臣의 義理를 의탁하고 속으로는 骨肉의 은혜를 맺어서 말이 행해지고 계책이 쓰여지며 禍와 福을 함께하니, 가령 蘇秦과 張儀가 다시 살아온다 해도 나의 뜻을 바꿀 수 있겠는가?" 하였다. 蔣幹은 다만 웃기만 할 뿐 끝내 말이 없다가 돌아가 曹操에게 아뢸 때에 周瑜의 넓은 아량과 높은 운치는 言語로 이간질할 수 있는 바가 아니라고 칭찬하였다.

1) 〔通鑑要解〕 立 : 卽也라

立은 즉시이다.

2) 〔頭註〕 子翼 : 幹字라

子翼은 蔣幹의 字이다.

3) 〔釋義〕 蘇張 : 蘇秦, 張儀이니 皆七國時遊說之士라

蘇張은 蘇秦과 張儀이니 모두 戰國時代에 유세하던 선비이다.

【庚寅】 十五年이라

建安 15년(경인 210)

曹操下令曰 孤始於譙東에 築精舍[1)]하야 欲秋夏讀書하고 冬春射獵하야 爲二十年規[2)]라가 待天下淸하야 乃出仕耳라 然不能得如意하야 徵爲典軍校尉하니 意遂更欲爲國家하야 討賊立功하야 使題墓道에 言漢故征西將軍曹侯之墓 此其志也러니 而遭値董卓之難하야 興擧義兵하고 後領兗州하야 破降黃巾三十萬衆하고 又討袁術하야 使窮沮而死하고 摧破袁紹하야 梟(효)其二子[3)]하고 復定劉表하야 遂平天下하고 身爲宰相하니 人臣之貴已極이요 意望已過矣라 設使國家에 無有孤런들 不知當幾人稱帝요 幾人稱王이라 或者人은 見孤彊盛하고 恐妄相忖度(촌탁)하야 言有不遜之志[4)]라하니 每用耿耿[5)]이라 故로 爲諸君하야 陳道此言하노니 皆肝鬲(膈)[6)]之要也라 然이나 欲孤便爾委捐所典兵衆은 實不可也니 何者오 誠恐已離兵이면 爲人所禍요 已敗면 則國家傾危하리니 是以로 不得慕虛名而處實禍也하노라

曹操가 명령을 내리기를 "나는 처음에 譙郡 동쪽에 精舍를 짓고서 가을과 여름에는 책을 읽고 겨울과 봄에는 활을 쏘고 사냥하면서 20년을 살다가 천하가 깨끗해지기를 기다려 비로소 세상에 나와 벼슬하려고 하였다. 그러나 뜻처럼 되지 않아 부름을 받고 典軍校尉가 되니, 마음이 마침내 바뀌어 국가를 위해서 역적을 토벌하고 공을 세워 墓道에 '漢나라 故 征西將軍 曹侯의 墓'라고 쓰게 하고자 하는 것이 본래 뜻이었다. 그런데 董卓의 난을 만나 義兵을 일으켰고, 뒤에 兗州牧을 겸하여 黃巾賊 30만 명을 격파하여 항복을 받았으며, 또 袁術을 토벌하여 그로 하여금 곤궁하고 沮喪하여 죽게 하였고, 袁紹를 꺾어 그의 두 아들을 梟首하였으며 다시 劉表를 평정하여, 마침내 천하를 평정하고 몸이 재상이 되었으니, 人臣의 귀함이 이미 지극하고 나의 기대를 이미 넘었다.

가령 국가에 나와 같은 사람이 있지 않았던들 몇 사람이 皇帝를 칭하고 몇 사람이 王을 칭했을지 알 수 없다. 혹자들이 내가 강성한 것을 보고는 망령되이 서로 헤아려서 不遜한 뜻이 있다고 말할까 두려우니, 나는 항상 이 때문에 자나깨나 마음이 불안하다. 그러므로 諸君들을 위해서 이러한 말을 하는 것이니, 이는 모두 肺腑(마음속)에서 우러나온 진실된 말이다. 그러나 내가 거느리고 있는 군대를 곧바로 버리라고 하는 것은 실로 불가하니, 어째서인가? 진실로 내가 병권을 버리면 남에게 화를 당하게 될 것이요, 내가 실패하면 국가가 기울어져 위태로울까 두려워해서이다. 이 때문에 헛된 名聲을 사모하여 실제의 禍에 처할 수 없는 것이다." 하였다.

1)〔頭註〕築精舍：講讀之所曰精舍라 又佛寺也니 息心所棲曰精舍니 精練行者之所居라
〈儒學의 經傳을〉 강독하는 곳을 精舍라 이른다. 精舍는 또 寺刹을 가리킨다. 息心(승려)이 거처하는 곳을 精舍라 하니, 精하게 修練하는 行者들이 거처하는 곳이다.

2)〔釋義〕爲二十年規：規爲句하니 規는 圖也라
規에서 구두를 떼니, 規는 도모함이다.

3)〔頭註〕梟其二子：二子는 袁譚, 袁尙이라
袁紹의 두 아들은 袁譚과 袁尙이다.

4)〔頭註〕不遜之志：言其將簒也라
不遜한 뜻이란 曹操가 장차 皇帝의 자리를 찬탈하려 함을 말한다.

5)〔釋義〕耿耿：詩耿耿不寐라한대 注云耿耿은 猶儆儆也라 錢氏曰 耿耿은 小明이니 心有所存하야 不能忘之貌라
耿耿은 ≪詩經≫에 "耿耿하여 잠을 이루지 못한다." 하였는데 注에 "耿耿은 儆儆과 같다." 하였다. 錢氏가 말하기를 "耿耿은 조금 밝은 것이니, 마음에 간직한 것이 있어 잊지 못하는 모양이다." 하였다.

6)〔頭註〕肝鬲：鬲은 與膈通하니 胸膈也라
鬲은 膈과 통하니, 胸膈(胸襟)이다.

○ 劉表의 故吏士 多歸劉備하니 備以周瑜所給地少하야 不足以容其衆이라하

야 乃自詣京[1]하야 見孫權하고 求都督荊州어늘 瑜上疏於權曰 劉備以梟雄之姿[2]로 而有關羽, 張飛熊虎之將하니 必非久屈爲人用者라 恐蛟龍得雲雨면 終非池中物也라한대 權이 不從하다 備還聞之하고 歎曰 天下智謀之士 所見略同이로다 時에 孔明이 諫孤莫行하니 其意亦慮此也니라

劉表의 옛 관리와 군사들이 劉備에게 많이 歸附하니, 劉備는 周瑜가 준 땅이 협소하여 자신을 따르는 무리를 용납할 수 없다 하여 마침내 직접 京口에 가서 孫權을 만나 보고 荊州의 都督이 될 것을 요구하였다. 周瑜가 孫權에게 상소하기를 "劉備는 사납고 용맹한 자품으로 關羽와 張飛 등 곰과 범 같은 장수가 있으니, 반드시 오랫동안 굽혀 남에게 쓰여질 인물이 아닙니다. 蛟龍이 구름과 비를 만나면 끝내 못 속의 물건이 아닐까 두렵습니다." 하였으나 孫權이 듣지 않았다.

劉備가 돌아와 이 말을 듣고 감탄하기를 "천하의 智謀 있는 선비는 소견이 대략 같다. 당시에 孔明이 나에게 가지 말라고 간하였으니, 그의 뜻이 또한 이것을 염려한 것이다." 하였다.

1) 〔通鑑要解〕 京 : 京口城[*]也요 非京師也라

京은 京口城이요, 京師가 아니다.

*) 京口城 : 胡三省의 註에 "京은 京口城이다. 孫權이 이때 京口에 있었기 때문에 劉備와 周瑜가 모두 京口에 가서 孫權을 만난 것이다. 孫權은 뒤에 秣陵에 도읍하고 京口에는 京督을 두고 또 徐陵督이라 하였다. ≪爾雅≫에 '매우 높은 곳을 京이라 한다.' 하였다. 京口城은 산을 따라 보루를 만들고 강을 따라 경계로 삼았으므로 인하여 京口라 이름한 것이다.〔京 京口城也 權時居京故 劉備周瑜皆詣京見之 後都秣陵 於京口置京督 又曰徐陵督 爾雅 絶高曰京 其城因山爲壘 緣江爲境 因謂之京口〕" 하였다.

2) 〔頭註〕 梟雄之姿 : 梟는 勇健也요 雄은 武稱也라

梟는 용맹하고 굳셈이요, 雄은 武勇으로 일컬어짐이다.

○ 周瑜詣京見權하고 乞與奮威[1]로 俱進取蜀[2]而幷張魯[3]하고 因留奮威하야 固守其地하야 與馬超結援[4]하고 瑜還하야 與將軍據襄陽하야 以蹙(축)操면 北

方을 可圖也리이다 權이 許之하니 瑜還江陵이라가 道病하고 與權牋曰 方今에 曹操在北하야 疆埸(역)이 未靜하고 劉備寄寓하야 有似養虎하니 天下之事를 未知終始니이다 魯肅은 忠烈[5]하야 臨事不苟하니 可以代瑜라 儻所言을 可采면 瑜死不朽矣라하고 卒於巴丘[6]하다

周瑜가 京口에 가서 孫權을 만나 보고 청하기를 "奮威將軍(孫瑜)과 함께 전진하여 蜀을 점령하고 張魯를 겸병한 다음 인하여 奮威將軍을 남겨 두어 그 땅을 굳게 지키면서 〈적국의 침입이 있을 경우〉 서로 지원해 주기로 馬超와 약속하고, 저는 돌아와 將軍과 襄陽을 점거하여 曹操를 압박하면 北方을 도모할 수 있을 것입니다." 하니, 孫權이 이를 허락하였다.

周瑜가 江陵으로 돌아가다가 도중에 병이 들자, 孫權에게 편지를 보내어 이르기를 "지금 曹操가 북쪽에 있어서 국경이 평안하지 못하고 劉備는 國中에 우거하여 범을 기르는 것과 같으니, 천하의 일이 그 결말을 알 수가 없습니다. 魯肅은 충성스럽고 功烈이 있어 일을 당하면 구차하지 않으니, 저를 대신할 수 있습니다. 만약 제가 말씀드린 것을 따르신다면 저는 죽어도 영원히 없어지지 않을 것입니다." 하고 마침내 巴丘에서 죽었다.

1) 〔原註〕 奮威 : 權從弟孫瑜라 〔通鑑要解〕 奮威는 奮威將軍也니 時權從弟孫瑜爲也라

〔原註〕 奮威는 孫權의 從弟인 孫瑜이다. 〔通鑑要解〕 奮威는 奮威將軍이니, 이때 孫權의 從弟인 孫瑜가 奮威將軍으로 있었다.

2) 〔原註〕 取蜀 : 劉璋據蜀하니라

劉璋이 蜀을 점거하였다.

3) 〔原註〕 并張魯 : 魯據漢中하니라

張魯가 漢中을 점거하였다.

4) 〔原註〕 與馬超結援 : 超據關中하니라

馬超가 關中을 점거하였다.

5) 〔頭註〕 忠烈 : 功之光且盛者曰烈이라

功이 빛나고도 성대한 것을 烈이라 한다.

6) 〔釋義〕 卒於巴丘 : 巴丘는 漢長沙郡下雋縣地니 三國에 吳始名巴丘하니라 〔通鑑

要解〕國志에 亮이 三度氣殺周瑜한대 瑜臨死歎曰 天生瑜하고 豈生亮아하고 發憤死하니 年三十六也라

〔釋義〕巴丘는 漢나라 長沙郡 下雋縣 지역이니, 三國時代에 吳나라가 처음으로 巴丘라고 이름하였다.〔通鑑要解〕≪三國志≫에 諸葛亮이 세 차례 周瑜의 氣를 꺾어 죽게 하였는데, 周瑜가 죽을 때에 탄식하며 말하기를 "하늘이 나를 내시고 어찌 다시 諸葛亮을 내셨단 말인가?" 하고 격분하여 죽으니, 나이가 36세였다.

○ 初에 程普頗以年長이라하야 數(삭)陵侮瑜한대 瑜折節下之하야 終不與校[1]하니 普後自敬服而親重之하야 乃告人曰 與周公瑾(근)交는 若飮醇醪(료)[2]하야 不覺自醉라하더라

처음에 程普는 자못 자신이 나이가 많다 하여 자주 周瑜를 능멸하고 업신여겼으나 周瑜는 예우하여 자신을 낮추고 끝내 따지지 않았다. 程普는 뒤에 스스로 존경하고 감복하여 그를 친애하고 소중히 여기면서 마침내 사람들에게 말하기를 "周公瑾과 사귀는 것은 마치 물을 타지 않은 독한 술을 마시는 것과 같아서 스스로 취함을 깨닫지 못한다." 하였다.

1)〔頭註〕終不與校 : 校는 計校(較)也니 言不與之校曲直也라
校는 계교하는 것이니, 그와 더불어 曲直(是非)을 따지지 않음을 말한다.

2)〔通鑑要解〕飮醇醪 : 酒不澆曰醇醪라
술에 물을 타지 않은 것을 醇醪라 한다.

○ 權以魯肅으로 代瑜領兵하니 魯肅이 勸權하야 以荊州借劉備하야 與共拒曹操한대 權從之하다

孫權이 魯肅으로 周瑜를 대신하여 군대를 거느리게 하니, 魯肅은 孫權에게 권하여 荊州를 劉備에게 빌려 주어 함께 曹操를 막으라 하였는데, 孫權이 이를 따랐다.

○ 初에 孫權이 謂呂蒙曰 卿이 今當塗[1]掌事하니 不可不學이니라 蒙이 辭以軍中多務한대 權曰 孤豈欲卿治經爲博士耶아 但當涉獵[2]하야 見往事耳니라 卿言

多務하나 **孰若孤**오 **孤常讀書**에 **自以爲大有所益**이로라 **蒙**이 **乃始就學**이러니 **及魯肅**이 **過尋陽**이라가 **與蒙論議**하고 **大驚曰 卿**이 **今者才略**이 **非復吳下阿蒙**[3]이로다 **蒙曰 士別三日**이면 **卽更刮目相待**[4]어니 **大兄**은 **何見事之晚乎**잇가 **肅**이 **遂拜蒙母**하고 **結友而別**하다

처음에 孫權이 呂蒙에게 이르기를 "卿이 이제 要路를 담당하여 일을 맡고 있으니, 배우지 않으면 안 된다." 하였다. 呂蒙이 軍中에 사무가 많음을 이유로 사양하자, 孫權이 말하기를 "내가 어찌 卿이 經書를 연구하여 博士가 되기를 바라겠는가? 다만 서책을 섭렵하여 지나간 옛일을 알게 할 뿐이다. 卿이 사무가 많다고 말하나 어찌 나만 하겠는가. 나는 항상 책을 읽음에 스스로 크게 유익한 바가 있다고 여긴다." 하였다. 呂蒙이 이에 비로소 학문에 나아갔는데, 魯肅이 尋陽을 지나다가 呂蒙과 의논을 해 보고는 크게 놀라며 말하기를 "지금 卿의 재주와 도략이 다시는 예전 吳下에 있을 때의 阿蒙이 아니다." 하니, 呂蒙이 말하기를 "선비가 작별한 지 사흘이면 마땅히 눈을 씻고 상대해야 하니, 大兄은 어찌 일을 봄이 더디십니까?" 하였다. 魯肅은 마침내 呂蒙의 어머니를 배알하고 呂蒙과 벗을 맺고 작별하였다.

1) 〔釋義〕 當塗：塗는 路道也니 張綱曰 豺狼當道[*)]어늘 安問狐狸리오하니라
塗는 도로이니, 張綱이 말하기를 "승냥이와 이리가 길을 막고 있으니, 어찌 여우와 살쾡이를 따지겠는가." 하였다.

*) 豺狼當道：當塗는 當道와 같은 바, 要職(要路)을 맡음을 이른다. 豺狼當道는 원래 승냥이와 이리가 길을 막고 있는 것으로 本文의 當塗掌事와는 뜻이 다르나 다만 當塗를 當道로도 쓰기 때문에 塗와 道가 같음을 밝히기 위하여 인용한 것으로 보인다. 張綱이 말한 내용은 앞의 19권 順帝 漢安 元年條(142)에 보인다.

2) 〔釋義〕 但當涉獵：涉獵은 謂泛覽流觀이니 譬如涉水獵獸하야 不精專也라
涉獵은 널리 보고 두루 봄을 이르니, 비유하자면 물을 건너고 짐승을 사냥하는 것과 같이 하여 정밀하고 오로지하지 않는 것이다.

3) 〔譯註〕 阿蒙：阿蒙의 阿字는 語助辭이다. 阿는 사람을 친근하게 부를 때에 사용하는 發語辭로 원래의 독음은 '악'이나 세속에서는 '아'로 읽는다. 阿字는 상대방

의 이름이나 字, 또는 姓에도 魏·晉 시대에 특히 유행하였다.

4) 〔頭註〕 刮目相待 : 刮目은 拭目也라

刮目은 눈을 씻는 것이다.

○ 劉備以從事龐統으로 守耒陽[1]令이러니 在縣不治어늘 免官한대 魯肅이 遺備書曰 龐士元은 非百里才也라 使處治中別駕[2]之任이라야 始當展其驥足耳라하고 諸葛亮이 亦言之하니 備見統하고 與善譚[3]하야 大器之하야 遂用統爲治中하고 親待를 亞於諸葛亮이러라

劉備가 從事官인 龐統으로 耒陽令을 맡게 하였는데, 縣이 다스려지지 않자 龐統을 파면하였다. 魯肅이 劉備에게 편지를 보내기를 "龐士元(龐統)은 百里 되는 縣을 다스릴 재목이 아닙니다. 그를 治中과 別駕의 직임에 있게 하여야 비로소 그의 驥足(뛰어난 재능)을 펼칠 수가 있을 것입니다." 하였고, 諸葛亮 또한 말을 하니, 劉備가 龐統을 불러 만나 보고 그와 함께 깊은 이야기를 하고는 큰 인물이라고 여겨 마침내 龐統을 등용하여 治中으로 삼고는 친애하고 우대하기를 諸葛亮 다음으로 하였다.

1) 〔釋義〕 耒陽 : 縣名이니 屬桂陽이러니 今改耒陽하니 州在湖南衡州路하니라

耒陽은 縣의 이름이니 桂陽郡에 속하였는데, 이제 耒陽으로 바꿨으니 州가 湖南 衡州路에 있다.

2) 〔頭註〕 治中別駕 : 始於後漢하니 本刺史自辟除也라 從刺史行部할새 別乘一傳車[*)]라 故로 謂之別駕라 治中別駕는 皆州之紀綱이라

治中과 別駕는 後漢 때에 비롯되었으니, 본래 刺史가 직접 불러서 제수하였다. 別駕가 刺史를 따라 部를 순행할 때에 별도로 한 대의 傳車를 타기 때문에 別駕라 이른다. 治中과 別駕는 모두 州의 紀綱을 바로잡는 관직이다.

*) 傳車 : 驛站에서 公文이나 사람을 遞送하는 수레를 말한다.

3) 〔頭註〕 善譚[*)] : 譚은 與談同이라 一本에 善作言하고 龐統傳無善字라

譚은 談과 같다. 다른 本에는 善자가 言자로 되어 있으며, ≪三國志≫ 〈龐統傳〉에는 善자가 없다.

*) 善譚 : 胡三省의 註에는 "善譚은 그 당시의 일을 劇論(깊이 논함)하는 것이다. 〔善譚者 劇論當世事也〕" 하였다.

【辛卯】 十六年이라

建安 16년(신묘 211)

馬超, 韓遂等十部皆反하야 據潼關[1]이어늘 操留子丕守鄴하고 自將擊超하야 大破之하니 遂, 超奔涼州하다

馬超와 韓遂 등 10部가 모두 반란하여 潼關을 점거하자, 曹操가 아들 曹丕를 남겨 두어 鄴城을 지키게 하고, 직접 군대를 거느리고 馬超를 공격해서 대파하니, 韓遂와 馬超가 涼州로 달아났다.

1)〔釋義〕潼關：在華州華陰縣이라 杜氏通典曰 潼關은 元名衝關이니 言河自龍門南流하야 〈衝〉激華山而東也라 后因關之西一里有潼水하야 遂名潼關하니라
潼關은 華州 華陰縣에 있다. 杜佑의 ≪通典≫에 이르기를 "潼關은 원래 이름이 衝關이니, 黃河가 龍門으로부터 남쪽으로 흐르다가 華山에 부딪쳐서 동쪽으로 나옴을 말한 것이다. 뒤에 關門의 서쪽 1리쯤 되는 곳에 潼水가 있음으로 인하여 마침내 潼關이라 이름했다." 하였다.

○ 法正[1]이 爲劉璋軍議校尉[2]러니 璋不能用하니 邑邑[3]不得志하다 益州別駕張松이 與正善이러니 自負其才하야 忖璋不足以有爲하고 勸璋結劉備하야 以討張魯[4]하니 璋曰 誰可使者오 松이 乃擧正하니 璋然之하야 遣正將四千人하야 迎備어늘 主簿黃權이 諫호되 璋이 不聽이러라 法正이 至荊州하야 陰說備하야 取益州한대 備疑未決이러니 龐統曰 益州는 土沃財富하니 大業을 可成이니이다 備曰 今指與吾爲水火者는 曹操也니 操以急이어든 吾以寬하고 操以暴어든 吾以仁하고 操以譎이어든 吾以忠하야 每與操反이라야 事乃可成耳어늘 今以小利而失信義於天下면 奈何오 統曰 逆取順守는 古人所貴라 若事定之後에 封以大國이면 何負於信이리잇고 今日不取면 終爲人利耳리이다 備以爲然하야 乃留諸葛亮, 關羽等하야 守荊州하고 備將步卒數萬人하고 入益州하다 備至巴郡하니 太守嚴顔

이 拊心歎曰 此所謂獨坐窮山하야 放虎自衛者也로다 備至涪(부)[5]하니 璋이 往會之하고 增備兵하고 厚加資給하야 使擊張魯러니 備北到葭萌[6]하야 未卽討魯하고 厚樹恩德하야 以收衆心이러라

法正이 劉璋의 軍議校尉가 되었는데, 劉璋이 그의 계책을 쓰지 못하니 답답하여 뜻을 얻지 못하였다. 益州別駕 張松이 法正과 서로 친하였는데, 자신의 재능을 자부하여 劉璋이 훌륭한 일을 할 수 없음을 헤아리고는 劉璋에게 권하여 劉備와 결탁해서 張魯를 토벌하라 하니, 劉璋이 말하기를 "누가 사신으로 보낼 만한 자인가?" 하였다. 張松이 마침내 法正을 천거하니, 劉璋이 그 말을 옳게 여겨서 法正을 보내어 4천 명의 병사를 거느리고 가서 劉備를 맞이하게 하였다. 主簿 黃權이 이를 간하였으나 劉璋이 듣지 않았다.

法正이 荊州에 이르러서 은밀히 劉備를 설득하여 益州를 취하게 하니, 劉備가 의심하고 결정하지 못하였다. 龐統이 말하기를 "益州는 토지가 비옥하고 재물이 풍부하니, 大業을 이룰 수 있습니다." 하였다. 劉備가 말하기를 "지금 나와 더불어 물과 불처럼 서로 용납할 수 없는 자는 曹操이다. 曹操가 급함으로써 하면 나는 너그러움으로써 대응하고, 曹操가 포악함으로써 하면 나는 仁으로써 대응하고, 曹操가 속임수를 사용하면 나는 충성으로 대응하여 매번 曹操와 반대로 하여야 일을 비로소 이룰 수 있을 터인데, 이제 작은 이익 때문에 천하에 신의를 잃으면 어떻게 하겠는가?" 하였다. 龐統이 말하기를 "逆으로 취하고 順으로 지킴은 옛사람들이 귀하게 여긴 바입니다. 만약 일이 안정된 뒤에 劉璋을 큰 나라에 봉해 주면 어찌 신의를 저버리겠습니까? 오늘날 益州를 취하지 않으면 끝내 남의 이익이 될 뿐입니다." 하였다.

劉備가 그의 말을 옳게 여겨서 마침내 諸葛亮과 關羽 등을 남겨 두어 荊州를 지키게 하고, 劉備가 직접 步兵 수만 명을 거느리고 益州로 쳐들어갔다. 劉備가 巴郡에 이르니, 太守 嚴顔이 가슴을 치며 한탄하기를 "이는 이른바 홀로 깊은 산속에 앉아서 호랑이를 풀어놓아 스스로 호위하게 하는 것이다." 하였다. 劉備가 涪縣에 이르니, 劉璋은 가서 만나 보고는 劉備에게 병력을 보태 주고 물자를 넉넉히 지급하여 張魯를 공격하게 하였다. 劉備는 북쪽으

로 葭萌縣에 이르러서 즉시 張魯를 토벌하지 않고 恩德을 널리 베풀어 民心을 수습하였다.

1)〔頭註〕法正：姓名이라
法正은 姓名이다.
2)〔通鑑要解〕軍議校尉：使之議軍事라
軍議校尉는 그로 하여금 군대의 일을 의논하게 한 것이다.
3)〔釋義〕邑邑：本作悒悒하니 不安貌라
邑邑은 본래 悒悒으로 되어 있으니, 불안해하는 모양이다.
4)〔頭註〕以討張魯：張魯據關中하니 卽米賊也라
張魯가 關中을 점거하였으니, 곧 五斗米賊이다.
5)〔釋義〕涪：縣名이니 屬廣東이라 唐以前稱涪者는 卽今綿州也라 三國에 漢立涪陵郡하고 唐置涪州하니 去成都三百五十里라
涪는 縣의 이름이다. 廣東에 속하였다. 唐나라 이전에 涪라고 칭한 것은 바로 지금의 綿州이다. 三國時代에 蜀漢이 涪陵郡을 세웠고 唐나라 때 涪州를 설치하였으니, 成都와 350리 떨어져 있다.
6)〔釋義〕葭萌：縣名이니 屬廣東이라 括地志에 苴侯都葭萌하니 故城은 在今利州益昌縣南五十里하니라
葭萌은 縣의 이름이니 廣東에 속하였다. ≪括地志≫에 "苴侯가 葭萌에 도읍하였으니, 옛 성이 지금의 利州 益昌縣 남쪽 50리 지점에 있다." 하였다.

【壬辰】 十七年이라

建安 17년(임진 212)

孫權이 作石頭城하야 徙治秣陵하고 改秣陵하야 爲建業하다

孫權이 石頭城을 만들어 治所를 秣陵으로 옮기고, 秣陵을 고쳐 建業이라 하였다.

○ 董昭言於曹操曰 自古以來로 人臣匡世 未有今日之功하니 有今日之功이요 未有久處人臣之勢者也라 今明公이 恥有慙德하야 樂保名節이나 然處大

臣之勢하야 使人以大事疑己하니 誠不可不重慮也라하고 乃與列侯諸將議하야 以丞相宜進爵國公하고 九錫[1]備物하야 以彰殊勳이라하니 荀彧이 以爲曹公이 本興義兵하야 以匡朝寧國하야 秉忠貞之誠하고 守退讓之實하니 君子는 愛人以德[2]이니 不宜如此라한대 操由是不悅이러라 及擊孫權에 表請彧하야 勞軍于譙하고 因輒留彧하야 參丞相軍事러니 操軍이 向濡須에 彧이 以疾留壽春이라가 飮藥而卒[3]하다 彧이 行義修整하고 而有智謀하며 好推賢進士라 故로 時人이 皆惜之러라

董昭가 曹操에게 말하기를 "예로부터 신하가 세상을 바로잡은 것은 오늘날과 같은 공훈이 있지 않았으니, 오늘날과 같은 공훈이 있으면서 신하의 지위에 오랫동안 있었던 자는 있지 않습니다. 지금 明公이 부끄러운 德이 있음을 수치스럽게 여겨서 명예와 절개를 보존함을 즐거워하나 大臣의 지위에 거하여 사람들로 하여금 大事(황제의 지위에 오르는 일)를 가지고 자신을 의심하게 하니, 진실로 거듭 생각하지 않을 수 없습니다." 하고, 마침내 列侯와 여러 장수들과 의논하여 "丞相(曹操)에게 작위를 進封하여 國公으로 삼고 九錫의 물건을 갖추어서 특별한 공훈을 표창해야 한다." 하였다. 荀彧이 말하기를 "曹公은 본래 義兵을 일으켜 조정을 바로잡고 나라를 안정시켜 忠貞한 정성을 간직하고 겸양의 실제를 지켰으니, 君子가 사람을 사랑함은 德으로써 하는 바, 이와 같이 해서는 안 된다." 하였는데, 曹操가 이 때문에 荀彧을 좋아하지 않았다.

曹操는 孫權을 공격하게 되자, 表文을 올려 荀彧을 청해서 譙縣에서 군사들을 위로하게 하고 인하여 번번이 荀彧을 잡아 두어 丞相의 軍事에 참여하게 하였는데, 曹操의 군대가 濡須로 향할 때에 荀彧은 병으로 壽春에 남아 있다가 독약을 마시고 죽었다. 荀彧은 행실이 의롭고 단정하고 지모가 있으며, 어진 이를 추존하고 선비를 등용하기를 좋아하였다. 그러므로 당시 사람들이 모두 그의 죽음을 애석하게 여겼다.

1)〔釋義〕九錫：註見平帝元始五年하고 又見此下十八年하니 所註異同이라〔附註〕

一輿馬요 二衣服이요 三樂則이요 四朱戶요 五納陛요 六虎賁이요 七弓矢요 八鈇鉞이요 九秬鬯이라 衣服은 謂玄袞이요 樂則은 謂軒懸之樂이요 朱戶는 謂所居之室에 朱其戶也라 納陛는 謂從中階而升也요 虎賁은 三百人也요 秬鬯은 謂秬鬯之酒니 賜以祭祀也라 詳見十四卷乙丑年하니라

〔釋義〕 九錫은 註가 平帝 元始 5年條에 보이고, 또 이 아래 18年條에 보이니, 註의 내용이 약간 다르다. 〔附註〕 九錫은 첫 번째는 輿馬, 두 번째는 의복, 세 번째는 樂則, 네 번째는 朱戶, 다섯 번째는 納陛, 여섯 번째는 虎賁, 일곱 번째는 弓矢, 여덟 번째는 鈇鉞, 아홉 번째는 秬鬯이다. 의복은 검은색의 곤룡포를 이르고, 樂則은 軒懸의 음악을 이르고, 朱戶는 거주하는 방의 문에 붉은색 칠을 함을 이르고, 納陛는 가운데 계단을 따라 오름을 이르고, 虎賁은 호위병 3백 명이고, 秬鬯은 검은 기장으로 빚은 술을 이르니, 이것을 하사하여 제사하게 한 것이다. 14권 乙丑年條에 자세히 보인다.

2) 〔通鑑要解〕 君子愛人以德 : 記檀弓에 曾子曰 君子之愛人也는 以德이요 小人之愛人也는 以姑息이라하니라

≪禮記≫ 〈檀弓〉에 "曾子가 말씀하기를 '君子가 사람을 사랑함은 德으로써 하고, 小人이 사람을 사랑함은 姑息的(당장 편한 것)인 것으로써 한다.' 했다." 하였다.

3) 〔頭註〕 飮藥而卒 : 彧傳에 操饋之食한대 發視하니 乃空器也라 於是에 飮藥而卒이라

≪三國志≫ 〈荀彧傳〉에 "曹操가 荀彧에게 음식을 보냈는데, 꺼내 보니 빈 그릇이었다. 荀彧이 이에 독약을 마시고 죽었다." 하였다.

溫公曰 孔子之言仁也重矣라 自子路, 冉有, 公西赤門人之高弟와 令尹子文, 陳文子諸侯之賢大夫 皆不足以當之로되 而獨稱管仲之仁하시니 豈非以其輔佐齊桓하야 大濟生民乎아 齊桓之行若狗彘어늘 管仲不羞而相之하니 其志蓋以非桓公이면 則生民을 不可得而濟也일새라 漢末大亂하야 群生塗炭하니 自非高世之才면 不能濟也라 然則荀彧捨魏武하고 將誰事哉아 齊桓之時에 周室雖衰나 未若建安[1]之初也라 建安之初에 四海蕩覆하야 尺土一民이 皆非漢有어늘 荀彧이 佐魏武而興之하야 擧

賢用能하고 訓卒厲兵하야 決機發策하야 征伐四克하야 遂能以弱爲强하고 化亂爲治하야 十分天下而有其八하니 其功이 豈在管仲之後乎아 管仲은 不死子糾로되 而荀彧은 死漢室하니 其仁이 復居管仲之先矣어늘 而杜牧은 乃以爲彧之勸魏武取兗州에 則比之高, 光하고 官渡不令還許[2]에 則比之楚[3], 漢하고 及事就功畢하야는 乃欲邀名於漢代하니 譬之敎盜穴墻發匱而不與同挈하니 得不爲盜乎아하니 臣以爲孔子稱文勝質則史라하시니 凡爲史者는 記人之言에 必有以文之라 然則比魏武於高, 光, 楚, 漢者는 史氏之文也니 豈皆彧口所言耶아 用是로 貶荀彧은 非其罪矣라 且使魏武爲帝에 則彧爲佐命元功하야 與蕭何同賞矣어늘 彧不利此하고 而利於殺身以邀名이 豈人情乎아

溫公이 말하였다.

"孔子께서는 仁을 말씀하심에 신중하였다. 子路, 冉有, 公西赤 등 문인 중의 훌륭한 제자와 令尹子文, 陳文子 등 諸侯의 어진 大夫가 모두 仁을 감당할 수 없었으나 孔子께서 유독 管仲의 仁을 칭하였으니, 이는 어찌 管仲이 齊나라 桓公을 보좌하여 백성들을 크게 구제했기 때문이 아니겠는가. 齊나라 桓公의 행실이 개돼지와 같았는데, 管仲이 이것을 부끄러워하지 않고 그를 도왔으니, 그의 뜻(생각)은 아마도 桓公이 아니면 백성들을 구제할 수 없다고 여겼기 때문일 것이다. 漢나라 말기에 크게 혼란해서 백성들이 도탄에 빠졌으니, 만일 세상에 출중한 재주가 아니면 구제할 수가 없었다. 그렇다면 荀彧이 魏 武帝(曹操)를 버리고 장차 누구를 섬기겠는가?

齊나라 桓公 때에 周나라 황실이 비록 쇠하였으나 建安 초기와 같지는 않았다. 建安 초기에는 온 천하가 전복되어 한 자의 영토와 한 명의 백성도 모두 漢나라 소유가 아니었는데, 荀彧이 魏 武帝를 보좌하여 일으켜서 덕이 있는 賢者를 천거하고 유능한 자를 등용하며 병사들을 훈련시키고 병기를 가다듬어서 기회를 결정하고 계책을 내어 정벌하여 사

방을 이겼다. 그리하여 마침내 약함을 강함으로 만들고 어지러움을 변화시켜 다스림으로 만들어 천하를 열로 나눔에 그 여덟을 소유하였으니, 그 功이 어찌 管仲의 뒤에 있겠는가. 管仲은 公子 糾를 따라 죽지 않았지만 荀彧은 漢나라 황실을 위하여 죽었으니, 그 仁이 또 管仲의 앞에 있는 것이다. 그런데 杜牧은 도리어 '荀彧이 魏 武帝에게 兗州를 취할 것을 권할 적에 漢나라 高帝와 光武帝에게 견주었고, 官渡에서 許都로 돌아가지 말 것을 권할 적에 楚·漢에 견주었으며, 일이 이루어지고 공을 마침에 이르러서는 마침내 漢나라 때에 충신이라는 명예를 얻고자 하였으니, 비유하자면 도둑에게 담장에 구멍을 뚫고 궤를 꺼내 가도록 가르치고는 도둑질한 물건을 함께 갖지 않은 것과 같으니, 도둑이라고 이르지 않을 수 있겠는가.'라고 하였다.

내가 생각건대 孔子께서 '文(아름다운 외관)이 質(본바탕)을 이기면 겉치레만 잘하고 성실성이 부족한 史官(書記)과 같다.'고 말씀하셨으니, 무릇 史官이 된 자는 남의 말을 기록함에 반드시 文飾함이 있다. 그렇다면 魏 武帝를 高帝와 光武帝, 楚·漢에 견준 것은 史氏의 글이니, 어찌 모두 荀彧의 입으로 말한 것이겠는가? 이것을 가지고 荀彧을 폄하함은 그의 죄가 아니다. 또 만일 魏 武帝가 황제가 되었다면 荀彧은 佐命功臣이 되어서 蕭何와 똑같은 상을 받을 수 있었을 터인데, 荀彧이 이것을 이롭게 여기지 않고 몸을 죽여 명예를 얻음을 이롭게 여기는 것이 어찌 人情이겠는가."

1) 〔頭註〕 建安 : 獻帝라
建安은 獻帝의 연호이다.

2) 〔頭註〕 不令還許 : 魏武軍官渡한대 袁紹進臨射營中하야 矢如雨下하니 衆大懼라 時에 公糧少하야 議欲還許러니 彧諭以不可하니라
魏 武帝가 官渡에 주둔하고 있었는데, 袁紹가 전진하여 와서 營中에 활을 쏘아 화살이 비오듯 쏟아지니, 군사들이 크게 두려워하였다. 이때 曹公(曹操)이 군량이 부족하므로 의논하여 許都로 돌아가려고 하였는데, 荀彧이 불가하다고 말하였다.

3) 〔頭註〕 楚 : 項羽라

楚나라는 項羽이다.

〔新增〕 胡氏曰 操自起兵으로 惟有奉迎獻帝하야 出於危迫하니 謂一時之功이 可也라 其事雖順이나 其情則逆이요 自餘東征西伐하야 禽(擒)呂布, 破袁紹하고 下荊州, 定關中[1]이 皆闢土討貳하야 以自封殖이니 何與於漢哉아 而司馬氏稱荀彧佐操하야 其功이 不在管仲之後라하니 夫齊威[2]는 抑戎狄하고 事周室하야 仗正義以立襄王[3]하야 中國君臣父子之道 皆得焉하니 孔子以爲一匡天下하야 民到于今히 受其賜者 豈嘗陵迫君父하고 弑天下母[4]를 如操之所爲乎아 五伯(霸)는 三王之罪人也요 曹操는 五伯之罪人也라 功非扶漢이요 志在簒君하니 直亂臣賊子之魁桀耳라 雖僞定一時나 而不克混一하고 甫三世에 曹芳, 髦, 璜이 已在人掌握하야 呼來斥去하야 僅同奴隷하고 或乃死於錯(措)刃[5]하니 天之施報가 疎而不失이라 然이나 反道敗德之人이 狃於姦宄하야 終不懲也로다

胡氏가 말하였다.

"曹操는 군대를 일으킨 뒤로 오직 獻帝를 받들어 맞이하여 위험하고 급박한 상황에서 나오게 하였으니, 한때의 공이 있다고 이르는 것이 가할 것이다. 그러나 그 일은 비록 順하였으나 그 마음은 逆이었으며, 기타 동쪽을 정벌하고 서쪽을 정벌해서 呂布를 사로잡고 袁紹을 격파하고 荊州를 함락하고 關中을 평정한 것은 모두 영토를 개척하고 자기를 배반한 자들을 토벌하여 자신의 세력을 북돋워 증식한 것이니, 漢나라와 무슨 상관이 있겠는가.

司馬氏(司馬溫公)는 荀彧이 曹操를 보좌하여 그 공이 管仲의 뒤에 있지 않다고 칭찬하였다. 그러나 齊나라 桓公은 戎狄을 억제하고 周나라 왕실을 섬겨서 正義에 의거하여 襄王을 세워서 中國의 君臣과 父子의 道가 모두 올바름을 얻었다. 공자께서 管仲을 일러 '한 번 천하를 바로잡아 백성들이 지금에 이르도록 그 은혜를 입고 있다.'고 하셨는 바, 어찌 일찍이 君父를 능멸하고 핍박하며 천하의 어머니인 皇后를 시해하기를 曹操처럼 한 적이 있었는가. 五霸는 三王의 죄인이고, 曹操는 五霸의 죄인이다.

그의 功은 漢나라를 부지한 것이 아니요 뜻이 황제의 자리를 찬탈함에 있었으니, 한갓 亂臣賊子의 魁首일 뿐이다. 비록 한 세상을 거짓으로(임시로) 평정하였으나 통일하지 못하였으며, 겨우 3代 만에 曹芳·曹髦·曹璜이 이미 남의 손아귀에 들어가서 부르면 오고 배척하면 떠나가서 겨우 노예와 같았고 혹은 마침내 칼날을 쥔 자에게 죽임을 당하였으니, 하늘의 報施가 성글면서도 놓치지 않은 것이다. 그러나 道를 배반하고 德을 무너뜨리는 사람들이 간사한 짓에 익숙하여 끝내 징계하지 못하였다."

1) 〔頭註〕 下荊州 定關中 : 荊州는 劉表요 關中은 張魯라
荊州는 劉表요, 關中은 張魯이다.

2) 〔頭註〕 齊威 : 卽桓公이라
齊威는 곧 齊나라 桓公이다.

3) 〔附註〕 立襄王 : 襄王은 惠王子鄭也요 大叔帶는 襄王弟니 惠后之子也라 有寵於惠后하야 欲立之러니 惠王崩에 襄王懼不得立하야 告難于齊한대 齊侯與王人率諸侯盟于洮하니 而後에 襄王位定하니라
襄王은 惠王의 아들 鄭이고, 太叔帶는 襄王의 아우로 惠后의 아들이었는데, 惠后에게 총애를 받았으니, 惠后는 太叔帶를 세우고자 하였다. 惠王이 죽자 襄王은 자신이 王位에 서지 못할까 두려워하여 齊나라에 난을 고하니, 齊侯(桓公)가 王人(천자의 낮은 신하)과 더불어 제후를 거느리고 洮에서 맹약하였다. 그리하여 뒤에 襄王의 지위가 안정되었다.

4) 〔附註〕 弑天下母 : 董承女爲貴人이러니 操誅承하고 求貴人殺之한대 帝以有姙爲請호되 不得이라 皇后伏氏懼하야 令父完密圖之라가 事泄한대 操使郗慮勒兵入宮하야 收后牽出하니 時帝在外殿이라 后被髮徒跣하고 泣過訣曰 不能相活耶아 帝曰 我亦不知命在何時로다 顧慮曰 郗公아 天下寧有是耶아 遂將后以幽死하고 所生二皇子를 皆殺之하고 兄弟及宗族死者 百餘人이라
董承의 딸이 貴人이 되었는데, 曹操가 董承을 죽이고 貴人을 죽일 것을 요구하자, 황제가 貴人이 임신하였음을 이유로 살려 줄 것을 청하였으나 曹操가 허락하지 않았다. 황후 伏氏가 두려워하여 아버지 伏完으로 하여금 은밀히 도모하게 하였다가 일이 발각되자, 曹操가 郗慮로 하여금 군대를 무장하여 궁중으로 들어가서 황후를 잡아 끌고 나오니, 이때 황제가 外殿에 있었다. 황후가 산발을 한 채 맨발로 울면서 찾아가 영결하며 말하기를 "살려 줄 수 없습니까?" 하니, 황제가

말하기를 "나 또한 목숨이 언제까지 붙어 있을지 알 수 없다." 하고는 郗慮를 돌아보며 말하기를 "郗公아, 천하에 어찌 이런 일이 있는가?" 하였다. 마침내 황후를 데리고 가서 유폐하여 죽이고 그가 낳은 두 皇子를 모두 죽였으며 兄弟(오라비)와 宗族 중에 죽은 자가 백여 명이었다.

5) 〔頭註〕 錯刃 : 錯는 與措通이라 賈充與髦戰할새 太子舍人成濟 抽戈刺髦하니라
錯는 措와 통한다. 賈充이 曹髦와 싸울 때에 太子舍人 成濟가 창을 뽑아 曹髦를 찔러 죽였다.

劉備在葭萌에 龐統이 勸備襲成都[1]하니 備遂進據涪城하다

劉備가 葭萌縣에 있을 때에 龐統이 劉備에게 成都를 습격할 것을 권하니, 劉備가 마침내 전진하여 涪城을 점거하였다.

1) 〔頭註〕 成都 : 劉璋이라
成都는 劉璋이다.

【癸巳】 十八年이라

建安 18년(계사 213)

正月에 曹操進軍濡須口하야 號步騎四十萬이라하고 攻破孫權江西營하니 權이 率衆七萬禦之하다 相守月餘에 操見其舟船器仗과 軍伍整肅하고 歎曰 生子를 當如孫仲謀[1]요 如劉景升[2]兒子는 豚犬耳라하더라

正月에 曹操가 군대를 濡須 어구로 진출시키면서 보병과 기병이 40만 명이라 이름하고 長江 西岸에 있는 孫權의 진영을 공격하여 쳐부수니, 孫權이 군사 7만 명을 거느리고 막았다. 서로 대치한 지 한 달이 넘었는데, 曹操가 孫權의 선박과 병장기와 군대의 항렬이 정돈되고 엄숙한 것을 보고는 감탄하기를 "자식을 낳으려면 마땅히 孫仲謀(孫權)와 같아야 할 것이요, 劉景升(劉表)의 자식(劉琮)은 다만 돼지와 개일 뿐이다." 하였다.

1) 〔釋義〕 仲謀 : 孫權字라

仲謀는 孫權의 字이다.

2)〔釋義〕景升 : 劉表字라

景升은 劉表의 字이다.

○ 五月에 以冀州十郡으로 封曹操爲魏公하고 加九錫하다

5월에 冀州의 열 郡으로 曹操를 봉하여 魏公으로 삼고 九錫을 가하였다.

○ 劉備進圍成都하니 時에 劉璋城中에 尙有精兵三萬人이요 穀帛이 支一年이라 吏民이 咸欲死戰이어늘 璋言 父子[1]在州二十餘年에 無恩德以加百姓하니 何心能安이리오하고 遂開城出降이어늘 備遷璋于公安[2]하고 盡歸其財物하고 備領益州牧하다

劉備가 전진하여 成都를 포위하니, 이때 劉璋의 城 안에는 아직도 정예병 3만 명이 있고 곡식과 비단이 1년을 버틸 수 있었다. 관리와 백성들이 모두 결사적으로 싸우고자 하였으나 劉璋은 말하기를 "우리 父子가 고을에 있은 지 20여 년에 백성에게 은덕을 베푼 것이 없으니, 어찌 마음에 편안할 수 있겠는가." 하고는 마침내 城門을 열고 나와 항복하였다. 劉備는 劉璋을 公安으로 옮기고는 그의 재물을 모두 돌려보내었다. 劉備가 益州牧을 겸하였다.

1)〔頭註〕父子 : 璋父焉이라

父子는 劉璋과 그의 아버지 劉焉이다.

2)〔釋義〕備遷璋于公安 : 公安은 本地名油口니 劉備立營於此하고 改名公安縣하니 屬荊州하니라

公安은 본래 지명이 油口이다. 劉備가 이곳에 진영을 세우고 公安縣이라고 이름을 고쳤으니, 荊州에 속하였다.

蘇東坡曰 取之以仁義하고 守之以仁義者는 周也요 取之以詐力하고 守之以詐力者는 秦也요 以秦之所以取로 取之하고 以周之所以守로 守之者는 漢也요 仁義詐力雜用하야 以取天下者는 此孔明之所以失也라 且夫行一不義하고 殺一不辜而得天下를 有所不爲而后에 天下忠臣義士樂爲之用이라 劉表之喪에 昭烈

在荊州러니 孔明이 欲襲殺其孤[1]한대 昭烈不忍也라 其後에 劉璋이 以好逆之어늘 至蜀不數月에 扼其吭하고 拊其背하야 而奪其國하니 此其與曹操異者幾希矣라 曹劉之不敵은 天下之所共知也라 言兵이면 不若操之多하고 言地면 不若操之廣하고 言戰이면 不若操之能하니 所恃以勝之者는 獨以其區區之忠義[2]로 有以激天下之心耳라 孔明遷劉璋에 既已失天下忠臣義士之望이어늘 乃始治兵振旅하야 爲仁義之師하야 東嚮長驅而欲天下響應이면 蓋亦難矣니라

蘇東坡가 말하였다.

"仁義로써 취하고 仁義로써 지킨 것은 周나라요, 詐力(속임수와 무력)으로써 취하고 詐力으로써 지킨 것은 秦나라요, 秦나라가 취한 것(속임수와 무력)으로 취하고 周나라가 지킨 것(仁義)으로 지킨 것은 漢나라요, 仁義와 詐力을 뒤섞어 써서 천하를 취하려 한 것은 孔明이 실패한 이유이다. 또 한 가지라도 不義한 일을 행하고 한 사람이라도 죄 없는 사람을 죽이고서 천하를 얻는 일을 하지 않은 뒤에야 천하의 忠臣과 義士가 기꺼이 그를 위해 쓰여지는 것이다. 劉表가 죽었을 때에 昭烈이 荊州에 있었는데, 孔明이 劉表의 아들을 습격하여 죽이려 하자 昭烈이 차마 하지 못하였다. 그러나 그 뒤에 劉璋이 好意로 昭烈을 맞이하였으나 蜀 지방에 이른 지 몇 달이 못 되어 그의 목을 조르고 그의 등을 쳐서 그의 나라를 빼앗았으니, 이는 曹操와 다른 점이 별로 없는 것이다.

昭烈이 曹操를 대적할 수 없음은 천하 사람들이 함께 아는 바이다. 병력으로 말하면 曹操만큼 많지 못하고, 영토로 말하면 曹操만큼 넓지 못하고, 전술로 말하면 曹操만큼 능하지 못하였으니, 昭烈이 믿고 이길 수 있는 것은 오직 간곡한 忠義로 천하 사람들의 마음을 격동시키는 것일 뿐이었다. 孔明이 劉璋을 〈公安으로〉 옮겨 이미 천하의 忠臣・義士들의 바람을 잃었는데, 그제서야 비로소 군대를 다스리고 군대를 정돈하여 仁義의 군사라고 하여 동쪽을 향해 멀리 달려가서 천하 사람들이 호응하기를 바란다면 이는 또한 어려운 것이다."

1) 〔頭註〕 欲襲殺其孤 : 孤는 謂劉表子琮이라
孤는 劉表의 아들 劉琮을 이른다.

2)〔頭註〕區區之忠義：區區는 猶勤勤也라

區區는 勤勤(매우 간곡함)과 같다.

〔新增〕葉氏曰 昭烈이 以信義聞天下어늘 而有攻劉璋之事는 何耶아 議者以璋善遇昭烈이어늘 反扼其吭而奪之國하니 豈得爲有義리오하니 吾竊以爲不然이라 昭烈之取劉璋은 正所以爲義也라 夫所謂仁義之師者는 不爲無名之擧하야 征伐以討其不王耳라 方董卓之亂하야 雄豪競逐에도 猶皆以討賊尊漢爲名이어늘 劉焉은 乃陰懷異志[1]하고 乘間據有益州하야 偃然有不臣之心이라 造乘輿하고 斷劍閣[2]하며 遣米賊[3]하야 殺漢使하고 助馬騰[4]하야 襲長安이라 方王室傾壞之秋하야 而乃自規便利하야 圖竊神器하니 玆蓋漢之奸賊二袁董卓輩爾니 仁人所必誅者라 漢帝已收殺其子로되 而恨未戮及其身하니 然則焉之罪를 其可忍耶아 及璋以孽息闇弱으로 復盜王土하니 昭烈이 方仗義兵하야 攘群盜하야 以復漢室하니 此而不誅면 漢室이 當何興耶아 過劇賊之鄕而不追擊捕取면 豈足爲天吏哉아 故로 昭烈之擧는 上以攄[5]漢帝之憤하고 下以誅劉焉之奸이니 厥功大矣라 何負義之有리오 故曰 取劉璋者는 正所以爲義也라하노라

葉氏가 말하였다.

“昭烈이 信義로써 천하에 알려졌는데, 劉璋을 공격한 일이 있음은 어째서인가? 의논하는 자들은 ‘劉璋이 昭烈을 잘 대우하였는데 도리어 그의 목을 조르고 그의 나라를 빼앗았으니, 어찌 信義가 있다 할 수 있겠는가.’라고 말하나 나는 그 말이 옳지 않다고 여긴다. 昭烈이 劉璋의 益州를 취한 것은 바로 의리를 행한 것이다. 이른바 仁義의 군대라는 것은 명분 없는 일을 하지 아니하여 天子에게 조회 오지 않는 자를 정벌하여 토벌할 뿐이다. 董卓이 반란할 때를 당하여 영웅호걸들이 경쟁할 때에도 오히려 모두 역적을 토벌하고 漢나라를 높이는 것을 명분으로 삼았는데, 劉焉은 속에 딴 마음을 품고 틈을 타서 益州를 점거하여 버젓이 신하 노릇 하지 않으려는 마음을 품었다. 그리하여 天子가 타는 수레를 만들고 劍閣을 차단하였으며, 五斗米賊을 보내어 漢나라 使者를 죽이게 하고 馬騰을 도와 長安을 습격하게 하였다. 왕실이 기울어지고 무너질 때를 당하여 마침내 스스로 편리함을 엿보아 神器를 도둑질

하려고 도모하였으니, 이는 漢나라의 간사한 역적인 袁紹와 袁術, 董卓의 무리일 뿐이니, 仁人이 반드시 토벌해야 할 대상이다. 漢나라 황제가 이미 그의 자식을 잡아 죽였으나 한스럽게도 誅戮이 그의 몸에 미치지 못하였으니, 그렇다면 劉焉의 죄를 어찌 차마 용납할 수 있겠는가.

劉璋이 劉焉의 庶子로 어리석고 약하면서 또다시 왕의 땅을 도둑질할 때, 昭烈은 막 義兵을 내세워 도둑들을 물리쳐서 漢나라 황실을 회복하고 있었다. 이러한데도 劉璋을 토벌하지 않는다면 漢나라 황실이 어찌 일어날 수 있겠는가. 흉악한 역적의 고을을 지나면서 추격하여 잡아 죽이지 않는다면 어찌 天吏가 될 수 있겠는가. 그러므로 昭烈의 이 일은 위로는 漢나라 황제의 울분을 풀어 주고 아래로는 劉焉의 간사함을 토벌한 것이니, 그 공로가 크다. 어찌 信義를 저버림이 있겠는가. 그러므로 나는 昭烈이 劉璋을 취한 것은 바로 의리를 행한 것이라고 말하는 것이다."

1)〔頭註〕陰懷異志：焉이 靈帝政衰어늘 乃求交趾牧하야 避世難이러니 未行에 聞益州有天子氣하고 謀領益州牧하야 撫納離叛하야 陰圖異計하니라

劉焉은 靈帝의 정사가 혼란해지자, 마침내 交趾牧이 될 것을 청하여 세상의 난리를 피하려 하였는데, 떠나기 전에 益州에 天子의 기운이 있다는 말을 듣고는 꾀하여 益州牧을 겸한 다음 離叛한 자들을 어루만지고 불러들여서 은밀히 딴 계책을 도모하였다.

2)〔譯註〕斷劍閣：劍閣은 長安에서 西蜀으로 들어가는 통로로, 예로부터 험준한 요해지로 유명하였다.

3)〔頭註〕米賊：張魯는 自祖父以來로 世爲五斗米道하야 爲人療病하고 令病家出米五斗하니 號五斗米師라 聚衆寇叛하니 時謂之米賊이라

張魯는 祖父 이래로 대대로 五斗米道를 신봉하여 사람들을 위해 병을 치료해 주고 病者의 집에서 쌀 5斗를 내게 하니, 五斗米師라 이름하였다. 여러 도적들을 모아 반란하니, 당시에 이를 米賊이라 하였다.

4)〔頭註〕馬騰：馬超父也니 初에 焉이 與圖山東할새 留騰屯郿하니라

馬騰은 馬超의 아버지이니, 처음에 劉焉이 그와 함께 山東을 도모할 때에 馬騰을 남겨 두어 郿 땅에 주둔하게 하였다.

5)〔頭註〕攄：音摴니 舒也라

攄는 음이 저(터)이니, 폄이다.

備之自新野奔江南也에 荊, 楚群士 從之如雲이로되 而劉巴獨詣魏公操어늘 諸葛亮이 以書招之나 巴不從하니 備深以爲恨이라 巴遂入蜀하야 依劉璋이러니 備攻成都에 令軍中曰 有害巴者면 誅及三族이라하더니 及得巴에 甚喜러라 是時에 益州郡縣이 皆望風景(影)附[1]호되 獨黃權[2]이 閉城堅守라가 須璋稽[3]服乃降이라 於是에 董和, 黃權, 李嚴等은 本璋之所授用也요 吳懿, 費觀等은 璋之婚親也요 彭羕(양)은 璋之所擯棄也요 劉巴는 宿昔之所忌恨[4]也로되 備皆處之顯任하야 盡其器能하니 有志之士 無不競勸하고 益州之民이 是以大和러라

劉備가 新野에서 江南으로 도망할 때에 荊·楚 지방의 여러 선비들이 구름처럼 따라왔으나 劉巴는 홀로 魏公 曹操에게 갔다. 諸葛亮이 편지로 그를 불렀으나 劉巴가 따르지 않으니, 劉備가 매우 한스러워하였다. 劉巴가 마침내 蜀으로 들어가서 劉璋에게 의지하였는데, 劉備가 成都를 공격할 때에 軍中에 명령하기를 "劉巴를 해치는 자가 있으면 주벌이 三族에게 미칠 것이다." 하였다. 劉備는 劉巴를 얻게 되자, 매우 기뻐하였다. 이때 益州의 郡縣들이 모두 風聲을 듣고 그림자처럼 따랐으나 유독 黃權만은 성문을 닫고 굳게 지키다가 劉璋이 머리를 조아려 복종하기를 기다리고서야 비로소 항복하였다. 이에 董和·黃權·李嚴 등은 본래 劉璋이 제수하여 등용한 바요, 吳懿·費觀 등은 劉璋의 혼인한 친척이요, 彭羕은 劉璋이 물리쳐 버린 바요, 劉巴는 옛부터 꺼리고 한스러워하던 바였으나 劉備가 모두 현달한 직임에 처하게 하여 그 器局과 능력을 다하게 하니, 뜻있는 선비들이 다투어 권면하지 않음이 없었고 益州의 백성들이 이 때문에 크게 화목하였다.

1) 〔釋義〕 景附 : 景은 讀曰影이니 言服從之易 如影之隨形也라
景은 影으로 읽으니, 복종하기 쉬움이 그림자가 그 형체를 따름과 같음을 말한다.
2) 〔通鑑要解〕 黃權 : 其時에 黃權이 廣漢長也라
黃權이 이때 廣漢長으로 있었다.

3)〔頭註〕稽 : 音啓니 稽首服從也라

稽는 음이 계이니, 머리를 오랫동안 조아려 복종하는 것이다.

4)〔附註〕劉巴宿昔之所忌恨 : 忌恨璋之迎備也라 巴諫曰 備는 雄人也니 入必爲害하리이다 旣迎에 又諫曰 若使備討張魯면 是放虎於山林也니이다 璋不聽이어늘 閉門稱疾이러니 及先主定益州에 孔明薦之하야 後爲尙書令하니라

劉璋이 劉備를 맞이하는 것을 꺼리고 한스러워한 것이다. 劉巴가 간하기를 "劉備는 영웅이니, 들어오면 반드시 폐해가 될 것입니다." 하였다. 劉璋이 이미 劉備를 맞이하자, 劉巴는 또다시 간하기를 "만약 劉備로 하여금 張魯를 토벌하게 한다면 이는 호랑이를 산속에 풀어놓는 것입니다." 하였으나 劉璋이 듣지 않자 문을 닫고 병을 칭탁하였다. 先主가 益州를 평정하자 諸葛孔明이 그를 천거하여 뒤에 尙書令이 되었다.

○ 成都之圍也에 備與士衆約호되 若事定이면 府庫百物은 孤無預焉이라하더니 及拔成都에 士衆이 皆捨干戈하고 赴諸藏하야 競取寶物하니 軍用이 不足이라 備甚憂之어늘 劉巴曰 此易耳니이다 但當鑄直(値)百[1]錢하고 平諸物價하야 令吏爲官市하소서 備從之러니 數月之間에 府庫充實이러라

成都를 포위하였을 때에 劉備가 군사들과 약속하기를 "만약 일이 안정되면 府庫의 온갖 물건은 내가 간여하지 않겠다." 하였는데, 成都를 함락하자 군사들이 모두 방패와 창을 버리고 여러 창고로 달려가서 보물을 다투어 취하니, 군대의 재용이 부족하였다. 劉備가 이를 매우 걱정하자, 劉巴가 말하기를 "이는 해결하기가 쉽습니다. 다만 百錢짜리 돈을 주조하고 여러 물가를 공평하게 해서 관리들로 하여금 官에서 물건을 팔게 하소서." 하였다. 劉備가 그의 말을 따르니, 수개월 사이에 府庫가 충실하였다.

1)〔頭註〕直百 : 一錢直百文曰 直百이라

1전의 값어치가 100文(錢)인 것을 直百이라 한다.

○ 諸葛亮이 佐備治蜀할새 頗尙嚴峻하니 人多怨歎者라 法正이 謂亮曰 昔에 高祖入關에 約法三章하시니 秦民이 知德이어늘 今君이 假借威力하야 跨據一州하

야 初有其國에 未垂惠撫라 且客主之義[1] 宜相降下니 願緩刑弛禁하야 以慰其望하라하니 亮曰 君은 知其一이요 未知其二로다 秦以無道로 政苛民怨하야 匹夫大呼에 天下土崩이어늘 高祖因之하시니 可以弘濟어니와 劉璋은 暗弱하야 德政不擧하고 威刑不肅하니 蜀土人士 專權自恣하야 君臣之道 漸以陵替라 寵之以位하야 位極則殘[2]하고 順之以恩하야 恩竭則慢하나니 所以致敝 實由於此라 吾今威之以法하니 法行則知恩이요 限之以爵하니 爵加則知榮이니 榮恩竝濟하고 上下有節이면 爲治之要 於斯而著矣니라

諸葛亮이 劉備를 보좌하여 蜀을 다스릴 적에 준엄함을 자못 숭상하니, 사람들 중에 원망하고 한탄하는 자가 많았다. 法正이 諸葛亮에게 이르기를 "옛날에 高祖가 關中에 들어갔을 때에 三章의 法만을 약속하니, 秦나라 백성들이 은덕을 알았습니다. 그런데 지금 君이 위엄과 무력을 빌려서 한 州를 점거하여 처음 그 나라를 소유함에 은혜롭게 어루만짐을 아직 베풀지 않았습니다. 또 나그네와 주인의 의리는 서로 낮추어야 하니, 형벌을 늦추고 禁令을 풀어 주어서 백성들의 바람을 위로하기를 원합니다." 하였다. 諸葛亮이 말하기를 "그대는 한 가지만 알고 두 가지는 알지 못하는구나. 秦나라가 무도함으로 인해 정사가 가혹하고 백성들이 원망하여 匹夫가 크게 고함치자 천하가 여지없이 와해되었는데, 高祖께서 이를 인하셨으니 너그러움으로 구제할 수 있거니와, 劉璋은 어리석고 약하여 德政이 거행되지 못하고 刑法이 엄숙하지 못하니 蜀 지방의 人士들이 권력을 마음대로 휘두르고 방자하여 君臣의 道가 점점 침체되었다. 지위로써 총애하여 지위가 극에 이르면 해치고, 은혜로써 순히 하여 은혜가 다하면 태만해지니, 피폐함을 초래한 것이 실로 여기에 연유하였다. 지금 나는 법으로 위엄을 보이니 법이 행해지면 은혜를 알 것이요, 작위로 제한하니 작위가 가해지면 영화로움을 알 것이다. 영화와 은혜가 서로 이루어 주고 上下가 절도가 있으면 정치하는 요점이 여기에 드러날 것이다." 하였다.

1) 〔頭註〕 客主之義 : 以亮等初至라하야 爲客이요 益州人士則主也라

諸葛亮 등이 처음 이르렀다 하여 客이라 하고, 益州의 人士들을 주인이라 한 것이다.

2)〔頭註〕殘：資治作賤*)이라

殘은 ≪資治通鑑≫에 賤으로 되어 있다.

*) 資治作賤：지위(벼슬)가 극에 이르면 천해진다〔位極則賤〕로 해석한 것이다.

○ 劉備以零陵蔣琬으로 爲廣都長1)이러니 備嘗因遊觀하야 奄至廣都하야 見琬衆事不治2)하고 時又沈醉3)어늘 備大怒하야 將加罪戮한대 諸葛亮이 請曰 蔣琬은 社稷之器요 非百里之才也라 其爲政에 以安民爲本하고 不以修飾爲先하니 願主公은 重4)加察之하소서 備雅5)敬亮하야 乃不加罪하고 倉卒에 但免官而已러라

劉備가 零陵의 蔣琬을 廣都長으로 삼았는데, 劉備가 일찍이 유람하다가 인하여 갑자기 廣都에 이르러서 蔣琬을 보니, 온갖 일이 다스려지지 못하였고 이때 또 술에 취해 있었다. 劉備가 크게 노하여 장차 죄를 다스려 죽이려고 하였는데, 諸葛亮이 청하기를 "蔣琬은 社稷(국가)을 다스릴 器局이요, 百里 되는 縣을 다스릴 재목이 아닙니다. 그가 정사를 할 때에 백성을 안정시키는 것을 근본으로 삼았고 남들 보기 좋게 겉을 꾸미는 것을 우선으로 삼지 않았으니, 主公께서는 다시 살피시기 바랍니다." 하였다. 劉備가 평소 諸葛亮을 공경하여 마침내 蔣琬에게 죄를 가하지 않고 창졸간에 다만 그의 관직만을 파면하였다.

1)〔釋義〕廣都長：廣都縣은 屬成都府라 長은 猶令也라

廣都縣은 成都府에 속하였다. 長은 令과 같다.

2)〔釋義〕治：理效也라

治는 다스린 효험이다.

3)〔頭註〕沈醉：沈溺於酒也라

沈醉는 술에 빠진 것이다.

4)〔頭註〕重：去聲이니 再也라

重은 去聲이니, 다시이다.

5)〔頭註〕雅：素也라
　雅는 평소이다.

○ 魏尙書令荀攸卒하다 攸深密有智防[1)]하야 自從操攻討로 常謀謨[2)]帷幄하니 時人及子弟 莫知其所言이러라 操常稱荀文若[3)]之進善은 不進不休요 荀公達[4)]之去惡은 不去不止라하고 又稱二荀令[5)]之論人에 久而益信하니 吾沒世不忘이라하더라

魏나라 尙書令 荀攸가 죽었다. 荀攸는 깊고 치밀하고 智謀와 방비가 있어서 曹操를 따라 공격하고 토벌한 뒤로부터 항상 帷幄에서 계책을 세우니, 당시 사람들과 그의 子弟들이 그가 말한 내용을 알지 못하였다. 曹操가 항상 칭하기를 "荀文若(荀彧)은 좋은 계책을 올릴 때에 그 계책이 쓰여지지 않으면 건의를 그만두지 않고, 荀公達(荀攸)은 잘못을 간할 때에 그 잘못이 제거되지 않으면 간언을 그치지 않았다." 하였고, 또 칭하기를 "두 荀令이 인물을 논평함에 오래될수록 더욱 信服하게 하니, 내가 종신토록 잊지 못한다." 하였다.

1)〔頭註〕智防：智以料事하고 防以保身이라
　지혜로써 일을 헤아리고, 방비하여 몸을 보전하는 것이다.
2)〔通鑑要解〕謀謨：慮一事劃一計爲謀요 汎議將定其謀曰謨라
　한 가지 일을 생각하고 한 가지 계책을 꾀하는 것을 謀라 하고, 널리 의논하여 장차 謀를 정하려 하는 것을 謨라 한다.
3)〔釋義〕文若：荀彧字라
　文若은 荀彧의 字이다.
4)〔釋義〕公達：荀攸字라
　公達은 荀攸의 字이다.
5)〔頭註〕二荀令：文若, 公達이라
　二荀令은 荀文若(荀彧)과 荀公達(荀攸)이다.

【乙未】二十年이라

建安 20년(을미 215)

三月에 **魏公操 自擊張魯**하다

3월에 魏公 曹操가 직접 張魯를 공격하였다.

○ **初**에 **劉備在荊州**할새 **周瑜數**(삭)**勸孫權取蜀**[1)]이어늘 **權**이 **遣使謂備**한대 **備曰 備與璋**으로 **託爲宗室**하고 **冀憑英靈**하야 **以匡漢朝**러니 **今得罪於左右**하니 **願加寬貸**하라 **權**이 **不聽**하고 **遣瑜率水軍**하야 **住夏口**어늘 **備不聽軍過**[2)]하고 **謂瑜曰 汝欲取蜀**인댄 **吾當被髮入山**하야 **不失信**[3)]**於天下也**라하니 **權**이 **不得已召瑜還**이러니 **及備西攻劉璋**에 **權曰 猾虜乃敢挾詐如此**라하더라

예전에 劉備가 荊州에 있을 때에 周瑜가 여러 번 孫權에게 蜀을 취하라고 권하므로 孫權이 사신을 보내어 劉備에게 말하니, 劉備가 말하기를 "내가 劉璋과 함께 의탁하여 皇室의 宗族이 되고 祖宗의 英靈에게 의지하여 漢나라 조정을 바로잡으려 하였는데, 지금 劉璋이 左右(그대)에게 죄를 얻었으니 너그럽게 용서해 주기 바란다." 하였다. 孫權이 듣지 않고 周瑜를 보내어 水軍을 거느리고 가서 夏口에 주둔하게 하자, 劉備는 군대가 통과하는 것을 허락하지 않으며 周瑜에게 이르기를 "네가 蜀을 취하려고 한다면 나는 머리 풀고 산속으로 들어가서 천하에 신의를 잃지 않겠다." 하니, 孫權이 부득이 周瑜를 불러 돌아오게 하였다. 劉備가 서쪽으로 劉璋을 공격하자, 孫權은 말하기를 "교활한 오랑캐가 마침내 감히 속임수를 씀이 이와 같다." 하였다.

1) 〔頭註〕 取蜀 : 蜀은 劉璋이라
   蜀은 劉璋이다.
2) 〔頭註〕 不聽軍過 : 過之에 不得過라
   통과하려고 할 때에 통과하지 못하게 한 것이다.
3) 〔通鑑要解〕 失信 : 言宗室被攻而不能救하니 無面目以立於天下也라
   신의를 잃는다는 것은, 宗室이 공격당하는데도 구원하지 못하니 천하에 설 면목이 없음을 말한다.

○ 備已得益州에 權이 令諸葛瑾[1])으로 從備求荊州諸郡호되 備不許라 權이 遂置長沙, 零陵, 桂陽三郡長吏러니 關羽盡逐之하니 權이 大怒하야 遣呂蒙取三郡하다 劉備聞之하고 自蜀으로 親至公安하야 遣關羽하야 爭三郡하니 孫權이 進住陸口하야 爲諸軍節度하고 使魯肅으로 將萬人하고 屯益陽以拒羽하다 會에 聞魏公操 將攻漢中하고 劉備懼失益州하야 使使求和於權한대 權이 令諸葛瑾報命하고 更尋盟好하야 遂分荊州하야 以湘水爲界하니 長沙, 江夏, 桂陽以東은 屬權하고 南郡, 零陵, 武陵以西는 屬備하다

劉備가 이미 益州를 얻자, 孫權이 諸葛瑾으로 하여금 荊州의 여러 郡을 달라고 劉備에게 요구하게 하였으나 劉備가 허락하지 않았다. 孫權이 마침내 長沙·零陵·桂陽 세 郡의 長吏(令長)를 두었는데, 關羽가 모두 쫓아 버리니, 孫權이 크게 노하여 呂蒙을 보내 세 郡을 취하게 하였다. 劉備가 이 말을 듣고 蜀으로부터 직접 公安에 이르러 關羽를 보내어 세 郡을 다투게 하니, 孫權은 전진하여 陸口에 주둔하여 諸軍의 節度가 되고 魯肅으로 하여금 만 명을 거느리고 益陽에 주둔하여 關羽를 막게 하였다. 마침 魏公 曹操가 漢中을 공격하려 한다는 말을 듣고 劉備는 益州를 잃을까 두려워하여 使者를 보내어 孫權에게 화친할 것을 청하였다. 孫權이 諸葛瑾으로 하여금 復命하게 하고 다시 맹약과 우호를 다져서 마침내 荊州를 나누어 湘水를 경계로 삼으니, 長沙·江夏·桂陽 以東은 孫權에게 속하고 南郡·零陵·武陵 以西는 劉備에게 속하였다.

1) 〔通鑑要解〕 諸葛瑾 : 諸葛亮은 仕漢하고 諸葛瑾은 仕吳하고 諸葛誕仕魏하야 三兄弟分仕三國하니라
諸葛亮은 蜀漢에서 벼슬하고 諸葛瑾은 吳나라에서 벼슬하고 諸葛誕은 魏나라에서 벼슬하여 3형제가 三國에 흩어져 벼슬하였다.

○ 七月에 魏公操 拔陽平[1])하니 張魯奔南山이어늘 操入南鄭하니 司馬懿言於操曰 劉備以詐力虜劉璋하야 蜀人未附어늘 而遠爭江陵하니 此機를 不可失

也라 今克漢中이면 益州震動하리니 進兵臨之면 勢必瓦解리이다 操曰 人苦無足이로다 旣得隴하고 復望蜀耶[2]아 劉曄曰 劉備는 人傑也라 有度而遲하니 得蜀日淺에 蜀人이 未附也라 今破漢中이면 蜀人震恐하야 其勢自傾하리니 因其傾而壓之[3]면 無不克也요 若小緩之면 諸葛亮은 明於治國而爲相하고 關羽, 張飛는 勇冠三軍而爲將하니 蜀民이 旣定하야 據險守要면 則不可犯矣리이다 操不從이러니 居七日에 蜀降者說蜀中이 一日數十驚하야 守將雖斬之나 而不能安也라하니 操問曄曰 今可擊不(否)아 曄曰 今已小定[4]하니 未可擊也라한대 乃還하고 以夏侯淵, 張郃, 徐晃等으로 守漢中하다

7월에 魏公 曹操가 陽平關을 함락하니, 張魯가 南山으로 도망하였다. 曹操가 南鄭으로 들어가자, 司馬懿가 曹操에게 말하기를 "劉備가 속임수와 무력으로 劉璋을 사로잡아서 蜀 지방 사람들이 따르지 않는데 멀리 江陵을 다투고 있으니, 이 기회를 놓쳐서는 안 됩니다. 이제 漢中을 이기면 益州가 동요할 것이니, 군대를 전진하여 임한다면 형세가 반드시 와해될 것입니다." 하니, 曹操가 말하기를 "사람이 만족할 줄 모름이 심하다. 이미 隴을 얻고 또다시 蜀을 바란단 말인가." 하였다.

劉曄이 말하기를 "劉備는 걸출한 인물입니다. 도량이 있으나 행동이 더디니, 蜀을 얻은 지 얼마 되지 않아서 蜀 지방 사람들이 아직 따르지 않습니다. 이제 우리가 漢中을 격파한다면 蜀 지방 사람들이 진동하고 두려워하여 그 형세가 스스로 기울 것이니, 그 기운 틈을 타서 제압한다면 이기지 못함이 없을 것이요, 만약 조금이라도 늦추어 주면 諸葛亮은 나라를 다스림에 밝은데 정승이 되었고 關羽와 張飛는 용맹이 三軍의 으뜸인데 장수가 되었으니, 蜀 지방 백성들이 이미 안정된 뒤에 험한 곳을 점거하고 요해처를 지킨다면 범할 수 없을 것입니다." 하였으나 曹操가 따르지 않았다.

7일 만에 蜀에서 투항해 온 자들이 말하기를 "蜀 지방은 하루에도 수십 차례씩 놀라서 지키는 장수들이 비록 斬刑을 가하여 진압해도 안정시키지 못한다." 하였다. 曹操가 劉曄에게 묻기를 "지금도 공격할 수 있는가?" 하니, 劉

曄이 말하기를 "지금은 이미 다소 안정되었으니, 공격할 수 없습니다." 하였다. 曹操는 이에 돌아가고, 夏侯淵·張郃·徐晃 등에게 漢中을 지키게 하였다.

1)〔通鑑要解〕陽平 : 關名也라
陽平은 關門의 이름이다.

2)〔釋義〕人苦無足……復望蜀耶 : 按光武曰 苦不知足이라 旣平隴하고 復望蜀이로다 每一發兵에 頭須爲白이라하니 此引其語니 見光武建武八年하니라
光武帝가 말하기를 "만족할 줄 모름이 심하다. 이미 隴을 평정하고 다시 蜀을 바라는구나. 매번 군대를 한 번 일으킬 때마다 머리와 수염이 센다." 하였으니, 이 말을 인용하였는 바, 光武帝 建武 8년에 보인다.

3)〔頭註〕壓之 : 服也니 服之使從命也라
壓之는 복종함이니, 복종시켜 명령을 따르게 하는 것이다.

4)〔通鑑要解〕小定 : 七日間에 何以遽謂之小定고 曄이 蓋窺覘備之蜀守有不可犯者라 故로 爲此言以對操也라
7일 사이에 어찌 대번에 조금 안정되었다고 말하는가? 劉曄은 劉備가 蜀을 수비함에 침범할 수 없는 점이 있음을 엿보아 알았다. 그러므로 이러한 말을 하여 曹操에게 대답한 것이다.

【丙申】 二十一年이라

建安 21년(병신 216)

五月에 **魏公操 進爵爲王**하니 **魏以五官中郎將丕**로 **爲太子**하다

5월에 魏公 曹操가 작위가 승진되어 王이 되니, 魏나라가 五官中郎將 曹丕를 太子로 삼았다.

○ **法正**이 **說劉備曰 曹操一擧而降張魯**하고 **定漢中**이어늘 **不因此勢**하야 **以圖巴蜀**하고 **而留夏侯淵, 張郃**하야 **屯守**하고 **身遽北還**하니 **今策**[1]**淵, 郃才略**컨대 **不勝國之將帥**니 **擧衆往討**면 **必可克之**하리이다 **備善其策**하야 **乃率諸將**하고 **進**

兵漢中하다

法正이 劉備를 설득하기를 "曹操가 일거에 張魯를 항복시키고 漢中을 평정하였는데, 이 형세를 인하여 巴蜀을 도모하지 않고 夏侯淵과 張郃을 남겨두어 주둔해 지키게 하고 자신은 급히 북쪽으로 돌아갔습니다. 이제 夏侯淵과 張郃의 재주와 지략을 헤아려 보건대 우리나라 장수보다 낫지 않으니, 군대를 일으켜 가서 토벌한다면 반드시 이길 수 있을 것입니다." 하였다. 劉備가 그의 계책을 옳게 여겨서 마침내 여러 장수들을 거느리고 漢中으로 진군하였다.

1)〔頭註〕策：料也라
策은 헤아림이다.

○ 劉備屯陽平關하니 夏侯淵, 張郃, 徐晃等이 與之相拒하다 備遣其將陳式等하야 絶馬鳴閣道하니 徐晃이 擊破之어늘 急發益州兵할새 諸葛亮이 以問從事楊洪하니 洪曰 漢中은 益州咽(인)喉요 存亡之機會니 若無漢中이면 則無蜀矣라 此는 家門之禍也니 發兵을 何疑잇고 時에 法正이 從備北行이라 亮이 於是에 表洪領蜀郡太守하야 衆事를 皆辦하고 遂使卽眞[1)]하다

劉備가 陽平關에 주둔하니, 夏侯淵·張郃·徐晃 등이 劉備와 더불어 서로 대치하였다. 劉備가 장수 陳式 등을 보내어서 馬鳴閣의 길을 차단하니, 徐晃이 격파하였다. 益州의 병력을 급히 징발할 때에 諸葛亮이 從事官 楊洪에게 물으니, 楊洪이 말하기를 "漢中은 益州의 목이고 存亡의 關鍵이니, 만약 漢中을 잃는다면 蜀도 없게(잃게) 될 것입니다. 이는 家門의 禍이니, 병력을 내는 것을 어찌 의심하십니까?" 하였다.

이때 法正이 劉備를 따라 북쪽에 가 있었다. 諸葛亮이 이에 表文을 올려 楊洪에게 蜀郡太守를 겸하게 하여 모든 일을 다 다스리게 하고, 마침내 楊洪으로 하여금 정식 蜀郡太守에 오르게 하였다.

1)〔通鑑要解〕卽眞：遂使之代法正也라

마침내 楊洪으로 하여금 法正을 대신하게 한 것이다.

○ 初에 犍爲太守李嚴이 辟洪爲功曹러니 嚴이 未去犍爲에 而洪已爲蜀郡하고 洪擧門下書佐何祗有才策이러니 洪이 尙在蜀郡에 而祗已爲廣漢太守하니 是以로 西土咸服諸葛亮이 能盡時人之器用也러라

처음에 犍爲太守 李嚴이 楊洪을 불러 功曹로 삼았는데 李嚴이 犍爲를 떠나기 전에 楊洪이 이미 蜀郡太守가 되었고, 楊洪이 門下書佐인 何祗가 재주와 謀略이 있다 하여 천거하였는데 楊洪이 아직 蜀郡에 있을 때에 何祗가 이미 廣漢太守가 되니, 이 때문에 서쪽 지방 사람들이 모두 諸葛亮이 사람들의 才器에 따라 등용함에 탄복하였다.

【己亥】 二十四年이라

建安 24년(기해 219)

三月에 魏王操 自長安으로 出斜谷하야 軍遮要[1])以臨漢中이어늘 劉備曰 曹公雖來나 無能爲也리니 我必有漢川矣라하고 乃斂衆拒險하야 終不交鋒하다 操運米北山下어늘 黃忠이 引兵欲取之러니 過期不還이어늘 趙雲이 將數十騎하고 出營視之라가 値操揚兵大出이라 雲이 猝與相遇하야 遂前突其陳하야 且鬪且却하니 魏兵이 散而復合하야 追至營下라 雲이 入營하야 更大開門하고 偃旗息鼓하니 魏兵이 疑雲有伏하야 引去라 雲이 雷鼓震天하고 惟以勁弩로 於後射魏兵하니 魏兵驚駭하야 自相蹂踐(유천)하야 墮漢水中死者 甚衆이러라 備明旦에 自來至雲營하야 視昨戰處하고 曰 子龍一身이 都是膽也[2])로다 操引軍還長安하니 劉備遂有漢中하니라

3월에 魏王 曹操가 長安에서 斜谷으로 진출해서 遮要에 주둔하여 漢中에 임하였다. 劉備가 말하기를 “曹公이 비록 왔으나 어찌할 수가 없을 것이니,

우리가 반드시 漢川을 소유할 것이다." 하고, 마침내 병력을 거두어 험한 곳을 막고서 끝내 교전하지 않았다. 曹操가 北山 아래로 쌀을 수송해 가자 黃忠이 군대를 이끌고 가서 빼앗고자 하였는데, 기한이 지나도 돌아오지 않았다. 趙雲이 수십 명의 기병을 거느리고 진영을 나가 시찰하다가 威容을 과시하는 曹操의 大軍과 맞닥뜨렸다. 趙雲은 갑자기 曹操의 대군과 마주치게 되자, 마침내 그 진영으로 돌진하여 한편으로 싸우고 한편으로 퇴각하니, 魏나라 군대가 흩어졌다가 다시 모여 진영 아래까지 쫓아왔다. 趙雲이 진영으로 들어와서 다시 성문을 크게 열고 깃발을 눕히고 북소리를 그치니, 魏나라 군사들은 趙雲이 군사를 매복해 두었을까 의심하여 군대를 이끌고 떠나갔다. 趙雲이 북을 울려 북소리가 천지를 진동하고 다만 강한 쇠뇌를 사용하여 후면에서 魏나라 군사들을 향해 발사하니, 魏나라 군사들이 놀라 자기들끼리 서로 밟혀 漢水 가운데 빠져 죽은 자가 매우 많았다.

劉備가 다음 날 아침 직접 와서 趙雲의 진영에 이르러 전날 전투했던 곳을 순시하고는 말하기를 "子龍의 온몸은 모두 膽뿐이다." 하였다. 曹操가 군대를 이끌고 長安으로 돌아가니, 劉備가 마침내 漢中을 소유하였다.

1) 〔釋義〕 遮要 : 地名이니 在褒斜谷之南하야 與陽平關相近이라 〔通鑑要解〕 二意하니 初는 斜谷道險하니 操爲恐備所邀截하야 先以軍遮要害之處하고 乃進臨漢中이요 後意는 卽同此註라

〔釋義〕 遮要는 지명이니, 褒斜谷의 남쪽에 있어 陽平關과 서로 가깝다. 〔通鑑要解〕 遮要는 두 가지 뜻이 있으니, 첫 번째는 斜谷이 길이 험하므로 曹操가 劉備에게 邀擊당할까 두려워하여 먼저 군대로써 요해처를 차단하고 비로소 전진하여 漢中에 임하였다는 것이요, 나중의 뜻은 바로 이 註(釋義)와 같은 것이다.

2) 〔頭註〕 子龍一身 都是膽也 : 子龍은 雲字라 膽은 言其膽大하야 能以孤軍抗操大兵也라

子龍은 趙雲의 字이다. 趙雲이 膽이 커서(大膽하여) 고립된 군대를 가지고 曹操의 大軍에 맞설 수 있었음을 말한 것이다.

○ 七月에 劉備自稱漢中王하고 還治成都하다 關羽自率衆하고 攻曹仁於樊한대 仁이 使于禁, 龐德으로 屯樊北이러니 八月에 大霖雨하야 漢水溢하니 禁等七軍

이 皆沒이라 禁이 與諸將登高避水어늘 羽乘船攻之하니 禁等이 窮迫遂降이라 自許以南으로 往往遙應羽하니 羽威震華夏라 魏王操 議徙許都하야 以避其銳러니 司馬懿, 蔣濟 言於操曰 劉備, 孫權이 外親內疏하니 關羽得志를 權必不願也리니 可遣人勸權하야 躡其後하고 許割江南以封權이면 則樊圍自解하리이다 操從之하다

7월에 劉備가 漢中王을 자칭하고 돌아와서 成都에 治所를 정하였다. 關羽가 직접 군대를 거느리고 樊城에서 曹仁을 공격하자, 曹仁은 于禁과 龐德으로 하여금 樊城 북쪽에 주둔하게 하였는데, 8월에 큰 장맛비가 내려서 漢水가 범람하니, 于禁 등 일곱 군영이 모두 물에 잠겼다. 于禁이 여러 장수들과 높은 지대에 올라가 홍수를 피하였는데, 關羽가 배를 타고 공격하니 于禁 등이 곤궁하고 급박하여 마침내 항복하였다. 그리하여 許都로부터 이남으로 왕왕 멀리 關羽에게 응하니, 關羽의 위엄이 華夏에 진동하였다.

魏王 曹操가 許都를 옮겨서 그 銳鋒을 피할 것을 의논하였는데, 司馬懿와 蔣濟가 曹操에게 말하기를 "劉備와 孫權이 겉으로는 친하나 속으로는 소원하니, 關羽가 소원을 이루는 것을 孫權은 반드시 바라지 않을 것입니다. 사람을 보내 孫權에게 권해서 關羽의 뒤를 밟게 하고, 강남 지방을 떼어서 孫權에게 봉해 줄 것을 허락하신다면 樊城의 포위가 저절로 풀릴 것입니다." 하니, 曹操가 그 말을 따랐다.

○ 初에 魯肅이 嘗勸孫權하야 以曹操尙存하니 宜且撫輯[1]關羽하야 與之同仇(逑)[2]요 不可失也라하더니 及呂蒙이 代魯肅하야 屯陸口에 以爲羽素驍雄하야 有兼幷之心하고 且居國上流하니 其勢難久라하야 密言於權曰 今令征虜[3]守南郡하고 潘璋住白帝[4]하고 蔣欽將游兵萬人하야 循江上下하야 應敵所在하고 蒙爲國家하야 前據襄陽이니 如此면 何憂於操며 何賴於羽리오 且羽君臣이 矜其詐力하야 所在反覆하니 不可以腹心待也니 不如取羽하고 全據長江하야 形勢益張[5]이면 易爲守也리이다 權이 善之하다

처음에 魯肅이 일찍이 孫權에게 권하여 이르기를 "曹操가 아직도 남아 있으니, 우선 關羽를 어루만지고 和好하여 그와 더불어 한 짝이 되어야 할 것이요, 반목해서는 안 됩니다." 하였다. 呂蒙이 魯肅을 대신하여 陸口에 주둔하게 되자, 생각하기를 '關羽는 평소 용맹스럽고 雄健하여 겸병할 마음이 있고 더구나 나라의 上流 지역에 있으니, 형세상 우호 관계가 오래 지속되기 어렵다.' 하여 은밀히 孫權에게 말하기를 "이제 征虜將軍 孫皎로 하여금 南郡을 지키게 하고, 潘璋은 白帝城에 주둔하게 하고 蔣欽은 游兵(유격대) 만 명을 거느리고 강을 따라 오르내리다가 적들이 출몰하는 곳에 응전하게 하고, 저는 국가를 위해 전진하여 襄陽을 점거할 것이니, 이와 같이 하면 어찌 曹操를 걱정하며 어찌 關羽에게 의뢰할 것이 있겠습니까? 또 關羽의 군주와 신하는 속임수와 무력을 뽐내어 있는 곳마다 번복하니, 진심으로 대해서는 안 됩니다. 關羽를 잡고 완전히 長江을 전부 점거하여 형세가 더욱 커지는 것만 못하니, 이렇게 되면 지키기가 쉬울 것입니다." 하니, 孫權이 그 말을 좋게 여겼다.

1)〔釋義〕 輯：與集同하니 和也라
 輯은 集과 같으니 화합이다.

2)〔頭註〕 與之同仇：仇는 與逑通이라 詩에 修我戈矛하야 與子同仇호리라한대 注에 其歡愛之心이 足以相死라
 仇는 逑와 통한다. ≪詩經≫에 "우리 戈矛를 수선하여 그대와 한 짝이 되리라." 하였는데, 注에 "그 기뻐하고 사랑하는 마음이 서로를 위하여 죽을 수 있는 것이다." 하였다.

3)〔釋義〕 征虜：孫皎爲征虜將軍하니라
 孫皎가 征虜將軍으로 있었다.

4)〔釋義〕 白帝：今夔州是라 周初에 爲魚復國이러니 公孫述이 更名白帝城하고 三國漢改永安하니라
 白帝는 지금의 夔州이다. 周나라 초기에 魚復國이라 하였는데 公孫述이 이름을 白帝城으로 바꾸었고 三國時代에 蜀漢이 永安으로 고쳤다.

5)〔釋義〕 張：心自侈大也라
 張은 마음속으로 스스로 큰 체하는 것이다.

權이 嘗爲其子하야 求昏(婚)於羽한대 羽罵其使하고 不許昏하니 權이 由是怒러라 及羽攻樊에 呂蒙이 上疏曰 羽討樊而多留備兵하니 必恐蒙圖其後故也라 蒙嘗有病하니 乞分士衆하고 還建業하야 以治疾爲名이면 羽聞之하고 必撤備兵하야 盡赴襄陽하리니 大軍이 浮江하야 晝夜馳上하야 襲其空虛면 則諸郡[1]을 可下요 而羽를 可禽也리이다 遂稱病篤하니 權이 乃馳檄(격)召蒙還하다 蒙이 至蕪湖하니 定威校尉陸遜이 謂蒙曰 關羽接境이어늘 如何遠下오 後不當可憂[2]也잇가 羽矜其驍氣하야 陵轢(력)[3]於人하고 始有大功에 意驕志逸하야 但務北進하고 未嫌於我하니 有相聞病[4]이면 必益無備하리니 今出其不意면 自可禽制리이다 蒙曰 羽素勇猛하니 未易圖也니라 蒙至都에 權問誰可代卿者오 蒙對曰 陸遜이 意思深長하고 才堪負重이라 觀其規慮컨대 終可大任이요 而未有遠名하니 非羽所忌니 無復是過라 若用之면 當令外自韜[5]隱하고 內察形便이니 然後에 可克하리이다

孫權이 일찍이 그의 자식을 위하여 關羽에게 혼인할 것을 요구하였는데, 關羽가 그 使者를 꾸짖고 혼인을 허락하지 않으니, 孫權이 이로 말미암아 노하였다. 關羽가 樊城을 공격하자, 呂蒙이 상소하기를 "關羽가 樊城을 토벌하면서 수비병을 많이 남겨 두었으니, 이는 반드시 제가 그 후미를 도모할까 두려워하기 때문입니다. 제가 일찍이 병이 있으니, 바라건대 병력을 분산시키고 建業으로 돌아가 병을 치료한다고 구실을 삼으면 關羽가 이 말을 듣고 반드시 수비병을 철수하여 모두 襄陽으로 달려갈 것이니, 大軍이 강에 배를 띄워 밤낮으로 달려 上流로 올라가서 그의 빈 진영을 습격한다면 江陵의 여러 郡을 함락시키고 關羽를 사로잡을 수 있을 것입니다." 하고는 마침내 병이 위독하다고 칭하니, 孫權이 급히 檄文을 보내 呂蒙을 불러 돌아오게 하였다.

呂蒙이 蕪湖에 이르니, 定威校尉 陸遜이 呂蒙에게 이르기를 "關羽와 인접하고 있는데, 어찌 먼 곳까지 내려오십니까? 後任者가 關羽를 감당하지 못할

까 우려할 만합니다. 關羽가 용맹한 기운을 자랑하여 사람들을 능멸하고, 처음 큰 공을 세우자 뜻이 교만하고 마음이 방탕하여 다만 北進만을 힘쓰고 우리를 혐의하지 않으니, 지금 將軍께서 병이 계시다는 말을 들으면 반드시 더욱 대비가 없을 것입니다. 이제 그가 예상하지 못한 데로 나오면 자연히 사로잡아 제재할 수 있을 것입니다." 하니, 呂蒙이 말하기를 "關羽는 평소 용맹하니, 쉽게 도모할 수 없다." 하였다.

呂蒙이 도성(建業)에 이르자, 孫權이 묻기를 "누가 卿을 대신할 만한 자인가?" 하니, 呂蒙이 대답하기를 "陸遜은 사려가 매우 깊으며 재주가 重任을 감당할 만합니다. 그의 계책과 생각하는 것을 살펴보건대 마침내 큰 책임을 맡길 만하고, 아직 원대한 명성이 없어서 關羽가 꺼리는 바가 아니니, 이보다 더 나은 자가 없습니다. 만약 그를 쓰신다면 겉으로는 자신의 의도를 감추고 마음속으로 형세를 살피게 해야 할 것이니, 그런 뒤에야 이길 수 있을 것입니다." 하였다.

1)〔頭註〕諸郡 : 江陵諸郡이라
諸郡은 江陵의 여러 고을이다.

2)〔頭註〕後不當可憂 : 言代蒙者 恐非羽敵也라
呂蒙을 대신한 자가 關羽의 적수가 못 될까 우려됨을 말한 것이다.

3)〔通鑑要解〕陵轢 : 轢은 音亦이니 車陵踐也라
轢은 음이 역이니, 수레에 치여 깔리는 것이다.

4)〔頭註〕有相聞病 : 綱目에 作今聞君病이라
'有相聞病'은 ≪資治通鑑綱目≫에 '今聞君病'으로 되어 있다.

5)〔通鑑要解〕韜 : 音滔니 藏也라
韜는 음이 도이니, 감춤이다.

權이 乃召遜하야 拜偏將軍하야 以代蒙하다 遜至陸口에 爲書與羽하야 稱其功美하고 深自謙抑하야 爲盡忠自託之意하니 羽意大安하야 無復所嫌하고 稍撤兵以赴樊이라 遜이 具啓形狀하야 陳其可禽之要하니 權이 遂發兵襲羽할새 令呂蒙으로 爲大都督하고 命征虜將軍孫皎하야 爲後繼하다 呂蒙이 至尋陽하야 盡伏其精

兵★★(구록)[1]中하고 使白衣[2]搖櫓(로)하고 作商賈人服하야 晝夜兼行하야 羽所置江邊屯候를 盡收縛之하니 是故로 羽不聞知러라 糜芳, 傅士仁[3]이 素皆嫌羽輕己하야 開門出降하니 蒙入江陵하야 釋于禁之囚[4]하고 得關羽及將士家屬하야 皆撫慰之하고 約令軍中호되 不得干歷人家하야 有所求取하다 蒙의 麾下士與蒙同郡人이라 取民家一笠[5]하야 以覆(부)官鎧[6]러니 官鎧는 雖公이나 蒙이 猶以爲犯軍令하니 不可以鄕里故而廢法이라하고 遂垂涕斬之하니 於是에 軍中이 震慄하야 道不拾遺러라

孫權이 마침내 陸遜을 불러서 偏將軍에 제수하고 呂蒙을 대신하게 하였다. 陸遜은 陸口에 이르자 편지를 써서 關羽에게 보내어 그의 공로와 아름다운 덕을 칭찬하고 깊이 스스로 겸양하여 충심을 다해 스스로 의탁하려는 뜻을 표명하니, 關羽의 마음이 크게 안심되어 다시는 혐의하는 바가 없었고 차츰 수비병을 철수하여 樊城으로 달려갔다.

陸遜이 이러한 상황을 자세히 아뢰어 사로잡을 수 있는 요점을 말하니, 孫權이 마침내 군대를 내어 關羽를 습격하게 할 적에 呂蒙을 大都督으로 삼고 征虜將軍 孫皎에게 명하여 뒤를 잇게 하였다. 呂蒙이 尋陽에 이르러서 정예병을 배 안에 모두 숨겨 두고, 白衣를 입은 자들로 하여금 노를 젓게 하고 장사꾼의 의복을 만들어 입혀서 밤낮으로 행군 속도를 倍加하여 關羽가 배치한 강변에 주둔한 병사들을 모두 포박하니, 이 때문에 關羽는 전혀 아는 바가 없었다. 糜芳과 傅士仁은 평소 모두 關羽가 자신들을 멸시함을 혐의하여 성문을 열고 나와 항복하니, 呂蒙은 江陵으로 들어가서 갇혀 있던 于禁을 석방하고, 關羽와 장병들의 가솔을 찾아 다 어루만지고 위로하였으며, 軍中에 명령을 내려 약속하기를 "人家에 들어가서 물건을 요구하거나 탈취하지 말라." 하였다.

呂蒙의 휘하 병사가 呂蒙과 같은 고을 사람이었다. 그가 民家의 삿갓 하나를 취하여 官의 갑옷을 덮었는데, 官의 갑옷은 비록 공적인 물건이지만 呂蒙은 오히려 이르기를 "軍令을 범하였으니, 同鄕 사람이라 해서 법을 폐할 수

없다.” 하고는 마침내 눈물을 흘리며 그의 목을 베었다. 이에 軍中이 두려워하여 길에 흘린 것도 줍지 않았다.

1)〔釋義〕★★ : 船名이라

★★은 배의 이름이다.

2)〔頭註〕白衣 : 言無兵甲也라

白衣는 병기와 갑옷이 없음을 말한다.

3)〔通鑑要解〕麋芳傅士仁 : 二人姓名이라 傳云 傅士仁이라하고 蒙傳云 士仁이라하니 士亦姓也라

麋芳과 傅士仁은 두 사람의 성명이다. 〈關羽傳〉에는 '傅士仁'이라 하였고, 〈呂蒙傳〉에는 '士仁'이라 하였으니, 士 또한 姓이다.

4)〔釋義〕蒙入江陵 釋于禁之囚 : 初에 曹操之將曹仁이 使于禁屯樊北한대 關羽攻降禁而囚之於江陵이러니 今呂蒙釋之하니라

처음에 曹操의 장수 曹仁이 于禁으로 하여금 樊城 북쪽에 주둔하게 하자, 關羽가 于禁을 공격하여 항복받고 그를 江陵에 가두었는데, 이제 呂蒙이 풀어준 것이다.

5)〔通鑑要解〕一笠 : 笠은 所以禦雨라

笠은 비를 막는 것이다.

6)〔通鑑要解〕官鎧 : 鎧는 音蓋니 甲也라

鎧는 음이 개이니, 갑옷이다.

○ 羽聞南郡破하고 卽走南還하야 數使人하야 與呂蒙相聞하니 蒙이 輒厚遇其使하고 周游城中하야 家家致問하고 或手書示信하니 羽人還에 私相參訊하야 咸知家門無恙하고 見待過於平時라 故로 羽吏士無鬪心이러라 會에 權至江陵하니 荊州將吏 悉皆歸附라 羽自知孤窮하고 乃西保麥城하야 因遁走어늘 馬忠[1)]이 獲羽及其子平於章鄕하야 斬之하고 遂定荊州하다 呂蒙이 未及受封而疾發하야 卒하니 年四十二라 權이 哀痛殊甚이러라 〈呂蒙傳〉

關羽가 南郡이 격파되었다는 말을 듣고 즉시 달려 남쪽으로 돌아와서 자주 사람을 보내어 呂蒙과 서로 연락하니, 呂蒙이 그때마다 關羽의 使者를 후대하고 城 안을 두루 다니면서 집집마다 위문하고 혹은 親書를 보내어 신의를

보였다. 關羽의 使者가 돌아오자, 사람들이 은밀히 서로 물어서 자기 집안에 아무 탈이 없고 대우를 받음이 평상시보다 더하다는 것을 모두 알게 되었으므로 이 때문에 關羽의 군사와 백성들이 싸울 마음이 없었다.

마침 孫權이 江陵에 이르니, 荊州의 장수와 관리들이 모두 다 歸附하였다. 關羽는 스스로 고립되어 곤궁함을 알고 마침내 서쪽으로 麥城을 확보하고 인하여 麥城으로 도망하였는데, 馬忠이 關羽와 그의 아들 關平을 章鄕에서 사로잡아 목을 베고 마침내 荊州를 평정하였다.

呂蒙은 미처 봉작을 받기도 전에 병이 나서 죽으니, 나이가 42세였다. 孫權이 몹시 애통해하였다. - ≪三國志 吳志 呂蒙傳≫에 나옴 -

1)〔頭註〕馬忠：吳將潘璋司馬也라

馬忠은 吳나라 장수 潘璋의 司馬이다.

○ 權이 後與陸遜으로 論周瑜, 魯肅及蒙曰 公瑾[1]은 雄烈하고 膽略兼人하야 遂破孟德[2]하고 開拓荊州하니 邈焉寡儔요 子敬[3]은 因公瑾하야 致達於孤라 孤與宴語에 便及大略帝王之業하니 此一快也요 後에 孟德이 因獲劉琮之勢하야 張言[4]方率數十萬衆하고 水步俱下라하니 孤普請諸將하야 咨問所宜호되 無適先對요 至張子布[5], 秦文表[6]하야는 俱言宜遣使修檄迎之라호되 子敬이 卽駁言[7]不可하고 勸孤急呼公瑾하야 付任以衆하야 逆而擊之하니 此二快也라 後雖勸吾借玄德地[8]하니 是其一短이나 不足以損其二長也라 周公이 不求備於一人이라 故로 孤忘其短而貴其長하야 常以比方鄧禹[9]也로라 子明[10]은 少時에 孤謂不辭劇易[11]하야 果敢有膽而已러니 及身長大에 學問이 開益하고 籌略이 奇至하야 可以次於公瑾이나 但言議英發이 不及之爾요 圖取關羽는 勝於子敬이라 子敬이 答孤書云 帝王之起에 皆有驅除라 羽는 不足忌라하니 此는 子敬이 內不能辦하고 外爲大言耳라 孤亦恕之하야 不苟責也나 然이나 其作軍屯營에 不失令行禁止하야 部界에 無廢負[12]하고 道無拾遺하니 其法이 亦美矣로다

孫權은 뒤에 陸遜과 함께 周瑜와 魯肅 및 呂蒙에 대해 다음과 같이 논평하였다.

"公瑾(周瑜)은 雄健剛烈하고 담력과 지략이 남보다 뛰어나서 마침내 孟德(曹操)을 격파하고 荊州를 개척하였으니 아득히 높아 필적할 만한 자가 드물다. 子敬(魯肅)은 公瑾을 통하여 나에게 이르렀다. 내가 그와 사사로이 말할 때에 큰 도략과 제왕의 業을 언급하였으니 이것이 첫 번째 통쾌한 일이요, 뒤에 孟德이 劉琮의 세력을 얻고서 막 수십만 大軍을 거느리고 水軍과 步兵이 함께 내려온다고 장담하므로, 내가 여러 장수들에게 널리 청하여 마땅한 대책을 자문하였으나 먼저 나서서 대답하는 자가 없었고, 張子布(張昭)와 秦文表(秦松)에 이르러는 모두 孟德에게 使者를 보내어 檄文을 올려 맞이해야 한다고 말하였으나 子敬이 즉시 논박하여 불가함을 말하고, 나에게 급히 公瑾을 부르도록 권하여 군대를 맡겨 주어서 그로 하여금 孟德의 군대를 맞이해 싸우게 하였으니, 이것이 두 번째 통쾌한 일이다. 뒤에 비록 나에게 권하여 劉玄德에게 땅을 빌려 주게 하였으니, 이것이 한 가지 단점이나 두 가지 장점을 덜 수 없다. 周公은 한 사람에게 완비하기를 구하지 않았다. 그러므로 나는 그의 단점을 잊고 그의 장점을 훌륭하게 여겨서 항상 鄧禹에 비교하는 바이다.

子明(呂蒙)이 젊었을 때에 나는 그가 어려운 일이든 쉬운 일이든 사양하지 않아 과감하고 담력이 있을 뿐이라고 여겼는데, 사람이 성숙해지자 학문이 진전되고 지략이 남달라서 公瑾의 다음이 될 수 있으나, 다만 언론이 그에게 미치지 못할 뿐이고, 關羽를 도모하여 잡은 것은 子敬보다 낫다.

子敬이 나에게 답한 글에 이르기를 '帝王이 일어날 때에는 모두 帝王을 위하여 적들을 몰아 제거해 주는 자가 있었습니다. 關羽는 꺼릴 만한 상대가 못 됩니다.' 하였으니, 이는 子敬이 내심으로 일을 다스리지 못하고는 겉으로 큰소리 친 것일 뿐이다. 내가 또한 그를 용서하여 구차하게 꾸짖지 않았다. 그러나 그가 군대를 일으켜 싸우고 營에 주둔하여 지킬 때에 명령하면 명령이 행해지고 금하면 금하는 것이 그쳐짐을 잃지 아니하여, 部의 경계 안에 직임을 폐함으로써 죄를 지은 사람이 없고 도로에 흘린 물건도 줍지 않았으니, 그 법이 또한 아름다웠다.”

1)〔釋義〕公瑾：周瑜字也라
公瑾은 周瑜의 字이다.

2)〔頭註〕孟德：曹操字라
孟德은 曹操의 字이다.

3)〔釋義〕子敬：魯肅字也라
子敬은 魯肅의 字이다.

4)〔頭註〕張言：張大而言也라
張言은 떠벌려(과장하여) 말하는 것이다.

5)〔頭註〕子布：張昭字라
子布는 張昭의 字이다.

6)〔頭註〕文表：名松이라
文表는 이름이 松이다.

7)〔頭註〕駁言：駁者는 執意不同이 如色之間雜也요 又駁異也니 立異議하야 以糾駁衆議之非라
駁은 의견이 똑같지 않음이 색깔이 섞여 있는 것과 같은 것이요, 또 異論을 반박하는 것이니, 다른 의견을 내세워 여러 의논의 잘못된 점을 바로잡고 반박하는 것이다.

8)〔頭註〕借玄德地：玄德은 先主字라 備見權하야 求都督荊州어늘 魯肅勸權하야 借之拒操하니라
玄德은 先主(劉備)의 字이다. 劉備가 孫權을 보고 荊州의 都督이 될 것을 요구하자, 魯肅이 孫權에게 권하여 荊州를 劉備에게 빌려 주어 함께 曹操를 막게 하였다.

9)〔頭註〕鄧禹：禹建策하야 以開光武中興之業이나 而其後에 不能定赤眉라 故로 以肅比禹라
鄧禹가 계책을 세워 光武帝의 中興의 업적을 열었으나 그 뒤에 赤眉를 평정하지 못하였다. 그러므로 魯肅을 鄧禹에 비교한 것이다.

10)〔釋義〕子明：呂蒙字라
子明은 呂蒙의 字이다.

11)〔釋義〕劇易：謂艱與易也라
劇易는 어려움과 쉬움을 이른다.

12)〔頭註〕廢負：廢職以爲負罪也라

廢負는 직무를 폐하여 죄를 짓는 것이다.

○ 魏王操 表孫權하야 爲票(驃)騎將軍하고 假節領荊州牧한대 權이 遣校尉梁寓하야 入貢稱臣於操하고 稱說天命하다 侍中陳群等이 皆曰 漢祚已終하니 非適[1]今日이라 殿下功德巍巍하야 群生이 注望[2]이라 故로 孫權이 在遠稱臣하니 此는 天人之應이 異氣齊聲이라 殿下宜正大位니 復何疑哉잇고 操曰 若天命在吾면 吾爲周文王[3]矣리라

魏王 曹操가 표문을 올려 孫權을 驃騎將軍으로 삼고 符節을 빌려 주어 荊州牧을 겸하게 하자, 孫權은 校尉 梁寓를 보내어 들어가 貢物을 바치고 曹操에게 臣를 칭하고는 天命이 曹操에게 있다고 말하였다. 侍中 陳群 등이 모두 말하기를 "漢나라의 국운이 이미 끝났으니, 단지 오늘 뿐만이 아닙니다. 殿下의 功德이 높아서 여러 生民들이 희망을 걸고 있습니다. 그러므로 孫權이 먼 곳에 있으면서 臣을 칭하였으니, 이는 하늘과 사람의 응함이 기운은 다르나 소리는 같은 것입니다. 殿下께서 마땅히 大位에 오르셔야 하니, 다시 무엇을 의심하겠습니까?" 하니, 曹操가 말하기를 "만약 天命이 내 몸에 있다면 나는 周나라 文王이 되겠다." 하였다.

1)〔釋義〕非適：猶言非特也라

非適은 非特(非但)이라는 말과 같다.

2)〔通鑑要解〕注望：注는 猶屬(촉)也라

注는 모음과 같다.

3)〔頭註〕周文王：文王이 三分天下에 有其二로되 以服事殷하니라

文王은 天下를 셋으로 나눌 적에 그 둘을 소유하였으나 복종하여 殷나라 紂王을 섬겼다.

溫公曰 敎化는 國家之急務也어늘 而俗吏慢之하고 風俗은 天下之大事也어늘 而庸君忽之라 夫惟明智君子는 深識遠慮하나니 然後에 知其爲益

之大而收功之遠也라 光武遭漢中衰하야 群雄糜沸[1]에 奮起布衣하야 紹恢前緖하고 征伐四方하야 日不暇給이로되 乃能敦尙經術하고 賓延儒雅하며 開廣學校하고 修明禮樂하야 武功旣成에 文德亦洽이라 繼以孝明, 孝章이 遹(율)追先志[2]하야 臨雍拜老[3]하고 橫經問道하며 自公卿大夫로 至于郡縣之吏히 咸選用經明行修之人하야 虎賁衛士 皆習孝經하고 匈奴子弟亦遊太學이라 是以로 敎立於上하고 俗成於下하니 其忠厚淸修之士 豈惟取重於搢(진)紳[4]이리오 亦見慕於衆庶하며 愚鄙汚穢之人이 豈唯不容於朝廷이리오 亦見棄於鄕里하니 自三代旣亡으로 風化之美가 未有若東漢之盛者也라 及孝和以降하야는 貴戚擅權[5]하고 嬖倖[6]用事하야 賞罰無章하고 賄賂公行하며 賢愚渾殽하고 是非顚倒하니 可謂亂矣라 然猶綿綿不至於亡者는 上則有公卿大夫袁安, 楊震, 李固, 杜喬, 陳蕃, 李膺之徒가 面折廷爭하야 用公義以扶其危하고 下則有布衣之士符融, 郭泰, 范滂, 許劭之流가 立私論以救其敗[7]라 是以로 政治雖濁이나 而風俗不衰라 至有觸冒斧鉞하야 僵仆(강부)於前이나 而忠義奮發이 繼起於後하야 隨踵就戮하야 視死如歸하니 夫豈特數子之賢哉리오 亦光武, 明, 章之遺化也라 當是之時하야 苟有明君作而振之면 則漢氏之祚를 猶未可量也라 不幸承陵夷頹敝之餘하고 重以桓, 靈之昏虐하야 保養姦回를 過於骨肉하고 殄滅忠良을 甚於寇讐하야 積多士之憤하고 蓄四海之怒라 於是에 何進召戎하고 董卓乘釁하고 袁紹之徒 從而構難하야 遂使乘輿播越하고 宗廟丘墟[8]하야 王室蕩覆하고 烝民塗炭하야 大命殞絶하야 不可復救라 然州郡擁兵專地者 雖互相呑噬로되 猶未嘗不以尊漢爲辭라 以魏武之暴戾强伉(항)[9]으로 加有大功於天下하야 其蓄無君之心이 久矣로되 乃至沒身토록 不敢廢漢而自立하니 豈其意之不欲哉아 猶畏名義而自抑也라 由是觀之컨대 敎化安可慢이며 風俗安可忽哉아

溫公이 말하였다.

"敎化는 국가의 급선무인데 세속의 관리들이 태만히 하고, 風俗은 천하의 큰일인데 용렬한 군주가 소홀히 한다. 오직 밝고 지혜로운 君子는 깊이 알고 멀리 생각하니, 그런 뒤에야 유익함이 크고 공을 거둠이 원대함을 안다.

光武帝는 漢나라가 중간에 쇠락할 때를 만나 영웅들이 죽 끓듯 할 때에 布衣(평민)의 신분으로 분발하여 일어나 前人들이 남겨 놓은 基業의 실마리를 이어 회복하고 四方을 征伐하여 날마다 한가할 겨를이 없었으나, 마침내 經學을 돈독히 숭상하고 선비들을 손님의 禮로 맞이하며 학교를 열어 넓히고 禮樂을 닦고 밝혀서 武功이 이미 이루어지자 文德 또한 흡족하였다.

뒤를 이어 孝明帝와 孝章帝는 先祖의 遺志를 따라 辟雍에 친히 임하여 老人(三老五更)에게 절하고 經書를 옆에 펼쳐 놓고 道를 물었으며, 公卿大夫로부터 郡縣의 관리에 이르기까지 모두 經學에 밝고 행실이 닦여진 사람을 선발하였다. 그리하여 호위하는 군사들도 모두 ≪孝經≫을 익혔고 匈奴의 자제들 또한 太學에 유학하였다. 이 때문에 교육이 위에서 확립되고 풍속이 아래에서 이루어졌으니, 충후하고 행실이 결백한 선비들이 어찌 다만 士大夫들 사이에서 존중을 받을 뿐이었겠는가. 또한 여러 백성들에게 흠모를 받았으며, 어리석고 비루하고 더러운 사람이 어찌 다만 조정에서 용납되지 못할 뿐이었겠는가. 또한 鄕里에서 버림을 받았다. 三代가 멸망한 이후로 풍속과 교화의 아름다움이 東漢처럼 성대한 적이 있지 않았다.

그러다가 孝和帝 이후로는 貴戚들이 권력을 독점하고 총애받는 자(乳母와 宦官)들이 用事하여 상벌에 기준이 없고 뇌물이 공공연히 성행하였으며, 어진 이와 어리석은 이가 뒤섞이고 是非가 전도되었으니, 혼란하다고 이를 만하였다. 그러나 오히려 면면히 이어져 멸망함에 이르지 않을 수 있었던 것은 위로는 公卿大夫인 袁安·楊震·李固·杜喬·陳蕃·李膺의 무리가 황제의 면전에서 꺾고 조정에서 간쟁하여 公義로써 국가의 위태로움을 扶持하고, 아래로는 布衣의 선비인 符融·郭泰·范滂·許劭의 무리가 私論을 세워 漢나라 조정의 잘못을 바로잡았기 때문이었다. 이 때문에 정치가 비록 혼탁하였으나 풍속이 쇠하지 않아서 심지어는 斧鉞을 범하여 앞에서 쓰러져 죽었으나 忠義에 분발하는 자가 뒤를 이어 나와 앞사람을 따라 계속해서 죽음에 나아가 죽음을 보기를 돌아가는 것처럼 여겼으니, 어찌 다만 몇 사람이 어질었기 때문이었겠는가? 이 또한 光武帝와 明帝와 章帝가 남긴 교화 때문이었다.

이때를 당하여 만일 현명한 군주가 나와서 振作시켰다면 漢나라의 國運은 오히려 헤아릴 수 없었을 것이다. 그러나 불행히도 침체하고 무너진 뒤를 이었고, 또 桓帝와 靈帝가 혼우하고 포악해서 간사한 자들을 보호하고 기르기를 자기 골육보다 더 심하게 하고, 충신과 어진 자를 죽이고 멸하기를 원수보다 더 심하게 하여 많은 선비들의 울분을 쌓이게 하고 온 천하 백성들의 노여움을 쌓이게 하였다. 이에 何進이 군대를 부르고 董卓이 틈을 타며 袁紹의 무리가 따라서 난을 일으켜, 마침내 天子의 수레가 播遷하고 宗廟가 빈터가 되게 하여, 王室이 전복되고 生民들이 도탄에 빠져서 大命(天命)이 끊어져 다시는 구원할 수 없게 되었다. 그러나 州郡에서 병력을 보유하고 땅을 차지한 자들이 비록 서로 삼키고 물어뜯었으나 그래도 일찍이 漢나라를 尊崇함을 구실로 삼지 않은 적이 없었다.

魏 武帝(曹操)는 사납고 강포한데다가 천하 사람들에게 큰 공이 있어서 군주를 무시하는 마음을 쌓은 지가 오래되었으나 마침내 종신토록 감히 漢나라 황제를 폐하고 스스로 서지 못하였으니, 어찌 그 마음속에 이를 원하지 않았겠는가? 그래도 명분과 의리를 두려워하여 스스로 억제한 것이다. 이로 말미암아 살펴보건대 교화를 어찌 태만히 할 수 있으며 풍속을 어찌 소홀히 할 수 있겠는가?"

1)〔頭註〕糜沸 : 糜는 粥也라 如粥之沸는 言其亂擾也라
糜는 죽이다. 죽이 끓는 것과 같음은 어지러움을 말한다.

2)〔釋義〕遹追先志 : 遹은 遵이요 追는 隨也니 遠遵前人之志意也라

遹은 따름이요 追는 따름이니, 앞 사람의 뜻을 멀리 따르는 것이다.

3) 〔釋義〕 臨雍拜老 : 臨幸辟雍하야 行養老禮也라
辟雍에 행차하여 노인을 봉양하는 禮를 행한 것이다.

4) 〔釋義〕 搢紳 : 搢은 揷也요 紳은 大帶也니 搢紳은 謂揷笏於帶也라
搢은 꽂음이고 紳은 큰 띠이니, 搢紳은 띠에 홀을 꽂음을 이른다.

5) 〔頭註〕 孝和以降 貴戚擅權 : 貴戚은 如和帝時竇憲, 順帝時梁商梁冀, 安帝時鄧騭, 靈帝時竇武之輩라
貴戚은 和帝 때의 竇憲, 順帝 때의 梁商·梁冀, 安帝 때의 鄧騭, 靈帝 때의 竇武와 같은 무리이다.

6) 〔頭註〕 嬖倖 : 賤而得幸曰嬖라하니 嬖倖은 如乳母宦官也라
신분이 천하면서 총애를 받는 것을 嬖라 하니, 嬖倖은 유모와 환관 같은 자들이다.

7) 〔頭註〕 立私論以救其敗 : 不得預議於朝하고 而私立論於下하야 以矯朝議之失也라
조정에 참여하여 의논하지 못하고 아래에서 사사로이 의논을 세워 조정의 의논의 잘못된 점을 바로잡는 것이다.

8) 〔釋義〕 宗廟丘墟 : 丘는 空也요 墟는 大丘也라 墟本作虛하니 虛者는 毁滅無後之地라
丘는 빔이요, 墟는 큰 언덕이다. 墟는 본래 虛로 되어 있으니, 虛는 허물어지고 멸망하여 뒤를 잇는 자가 없는 곳이다.

9) 〔釋義〕 强伉 : 謂强暴伉健也라
强伉은 강포하고 굳셈을 이른다.

【庚子】 二十五年이라 〈魏文帝曹丕黃初元年이라 ○是歲에 僭國一*)이라〉

建安 25년(경자 220) - 魏 文帝 曹丕 黃初元年 ○ 이 해에 참람한 나라가 하나이다. -

*) 僭國一 : 참람한 나라란 曹丕의 魏나라를 가리킨 것이다.

正月에 魏王操 至洛陽薨하다 操知人善察하야 難眩以僞[1])요 識拔奇才에 不拘微賤하고 隨能任使하야 皆獲其用하다 與敵對陳에 意思安閑하야 如不欲戰이나

然이나 及至決機乘勝하얀 氣勢盈溢하며 勳勞宜賞엔 不吝千金하고 無功妄[2]施엔 分毫不與하며 用法峻急하야 有犯必戮하니 或對之流涕나 然이나 終無所赦하고 雅[3]性이 節儉하야 不好華麗라 故로 能芟刈群雄하고 幾平海內하니라 操의 太子丕卽王位하다

정월에 魏王 曹操가 洛陽에 이르러 죽었다. 曹操는 인물을 잘 알아보고 잘 살펴서 거짓으로 속이기가 어려웠고, 기이한 인재를 식별하여 발탁함에 신분의 미천함을 따지지 않고 재능에 따라 맡기고 부려서 모두 그 쓰임을 얻었다. 적과 對陣했을 때에는 意思가 편안하고 조용하여 싸우지 않고자 하는 듯하였으나 기회를 결단하여 승세를 타고 출격할 때에 이르러서는 기세가 가득 차서 넘쳤다. 공로가 있어 마땅히 상을 주어야 할 경우에는 千金도 아끼지 않았으나 공이 없으면서 상을 바랄 경우에는 털끝만큼도 주지 않았으며, 법을 적용함이 준엄하고 급하여 죄를 범한 자가 있으면 반드시 죽였다. 혹 죄를 범한 자를 대하여 눈물을 흘렸으나 끝내 사면하는 바가 없었고, 평소의 성품이 절약하고 검소하여 화려함을 좋아하지 않았다. 이 때문에 여러 영웅들을 베어 제거하고 거의 海內를 평정할 수 있었다. 曹操의 太子인 曹丕가 王位에 올랐다.

1) 〔通鑑要解〕 難眩以僞 : 謂人不能亂其明也라
거짓으로 속이기 어렵다는 것은 사람들이 그 명철함을 어지럽힐 수 없음을 이른다.

2) 〔頭註〕 妄 : 綱目及資治에 竝作望이라
'妄'은 ≪資治通鑑綱目≫과 ≪資治通鑑≫에 모두 '望'으로 되어 있다.

3) 〔頭註〕 雅 : 素也라
雅는 평소이다.

○ 尙書陳群이 以天朝[1]選用이 不盡人才라하야 乃立九品官人之法하니 州郡에 皆置中正하야 以定其選할새 擇州郡之賢有識鑑者爲之하야 區別人物하야 第其高下하다

尙書 陳群은 天朝(漢나라 조정)에서 인재를 선발하는 방법은 인재를 총망라할 수 없다 하여 마침내 九品으로 任官하는 제도를 확립하니, 州郡에 모두 中正官을 설치하여 그 선발을 결정하게 할 적에 州郡의 어진 자와 인재를 식별하는 안목이 있는 자를 택하여 인물을 구별해서 그 고하를 차등하게 하였다.

1)〔通鑑要解〕天朝 : 謂漢朝也라
　天朝는 漢나라 조정을 이른다.

○ 十月에 漢帝使御史大夫張音으로 持節奉璽綬詔冊하야 禪[1)]位于魏王하니 王이 卽皇帝位하야 改元黃初[2)]하고 大赦하다 奉漢帝爲山陽公하고 追尊父操曰武皇帝라하다

10월에 漢나라 황제가 御史大夫 張音으로 하여금 符節을 잡고 옥새와 인끈과 詔冊을 받들어 魏王에게 帝位를 선양하게 하니, 魏王이 皇帝에 즉위하여 黃初라 개원하고 천하에 크게 사면령을 내렸다. 漢나라 황제(獻帝)를 받들어 山陽公이라 하고 아버지 曹操를 추존하여 武皇帝라 하였다.

1)〔頭註〕禪[*)] : 見十六卷이라
　禪은 註가 16권 建武 5年條에 보인다.

*) 禪 : 天子가 壇을 만들어 하늘에 고하고 천자의 자리를 물려주는 것을 禪이라 한다.

2)〔頭註〕改元黃初 : 魏受漢禪하고 推五德之運하야 以土繼火하니 土色黃이라 故로 紀元曰 黃初라
　魏나라가 漢나라의 禪讓을 받고 五德의 운행을 미루어 土德으로써 火德을 이었으니, 土의 色이 황색이므로 紀元하기를 黃初라 한 것이다.

〔新增〕尹氏曰 天生烝民에 立之司牧하니 天下不可以無君也요 天無二日하고 民無二王이니 天下不可以二君也라 自唐虞禪繼로 舜禹承之하니 循其名이면 可以責其實이니 古人이 豈固假此以欺天下哉아 成湯放桀에 猶有慚德하고 武王伐紂에 義士非之로되 湯武不失爲聖人하시고 商周不失爲正統하니 亦惟求其實耳

라 後世에 欺孤弱寡하야 簒竊相尋하니 考其實하면 皆羿浞莽卓之徒로되 而求其名은 乃欲高出商周之上이라 前史信其僞辭하고 衰世襲其遺蹟하야 一則曰禪位요 二則曰受禪이라하니 胡爲自漢而下로 一何堯舜之多耶아 今之綱目에 直書魏王曹丕稱皇帝하고 廢帝爲山陽公이라하야 大書于冊하고 至於傳禪之說하야는 絶不復擧하니 斯言一出에 諸史皆廢라 豈朱子好爲立異哉아 亦不過求其實而已라 嗚呼라 亂臣賊子竊人家國에 常患於取之無名이면 則必曲爲委折以文之라 三家分晉하고 田氏併齊에 借周人之命以自好하고 莽賊簒漢에 欲求其說而不可得일새 乃以周公居攝稱之하고 至操丕하야 始以傳禪爲文이라 自後로 簒竊相繼에 皆踵而行之하니 其原이 始於曹氏之作俑也라 朱子旣破其說하시니 然後에 姦僞之徒가 始無以爲欺天下後世之目하니 其有補於名教가 豈不大哉리오

尹氏가 말하였다.

"하늘이 뭇 백성을 내고 司牧(백성을 맡아 기르는 군주)을 세우니 천하에 군주가 없을 수 없고, 하늘에는 두 태양이 없으며 백성에게는 두 王이 없으니 천하에 군주가 둘일 수 없는 것이다. 唐虞(堯舜)가 禪讓하고 계승함으로부터 舜임금과 禹王이 이어받았으니, 그 이름을 따르면 그 실제를 책할 수 있는 바, 古人이 어찌 진실로 이를 빌려 천하 사람들을 속였겠는가. 成湯이 桀王을 추방하고도 오히려 부끄러워하는 마음이 있었고 武王이 紂王을 정벌하자 義士인 伯夷·叔齊가 그르다 하였으나, 湯王과 武王은 聖人이 됨을 잃지 않았고 商나라와 周나라는 정통이 됨을 잃지 않았으니, 또한 그 실제를 찾을 뿐이다.

후세에는 孤兒(어린 군주)를 속이고 과부를 깔보아 찬탈하고 도둑질함이 서로 이어졌다. 그 실제를 상고하면 모두 后羿·寒浞·王莽·董卓의 무리였으나 그 이름을 구한 것은 바로 商나라와 周나라의 위로 높이 솟아나고자 한 것이었다. 그런데 예전의 역사책에는 그들의 거짓말을 믿고 쇠미한 세상에서는 그들이 남긴 자취를 인습하여, 한쪽에서는 禪位라 하고 다른 한쪽에서는 禪位를 받았다고 하니, 어찌하여 漢나라 이후로 어쩌면 이리도 堯舜이 많단 말인가.

지금 ≪資治通鑑綱目≫에 '魏王 曹丕가 황제를 칭하고 獻帝를 폐하여 山陽

公으로 삼았다.'고 곧바로 써서 책에 크게 기록하고, 傳位하여 禪讓했다는 말에 이르러서는 절대로 다시 거론하지 않았으니, 이 말이 한 번 나오자 여러 역사책이 다 폐지되었다. 어찌 朱子가 異論을 세우기를 좋아해서였겠는가? 또한 그 실제를 찾음에 지나지 않았을 뿐이다.

아, 亂臣賊子가 남의 집안과 나라를 도둑질할 때에 항상 취함에 명분이 없음을 근심하면 반드시 굽혀 曲折을 만들어 문식을 하였다. 韓・魏・趙 三家가 晉나라를 나누고 田氏가 齊나라를 겸병할 때에 周나라의 皇命을 빌어서 스스로 미화하였고, 역적인 王莽이 漢나라를 찬탈할 때에 그 구실을 찾고자 하였으나 찾지 못하자 마침내 周公이 居攝한 것을 칭하였으며, 曹操와 曹丕에 이르러서는 비로소 帝位를 傳禪한 것으로 文飾하였다. 이후로 찬탈과 도둑질이 서로 이어짐에 모두 이것을 뒤따라 행하였으니, 그 근원은 曹氏의 作俑(나쁜 前例)에서 시작되었다.

朱子가 이미 그 내용을 설파하시니, 그런 뒤에야 간사하고 거짓된 무리들이 비로소 천하와 후세의 눈을 속일 수가 없게 되었다. 名敎에 보탬이 됨이 어찌 크지 않겠는가."

右東漢은 自光武로 盡孝獻히 十二帝요 共一百九十六年이라

이상 東漢은 光武帝로부터 孝獻帝까지 12황제요, 모두 196년이다.

歷年圖曰 新室之末에 民心思漢을 如渴之望飮하고 飢之待哺也라 是以로 諸劉奮臂一呼에 而遠近響應하야 曾未朞年에 元惡授首[1)]라 更始入雒之初에 天下已服矣로되 而素無人君之器하야 綱紀不修하고 諸將暴橫하야 不旋踵而亡하니 固其宜也라 光武以仁厚之德으로 濟英雄之志하야 昆陽之役에 驅烏合之衆하야 掃滔天之敵하야 使海內로 幡然變而爲漢이라 宜陽之師 不戰而赤眉束手하고 百萬之盜 一朝而散하니 皆希(稀)世之奇功也라 至於待王郎劉盆子[2)]에 止於不死하고 首取良吏卓茂하야 以爲太傅하고 戒馮異安集關中하고 不務以戰功取勝하니 雖當草創之際라도 可謂有帝王之遠略矣요 及天下已定하야는 不失舊物[3)]하야 乃偃武修文하고 崇德報功하야 勤政治, 養黎元하고 興禮樂, 宣敎化하고

表行義, 厲風俗이라 繼以明章이 守而不失하니 於是에 東漢之風의 忠信廉恥가 幾於三代矣라 及孝和以降으로 政令寖弛하야 外戚專權하고 近習放恣나 然猶有骨鯁忠烈之臣[4]이 忘身而徇國이라 故雖衰而不亡하니 豈非建武永平[5]之遺烈歟아 至于桓靈하야는 而紀綱大壞하야 廢錮英俊하고 賊虐忠正하니 嬖倖之(儻)〔黨〕이 中外盤結하야 鬻獄賣官하야 濁亂四海라 何進見殺에 袁紹不勝其憤하야 遂燔燒宮闕하고 肆行誅殺하며 外召董卓하야 以脅朝廷이라 於是에 虺蜴雖除나 而虎貙[6]入室矣라 卓은 貪愎殘忍하야 廢主遷都하니 州郡紛然하야 稱兵[7]以討之러니 卓死而天下大亂하야 漢室遂亡하니 哀哉라

≪歷年圖≫에 말하였다.

"新나라 말기에 백성들의 마음이 漢나라를 생각하기를 목마를 때 음료를 먹여 주기를 바라고 굶주릴 때 먹여 주기를 기다리는 것처럼 하였다. 이 때문에 여러 劉氏가 팔을 걷어붙이고 한 번 고함치자 遠近이 메아리처럼 호응하여 일찍이 만 1년이 되기도 전에 元惡인 王莽이 머리를 내놓았다. 更始가 雒陽으로 들어가던 초기에 천하가 이미 복종하였으나, 更始는 평소 人君의 器局이 없어서 紀綱이 다스려지지 못하였고 여러 장수들은 사납고 제멋대로 하여 발걸음을 돌리기도 전에 멸망하였으니, 이는 진실로 마땅한 것이다.

光武帝는 仁厚한 德으로 英雄의 뜻을 더하여 昆陽의 전투에서 오합지졸을 몰아, 죄악이 하늘에까지 닿는 적을 소탕하였다. 그리하여 온 천하로 하여금 幡然히 변하여 漢나라가 되게 하였다. 宜陽의 군사가 싸우지 않았는데도 赤眉가 손을 들고 항복하고 백만에 이르는 도적들이 하루아침에 흩어졌으니, 이는 모두 세상에 드문 기이한 공이었다.

王郎과 劉盆子를 대함에 이르러서는 죽이지 않음에 그쳤고, 良吏인 卓茂를 첫 번째로 발탁하여 太傅를 삼았으며, 馮異에게 關中 지방을 편안히 살게 하고 戰功으로 승리를 취하는 데 힘쓰지 말도록 경계하였으니, 비록 草創할 때를 당해서도 帝王의 원대한 도략이 있다고 이를 만하였다.

천하가 이미 평정됨에 이르러서는 예로부터 지켜 온 물건(국가)을 잃지 아니하여 마침내 武를 억제하고 文을 닦으며 德을 높이고 功에 보답하여 정사를 부지런히 힘쓰고 백성들을 기르며 禮樂을 일으키고 敎化를 펴며 行義를

표창하고 風俗을 장려하였다.

뒤이어 明帝와 章帝가 이것을 잘 지키고 잃지 않으니, 이에 東漢 풍속의 忠信과 廉恥가 거의 三代에 이르게 되었다. 孝和帝 이후로 政令이 점점 해이해져 外戚들이 권력을 독점하고 宦官들이 방자하였으나 오히려 直諫하는 忠烈의 신하가 있어 자기 몸을 잊고 나라를 위해 희생하였다. 그러므로 漢나라가 비록 쇠하였으나 멸망하지 않았으니, 어찌 建武와 永平의 남은 功烈이 아니겠는가.

桓帝와 靈帝에 이르러서는 기강이 크게 무너져서 英俊들을 禁錮하고 忠正한 사람들을 해치고 모질게 대하니, 총애받는 환관의 무리가 中外에 서리고 얽혀서 뇌물을 받고 獄事를 봐주고 관직을 팔아먹어 온 천하를 흐리고 어지럽혔다. 何進이 죽음을 당하자 袁紹는 그 분함을 이기지 못하여 마침내 궁궐을 불태우고 誅殺을 자행하였으며 밖으로 董卓을 불러 조정을 위협하였다. 이에 이무기와 뱀은 비록 제거되었으나 호랑이와 이리가 방으로 들어오게 되었다. 董卓이 탐욕스럽고 잔인하여 군주를 폐위하고 도읍지를 옮기니, 州郡이 분분하게 군대를 일으켜 토벌하였는데, 董卓이 죽자 천하가 크게 혼란해져 漢나라 황실이 마침내 멸망하였으니, 아! 슬프다."

1)〔頭註〕元惡授首 : 元惡은 莽也라

元惡은 王莽이다.

2)〔頭註〕劉盆子 : 盆子는 見丁亥年이라 王郎은 甲申年에 王霸斬之로되 此云止於不死는 未詳이라

盆子는 註가 丁亥年에 보인다. 王郎은 甲申年에 王霸가 목을 베어 죽였는데, 여기에서 '죽이지 않음에 그쳤다.〔止於不死〕'고 말한 것은 자세하지 않다.

3)〔頭註〕不失舊物*) : 左傳文注에 不失治天下之舊事라하니라

不失舊物은 《春秋左傳》 文公 注에 "천하를 다스리는 옛일을 잃지 않은 것이다." 하였다.

*) 舊物 : 예로부터 내려온 국가의 典章과 制度를 가리키며, 따라서 제왕의 지위를 가리키는 말로 더 많이 사용한다. 이 때문에 頭註를 따르지 않았음을 밝혀 둔다.

4)〔頭註〕忠烈之臣 : 如李膺, 桓典之屬이라

忠烈의 신하는 李膺과 桓典과 같은 무리이다.

5)〔頭註〕建武永平：建武는 光武요 永平은 明帝이다.
建武는 光武帝의 年號이고 永平은 明帝의 年號이다.

6)〔頭註〕虎貙：似貍한대 能捕獸라
貙는 살쾡이와 비슷한데, 짐승을 잡을 수 있다.

7)〔頭註〕稱兵：稱은 擧也라
稱은 드는(일으키는) 것이다.

漢 紀

昭烈[1]**皇帝**[※] **名備**요 **字玄德**이니 **涿郡人**이라 **漢景帝孫中山靖王劉勝之後**라 **在位三年**이요 **壽六十三**이라

昭烈皇帝는 이름이 備이고 字가 玄德이니, 涿郡 사람이다. 漢나라 景帝의 손자인 中山靖王 劉勝의 후손이다. 재위가 3년이고 壽가 63세이다.

1)〔頭註〕昭烈 : 聖聞周達曰昭요 執德進業曰烈이라
聖明하다는 명성이 두루 알려짐을 昭라 하고, 德을 잡아 功業에 나아감을 烈이라 한다.

※ 嘗奉密詔하야 討曹操不克하고 後曹丕簒漢에 遂正位于蜀하니라
일찍이 密詔를 받들어 曹操를 토벌하였으나 이기지 못하였고, 뒤에 曹丕가 漢나라를 찬탈하자 마침내 蜀에서 천자의 지위에 올랐다.

〔新增〕尹氏曰 三代而下로 惟漢이 得天下爲正이라 誅無道秦하고 討逆賊羽하야 傳祚踰四百年하니 尺地一民이 莫非漢有라 至桓靈不君하고 董卓煽禍하야 英雄群起而攻之하니 卓旣誅戮이면 則天下는 固漢之天下어늘 曹操乘時擅命하야 脅制天子하고 戕殺國母하니 義士爲之歎憤이라 苟有一夫倡義於天下에 皆君子之所予[1)]하니 況於堂堂帝室之胄로 英名蓋世者乎아 丕旣簒立에 漢祀無主라 昭烈이 正位蜀漢하야 親承大統하니 名正言順하야 本無可疑라 自陳壽志三國[2)]으로 全以天子之制予魏하고 而以列國待漢이라 故로 通鑑因之하야 以魏紀年이러니 至綱目하야 始以昭烈로 承獻帝之後하야 紹漢遺統하야 取春秋之義하야

以示天下하니 萬世之正論也라 愚承師命[3)]하야 一遵朱子例而正之于左하노라

尹氏(尹起莘)가 말하였다.

"三代 이후로 오직 漢나라만이 천하를 올바르게 얻었다. 무도한 秦나라를 멸망시키고 역적인 項羽를 토벌하여 帝位를 전한 것이 400년을 넘었으니, 한 자의 땅과 한 명의 백성도 漢나라의 소유가 아님이 없었다. 桓帝와 靈帝에 이르러 군주 노릇을 제대로 하지 못하고 董卓이 禍를 일으키자 영웅들이 떼지어 일어나 공격하였으니, 董卓이 이미 誅戮당했으면 天下는 진실로 漢나라의 天下인 것이다. 그런데 曹操가 때를 타고 명령을 독단해서 天子를 위협하고 제재하며 國母를 시해하니, 義士들이 이 때문에 탄식하고 격분하였다. 만약 한 명의 지아비라도 천하에 倡義하는 자가 있었다면 모두 君子가 허여하였을 것이니, 하물며 당당한 皇室의 後裔로서 뛰어난 명성이 세상을 뒤덮을 만한 자(劉備)에 있어서이겠는가.

曹丕가 이미 찬탈하여 즉위한 뒤에 漢나라 제사를 주관할 사람이 없었다. 昭烈이 蜀漢에서 황제의 자리에 올라 친히 大統을 이으니, 명분이 바르고 말이 순하여 본래 의심할 만한 것이 없었다. 그런데 陳壽의 《三國志》로부터 완전히 天子의 제도를 魏나라에게 주고 列國으로써 蜀漢을 대우하였다. 그러므로 《資治通鑑》에서 이를 인습하여 魏나라로 年度를 기록했는데, 《資治通鑑綱目》에 이르러서 비로소 昭烈로 獻帝의 뒤를 계승하여 漢나라의 남은 正統을 이어서 《春秋》의 義理를 취하여 천하에 보였으니, 이는 萬世의 올바른 의논이다. 나는 선생의 말씀을 받들어 한결같이 朱子의 例를 따라 아래에 바로잡았다."

1)〔頭註〕所予 : 予는 與與通이라
　予는 與(許與)와 통한다.

2)〔頭註〕陳壽志三國 : 陳壽는 晉人이라
　陳壽는 晉나라 사람이다.

3)〔頭註〕師命 : 番陽松塢王先生이니 名逢이라
　스승은 番陽의 松塢 王先生이니, 이름은 逢이다.

【辛丑】 章武元年이라 〈魏黃初二年이라〉

章武 元年(신축 221) - 魏나라 黃初 2년이다. -

蜀中이 傳言호되 漢帝已遇害라하니 於是에 漢中王이 發喪制服하고 諡曰孝愍[1]皇帝라하고 夏四月에 漢中王이 卽帝位於武擔之南[2]하야 大赦改元하고 以諸葛亮爲丞相하고 許靖爲司徒하다

蜀 지방의 전하는 말에 漢나라 獻帝가 이미 살해되었다 하니, 이에 漢中王이 喪을 발표하고 喪服을 입고 獻帝의 諡號를 孝愍皇帝라 하였다. 여름 4월에 漢中王이 武擔의 남쪽에서 황제의 지위에 올라 사면령을 크게 내리고 연호를 고쳤으며, 諸葛亮을 丞相으로 삼고 許靖을 司徒로 삼았다.

1) 〔頭註〕 孝愍 : 在國遭亂曰愍이라
나라에서 난을 만난 것을 愍이라 한다.

2) 〔釋義〕 卽帝位於武擔之南 : 武擔山은 在成都城北二百步라 〔通鑑要解〕 此山在西北하니 蓋以乾位[*]在西北이라 故로 就之以卽祚也하니라
〔釋義〕 武擔山은 成都의 성 북쪽으로 200보 지점에 있다. 〔通鑑要解〕 이 山은 서북쪽에 있으니, 乾位가 서북쪽에 있기 때문에 이 山에 나아가 卽祚(卽位)한 것이다.

*) 乾位 : 乾卦는 文王 後天에 있어 西北方인 바, 乾은 군주를 상징하므로 成都의 서북쪽에 있는 武擔山에서 즉위한 것이다.

溫公曰 三代之前에 海內萬國有民人社稷者를 通謂之君이요 合萬國而君之하야 立法度, 班號令[1]하야 而天下莫敢違者를 乃謂之王이요 王德旣衰에 彊大之國이 能帥諸侯하야 以尊天子者를 則謂之霸라 自漢儒로 推五德生勝[2]하야 以秦爲閏位[3]하야 在木火之間이라하야 霸而不王이라 於是에 正閏之論이 興矣라 及漢室顚覆에 三國鼎峙[4]하고 晉氏失馭에 五胡[5]雲擾하며 宋, 魏以降으로 南北[6]分治하야 各有國史하야 互相排黜[7]이라 朱氏代唐[8]에 四方幅裂하고 朱邪(야)入汴[9]에 比之窮, 新[10]하야 運歷年紀를

皆棄而不數하니 此皆偏辭요 非公論也라 故로 今此書에 獨以周, 秦, 漢, 晉, 隋, 唐으로 爲正統하야 其後子孫이 雖微弱播遷[11]이나 猶承祖宗之業하니 四方與之爭衡者는 皆其故臣也라 故로 全用天子之制以臨之하고 至於天下離析하야 本非君臣者는 皆以列國之制處之라 然이나 不可無歲時月日以識(지)事之先後라 漢傳於魏而晉受之하고 晉傳於宋이러니 以至於陳而隋取之하고 唐傳於梁하야 以至於周而大宋承之라 故로 不得不取其年號하야 以紀其國之事요 非尊此而卑彼하야 有正閏之辨也라 昭烈之於漢에 雖云中山靖王之後라하나 而族屬疎遠하야 不能紀其世數名位하니 亦猶南唐烈祖稱吳王恪後[12]하야 是非難辨이라 故不敢以光武及晉[13]元帝爲比하야 使得紹漢氏之遺統也로라

溫公이 말하였다.

"三代 이전에 온 천하 모든 나라의 人民과 社稷을 보유한 자를 통틀어 君이라 일렀고, 모든 나라를 합하여 통치해서 法度를 세우고 號令을 반포하여 天下가 감히 어기지 못하는 자라야 비로소 王이라 일렀고, 王의 德이 이미 쇠한 뒤에 强大國이 諸侯들을 거느리고서 天子를 높이는 것을 霸者라 일렀다.

漢나라의 儒者로부터 五行의 德이 相生하고 相剋하는 이치를 미루어 秦나라를 閏位로 삼아 木德과 火德의 사이에 있다 하여 秦나라를 霸者로 여기고 王으로 여기지 않았다. 이에 正位와 閏位에 대한 논의가 일어나게 되었다. 漢나라 皇室이 전복되자 三國이 솥발처럼 대치하고, 晉나라가 통치권을 상실하자 五胡가 구름처럼 일어나 시끄러웠으며, 宋·魏 이후로는 南北이 나뉘어 다스려져 각각 國史가 있어서 서로 배척하였다. 朱氏(朱全忠)가 唐나라를 대신하자 사방이 분열되었고, 朱邪氏(李存勖)가 汴京에 들어오자 옛날 夏나라를 찬탈한 有窮氏와 漢나라를 찬탈한 王莽의 新나라에 비유하여 曆法과 紀年을 모두 버리고 세지 않았으니, 이는 모두 편벽된 말이요 공정한 의론이 아니다.

그러므로 지금 이 책에서는 오직 周나라・秦나라・漢나라・晉나라・隋나라・唐나라만을 정통으로 삼아서 그 뒤의 자손들이 비록 미약하고 流離하였으나 오히려 祖宗의 基業을 잇게 하였으니, 사방에서 이들과 더불어 優劣을 다투는 자들이 모두 옛 신하이기 때문이다. 그러므로 완전히 天子의 제도를 써서 그들에게 임하였고, 천하가 분열되어서 본래 君臣 관계가 아닌 자에 있어서는 모두 列國의 제도로 대하였다.

그러나 歲時(年과 春・夏・秋・冬의 四時)와 月日로써 일의 先後를 표시하지 않을 수가 없다. 漢나라가 魏나라에 전하여 晉나라가 받았고, 晉나라가 宋(南朝)나라에 전하였는데 陳나라에 이르러 隋나라가 취하였으며, 唐나라가 梁나라에 전하여 周나라에 이르러서 大宋이 이어받았다. 그러므로 그 年號를 취하여 그 국가의 일을 기록하지 않을 수 없었던 것이요, 이것을 높이고 저것을 낮추어서 正位와 閏位의 구분이 있는 것이 아니다.

昭烈이 漢나라에 있어서는 비록 中山靖王의 후손이라고 하였으나 族屬이 소원하여 그 代數와 名稱과 地位를 기록할 수가 없으니, 또한 南唐의 烈祖 李昪이 吳王 李恪의 후손이라고 自稱한 것과 같아서 是非를 분별하기 어려웠다. 그러므로 감히 東漢의 光武帝가 西漢을 계승한 것과 東晉의 元帝가 西晉을 계승한 것에 비유하여 漢나라의 傳統을 잇게 할 수 없는 것이다."

1) 〔頭註〕 班號令 : 班은 布也라

班은 頒布함이다.

2) 〔頭註〕 五德生勝*) : 見周得火德注라

五德生勝에 대한 설명은 周得火德의 注에 보인다.

*) 五德生勝 : 金・木・水・火・土를 일러 五德이라 하고 生勝은 相生과 相剋을 아울러 이른 말로, 이에 대한 설명은 본서 3권 始皇帝 26년(경진 B.C.221) 周得火德의 注에 보인다.

3) 〔釋義〕 秦爲閏位 : 考索*)曰 秦本西戎이니 餘分閏位라 不足繼周라하야 班固削而不取焉하니 周以(水)〔木〕而漢以火 宜矣라하니라 不得正王之位하니 如歲月之餘

分爲閏也라

≪考索≫에 이르기를 "秦나라는 본래 西戎이니 여분의 閏位여서 周나라를 계승할 수 없다 하여 班固가 삭제하고 취하지 않았으니, 周나라는 木德을 하고 漢나라는 火德을 함이 당연하다." 하였다. 정식으로 왕의 자리를 얻지 못하였으니, 세월의 餘分이 윤달이 되는 것과 같다.

*) 考索 : ≪群書考索≫의 줄임말로 보이나 위의 내용이 ≪群書考索≫에 보이지 않는다.

4) 〔釋義〕 三國鼎峙 : 三國은 漢, 魏, 吳요 鼎峙는 言三國如鼎之立也라

三國은 蜀漢・魏・吳이고, 鼎峙는 세 나라가 솥발이 서 있는 것과 같음을 말한 것이다.

5) 〔釋義〕 五胡 : 謂漢劉元海는 匈奴也요 後趙石勒은 羯也요 前燕慕容廆는 鮮卑也요 前秦苻洪은 氐也요 後秦姚弋仲은 羌也라

五胡란 漢의 劉元海(劉淵)는 匈奴族이고, 後趙의 石勒은 羯族이고, 前燕의 慕容廆는 鮮卑族이고, 前秦의 苻洪은 氐族이고, 後秦의 姚弋仲은 羌族이다.

6) 〔釋義〕 南北 : 南은 謂宋, 齊, 梁, 陳이요 北은 謂後魏, 北齊, 後周也라

南朝는 宋・齊・梁・陳을 이르고, 北朝는 後魏・北齊・後周를 이른다.

7) 〔釋義〕 互相排黜 : 謂彼此貶斥也라 南謂北爲索虜하고 北謂南爲島夷[*)]라

互相排黜은 피차간에 폄하하고 배척함을 이른다. 南朝에서는 北朝를 일러 索虜라 하고, 北朝에서는 南朝를 일러 島夷라 하였다.

*) 南謂北爲索虜 北謂南爲島夷 : 索虜의 索은 辮髮을 가리키는 바, 북방 사람들이 변발을 하였기 때문에 이렇게 칭한 것이요, 島夷는 섬 오랑캐라는 뜻으로 동남쪽은 바닷가에 가까워 지대가 낮기 때문에 이렇게 칭한 것이다.

8) 〔釋義〕 朱氏代唐 : 後梁朱晃受唐禪하니라

後梁의 朱晃(朱全忠)이 唐나라의 禪讓을 받았다.

9) 〔釋義〕 朱邪入汴 : 後唐莊宗李存勖은 本姓朱邪氏니 入汴滅後梁이라 按朱邪는 處月之別種이니 西突厥苗裔라 本號朱邪니 世居金婆山之陽蒲類海東이라 其地有大磧하야 名沙陀하니 後因以沙陀爲號하고 以朱邪爲姓이라 唐憲宗時에 有朱邪盡忠이 始見於中國이러니 懿宗時에 賜姓李하고 名國昌하니 克用은 其子也라

後唐의 莊宗 李存勖은 본래 姓이 朱邪氏이니, 汴京에 들어와 後梁을 멸망시켰다. 살펴보건대 朱邪는 處月의 別種이니 西突厥族의 후예이다. 본래 칭호가 朱邪이니, 대대로 金婆山의 陽蒲 類海 동쪽에 거주하였다. 이 지역에는 큰 사막이 있

어 이름을 沙陀라 하였는데, 뒤에 인하여 沙陀를 칭호로 삼고 朱邪를 姓으로 삼았다. 唐나라 憲宗 때에 朱邪盡忠이 처음 중국에 출현하는데, 懿宗 때에 國姓인 李氏姓과 國昌이란 이름을 하사하였으니, 李克用은 그의 아들이다.

10)〔釋義〕窮 新：窮은 謂后羿也니 簒國하야 自號有窮하고 新은 謂王莽이니 簒位하야 國號新室이라

窮은 后羿를 이르니 夏나라를 찬탈하여 스스로 有窮이라 이름하였고, 新나라는 王莽을 이르니 황제의 지위를 찬탈하여 국호를 新室이라 하였다.

11)〔頭註〕播遷：播散也라

播遷은 흩어짐이다.

12)〔頭註〕南唐烈祖稱吳王恪後*)：吳字는 恐誤하니 唐書에 吳王恪은 是太宗子也요 而建王恪이 乃憲宗子也라

吳字는 誤字인 듯하니, ≪唐書≫에 吳王 恪은 太宗의 아들이요, 建王 恪이 바로 憲宗의 아들이다.

*) 南唐烈祖稱吳王恪後：≪資治通鑑考異≫에 "≪周世宗實錄≫과 薛居正의 ≪舊五代史≫에는 '李昪(변)이 唐 玄宗의 여섯째 아들인 永王 璘의 후예이다.' 하였고, ≪江南錄≫에는 '憲宗의 여덟째 아들인 建王 恪의 玄孫이다.' 하였고, 李昊의 ≪蜀後主實錄≫에는 '唐나라의 皇子인 薛王 知柔가 嶺南節度使가 되어 관청에서 죽었는데, 그 아들 知誥가 江淮 지방에 유리하다가 마침내 徐溫의 養子가 되었다.' 하였고, ≪吳越備史≫에는 '李昪은 본래 潘氏로 湖州 安吉 사람이다. 아버지가 安吉砦의 장수로 있었는데, 吳나라 장수 李神福이 衣錦軍을 공격하기 위하여 湖州를 지나다가 李昪을 사로잡아 데리고 와서 노예로 삼았다. 徐溫이 일찍이 李神福을 방문하였는데, 李昪의 근실하고 친후함을 좋아하여 養子로 삼았다. 당시 圖讖에 「東海의 잉어가 하늘로 날아오른다.」는 설이 있었는 바, 李昪이 처음에 李神福을 섬기다가 뒤에 徐溫에게 귀의하였으므로 李氏 姓을 따라 圖讖說에 응했다.' 하였다. 劉恕는 말하기를 '李昪은……진실로 李氏가 아니다.……李昪은 어려서 고아가 되어 난리를 만나서 그 先祖를 모른다.' 했다.〔考異曰 周世宗實錄及薛史稱昪唐玄宗第六子永王璘苗裔 江南錄云 憲宗第八子建王恪之玄孫 李昊蜀後主實錄云 唐嗣薛王知柔爲嶺南節度使 卒於官 其子知誥流落江淮 遂爲徐溫養子 吳越備史云 昪本潘氏 湖州安吉人 父爲安吉砦將 吳將李神福攻衣錦軍 過湖州 虜昪歸 爲僕隷 徐溫嘗過神福 愛其謹厚 求爲養子 以讖云 東海鯉魚飛上天 昪始事神福 後歸溫 故冒李氏以應讖 劉恕以爲昪……固非李氏……

昪少孤遭亂 莫知其祖系〕" 하였다.

13) 〔頭註〕 晉 : 東晉이라

晉은 東晉이다.

胡氏管見曰 司馬氏以昭烈이 於中山靖王에 族屬疎遠하야 不能紀其世數名位하야 是非難辨이라하야 遂抑之하야 不使得紹漢統하니 則未知其去取之意也라 自司馬氏로 至三國은 七百餘年이니 固不詳昭烈之世數어니와 而諸葛公은 去中山靖王이 才(纔)三百餘年이라 草廬傾蓋[1]之時에 卽稱昭烈爲帝室之胄하니 豈憑虛無據而云爾耶아 若秦始皇은 明爲呂不韋之子요 琅邪王睿는 顯著小吏牛金所生[2]이로되 司馬氏尙係諸秦晉하야 不革而正之라 乃推奬荀彧하고 寬宥曹操하야 至謂操取天下於群盜요 非取之於漢室이라하고 而抑退漢之昭烈하야 不少假借하고 於孔明北伐에 以入寇書之[3]하니 亦獨何哉아

胡寅의 ≪讀史管見≫에 말하였다.

"司馬溫公은 昭烈帝가 中山靖王에 있어서 族屬이 소원하여 그 代數와 名稱과 地位를 기록할 수가 없어 是非를 분별하기 어렵다고 해서 마침내 억제하여 漢나라의 大統을 이을 수 없게 하였으니, 그 去取의 뜻을 알지 못하겠다. 司馬溫公으로부터 三國까지는 700여 년이니 진실로 昭烈의 代數를 자세히 알 수 없으나, 諸葛亮과 中山靖王과의 간격은 겨우 300여 년이다. 諸葛亮이 草廬에서 서로 만났을 때에 곧바로 昭烈을 칭하여 황실의 후손이라고 하였으니, 어찌 터무니없는 말을 믿고 근거 없이 이렇게 말하였겠는가.

秦始皇으로 말하면 분명히 呂不韋의 자식이고 琅邪王 司馬睿는 小吏인 牛金의 소생임이 명백한데도 司馬溫公은 오히려 秦나라와 晉나라의 뒤를 잇게 하고 고쳐서 바로잡지 않았다. 그리고는 마침내 荀彧을 추대하고 장려하며 曹操를 너그럽게 용서해서, 심지어는 曹操가 천하를 여러 도둑에게서 취하였고 漢나라 황실에서 취한 것이 아니라 하였으며, 漢나라 昭烈帝를 억누르고 물리쳐서 조금도 봐주지 않고 諸葛孔明이 북쪽으로 魏나라를 정벌한 곳에는 '入寇'라고 썼으니, 이는 또한 유독 무슨 이유에서인가?"

1) 〔譯註〕 傾蓋 : 수레를 멈추고 日傘을 기울인다는 뜻으로, 우연히 한 번 보고 서

로 친해짐을 이른다. 孔子가 길을 가다가 程本을 만나 수레의 덮개를 젖히고 정답게 이야기를 나누었다는 데서 유래하였다.

2) 〔譯註〕 秦始皇……顯著小吏牛金所生 : 秦始皇의 아버지 莊襄王이 趙나라에 볼모로 가 있다가 呂不韋의 애첩을 얻어서 始皇을 낳았는 바, 실은 呂不韋의 아들이라 하며, 睿는 晉 元帝의 이름인데, 어머니 夏侯氏가 牛氏와 간통하여 元帝를 낳았다는 설이 있다. ≪晉書≫에 "옛날 玄石圖에 소가 말을 계승〔牛繼馬後〕하는 像이 있으므로 宣帝(司馬懿)가 牛氏를 매우 꺼린 나머지 〈장수인 牛金을 살해하기 위하여〉 마침내 두 개의 통에 주둥이가 하나로 된 술병을 만들어 한쪽에는 좋은 술, 한쪽에는 毒酒를 각기 담아 놓았다가 자신은 좋은 술을 먼저 마시고 독주로 牛金을 鴆殺하였다. 그러나 恭妃(宣帝의 손자인 恭王의 비) 夏侯氏가 끝내 小吏인 牛氏와 간통하여 元帝를 낳았으니, 또한 符驗(징험)이 있었다.〔初 玄石圖有牛繼馬後故 宣帝深忌牛氏 遂爲二榼共一口以貯酒焉 帝先飮佳者 而以毒酒鴆其將牛金 而恭王妃夏侯氏 竟通小吏牛氏而生元帝 亦有符云〕" 하였다.

3) 〔譯註〕 於孔明北伐 以入寇書之 : 昭烈帝 劉備가 죽고 劉禪이 즉위하자 諸葛亮은 魏나라로 出征하였다. 이를 두고 陳壽의 ≪三國志≫에 '諸葛亮入寇'라고 썼는데, 司馬光의 ≪資治通鑑≫에도 이것을 고치지 않고 그대로 썼으니, 이것은 魏나라에 正統을 준 것이다. 朱子의 ≪資治通鑑綱目≫에는 蜀漢에 正統을 주어 諸葛亮이 군대를 일으킨 경우에는 "魏나라를 정벌했다.〔伐魏〕"고 고쳐 쓰고 魏나라 군대가 국경을 침범한 경우에는 "入寇"라고 고쳐 썼다.

〔新增〕 尹氏曰 按陳壽志하면 昭烈은 涿縣人이요 中山靖王勝之後라 勝子正이 元狩六年에 封涿縣陸城亭侯러니 坐酎金[1]失侯하야 因家焉하다 祖는 雄이요 父는 弘이니 生昭烈이라하야 其世次本末甚明이라 又按歐陽脩五代史하면 載南唐世家하니 李昪(변)은 徐州人이라 世本微賤하고 父榮이 遇唐末之亂하야 不知所終이라 昪少孤어늘 楊行密이 養以爲子하고 又乞與徐溫하야 因冒姓徐라가 至簒吳之後하야 始復姓李하고 自言唐憲宗子建王恪之後라 及考通鑑하면 則曰唐主欲祖吳王恪이러니 或曰恪誅死하니 不若祖鄭王元懿[2]라한대 唐主命有司하야 考二王苗裔하니 以吳王孫禕有功하고 禕子峴이 爲宰相이라하야 遂祖吳王하야 〈云〉自峴五世至父榮이라하니 其名이 率皆有司所撰이라 此與昭烈로 大相遼絶이라 況諸葛이 一見昭烈에 首稱將軍帝室之胄하고 及後求救孫權

에도 亦以豫州王室之胄로 對權稱之하니 亮은 固非妄言者也라 是以로 張松之說劉璋에도 且謂豫州使君之宗室이요 而異時苻堅答苻融諫伐晉之語에도 亦曰劉禪[3]은 可非漢之遺祚[4]리오 然이나 亦爲中國所幷이라하니 然則昭烈之爲漢裔가 顯顯無疑하니 以之紹統이 夫復何說이리오 是年에 曹丕旣立일새 昭烈이 卽正位號하야 不使漢統墜地하니 深合事宜라 其與光武卽位于鄗하고 晉元卽位江左로 先後一轍이니 固非其他僭竊急於自帝者之比라 斯事는 在綱目中에 最其大者라 予故로 歷考顚末하야 詳而辨之하야 以告後之君子하고 亦使朱子秉筆之志로 暴白於天下耳라 愚[5]故로 備錄尹氏發明綱目之義于此하야 以袪[6]學者之惑云이라

尹氏(尹起莘)가 말하였다.

"陳壽의 ≪三國志≫를 살펴보면 '昭烈은 涿縣 사람이고 中山靖王 劉勝의 후손이다. 劉勝의 아들 劉正이 元狩 6年에 涿縣의 陸城亭侯에 봉해졌는데, 酎金에 걸려 侯의 지위를 잃고 인하여 이곳에 살게 되었다. 조부는 雄이고 부친은 弘이니 昭烈을 낳았다.' 하여 그 世次와 本末이 매우 분명하다.

또 歐陽脩의 ≪五代史≫를 살펴보면 〈南唐世家〉가 실려 있는데, 여기에 '李昪은 徐州 사람이다. 대대로 본래 미천하였고 아버지 李榮은 唐나라 말기의 난리를 만나서 어느 곳에서 죽었는지 알지 못한다. 李昪이 어려서 고아가 되었는데 楊行密이 길러 자식으로 삼았고, 또 徐溫에게 주어서 인하여 徐氏 姓을 따르다가 吳 땅을 찬탈한 뒤에 비로소 李氏 姓을 회복하고는 스스로 唐나라 憲宗의 아들인 建王 恪의 후손이라 했다.' 하였다.

또 ≪資治通鑑≫을 살펴보면 '唐主(南唐의 군주 李昪)가 吳王 恪을 先祖로 삼고자 하였는데, 혹자가 말하기를 「吳王 恪은 죄를 짓고 죽었으니, 鄭王 元懿를 先祖로 삼는 것만 못하다.」하자, 唐主가 有司에게 명령하여 두 王의 후손들을 상고하게 하였는 바, 吳王의 孫子 禕가 功이 있고 禕의 아들 峴이 재상이 되었다 하여 마침내 吳王을 선조로 삼아 峴으로부터 5대를 지나 아버지 榮에 이르렀다 하였으니, 그 이름이 모두 有司들이 억지로 만들어 낸 것이다.' 하였다.

이는 昭烈帝와 현격한 차이가 나는 것이다. 더구나 諸葛亮이 한 번 昭烈

帝를 보자 맨 먼저 '장군은 皇室의 後孫'이라고 칭하였고, 뒤에 孫權에게 구원을 청할 때에도 孫權을 대하여 '劉豫州는 王室의 후손'이라고 말하였으니, 諸葛亮은 진실로 함부로 말하는 자가 아니다. 이 때문에 張松이 劉璋을 설득할 때에도 '劉豫州는 使君의 宗室'이라고 말하였고, 다른 날에 苻堅이 晉나라를 정벌하는 것을 諫하는 苻融에게 대답한 말에 또한 이르기를 '劉禪은 漢나라의 遺祚(後嗣)가 아니라고 말할 수 있겠는가. 그러나 또한 中國에게 겸병당하였다.' 하였으니, 그렇다면 昭烈이 漢나라 황실의 후손이 됨은 명백하여 의심할 나위가 없는 바, 이로써 大統을 이음에 다시 무슨 말을 하겠는가.

이 해에 曹丕가 즉위하자 昭烈이 곧바로 지위와 칭호를 바로잡아서 漢나라의 국통이 땅에 떨어지지 않게 하였으니, 사리의 마땅함에 깊이 부합한다. 光武帝가 鄗에서 즉위하고 晉나라 元帝가 江左에서 즉위한 것과 전후로 자취가 똑같으니, 진실로 기타의 참람하게 도둑질하여 스스로 황제라 칭함을 급하게 여긴 자와는 비할 바가 아니다.

이 일은 ≪資治通鑑綱目≫ 가운데 가장 중대한 일이다. 나는 그러므로 顚末을 낱낱이 상고하고 자세히 분별하여 후세의 君子에게 고하고, 또한 朱子가 붓을 잡아 기록한 뜻을 온 천하에 밝게 드러내는 바이다."

나(劉剡)는 이 때문에 尹氏가 ≪資治通鑑綱目≫의 뜻을 發明한 것을 여기에 자세히 기록하여 배우는 자의 의혹을 제거하는 바이다."

1) 〔頭註〕 酎金*) : 見九卷이라

酎金에 대한 내용은 本書 9권의 武帝 元光 6年條(B.C.129)에 보인다.

*) 酎金 : 漢나라 제도에 정월 초하루 아침에 술을 만들어서 8월에 비로소 익으면 이름을 酎라 하니, 酎라는 말은 醇酒라는 뜻이다. 武帝는 순주를 宗廟에 바치고 인하여 순주를 맛보면서 諸侯들을 사당 안에 모으고 金을 바쳐 제사를 돕게 하였으니, 이른바 酎金이란 것이다. 황제는 제후왕들이 올린 금을 살펴보고서 조금이라도 斤兩에 차이가 있거나, 혹 金의 색깔이 나쁘면 王은 작위를 삭탈하고 諸侯는 나라를 멸망시켰다.

2) 〔頭註〕 鄭王元懿 : 元懿는 唐太宗弟라

元懿는 唐나라 太宗의 아우이다.

3)〔頭註〕劉禪：昭烈帝子라

劉禪은 昭烈帝(劉備)의 아들이다.

4)〔頭註〕遺祚：祚는 福也라 與胙通하니 福之하야 使社稷之長曰胙라

祚는 복이다. 胙와 통하니, 복을 주어 社稷을 장구하게 하는 것을 胙라 한다.

5) 愚：本書를 增校한 劉剡이 자신을 낮추어 칭한 것으로 보인다.

6)〔頭註〕祛：却也라

祛는 물리침이다.

立宗廟하고 祫祭[1]高皇帝以下하다

宗廟를 세우고 高皇帝 이하에게 祫祭祀를 지냈다.

1)〔通鑑要解〕祫祭：祫은 胡夾切이니 大合祭라 三年一祫, 五年一禘하고 禘以夏四月, 祫以冬十月이라 禘之爲言은 諦也니 諦審昭穆尊卑之義요 祫者는 合也니 冬十月에 五穀成이라 故로 骨肉合飮食於太祖하니라

祫은 음이 胡夾切(협)이니, 크게 合祀하는 것이다. 3년에 한 번 祫제사를 지내고 5년에 한 번 禘제사를 지내며, 禘제사는 여름 4월에 지내고 祫제사는 겨울 10월에 지낸다. 禘라는 말은 살핀다는 뜻이니 昭穆의 尊卑를 살핀다는 뜻이요, 祫은 합한다는 뜻이니 겨울 10월에는 五穀이 성숙하였기 때문에 親族들이 太祖의 사당에 모여 먹고 마시는 것이다.

○ 五月에 立夫人吳氏[1]하야 爲皇后하고 子禪[2]爲皇太子하다

5월에 부인 吳氏를 세워 황후로 삼고, 아들 禪을 황태자로 삼았다.

1)〔頭註〕吳氏：將軍懿之妹요 劉璋兄之瑁之妻라

吳氏는 將軍 吳懿의 누이이고, 劉璋의 형인 劉瑁의 妻이다.

2)〔頭註〕子禪：甘皇后子也라

劉禪은 甘皇后가 낳은 아들이다.

○ 帝恥關羽之沒하야 將擊孫權할새 群臣諫者甚衆호되 帝皆不聽하다 車騎將軍張飛는 雄壯威猛이 亞於關羽라 羽는 善待卒伍而驕於士大夫하고 飛는 愛

禮君子而不恤軍人하니 **帝常戒飛曰 卿**이 **刑殺旣過差**하고 **又日鞭撾**(과)**健兒而令在左右**하니 **此**는 **取禍之道也**라호되 **飛猶不悛**(전)이러라 **帝將伐孫權**할새 **飛當率兵萬人**하고 **自閬州**로 **會江州**[1]러니 **臨發**에 **其帳下張達, 范彊**이 **殺飛**하고 **以其首**로 **順流奔孫權**이라 **帝聞飛營都督有表**하고 **曰 噫**라 **飛死矣**[2]라하니라

昭烈帝가 關羽가 전사한 것을 수치스럽게 여겨 장차 孫權을 공격하려 하였는데, 이때 群臣들 중에 간하는 자가 매우 많았으나 昭烈帝는 모두 듣지 않았다. 車騎將軍 張飛는 雄壯함과 위엄과 용맹이 關羽의 다음이었다. 關羽는 士卒들을 잘 대우하였으나 士大夫에게는 교만하였고, 張飛는 君子를 사랑하고 예우하였으나 士卒들을 돌보지 않으니, 昭烈帝가 항상 張飛에게 훈계하기를 "卿은 형벌하여 죽임이 지나치고 또 날마다 건장한 군사들을 매질하고는 그들을 좌우의 측근에 있게 하니, 이는 禍를 취하는 길이다." 하였으나 張飛는 오히려 고치지 않았다.

昭烈帝가 장차 孫權을 정벌하려 할 적에 張飛가 병졸 만 명을 인솔하고 閬州로부터 江州에 이르러 모이기로 하였는데, 출발할 때에 임하여 張飛 幕下에 있던 張達과 范彊이 張飛를 죽이고는 그 머리를 가지고 물길을 따라 孫權에게 달려가 투항하였다. 昭烈帝는 張飛 군영의 都督이 表文을 올렸다는 말을 듣고는 이르기를 "아! 張飛가 죽었구나." 하였다.

1)〔釋義〕江州 : 括地志에 江州는 在巴子都之北하니 又峽州界라
≪括地志≫에 "江州는 巴子都의 북쪽에 있으니, 또 峽州의 경계이다." 하였다.

2)〔頭註〕噫飛死矣 : 噫는 恨聲이라 飛當自表어늘 而都督越次上之라 故로 知其必死也라
噫는 한탄하는 소리이다. 張飛가 직접 表文을 올려야 하는데, 都督이 서열을 건너뛰어 表文을 올렸으므로 劉備는 張飛가 반드시 죽었음을 안 것이다.

陳壽評曰 關羽張飛는 皆稱萬人之敵하니 爲世虎臣이라 羽報效曹公하고 飛義釋嚴顔[1]하야 竝有國士之風이라 然이나 羽剛而自矜하고 飛暴而無恩하야 以短取敗하니 理數之常也니라

陳壽의 ≪三國志 蜀志≫ 〈關張馬黃趙傳〉 評에 다음과 같이 말하였다.

"關羽와 張飛는 모두 萬人을 대적할 수 있다고 일컬어졌으니, 세상의 용맹한 신하였다. 關羽는 曹公(曹操)에게 보답하였고 張飛는 의롭게 嚴顔을 풀어주어 모두 國士의 風度가 있었다. 그러나 關羽는 剛愎하고 스스로 과시하였고 張飛는 포악하고 은혜가 없어서 이러한 단점 때문에 실패를 취하였으니, 이는 이치와 운수에 당연한 것이다."

1) 〔附註〕 嚴顔 : 飛與諸葛亮으로 攻劉璋하야 破嚴顔生獲이라 飛呵顔曰 大軍至어늘 何以不降고 顔曰 卿等無狀하야 侵奪我州하니 我州는 但有斷頭將軍이요 無降將軍이니라 飛怒하야 令左右斫頭한대 顔色不變曰 斫頭면 便斫頭니 何爲怒耶아하니 飛壯而釋之하고 引爲賓客하니라

張飛는 諸葛亮과 함께 劉璋을 공격하여 嚴顔을 격파하고 사로잡았다. 張飛가 嚴顔을 꾸짖기를 "大軍이 왔는데 어찌 항복하지 않는가?" 하니, 嚴顔이 말하기를 "卿들이 無狀(형편없는)한 짓을 하여 우리 州를 침탈하였으니, 우리 州는 다만 斷頭將軍(머리가 잘려 죽임을 당한 장군)만이 있을 뿐이요 항복하는 장군은 없다." 하였다. 張飛가 노하여 좌우 사람들로 하여금 작두로 머리를 베게 하자, 嚴顔은 낯빛을 바꾸지 않으며 말하기를 "머리를 자르려면 곧바로 머리를 자르면 되었지 어찌 노여워하는가?" 하였다. 張飛는 그를 장하게 여겨 풀어 주고는 인도하여 빈객으로 삼았다.

七月에 **帝自率諸軍**하고 **擊孫權**하니 **權**이 **以鎭西將軍陸遜**으로 **爲大都督**하야 **以拒之**하다

7월에 황제가 직접 諸軍을 거느리고 孫權을 공격하니, 孫權이 鎭西將軍 陸遜을 大都督으로 삼아 막게 하였다.

○ **八月**에 **吳孫權**이 **遣使稱臣**하고 **卑辭奉章**하야 **幷送于禁等還**[1)]하니 **朝臣**이 **皆賀**호되 **劉曄**이 **獨曰 權**이 **無故來降**하니 **必內有急**이라 **權**이 **前襲殺關羽**하니 **劉備必大興師伐之**라 **外有彊寇**하야 **衆心**이 **不安**하고 **又恐中國**이 **往乘其釁**이라 **故**로 **委地求降**하야 **一以却中國之兵**하고 **二以假中國之援**하야 **以彊其衆而疑**

敵人耳라 **天下三分**에 **中國**이 **十有其八**하고 **吳, 蜀**은 **各保一州**[2)]하야 **阻山依水**[3)]하니 **有急相救**면 **此**는 **小國之利也**어늘 **今還自相攻**하니 **天亡之也**라 **宜大興師**하야 **徑渡江襲之**하야 **蜀攻其外**하고 **我襲其內**면 **吳之亡**이 **不出旬月矣**리이다 **吳亡則蜀孤**하리니 **若割吳之半**하야 **以與蜀**이라도 **蜀固不能久存**이온 **況蜀得其外**하고 **我得其內乎**잇가

8월에 吳나라 孫權이 魏나라에 사신을 보내어 신하라 칭하고 言辭를 낮추어 奏章을 올리면서 于禁 등을 함께 보내어 魏나라로 돌려보내었다. 조정의 신하들이 모두 축하하였으나 劉曄만은 홀로 다음과 같이 말하였다.

"孫權이 까닭 없이 와서 항복하니, 반드시 국내에 위급한 일이 있을 것입니다. 孫權이 지난번에 關羽를 기습하여 죽였으니, 劉備가 반드시 크게 군대를 일으켜 정벌할 것입니다. 孫權은 밖에 강한 적이 있어 여러 사람의 마음이 편안하지 못하고, 또 中國(우리나라)이 가서 그 틈을 타 공격할까 두렵기 때문에 땅을 바치고 항복하기를 청하여 한편으로는 中國의 군대를 물리치고, 다른 한편으로는 中國의 원조를 빌어서 그들의 무리를 강하게 하여 적들을 의심하게 하려는 것일 뿐입니다. 천하가 셋으로 나누어짐에 中國이 열에 여덟을 소유하고 吳와 蜀은 각각 한 州를 보전하여 山水의 험고함에 의지하여 지키고 있으니, 위급한 일이 있을 때에 서로 구원한다면 이는 약소국에게 유리할 터인데, 이제 도리어 자기들끼리 서로 공격하니 하늘이 이들을 멸망하게 하려는 것입니다. 마땅히 크게 군사를 일으켜 곧바로 揚子江을 건너가 기습하여 蜀은 그 밖을 공격하고 우리는 그 안을 기습한다면 吳나라의 멸망은 열흘 내지 한 달을 넘기지 않을 것입니다. 吳나라가 망하면 蜀이 고립될 것이니, 만약 吳나라의 절반을 떼어 蜀에 준다 하더라도 蜀은 본래 오래 보존하지 못할 터인데 하물며 蜀은 그 밖(吳나라의 변두리 지역)을 얻고 우리는 그 안(吳나라의 수도)을 얻음에 있어서겠습니까."

1) 〔頭註〕 幷送于禁等還 : 己亥年에 操使曹仁討關羽할새 遣禁助仁이러니 禁降羽라 孫權擒羽하야 禁在吳러니 權稱藩魏하고 遣禁還이라

기해년(建安 24년)에 曹操가 曹仁으로 하여금 關羽를 토벌하게 하면서 于禁을

보내어 曹仁을 돕게 하였는데, 于禁이 關羽에게 패하여 항복하였다. 孫權이 關羽를 사로잡아 于禁이 吳나라에 있었는데, 孫權이 魏나라에 藩臣을 칭하고 于禁을 魏나라로 돌려보내었다.

2) 〔頭註〕各保一州：謂吳保揚, 蜀保益也라

각각 한 州를 보전하였다는 것은 吳나라는 揚州를 보전하고, 蜀漢은 益州를 보전함을 이른다.

3) 〔頭註〕阻山依水：阻는 恃也니 恃險自固라

阻는 믿음이니, 험고한 지형을 믿고 스스로 견고하게 지키는 것이다.

魏主曰 人이 **稱臣降**이어늘 **而伐之**면 **疑天下欲來者心**이니 **不若且受吳降而襲蜀之後也**라하고 **遂受吳降**하고 **遣太常邢貞**하야 **奉策**[1]하야 **卽**[2]**拜孫權爲吳王**하고 **加九錫**하다 **邢貞**이 **至吳**에 **吳王**이 **出都亭候貞**이러라 **貞**이 **入門**에 **不下車**한대 **張昭謂貞曰 夫禮無不敬**이요 **法無不行**이어늘 **而君**이 **敢自尊大**하니 **豈以江南寡弱**하야 **無方寸之刃乎**아 **貞卽下車**하다 **中郞將徐盛**이 **忿憤**하야 **顧謂同列曰 盛等**이 **不能爲國家**하야 **幷許洛, 呑巴蜀**하고 **而令吾君**으로 **與貞盟**하니 **不亦辱乎**아하고 **因涕泣橫流**하니 **貞**이 **聞之**하고 **謂其徒曰 江東將相**이 **如此**하니 **非久下人者也**로다 〈孫權傳註〉

魏主가 말하기를 "저 사람이 신하라고 칭하고 항복하는데 그를 정벌한다면 천하에 歸附하려는 자들의 마음을 의심하게 할 것이니, 우선 吳나라의 항복을 받아들이고 蜀의 후미를 습격하는 것만 못하다." 하고는 마침내 吳나라의 항복을 받아들이고 太常 邢貞을 보내어 策命을 받들고 가서 孫權을 임명하여 吳王으로 삼고 九錫을 加賜하였다.

邢貞이 吳나라에 이르자, 吳王이 都亭으로 나와 邢貞을 맞이하였다. 邢貞이 문에 들어가 수레에서 내리지 않자, 張昭가 邢貞에게 이르기를 "禮는 공경하지 않음이 없고 法은 행하지 않음이 없는데, 君이 감히 스스로 높은 체하고 큰 체하니, 어찌 우리 江南이 적고 약하여 한 치의 칼날도 없다고 여기는 것이 아니겠는가." 하니, 邢貞이 즉시 수레에서 내렸다.

中郞將 徐盛은 분하고 원통하여 同列들을 돌아보고 이르기를 "우리들이 나라를 위하여 許都와 洛陽을 겸병하고 巴와 蜀을 병탄하지 못하여 우리 군주로 하여금 邢貞과 맹세하게 하니, 치욕스럽지 않은가." 하고는 인하여 눈물을 줄줄 흘리니, 邢貞이 이 말을 듣고 그의 무리에게 이르기를 "江東의 장수와 정승이 이와 같으니, 오랫동안 남의 밑에 있을 자가 아니다." 하였다. - ≪三國志 吳志 徐盛傳≫ 에 나옴 -

1)〔頭註〕奉策 : 策은 與冊通하니 符命也라
　策은 冊과 통하니, 符命(황제의 명령)이다.
2)〔頭註〕卽 : 就也니 就其所居而拜之也라
　卽은 나아감이니, 그 처소에 나아가 임명하는 것이다.

吳主遣中大夫趙咨入謝하니 **魏主丕問咨曰 吳王**은 **何等主也**오 **對曰 聰明仁智雄略之主也**니이다 **魏主問其狀**한대 **對曰 納魯肅於凡品**하니 **是其聰也**요 **拔呂蒙於行陳**하니 **是其明也**요 **獲于禁而不害**하니 **是其仁也**요 **取荊州**에 **兵不血刃**하니 **是其智也**요 **據三州**[1]하야 **虎視於天下**하니 **是其雄也**요 **屈身於陛下**하니 **是其略也**니이다 **丕曰 吳王頗知學乎**아 **咨曰 吳王**은 **浮江萬艘**요 **帶甲百萬**이요 **任賢使能**하고 **志存經略**하야 **雖有餘閑**하야 **博覽書傳**하고 **歷史籍**하야 **采奇異**나 **不效書生尋章擿(摘)句而已**[2]니이다 **丕曰 吳可征不(否)**아 **對曰 大國**은 **有征伐之兵**하고 **小國**은 **有備禦之固**[3]니이다 **丕曰 吳難魏乎**아 **對曰 帶甲**이 **百萬**이요 **江漢爲池**하니 **何難之有**리잇고 **丕曰 吳如大夫者幾人**고 **對曰 聰明特達者 八九十人**이요 **如臣之比**는 **車載斗量**이라 **不可勝數**니이다

吳主가 中大夫 趙咨를 魏나라에 보내어 들어가 사례하게 하였다. 魏主 曹丕가 趙咨에게 묻기를 "吳王은 어떤 군주인가?" 하니, 趙咨가 대답하기를 "총명하고 인자하고 지혜롭고 영웅스럽고 지략이 있는 군주입니다." 하였다. 魏主가 구체적인 내용을 묻자, 趙咨가 대답하기를 "魯肅을 보통 사람 중에서 받아들였으니 이는 귀가 밝음이요, 呂蒙을 行伍에서 발탁하였으니 이는 총명

함이요, 于禁을 사로잡고도 살해하지 않았으니 이는 인자함이요, 荊州를 취할 적에 병기에 피를 묻히지 않았으니 이는 지혜로움이요, 三州를 점거하여 천하를 범처럼 노려보고 있으니 이는 영웅스러움이요, 폐하에게 몸을 굽히니 이는 지략이 있는 것입니다." 하였다.

曹丕가 말하기를 "吳王이 자못 학문을 아는가?" 하니, 趙咨가 대답하기를 "吳王은 강에 떠 있는 배가 만 척이고 갑옷 입은 군사가 백만이며, 어진 이에게 맡기고 능력 있는 자를 부리며, 뜻이 사방을 經略함에 있어서 비록 여가에 서책을 널리 보고 史籍을 섭렵하여 기이한 精華를 채택하나 書生들이 章을 찾고 文句를 따다가 쓰는 것은 본받지 않습니다." 하였다.

曹丕가 말하기를 "吳나라를 정벌할 수 있는가?" 하니, 대답하기를 "大國은 정벌하는 군대가 있고 小國은 수비하는 견고함이 있습니다." 하였다. 曹丕가 말하기를 "吳나라가 魏나라를 어렵게 여기는가?" 하니, 대답하기를 "갑옷 입은 군사가 백만이고 揚子江과 漢水를 참호로 삼으니, 어찌 어렵게 여기겠습니까." 하였다. 曹丕가 말하기를 "吳나라에 大夫(趙咨)와 같은 자가 몇 사람이나 되는가?" 하니, 대답하기를 "총명하여 특별히 통달한 자가 8, 90명이요, 신과 같은 무리는 수레로 싣고 말〔斗〕로 헤아릴 정도여서 이루 헤아릴 수 없습니다." 하였다.

1)〔頭註〕據三州 : 荊, 揚, 交也라
三州는 荊州·揚州·交州이다.

2)〔頭註〕尋章摘句而已 : 魏主好文章이라 故로 咨以此譏之라
魏主가 문장을 좋아하였다. 그러므로 趙咨가 이 말로써 기롱한 것이다.

3)〔通鑑要解〕大國有征伐之兵 小國有備禦之固 : 此二語는 本之管子하니라
이 두 마디 말은 ≪管子≫에서 근본한 것이다.

【壬寅】 二年이라 〈**魏黃初三年**이요 **吳大帝黃武元年**이라 **舊國一**이요 **新國一**이니 **凡二僭國**이라〉

章武 2년(임인 222) - 魏나라 黃初 3년이고, 吳나라 大帝 黃武 元年이다. 오래된 나라가 하나이고 새로운 나라가 하나이니, 참람한 나라가 모두

둘이다. -

五月에 帝自巫峽, 建平[1)]으로 連營至夷陵界하야 立數十屯하고 自正月로 與吳相拒하야 至六月不決이라 帝遣吳班하야 將數千人하고 於平地에 立營하니 吳將卒이 皆欲擊之어늘 陸遜曰 此必有譎(휼)이니 且觀之하라 帝知其計不行하고 乃引伏兵八千하야 從谷中出한대 遜曰 所以不聽諸君擊之者는 揣(췌)之必有巧故也로라

5월에 昭烈帝가 巫峽과 建平으로부터 진영을 연결하여 夷陵의 경계에 이르러서 수십 개의 주둔지를 세우고 정월부터 吳나라와 서로 대치하여 6월에 이르도록 결판이 나지 않았다. 昭烈帝가 吳班을 보내어 수천 명을 거느리고 평지에 진영을 세우게 하니, 吳나라의 將卒들이 모두 공격하고자 하였으나 陸遜은 말하기를 "이는 반드시 속임수가 있을 것이니 우선 두고 보자." 하였다. 昭烈帝가 이 계책이 시행되지 못할 줄을 알고 마침내 伏兵 8천 명을 이끌고 골짜기 가운데에서 나오자, 陸遜이 말하기를 "내가 諸君들의 공격하자는 소청을 따르지 않은 까닭은 저들에게 반드시 計巧가 있음을 헤아렸기 때문이다." 하였다.

1) 〔釋義〕 巫峽 建平 : 巫峽은 在夔州巫山縣西하니 首尾百六十里라 圖經云 巫山十二峯上에 有神女廟, 陽雲臺하니 山은 在縣西北五十步라 建平은 縣名이라 屬南郡이러니 吳置建平郡於巫縣하니 今歸州是也라
巫峽은 夔州 巫山縣의 서쪽에 있으니, 처음부터 끝까지 160리이다. ≪圖經≫에 이르기를 "巫山 열두 봉우리 위에 神女의 사당과 陽雲臺가 있으니, 이 산은 縣의 서북쪽 50보 지점에 있다. 建平은 縣의 이름이다. 南郡에 속하였는데 吳나라가 建平郡을 巫縣에 두었으니, 지금의 歸州가 이곳이다." 하였다.

○ 閏月에 遜이 將進攻漢軍한대 諸將이 竝曰 攻備는 當在初어늘 今乃令入五六百里하야 相守經七八月하야 其諸要害를 皆已固守하니 擊之면 必無利矣리이다 遜曰 備是猾虜라 更(경)事嘗多하고 其軍始集에 思慮精專하야 未可干也어니

와 今住已久에 不得我便하야 兵疲意沮하니 計不復生이라 掎(기)角[1]此寇 正在今日이라하고 乃先攻一營이러니 不利라 諸將皆曰 空殺兵耳라한대 遜曰 吾已曉破之之術이라하고 乃勅人하야 各持一把[2]茅하고 以火攻拔之하야 斬張南, 馮習等하고 破其四十餘營하니 漢將杜路, 劉寧等이 窮逼請降이라 帝升馬鞍山[3]하야 陳兵自繞어늘 遜이 督促諸軍하야 四面蹙之하니 土崩瓦解하야 死者萬數라 帝夜遁하야 僅得入白帝城하니 其舟船器械와 水步軍資를 一時略盡하고 尸骸塞江而下러라 帝大慙恚曰 吾乃爲陸遜所折辱하니 豈非天耶아

윤달에 陸遜이 장차 진군하여 蜀漢의 군대를 공격하려 하자, 諸將들이 모두 말하기를 "劉備를 공격하려면 마땅히 초기에 했어야 하는데, 이제 저들로 하여금 국경을 5, 6백 리나 들어오게 하여 서로 대치한 지 7, 8개월이 지나서 여러 요해처를 모두 이미 굳게 지키고 있으니, 저들을 공격하면 반드시 승리하지 못할 것입니다." 하였다. 陸遜이 말하기를 "劉備는 교활한 놈이다. 일찍이 싸우는 일을 경험한 것이 많고, 그 군사들이 처음 집결함에 생각이 정밀하고 전일하여 범할 수 없었지만 지금은 주둔한 지 이미 오래되었는데 우리에게서 유리한 곳을 얻지 못하여 병사들이 지치고 의욕이 저상되었으니, 계책을 다시 내지 못할 것이다. 이 적을 掎角(앞뒤에서 몰아침)하는 것이 바로 오늘에 달려 있다." 하고는 마침내 먼저 한 진영을 공격하였으나 승리하지 못하였다.

諸將들이 모두 말하기를 "부질없이 병사만 죽일 뿐입니다."라고 하자, 陸遜이 말하기를 "내 이미 격파할 방법을 깨달았다." 하고는 마침내 사람들에게 명하여 각각 한 줌의 띠풀을 잡게 하고 火攻으로 함락시켜 張南·馮習 등을 목 베고 40여 개의 진영을 격파하니, 蜀漢의 장수 杜路·劉寧 등이 궁색하여 항복을 청하였다.

昭烈帝가 馬鞍山에 올라가서 군대를 진열하여 자기 주위를 둘러싸게 하였는데, 陸遜이 諸軍들을 독촉하여 사면으로 압박하니, 蜀漢의 군대가 흙이 무너지고 기와가 부서지듯 무너져서 죽은 자가 만 명으로 헤아려졌다. 昭烈帝

가 밤중에 도망하여 겨우 白帝城으로 들어가니, 선박과 병장기와 水軍과 步兵의 군수물자를 삽시간에 모두 잃어버리고 시체가 강을 가득히 메우고 떠내려갔다. 昭烈帝가 크게 부끄러워하고 분해 하며 말하기를 "내가 마침내 陸遜에게 꺾이고 모욕을 당하였으니, 일찍이 어찌 하늘의 뜻이 아니겠는가." 하였다.

1) 〔釋義〕 掎角 : 左傳襄十四年에 譬如捕鹿하야 晉人角之하고 諸戎掎之라한대 註云 角은 謂禦其上이니 猶執鹿之角이요 掎는 謂亢其下니 猶戾鹿之足이라
《春秋左傳》 襄公 14년조에 "비유하면 사슴을 잡는 것과 같아서 晉나라 사람들은 뿔을 잡고 여러 戎族들은 발을 잡는다." 하였는데, 註에 이르기를 "角은 그 위를 막음을 이르니 사슴의 뿔을 잡는 것과 같고, 掎는 그 아래를 옥죔을 이르니 사슴의 발을 비트는 것과 같다." 하였다.

2) 〔通鑑要解〕 一把 : 把는 掌握也라
把는 손아귀로 쥐는 것이다.

3) 〔釋義〕 馬鞍山 : 馬鞍山은 在今峽州夷陵縣이라
馬鞍山은 지금의 峽州 夷陵縣에 있다.

○ **初**에 **諸葛亮**이 **與尙書令法正**으로 **好尙不同**이나 **而以公義相取**하야 **亮**이 **每奇正智術**이러니 **及帝伐吳而敗**하얀 **時**에 **正已卒**이라 **亮歎曰 孝直**[1]이 **若在**면 **必能制主上東行**이요 **就使東行**이라도 **必不傾危矣**라하더라

처음에 諸葛亮이 尙書令 法正과는 좋아하고 숭상함이 똑같지 않았으나 공적인 의리로 서로 취하여(존중하여) 諸葛亮이 언제나 法正의 지혜와 술책을 기이하게 여겼는데, 昭烈帝가 吳나라를 정벌하다가 실패함에 이르러서는 이때 法正이 이미 죽은 후였다. 諸葛亮이 한탄하기를 "孝直(法正)이 만약 살아있었더라면 主上이 동쪽으로 출정하는 것을 반드시 제재했을 것이요, 가령 동쪽으로 출정했다 하더라도 반드시 위태롭지 않았을 것이다." 하였다.

1) 〔釋義〕 孝直 : 法正字也라
孝直은 法正의 字이다.

○ 初에 魏主丕 聞漢兵樹柵(책)連營七百餘里하고 謂群臣曰 備不曉兵이로다 豈有七百里營으로 可以拒敵者乎아 包原濕險阻而爲軍者는 爲敵所禽하나니 此는 兵忌也라 孫權上事 今至矣[1)]라하더니 後七日에 吳破漢書到러라

처음에 魏主 曹丕는 蜀漢의 군대가 700여 리에 木柵을 세워 진영을 연결했다는 말을 듣고 신하들에게 말하기를 "劉備는 兵法을 알지 못하는구나. 어찌 700리의 진영을 가지고 적을 막을 수 있는 자가 있겠는가? 언덕과 습지와 험조한 지형을 포괄하여 군대를 주둔시키는 자는 적에게 사로잡히기 마련이니, 이는 兵家에서 꺼리는 것이다. 孫權이 勝戰을 보고하는 글이 이제 이를 것이다."라고 하였는데, 7일 후에 吳나라가 蜀漢을 격파했다는 글이 도착하였다.

1)〔頭註〕上事今至矣：謂封上破漢之事 今將到來也라
일을 보고하는 것이 이제 이를 것이라는 것은 孫權이 蜀漢을 격파한 일을 봉함하여 올리는 글이 이제 장차 도착할 것임을 이른다.

○ 吳王侍子[1)] 不至어늘 魏主丕怒하야 遂伐之하다

吳王의 侍子가 이르지 않자, 魏主 曹丕가 노하여 마침내 吳나라를 정벌하였다.

1)〔通鑑要解〕侍子：送子入侍하니 質子也라
侍子는 아들을 보내 入侍하게 하는 것이니, 質子(볼모)이다.

○ 吳王이 使使聘于帝어늘 帝遣使報之하니 吳, 漢이 復通하다

吳王이 使者를 보내어 昭烈帝에게 빙문하자 昭烈帝가 사자를 보내어 답하니, 吳나라와 蜀漢이 다시 교통하였다.

【癸卯】 三年[1)]이라 〈帝禪建興元年이요 魏黃初四年이요 吳黃武二年이라〉

章武 3년(계묘 223) - 帝禪 建興 元年, 魏나라 黃初 4년, 吳나라 黃武 2

년이다. -

1)〔釋義〕三年[*]：按綱目攷異曰 當依提要及紫陽書院本하야 大書三年하고 分註帝禪建興元年이니 今綱目은 蓋傳寫鈔錄之誤耳라

살펴보건대 ≪通鑑綱目攷異≫에 이르기를 "마땅히 ≪綱目提要≫와 紫陽書院刊本 ≪綱目≫을 따라 三年이라고 크게 쓰고 帝禪 建興 元年이라고 分註해야 하는데, 지금 ≪資治通鑑綱目≫은 傳寫할 때에 기록을 잘못한 것이다." 하였다.

*) 三年 :≪御批歷代通鑑輯覽≫에 "汪克寬의 ≪資治通鑑考異≫에 '≪綱目提要≫와 紫陽書院刋本에 모두 章武三年과 後主 建興元年이라고 크게 써 있다. ≪通鑑綱目≫의 名號의 例를 보면 秦漢 이후의 모든 正統의 군주에는 帝라 칭하고 正統이 아니면서 帝를 칭한 자에게는 某主라고 칭하였다. 지금 紫陽書院刋本의 ≪通鑑綱目≫에는 〈蜀志〉의 先主에 昭烈皇帝라고 크게 썼으나 後主에는 옛 역사책(司馬光의 ≪資治通鑑≫)의 잘못을 고치지 못하고 그대로 後主라고 썼으니, 당시에 기록하는 자가 ≪資治通鑑≫의 옛글을 그대로 썼는데, 朱子가 우연히 미처 고치지 못한 것이다. 마땅히 晉帝의 變例를 따라 帝禪이라고 써야 할 것이다. 또 改元하는 例를 보면 모두 中年에 改元한 경우에는 앞의 年號를 正式으로 삼고 바꾼 연호를 아래에 달았다. 이해 5월에 後主가 卽位하여 建興으로 改元하였는데, 지금 ≪綱目提要≫와 紫陽書院刋本에는 이해 첫머리에 곧바로 建興元年이라고 쓰고 章武三年을 드러내지 않았으니, 이 또한 鈔錄의 잘못이다. 마땅히 ≪綱目提要≫와 紫陽書院刋本을 따라 三年을 크게 쓰고 帝禪 建興元年을 分註한 다음 다음 해에 建興二年을 크게 써야 한다.' 하였다. 汪氏의 말이 이와 같으므로 이제 그 말을 따랐다.〔汪克寬考異曰 提要及紫陽書院刋本 竝大書三年後主建興元年 按綱目名號例 秦漢以下 凡正統之君曰帝 無統稱帝者曰某主 今刋本綱目 于蜀志先主 大書昭烈皇帝 而後主未革舊史 仍書後主 蓋當時錄者 因史舊文 而朱子偶未及改也 當依晉帝變例 書曰帝禪 又按改元例 凡中歲而改元者 以前爲正 而注所改于下 是年五月 後主卽位 改元建興 今綱目刋本 于是年歲首 卽書建興元年 而不著章武三年 蓋亦鈔錄之誤 當從提要及紫陽本 大書三年 分注帝禪建興元年 而明年大書建興二 汪氏之說如此 今依之〕"라고 보인다.

初에 魏主丕問賈詡曰 吾欲伐不從命하야 以一天下하노니 吳, 蜀에 何先고 對曰 攻取者는 先兵權하고 建本者는 尙德化하나니 陛下應期受禪하사 撫臨率土하

시니 若綏之以文德하야 而俟其變이면 則平之不難矣리이다 吳, 蜀이 雖蕞(최)爾[1] 小國이나 依山阻水하며 劉備는 有雄才하고 諸葛亮은 善治國하고 孫權은 識虛實하고 陸遜은 見兵勢하야 據險守要하고 汎舟江湖[2]하니 皆難卒(猝)謀也니이다 用兵之道는 先勝後戰하고 量敵論將이라 故로 擧無遺策하나니 臣은 竊料群臣에 無備, 權對[3]하니 雖以天威臨之나 未見萬全之勢也니이다 丕不納이러니 軍竟無功하니라

처음에 魏主 曹丕가 賈詡에게 묻기를 "내가 명령을 따르지 않는 자들을 정벌하여 천하를 통일하고자 하니, 吳와 蜀漢 중에 어느 쪽을 먼저 해야 하는가?" 하니, 賈詡가 대답하기를 "공격해서 취하는 자는 兵略과 권모술수를 먼저 하고 근본을 세우는 자는 德化를 숭상합니다. 폐하께서는 天時에 응하여 禪讓을 받아 온 천하에 君臨하시니, 만약 文德으로써 민심을 편안하게 하면서 적의 변란이 있기를 기다린다면 천하를 평정하기가 어렵지 않을 것입니다. 吳와 蜀漢은 비록 매우 작은 약소국이지만 산과 물의 험고함에 의지하여 지키고 있으며, 劉備는 뛰어난 재주가 있고 諸葛亮은 나라를 잘 다스리며 孫權은 虛實을 알고 陸遜은 군대의 형세에 정통하여, 蜀漢은 험한 곳을 점거하고 요해처를 지키며 吳나라는 江湖에 배를 띄우고 있으니, 모두 갑자기 도모하기가 어렵습니다. 用兵하는 방법은 먼저 승산을 따져 본 뒤에 싸우고, 적을 헤아리며 장수를 논합니다. 그러므로 거행함에 잘못된 계책이 없는 것입니다. 신이 엎드려 헤아려보건대 여러 신하 중에 劉備와 孫權의 적수가 없으니, 비록 황제의 위엄으로 직접 정벌한다 하시더라도 萬全의 형세를 볼 수 없습니다." 하였다.

曹丕가 받아들이지 않았는데, 군대가 끝내 戰功을 세우지 못하였다.

1) 〔頭註〕 蕞爾 : 蕞는 小貌라
蕞는 작은 모양이다.

2) 〔頭註〕 據險守要 汎舟江湖 : 守要는 謂蜀이요 江湖는 謂吳라
요해처를 지킨다는 것은 蜀漢을 이르고, 江湖에 배를 띄운다는 것은 吳나라를 이른다.

3)〔頭註〕無備 權對 : 對는 當也니 言無劉備孫權之對也라
對는 대적함이니, 劉備와 孫權의 상대가 없음을 말한다.

○ 帝病篤하야 命丞相亮하야 輔太子하고 以尙書令李嚴爲副하다 帝謂亮曰 君才十倍曹丕하니 必能安國이요 終定大事하리니 若嗣子 可輔어든 輔之하고 如其不才어든 君可自取하라 亮涕泣曰 臣이 敢不竭股肱之力하야 效忠貞之節하고 繼之以死리잇고 帝又爲詔하야 勅太子曰 人五十이면 不稱夭[1]라하니 吾年이 已六十有餘라 何所復恨이리오마는 但以卿兄弟爲念耳니 勉之勉之하야 勿以惡小而爲之하고 勿以善小而不爲하라 惟賢惟德이라야 可以服人이니 汝父는 德薄이라 不足效也어니와 汝與丞相從事하야 事之如父하라하고 四月에 帝崩於永安[2]하니 諡曰 昭烈이라하다 丞相亮이 奉喪還成都하고 留李嚴하야 鎭永安하다

昭烈帝가 병이 위독하자, 승상 諸葛亮에게 명하여 太子를 보필하게 하고 尙書令 李嚴을 副로 삼았다. 昭烈帝가 諸葛亮에게 이르기를 "그대의 재주가 曹丕보다 열 배이니 반드시 나라를 안정시키고 끝내 천하통일의 大業을 정할 것이다. 만일 嗣子(太子)가 보필할 만하거든 그를 보필하고, 만일 재주가 없거든 그대가 스스로 황제의 자리를 취하라." 하였다. 諸葛亮이 눈물을 흘리며 말하기를 "신이 감히 股肱의 힘을 다하여 忠貞의 절개를 바치고 죽음으로써 잇지 않겠습니까." 하였다.

昭烈帝가 또다시 조칙을 내려 太子에게 경계하기를 "사람이 50에 죽으면 요절했다고 칭하지 않는데, 내 나이가 이미 60이 넘었으니, 어찌 다시 한하는 바가 있겠는가. 다만 卿의 형제 때문에 염려할 뿐이니, 힘쓰고 힘써서 惡이 작다 하여 하지 말고 善이 작다 하여 하지 않지 말라. 오직 어질고 덕이 있어야만 남을 복종시킬 수 있으니, 너의 아비는 덕이 적어 본받을 것이 못 된다. 너는 승상과 함께 國政에 종사하여 승상을 섬기기를 이 아비와 같이 하라." 하고, 4월에 昭烈帝가 永安에서 별세하니, 시호를 昭烈이라 하였다.

승상 諸葛亮이 喪을 받들어 成都로 돌아오고, 李嚴을 남겨 두어 永安을 진무하게 하였다.

1)〔通鑑要解〕不稱夭：短折曰夭라
短折(젊은 나이에 죽음)을 夭라 한다.

2)〔釋義〕永安：漢魚腹縣이니 屬巴郡이라 公孫述更名白帝城하고 有永安宮일새 昭烈이 改永安縣하니라
永安은 漢나라의 魚腹縣이니 巴郡에 속하였다. 公孫述이 이름을 白帝城이라 바꾸었으며, 永安宮이 있으므로 昭烈帝가 永安縣으로 이름을 고쳤다.

〔史略 史評〕愚按 昭烈이 以帝室之冑요 傑出之才로 起兵涿郡하야 志存匡復하야 受天子之密詔하고 討擅命之姦臣이라 旁求群賢하야 不辭三顧하니 伏龍이 以之而奮躍하고 鳳雛以之而飛翔하야 雖顚沛險難而信義愈明하고 勢迫事危而言不失道하야 追景升之顧則情動三軍하고 戀赴義之士則甘與同敗라 故로 能合吳軍而大破曹瞞於赤壁하고 仗義兵而薄伐劉璋於成都하며 用趙雲而取漢中하고 遣關羽而攻樊許하야 威震華夏하야 幾復舊都러니 惜乎라 因爭荊州而孫權離心하고 致吳違盟而關羽喪首하야 卒不能削平僭僞하고 混一中原하니 可勝歎哉아 然이나 能君臨蜀都하야 使赤帝子之祀로 不至墜絶이 又數十年이라 與光武卽位鄗南과 晉元卽位江左로 先後一轍하니 謂非中興賢君이 可乎아

내 살펴보건대 昭烈은 황실의 후손이요 傑出한 재주로 涿郡에서 군대를 일으켜 뜻이 나라를 광복함에 있어서, 天子의 密詔를 받고 명령을 제멋대로 내리는 姦臣을 토벌하였다. 사방으로 여러 賢者들을 구하여 三顧草廬를 사양하지 않으니, 伏龍(諸葛亮)이 이 때문에 분발하여 뛰어나왔고 鳳雛(龐統)가 이 때문에 날아올라서, 비록 전복되고 험난하였으나 信義가 더욱 드러나고, 형세가 급박하고 사정이 위태로웠으나 말이 도리를 잃지 않아서, 景升(劉表)이 어린 자식을 돌보고 부탁한 것을 追念하여 眞情이 三軍을 감동시켰고, 義를 따르는 선비들을 생각하여 그들과 함께 패함을 달게 여겼다. 이 때문에 吳나라 군대와 연합하여 曹瞞을 赤壁江에서 대파하고 義兵을 내세워 劉璋을 成都에서 잠깐 정벌하였으며, 趙雲을 등용하여 漢中을 점령하고 關羽를 보내어 樊城과 許都를 공격해서 위엄이 華夏에 진동하여 거의 옛 도읍을 수복할 수 있었다. 그런데 애석하게도 荊州를 다툼으로 인하여 孫權이 반심을 품었고,

吳나라가 맹약을 어기도록 하여 關羽가 머리를 잃어서 끝내 참람하고 거짓된 曹조를 평정하고 中原을 통일하지 못하였으니, 탄식함을 이루 다 할 수 있겠는가. 그러나 蜀都에 군림하여 赤帝子의 제사를 끊어짐에 이르지 않게 한 것이 또한 수십 년이었다. 이는 光武帝가 鄗邑의 남쪽에서 즉위한 것과 晉나라 元帝가 江東에서 즉위한 것과 앞뒤로 똑같으니, 中興의 어진 군주가 아니라고 말할 수 있겠는가.

五月에 **太子禪**이 **卽位**하니 **時年**이 **十七**이라 **尊皇后曰 皇太后**라하고 **封丞相亮**하야 **爲武鄕侯**하야 **領益州牧**하고 **政事**를 **無巨細**히 **咸決於亮**하니 **亮**이 **乃約官職**하고 **修法制**하다 **亮**이 **嘗自校簿書**러니 **主簿楊顒**(옹)이 **直入諫曰 爲治有體**하니 **上下不可相侵**이라 **是故**로 **古人**이 **稱坐而論道**는 **謂之王公**이요 **作而行之**는 **謂之士大夫**라 **故**로 **丙吉**이 **不問橫道死人而憂牛喘**[1)]하고 **陳平**이 **不肯知錢穀之數**하고 **云自有主者**[2)]라하니 **彼誠達於位分之體也**라 **今明公爲治**에 **乃躬自校簿書**하야 **流汗終日**하니 **不亦勞乎**아하니 **亮**이 **謝之**러니 **及顒卒**에 **亮**이 **垂泣三日**하니라

5월에 太子 禪이 제위에 오르니, 이때 나이가 17세였다. 皇后를 높여 皇太后라 하고, 승상 諸葛亮을 봉하여 武鄕侯로 삼아 益州牧을 겸하게 하고, 정사를 크고 작음을 가리지 않고 모두 諸葛亮에게서 결정하니, 諸葛亮이 마침내 관직을 단속하고 법제를 닦았다.

諸葛亮이 일찍이 직접 문서를 대조하였는데, 主簿 楊顒이 곧바로 들어와 간하기를 "국가를 다스리는 데에는 체통이 있으니, 上下가 서로 침범해서는 안 됩니다. 이 때문에 옛사람이 '앉아서 道를 논하는 것을 王公이라 이르고 일어서서 시행하는 것을 士大夫라 이른다.'고 칭한 것입니다. 그러므로 丙吉이 죽은 사람이 길에 가로누워 있는 것은 묻지 않고 소가 헐떡거리는 것을 걱정하였으며, 陳平이 돈과 곡식의 숫자를 알려고 하지 않고 따로 주관하는 자가 있다고 말하였으니, 저들은 진실로 지위와 분수의 체통에 통달한 것입니다. 이제 明公께서 정치를 함에는 도리어 직접 문서를 따져서 종일토록 땀

을 흘리고 있으니, 수고롭지 않습니까." 하니, 諸葛亮이 사례하였다. 楊顒이 죽자, 諸葛亮은 사흘 동안 눈물을 흘렸다.

1) 〔譯註〕 丙吉不問橫道死人而憂牛喘 : 漢나라 宣帝의 재상인 丙吉이 일찍이 외출했다가 여러 사람들이 싸워 죽고 부상한 자가 길에 가로누워 있는 것을 보고도 丙吉이 그대로 지나치고 묻지 않더니, 앞길을 가다가 소를 몰고 오는 사람을 만났는데 소가 헐떡거리며 혀를 빼문 것을 보자, 丙吉이 騎吏를 시켜 가서 "소를 몇 리나 몰고 왔느냐?"고 묻게 하였다. 아전이 "丞相이 묻지 않을 것을 물었다." 고 비판하자, 丙吉은 말하기를 "백성들이 서로 싸워서 죽고 상함을 다스리는 것은 長安令과 京兆尹의 직분이니, 재상이 직접 간섭할 일이 아니다. 그러나 지금 봄철이어서 날씨가 아직 더울 때가 아닌데, 소가 가까운 거리를 왔는데도 헐떡거리니, 이는 四時의 기후가 절도를 잃어 조화를 잃은 것이다. 三公은 직분이 陰陽을 고르게 해야 하니, 직책상 마땅히 걱정해야 한다. 이 때문에 물은 것이다." 하였다. 이에 아전은 복종하고 丙吉이 大體를 안다고 칭찬하였다.

2) 〔譯註〕 陳平……云自有主者 : 이 일은 漢나라 文帝 元年條(B.C. 179)에 보이는 바, 내용은 다음과 같다. "漢나라 文帝는 국가의 일에 더욱 밝고 숙달하였다. 조회 볼 때에 右丞相 周勃에게 '천하에 한 해 동안 옥사를 결단함이 몇 건이나 되는가?' 하고 묻자, 周勃이 대답하지 못하였다. 또다시 '한 해 동안 돈과 곡식의 출입이 얼마나 되는가?' 하고 묻자, 周勃은 또다시 대답하지 못하고 땀이 흘러 등을 적셨다. 文帝가 左丞相 陳平에게 묻자, 陳平이 대답하기를 '주관하는 자가 따로 있으니, 폐하께서 만일 옥사를 결단함을 물으시려면 廷尉에게 요구하시고, 돈과 곡식의 출입을 물으시려면 治粟內史에게 물으소서.' 하였다. 文帝가 말하기를 '그대가 주관하는 것은 무슨 일인가?' 하자, 陳平이 대답하기를 '재상은 위로는 天子를 보좌하여 陰陽을 다스리고 四時를 순조롭게 하며 아래로는 만물의 마땅함을 이루어서, 밖으로는 사방 오랑캐와 諸侯들을 鎭撫하고 안으로는 백성들을 친히 하여 따르게 하며 卿大夫로 하여금 각각 그 직책을 맡을 수 있게 하는 것입니다.' 하니, 文帝가 옳다고 칭찬하였다."

○ 八月에 遣尙書鄧芝하야 修好於吳하다 時에 吳王이 猶未與魏絶이라 不時見芝어늘 芝乃自表請見曰 臣이 今來는 亦欲爲吳요 非但爲蜀也니이다 吳王이 見之하고 曰 孤誠願與蜀和親이나 然恐蜀主幼弱하고 國小勢偪하야 爲魏所乘하야

不自保全耳로라 芝對曰 吳, 蜀二國은 四州[1]之地요 大王은 命世之英이요 諸葛亮은 亦一時之傑也라 蜀有重險之固[2]하고 吳有三江[3]之阻하니 合此二長하야 共爲脣齒면 進可幷兼天下요 退可鼎足而立하리이다 大王이 今若委質於魏면 魏必上望大王之入朝하고 下求太子之內侍요 若不從命이면 則奉辭伐叛하고 蜀亦順流하야 見可而進하리니 如此면 江南之地는 非復大王之有也리이다 吳遂絶魏하고 專與漢連和하다

8월에 尙書 鄧芝를 보내어 吳나라에 修好(우호를 닦음)하였다. 이때 吳王이 아직도 魏나라와 단절하지 않고 있었다. 그리하여 吳王이 제때에 鄧芝를 만나 주지 않자, 鄧芝가 마침내 스스로 表文을 올려 만나 볼 것을 청하며 이르기를 "신이 이번에 온 것은 또한 吳나라를 위하고자 해서이고, 단지 蜀漢을 위해서일 뿐만이 아닙니다." 하였다.

吳王이 그를 만나 보고 말하기를 "내가 진실로 蜀漢과 화친하고자 하나 蜀漢의 군주가 유약하며 나라가 작고 세력이 강하지 못해서, 魏나라에게 제압당하여 스스로 보전하지 못할까 두렵다." 하니, 鄧芝가 대답하기를 "吳와 蜀漢 두 나라는 네 州의 땅을 보유하고 大王은 재주가 세상에 뛰어난 영웅이요 諸葛亮 또한 한때의 영걸입니다. 蜀漢은 지형이 겹겹이 험한 견고함이 있고 吳나라는 三江의 막힘이 있으니, 이 두 가지 장점을 합하여 함께 입술과 이처럼 밀접하게 돕는다면, 전진하면 天下를 겸병할 수 있고 물러서면 솥발처럼 벌여 설 수 있습니다. 大王이 이제 만약 魏나라에 폐백을 바쳐 신하가 되시면 魏나라는 반드시 위로는 大王이 들어와 조회하기를 바라고 아래로는 太子가 들어와 모시기를 요구할 것이요, 만약 명령을 따르지 않으면 황제의 토벌하라는 명을 받들어 배반한 자를 정벌할 것이고 蜀漢 또한 강물을 따라 내려와 가능한 기회를 보고 전진할 것이니, 이와 같다면 江南의 땅은 다시 大王의 소유가 아닐 것입니다." 하였다.

吳나라는 마침내 魏나라와 단절하고 오로지 蜀漢과 연합하였다.

1) 〔頭註〕 四州 : 荊, 揚, 梁, 益이라

四州는 荊州・揚州・梁州・益州이다.

2)〔通鑑要解〕重險之固：重險은 謂外有斜谷, 駱谷, 子午谷之險也요 內有劍閣之險也라

重險은 밖으로는 斜谷・駱谷・子午谷의 험함이 있고, 안으로는 劍閣의 험함이 있음을 이른다.

3)〔頭註〕三江：松江, 錢塘江, 浦陽江이라

三江은 松江・錢塘江・浦陽江이다.

○ **立張氏**하야 **爲皇后**하니 **飛之女也**러라

張氏를 세워서 皇后로 삼으니, 張飛의 딸이었다.

後皇帝 上 名禪이요 **字公嗣**니 **昭烈皇帝之子**라 **在位四十年**이요 **壽六十五**라

後皇帝는 이름이 禪이고 字가 公嗣이니, 昭烈皇帝의 아들이다. 재위가 40년이고 壽가 65세이다.

【甲辰】建興二年이라 〈**魏黃初五年**이요 **吳黃武三年**이라〉

建興 2년(갑진 224) - 魏나라 黃初 5년이요, 吳나라 黃武 3년이다. -

魏主丕大興軍伐吳할새 **留尙書僕射司馬懿**하야 **鎭許昌**하고 **爲水軍**하야 **親御龍舟**하고 **至廣陵**[1)]하니 **時**에 **江水盛長**이라 **丕臨望**하고 **歎曰 魏雖有武騎千群**이나 **無所用之**니 **未可圖也**로다 **丕御龍舟**러니 **會**에 **暴風**이 **漂蕩**하야 **幾至覆沒**이라 **乃旋師**하다

魏主 曹丕가 크게 군대를 일으켜 吳나라를 정벌할 때에 尙書僕射 司馬懿를 남겨 두어 許昌을 진무하게 하고, 水軍을 다스려 친히 龍舟를 타고 廣陵에 이르니, 이때 揚子江의 물이 크게 불어 넘쳤다. 曹丕가 강에 임하여 바라보고 탄식하기를 "魏나라에 비록 武騎 천만 무리가 있으나 쓸 곳이 없으니, 도

모할 수 없다." 하였다. 曹丕가 龍舟에 타고 있었는데, 마침 폭풍을 만나 배가 위아래로 일렁여서 거의 전복될 지경에 이르자, 마침내 回軍하였다.

1) 〔釋義〕 廣陵 : 廣陵은 禹貢揚州也라 漢爲荊王國, 吳王國이러니 景帝更江都國하고 武帝更廣陵郡하고 唐爲楊州하니라

廣陵은 ≪書經≫ 〈禹貢〉의 揚州이다. 漢나라 때 荊王의 나라와 吳王의 나라가 되었는데, 景帝가 江都國으로 고치고 武帝가 廣陵郡으로 고쳤으며, 唐나라는 楊州라고 하였다.

【乙巳】 三年이라 〈魏黃初六年이요 吳黃武四年이라〉

建興 3년(을사 225) - 魏나라 黃初 6년이요, 吳나라 黃武 4년이다. -

丞相亮이 **率衆討雍闓**(개)[1]할새 **參軍馬謖**(속)이 **送之**어늘 **亮曰 雖共謀之歷年**이나 **今可更惠良規**하라 **謖曰 南中**이 **恃其險遠**하야 **不服**이 **久矣**라 **雖今日破之**나 **明日復反**하리니 **夫用兵之道**는 **攻心**이 **爲上**이요 **攻城**이 **爲下**며 **心戰**이 **爲上**이요 **兵戰**이 **爲下**니 **願公**은 **服其心而已**니이다 **亮**이 **納其言**하다

丞相 諸葛亮이 병력을 거느리고 雍闓를 토벌할 때에 參軍 馬謖이 전송하였다. 諸葛亮이 말하기를 "비록 함께 이 일을 도모한 지가 여러 해이지만 이제 다시 좋은 계책을 세워 주게." 하였다. 馬謖이 말하기를 "남쪽 지방은 지형이 험하고 거리가 먼 것을 믿고 복종하지 않은 지가 오래되었습니다. 비록 오늘 그들을 격파한다 해도 내일 다시 배반할 것입니다. 用兵하는 방법은 마음을 공격하는 것이 上策이고 성을 공격하는 것이 下策이며, 마음으로 싸우는 것이 上策이고 군대로 싸우는 것이 下策이니, 公이 그들의 마음을 복종시키기를 바랄 뿐입니다." 하니, 諸葛亮이 그 말을 받아들였다.

1) 〔頭註〕 雍闓 : 闓는 與開同하니 姓名也라 益州耆帥雍闓 殺太守하고 求附於吳라

闓는 開와 같으니, 雍闓는 姓名이다. 益州의 耆帥인 雍闓가 太守를 죽이고 吳나라에 歸附하기를 구하였다.

○ 七月에 丞相亮이 至南中하야 所在에 戰捷이라 由越巂(수)[1]入하야 斬雍闓하다 孟獲이 收闓餘衆하야 以拒亮하니 獲이 素爲夷, 漢所服이라 亮이 募生致之하야 旣得에 使觀於營陳之間하고 問曰 此軍이 何如오 獲曰 向者에 不知虛實故로 敗어니와 今蒙賜觀營陳하니 若秖(只)如此면 卽定易勝耳니이다 亮이 笑하고 縱使更戰하야 七縱七禽하고 而亮猶遣獲한대 獲이 止不去曰 公은 天威也라 南人이 不復反矣라하니 自是로 終亮之世토록 夷不復反하니라

7월에 丞相 諸葛亮이 南中에 이르러 이르는 곳마다 싸워서 승리하였다. 越巂郡으로부터 쳐들어가 雍闓를 목 베었다. 孟獲이 雍闓의 남은 병력을 거두어 諸葛亮에게 항거하니, 孟獲은 평소 오랑캐와 漢族에게 심복을 받고 있었다. 諸葛亮이 현상금을 내걸어 생포해 오게 하고, 이미 사로잡은 뒤에 孟獲으로 하여금 陣營 사이를 구경하게 하고는 묻기를 "이 군대가 어떠한가?" 하니, 孟獲이 말하기를 "지난번에는 虛實을 알지 못했기 때문에 실패하였지만 지금 은혜를 입어 진영을 구경하였으니, 만약 단지 이와 같을 뿐이라면 즉시 정히 쉽게 이길 수 있다." 하였다. 諸葛亮이 웃고 풀어 주어 그로 하여금 다시 싸우게 해서 일곱 번 풀어 주었다가 일곱 번 사로잡고는 諸葛亮이 오히려 孟獲을 보내 주니, 孟獲이 멈추고 가지 않으며 말하기를 "公은 하늘이 내신 위엄이십니다. 남쪽 사람들이 감히 다시는 배반하지 않을 것입니다." 하였다. 이후로 諸葛亮이 생애를 마치도록 오랑캐가 다시는 배반하지 않았다.

1)〔頭註〕越巂 : 巂는 音髓니 郡名이라
巂는 음이 수이니, 越巂는 郡의 이름이다.

○ 八月에 魏主丕以舟師로 自譙循渦(과)[1]入淮하야 十月에 如廣陵하야 臨江觀兵[2]하니 戎卒이 十餘萬이요 旌旗數百里라 有渡江之志러니 吳人이 嚴兵固守하고 時에 大寒冰하야 舟不得入江이라 丕見波濤洶涌하고 歎曰 嗟乎라 固天所以限南北也로다

8월에 魏主 曹丕가 舟師(水軍)를 거느리고 譙縣으로부터 渦水를 따라 淮

水로 들어갔다. 10월에 廣陵에 가서 강가에 임하여 군대를 사열하니, 병졸이 십여만 명이고 깃발이 수백 리에 이어졌다. 揚子江을 건너갈 뜻을 품고 있었는데, 吳나라 사람들이 군대를 정돈하여 견고하게 수비하고 있었고 이때 큰 추위가 닥쳐 수면이 얼어서 배가 강으로 들어갈 수가 없었다. 曹丕는 揚子江의 파도가 세차게 일어나는 것을 보고 탄식하기를 "아! 이는 진실로 하늘이 이 江을 가지고 남과 북을 한계 지은 것이구나." 하였다.

1) 〔釋義〕 自譙循渦 : 地志에 沛郡에 有譙縣이러니 魏爲譙郡하고 後周改亳州하니 今因之하니라 渦는 水名이니 在沛國譙縣이라
≪漢書≫ 〈地理志〉에 沛郡에 譙縣이 있었는데, 魏나라가 譙郡으로 삼았고 後周가 亳州라고 고쳤으니, 지금 그대로 따르고 있다. 渦는 물 이름이니 沛國의 譙縣에 있다.

2) 〔頭註〕 觀兵 : 觀은 音貫이니 觀示兵威也니 謂陳兵脅之也라
觀은 음이 관이다. 군대의 威容을 보여 주는 것이니, 병력을 진열하여 위협함을 이른다.

【丙午】 四年이라 〈**魏黃初七年**이요 **吳黃武五年**이라〉

建興 4년(병오 226) - 魏나라 黃初 7년이요, 吳나라 黃武 5년이다. -

五月에 **魏主丕疾篤**하니 **立叡**[1]**爲太子**하다 **丙辰**에 **召曹眞, 陳群, 司馬懿**하야 **竝受遺詔輔政**하고 **丁巳**에 **丕殂**하니 **太子叡立**하다

5월에 魏主 曹丕가 병이 위독하니, 曹叡를 세워 太子로 삼았다. 丙辰日에 曹眞·陳群·司馬懿를 불러 함께 遺詔를 받아 정사를 보필하게 하고, 丁巳日에 曹丕가 죽으니 태자 曹叡가 즉위하였다.

1) 〔頭註〕 叡 : 與睿同이라
叡는 睿와 같다.

【丁未】 五年이라 〈**魏明帝曹叡太和元年**이요 **吳黃武六年**이라〉

建興 5년(정미 227) - 魏나라 明帝 曹叡 太和 元年이요, 吳나라 黃武 6년이다. -

三月에 **丞相亮**이 **率諸軍**하야 **北駐漢中**할새 **使長史張裔**와 **參軍蔣琬**으로 **統留府事**하고 **臨發**에 **上疏曰 先帝創業**[1]**未半而中道崩**殂하시고 **今天下三分**에 **益州疲**敝하니 **此誠危急存亡之秋也**니이다 **然**이나 **侍衛之臣**이 **不懈於內**하고 **忠志之士 忘身於外者**는 **蓋追先帝之殊遇**하야 **欲報之於陛下也**니이다 **誠宜開張聖聽**하야 **以光先帝遺德**하시고 **恢弘志士之氣**요 **不宜妄自菲**(비)[2]**薄**하야 **引喻失義**하야 **以塞忠諫之路也**니이다 **親賢臣, 遠小人**은 **此先漢所以興隆也**요 **親小人, 遠賢臣**은 **此後漢所以傾頹也**라 **先帝在時**에 **每與臣**으로 **論此事**에 **未嘗不歎息痛恨於桓, 靈也**니이다

3월에 丞相 諸葛亮이 諸軍을 거느리고 북쪽으로 漢中에 주둔할 때에 長史 張裔와 參軍 蔣琬으로 하여금 남아서 丞相府의 일을 통솔하게 하고 출발에 앞서 다음과 같이 上疏하였다.

"先帝께서 창업을 절반도 이루지 못하고 중도에 별세하시고, 지금 천하가 셋으로 나뉘어져 있는데 우리 益州가 피폐하니, 이는 진실로 국가가 위급하여 보존되느냐 멸망하느냐 하는 시기입니다. 그러나 모시고 호위하는 신하들이 안(조정)에서 게을리 하지 않고, 충성스럽고 뜻있는 군사들이 밖(외지)에서 자기 몸을 잊는 것은 先帝의 특별하신 대우를 추념하여 폐하에게 이를 갚고자 해서입니다. 폐하께서는 진실로 聖聽을 열어 先帝의 遺德을 빛내시고 志士들의 사기를 넓히고 키울 것이요, 망령되이 스스로 하찮게 여겨 이끌어 비유함에 本義를 잃어서 충성스럽게 간하는 길을 막아서는 안 될 것입니다.

賢臣을 가까이하고 小人을 멀리함은 先漢(漢의 先代)이 흥성했던 이유이고, 小人을 가까이하고 賢臣을 멀리함은 後漢(漢의 後代)이 기울고 패망한 이유입니다. 先帝께서 생존해 계셨을 때에 언제나 신과 이 일을 논할 적마다 일찍이 桓帝와 靈帝에 대하여 탄식하고 통한으로 여기지 않으신 적이

없었습니다.

1)〔頭註〕創業 : 創은 與刱同하니 造也라
　創은 刱과 같으니, 만듦이다.
2)〔釋義〕菲 : 菲는 微薄也라
　菲는 작고 박한 것이다.

臣本布衣로 躬耕南陽하야 苟全性命於亂世하고 不求聞達於諸侯러니 先帝不以臣卑鄙하시고 猥(외)[1]自枉屈하사 三顧臣於草廬之中하시고 諮臣以當世之事하시니 由是感激하야 遂許先帝驅馳러니 後値傾覆하야 受任於敗軍之際하고 奉命於危難之間이 爾來二十有一年矣라 先帝知臣謹愼이라 故로 臨崩에 寄臣以大事也하시니 受命以來로 夙夜憂懼하야 恐付托不效하야 以傷先帝之明이라 故로 五月渡瀘(로)[2]하야 深入不毛[3]러니 今南方已定하고 兵甲已足하니 當獎率三軍하야 北定中原이니 庶竭駑鈍하야 攘除奸凶하고 興復漢室하야 還于舊都 此臣所以報先帝而忠陛下之職分也라 至於斟酌損益하야 進盡忠言은 則攸之, 褘, 允[4]之任也니 願陛下는 托臣以討賊興復之效하사 不效면 則治臣之罪하야 以告先帝之靈하시고 〈若無興德之言이면〉 責攸之, 褘, 允等之慢하야 以彰其咎[5]하시고 陛下亦宜自謀하사 以諮諏(추)[6]善道하시고 察納雅言하야 深追先帝遺詔하소서 臣不勝受恩感激이라 今當遠離에 臨表涕零하야 不知所言이로이다 遂行하다

신은 본래 布衣(평민)로 몸소 南陽에서 농사를 지어 亂世에 구차하게 性命(생명)을 보전하려 하였고 諸侯들에게 알려지거나 영달하기를 구하지 않았습니다. 先帝께서는 臣을 비루하다고 여기지 않으시고 외람되이 직접 왕림하시어 草廬 가운데로 세 번이나 臣을 찾아 주시고 臣에게 當世의 일을 자문하시니, 臣은 이 때문에 감격하여 마침내 先帝께 國事에 진력할 것을 허락하였습니다. 그후 나라가 기울어지고 엎어질 때를 만나 敗軍한 즈음에 임무를 받고 위태롭고 어려운 때에 명령을 받든 지가 그로부터 지금 21년이

되었습니다.

先帝께서는 臣이 謹愼함을 아셨기 때문에 임종하실 때에 臣에게 大事를 맡기시니, 臣은 명령을 받은 이래로 밤낮으로 근심하고 두려워하여 부탁하신 것을 이루지 못해서 先帝의 밝음(사람을 알아보는 지혜)을 손상시킬까 두려워하였습니다. 그러므로 5월에 瀘水를 건너서 깊이 불모지로 쳐들어갔습니다. 이제 南方이 이미 평정되었고 무기와 갑옷이 이미 충분하니, 마땅히 三軍을 거느리고 북쪽으로 中原을 평정해야 합니다. 그리하여 행여 저의 노둔한 재주를 다하여 姦凶을 제거하고 漢나라 皇室을 興復(부흥)하여 옛 도읍으로 돌아가는 것이 臣이 先帝에게 보답하고 폐하에게 충성하는 직분입니다. 짐작하여 損益(加減)해서 忠言을 올리고 다 아뢰는 것으로 말하면 郭攸之·費禕·董允 등의 책임이니, 바라건대 폐하께서는 臣에게 역적을 토벌하여 漢나라 황실을 興復하는 일을 맡기시어 臣이 일을 이루지 못하거든 臣의 죄를 다스려 先帝의 靈前에 고하시고, 〈만일 德을 일으키는 말이 없으면〉 郭攸之·費禕·董允 등의 태만함을 책하시어 그 허물을 드러내시며, 폐하께서도 또한 스스로 도모하시어 善한 道를 자문하시고 바른말을 살펴 받아들이시어 先帝의 遺詔를 깊이 추념하소서.

신은 은혜를 받고 감격한 마음을 이길 수 없습니다. 이제 멀리 떠나야 하니, 表文을 대함에 눈물이 흘러 아뢸 바를 알지 못하겠습니다."

諸葛亮이 마침내 출정하였다.

1) 〔頭註〕 猥 : 鄙也요 又多也라

猥는 비루함이요, 또 많음이다.

2) 〔釋義〕 五月渡瀘 : 瀘水는 一名若水니 在蜀이라 出旄牛徼外하니 有瘴氣라 今嶲州에 有瀘津關하니 三四月經之면 多死하니 五月渡瀘는 以言其艱也라 按方輿勝覽註云 姚州雲南郡에 有瀘南縣하니 則瀘水는 當在姚州라하니 未詳孰是라

瀘水는 일명 若水이니, 蜀 지방에 있다. 旄牛徼 밖에서 나오니, 瘴氣가 있다. 지금 嶲州에 瀘津關이 있는데 3, 4월에 이 물을 지나가면 사람들이 많이 죽으니, 5월에 瀘水를 건너갔다는 것은 그 어려움을 말한 것이다. 살펴보건대 ≪方輿勝覽≫의 註에 "姚州 雲南郡에 瀘南縣이 있으니, 瀘水는 마땅히 姚州에 있다."

하였으니, 누가 옳은지 자세하지 않다.

3)〔通鑑要解〕深入不毛：不毛는 言草木不生也라
不毛는 草木이 자라지 않음을 말한다.

4)〔頭註〕攸之褘允：表曰 侍中侍郎郭攸之, 費褘, 董允等은 皆良實忠純하야 先帝拔以遺陛下니이다하니라
諸葛亮의 〈出師表〉에 이르기를 "侍中侍郎인 郭攸之·費褘·董允 등은 모두 어질고 성실하고 충성스럽고 순수하여 先帝께서 선발하여 陛下에게 물려주셨습니다." 하였다.

5)〔譯註〕責攸之褘允等之慢 以彰其咎：≪三國志 蜀志≫ 考證에 "≪文選≫에는 이 句 위에 '若無興德之言' 여섯 자가 있다. ≪蜀志≫ 〈董允傳〉에 이 表文이 실려 있는 바, 또한 이 句가 자세히 기재되었는데, 〈諸葛亮傳〉에 어찌 홀로 이 句가 빠졌는지 모른다." 하였다. 이에 따라 '若無興德之言' 여섯 자를 보충하였다.

6)〔頭註〕諮諏：諏는 謀也라
諏는 상의함이다.

○ 六月에 魏以司馬懿로 都督荊, 豫州諸軍事하다

6월에 魏나라가 司馬懿로 荊州와 豫州 諸軍의 일을 都督하게 하였다.

【戊申】 六年이라 〈魏太和二年이요 吳黃武七年이라〉

建興 6년(무신 228) - 魏나라 太和 2년이요, 吳나라 黃武 7년이다. -

初에 魏以夏侯楙[1]로 鎭長安이러니 至是하야 丞相亮이 將伐魏할새 與群下謀之하니 魏延[2]曰 夏侯楙는 怯而無謀하니 今假延精兵五千이면 直從褒中出하야 循秦嶺[3]而東하고 當子午[4]而北하야 不過十日에 可到長安하리이다 楙聞延奄至면 必棄城逃走하리니 比東方相合[5]에 尙二十許日이요 而公從斜谷來면 亦足以達하리니 如此면 則一擧而咸陽以西를 可定矣리이다

처음에 魏나라가 夏侯楙로 하여금 長安에 진주하게 하였는데, 이때에 이르러 丞相 諸葛亮이 장차 魏나라를 정벌하려 하면서 여러 부하들과 상의하니,

魏延이 말하기를 "夏侯楙는 겁이 많고 智謀가 없으니, 이제 저에게 정예병 5천 명을 빌려 주시면 곧바로 褒中을 따라 진출하여 秦嶺山을 따라 동쪽으로 가고 子午谷을 당하여 북쪽으로 진출해서 열흘을 넘기지 않고 長安에 이를 수 있을 것입니다. 夏侯楙는 제가 갑자기 쳐들어 왔다는 말을 들으면 반드시 城을 버리고 도망하여 달아날 것입니다. 魏나라가 동방에 군대를 집결할 때까지는 아직 20여 일이 남아 있고 公께서 斜谷을 따라 오시면 또한 충분히 도달할 수 있을 것입니다. 이렇게 하면 일거에 咸陽 이서를 평정할 수 있습니다." 하였다.

1)〔通鑑要解〕夏侯楙 : 楙는 與懋同이라 音茂니 淵子也라
楙는 懋와 같다. 음이 무이니, 夏侯淵의 아들이다.

2)〔通鑑要解〕魏延 : 時爲司馬也니 漢丞相有長史而無司馬어늘 是時用兵이라 故로 置司馬하니라
魏延이 이때 司馬였으니, 漢나라 丞相은 長史를 두고 司馬는 없었으나 이때 군대를 출동하였기 때문에 司馬를 둔 것이다.

3)〔釋義〕循秦嶺 : 秦嶺은 在虢州閿鄕縣南하니 周回三百里라
秦嶺山은 虢州 閿鄕縣의 남쪽에 있으니, 둘레가 300리이다.

4)〔釋義〕子午 : 長安의 山名秦嶺이요 谷名子午라 子는 北方이요 午는 南方이니 言通南北道相當故로 名子午谷이라
長安의 산 이름이 秦嶺이고 골짜기 이름이 子午이다. 子는 북방이요 午는 남방이니, 남북을 통하는 길에 서로 위치하였기 때문에 子午谷이라 이름한 것이다.

5)〔通鑑要解〕比東方相合 : 比는 及也라
比는 미침이다.

亮이 以此爲危計라 不如安從坦道하야 可以平取隴右니 十全必克而無虞라 故로 不用延計하다 亮이 身率大軍하야 攻祁山[1]할새 戎陳이 整齊하고 號令이 明肅[2]이러라 始에 魏以漢昭烈旣崩하고 數歲寂然無聞이라 是以로 略無備豫[3]러니 而卒(猝)聞亮出하고 朝野恐懼라 於是에 天水, 南安[4], 安定이 皆叛應亮하니 關中이 響震이라 朝臣이 未知計所出이러니 魏主叡曰 亮이 阻山爲固러니 今者自

來하니 **正合兵書致人之術**이니 **破亮**이 **必矣**라하고 **乃勒兵馬步騎五萬**하고 **遣右將軍張郃督之**하야 **西拒亮**하다

諸葛亮은 이것은 위험한 계책이니, 평안히 평탄한 길을 따라 편온하게 隴右를 취할 수 있는 것만 못하니, 이렇게 하는 것이 십분 안전하여 반드시 이기고 근심이 없다고 생각하였다. 그러므로 魏延의 계책을 사용하지 않았다.

諸葛亮이 직접 大軍을 거느리고서 祁山을 공격할 때에 軍陣이 정돈되고 호령이 분명하고 엄숙하였다. 처음에 魏나라는 漢나라 昭烈帝가 이미 죽었고 여러 해 동안 조용하여 들리는 것이 없다고 여겼다. 이 때문에 조금도 미리 대비함이 없었는데, 갑자기 諸葛亮이 출병했다는 말을 듣고 朝野가 모두 두려워하였다. 이에 天水・南安・安定이 모두 배반하여 諸葛亮에게 호응하니, 關中이 이 소문을 듣고 진동하였다. 조정의 신하들이 계책을 낼 바를 알지 못했는데, 魏主 曹叡가 말하기를 "諸葛亮이 산을 막아 견고하게 지켰는데 이제 스스로 왔으니, 이는 바로 兵書에 사람을 오게 하는 방법과 부합한다. 諸葛亮을 틀림없이 격파할 수 있다." 하고는 마침내 병사와 軍馬를 무장하여 步兵과 騎兵 5만 명을 거느리고 右將軍 張郃을 보내어 이들을 독려해서 서쪽으로 諸葛亮을 막게 하였다.

1) 〔釋義〕 攻祁山 : 祁山은 在岷州長道縣南十里라
祁山은 岷州 長道縣 남쪽 10리 지점에 있다.

2) 〔原註〕 戎陳整齊 號令明肅 : 本傳云 賞罰肅而號令明이라
위의 내용이 ≪三國志 蜀志≫ 〈諸葛亮傳〉에는 "상벌이 엄숙하고 호령이 분명했다."로 되어 있다.

3) 〔通鑑要解〕 略無備豫 : 不豫爲之備也라
略無備豫는 미리 대비하지 않은 것이다.

4) 〔釋義〕 南安 : 屬廣漢郡하니 昭烈改漢壽縣하고 唐置南安州하니 今大安軍是라
南安은 廣漢郡에 속하니, 昭烈帝가 漢壽縣으로 고쳤고 唐나라가 南安州를 설치하였으니, 지금의 大安軍이 이곳이다.

〔新增〕 愚按 先儒之說에 謂孔明左右[1]昭烈하야 爲漢討賊하야 聲大義於天下

하니 功雖不就나 名則正矣라 自陳壽志三國으로 以魏爲主하야 例書入寇하니 壽固萬世之罪人也어늘 而司馬公이 亦因而書之는 何哉오 今依朱子綱目하야 以昭烈로 紹漢之統이라 故로 於孔明興師엔 則改書伐魏하고 而魏兵犯境엔 則改書入寇하니 然後에 名正言順하야 而正僞之辨이 自明矣라 後皆倣此하니 再不重述하노라

내(劉剡)가 살펴보건대 先儒의 말에 "諸葛孔明이 昭烈帝를 보좌하여 漢나라를 위해 역적을 토벌해서 大義를 천하에 밝혔으니, 功은 비록 이루지 못하였으나 명분은 바르다." 하였다. 그런데 陳壽의 ≪三國志≫로부터 魏나라를 위주로 하여 으레 '入寇'라고 썼으니, 陳壽는 진실로 萬代의 죄인인데 司馬溫公이 또한 이것을 그대로 인습하여 씀은 어째서인가? 지금 朱子의 ≪資治通鑑綱目≫에 의거하여 昭烈로 漢나라의 大統을 이었다. 그러므로 諸葛孔明이 군대를 일으킨 경우에는 '魏나라를 정벌했다.〔伐魏〕'고 고쳐 쓰고, 魏나라 군대가 국경을 침범한 경우에는 '入寇'라고 고쳐 썼으니, 이렇게 한 뒤에야 명분이 바르고 말이 순해서 올바름과 거짓됨의 구분이 저절로 밝아지는 것이다. 뒤는 모두 이를 따랐으니, 다시 거듭 말하지 않는다.

1)〔頭註〕左右 : 與佐佑通이라
左右는 佐佑(도움)와 통한다.

初에 越巂(수)太守馬謖이 才器過人하야 好論軍計하니 諸葛亮이 深加器異라 昭烈이 臨終에 謂亮曰 馬謖이 言過其實하야 不可大用이니 君其察之하라 亮이 猶謂不然하고 以謖爲參軍하야 每引見談論에 自晝達夜러니 及出軍祁山에 亮이 不用舊將魏延, 吳懿等하야 爲先鋒하고 而以謖督諸軍在前하야 與張郃戰于街亭[1)]이러니 謖이 違亮節度하야 擧措煩擾하고 舍水上山하야 不下據城이러니 張郃이 絶其汲道하고 擊大破之하니 士卒이 離散이라 亮이 進無所據하야 乃拔西縣千餘家하다 還漢中하야 收謖下獄殺之하고 亮自臨祭하야 爲之流涕하고 撫其遺孤하야 恩若平生이러라 於是에 考微勞하고 甄壯烈[2)]하며 引咎責躬하야 布所失於境

內하고 厲兵講武하야 以爲後圖하니 戎事簡練하고 民忘其敗矣러라

처음에 越嶲太守 馬謖이 재주와 기국이 보통 사람보다 뛰어나서 군대의 계책을 논하기 좋아하니, 諸葛亮이 깊이 소중히 여기고 특이하게 여겼다. 昭烈帝가 임종할 때에 諸葛亮에게 말하기를 "馬謖은 말이 실제보다 지나쳐 크게 쓸 수 없으니, 君은 살피라." 하였다. 諸葛亮은 그래도 그렇지 않다고 여기고, 馬謖을 參軍으로 삼아 매번 인견하여 談論할 때에 낮부터 밤에 이르곤 하였는데, 祁山으로 출병하게 되자 諸葛亮이 舊將인 魏延과 吳懿 등을 先鋒으로 삼지 않고, 馬謖으로 하여금 諸軍을 독려하면서 앞에 있게 하여 張郃과 街亭에서 싸우게 되었다.

그런데 馬謖이 諸葛亮의 節度(지휘)를 어겨 擧措가 번거롭고 요란하였으며 물이 있는 곳을 버리고 산으로 올라가서, 내려와 산 아래의 城을 점거하지 않았다. 張郃이 물을 길어 가는 통로를 차단하고 공격해서 대파하니, 사졸들이 뿔뿔이 흩어졌다. 諸葛亮은 進軍해도 점거할 곳이 없어서 마침내 西縣의 천여 가호를 공략하였다. 漢中으로 돌아온 다음 馬謖을 체포하여 하옥시켜 죽이고는 諸葛亮이 직접 喪에 가서 제사하여 그를 위하여 눈물을 흘리고 그의 어린 자식을 어루만져 은혜가 평소와 같았다. 諸葛亮은 이에 작은 공로를 살피고 국가를 위해 壯烈하게 전사한 자를 선발하며, 잘못을 자신의 책임으로 삼아 잘못한 바를 境內에 알리고 병기를 예리하게 하였고 武藝를 익혀 후일을 도모하니, 군대의 일이 간략하고 단련되었으며 백성들이 그 실패를 잊었다.

1) 〔釋義〕 街亭 : 方輿勝覽興元府에 有街亭하니 註에 魏張郃이 與漢馬謖戰于此라하니라

≪方輿勝覽≫의 興元府 街亭條 註에 "魏나라 張郃이 蜀漢의 馬謖과 이곳에서 싸웠다." 하였다.

2) 〔頭註〕 甄壯烈 : 甄은 別也요 察也라

甄은 분별함이요, 살핌이다.

○ 吳王이 使鄱陽太守周魴으로 遣人賚牋하야 以誘揚州都督曹休하야 言欲

以郡降이라하니 休率步騎十萬하야 以應魴이라가 與陸遜으로 戰於石亭하야 大敗而還하다

吳王이 鄱陽太守 周魴으로 하여금 사람을 보내어 牋文을 가지고 가서 揚州都督 曹休를 유인하여 "郡을 바치고 항복하고자 한다."고 말하게 하니, 曹休가 步兵과 騎兵 10만 명을 이끌고 周魴에게 호응하였다가 陸遜과 石亭에서 싸워 대패하고 돌아갔다.

○ 丞相亮이 聞曹休敗하고 欲出兵擊魏하니 群臣이 多以爲疑[1)]라 亮이 上言於帝曰 先帝深慮以漢賊不兩立하고 王業不偏安[2)]이라 故로 托臣以討賊하시니 以先帝之明으로 量臣之才에 固當知臣伐賊이 才弱敵强이나 然不伐賊이면 王業亦亡하리니 惟[3)]坐而待亡으론 孰與[4)]伐之릿고 是故로 托臣而不疑也하시니이다 今賊이 適疲於西[5)]하고 又務於東[6)]하니 兵法에 乘勞라하니 此는 進趨之時也니이다 高帝明竝日月하시고 謀臣이 淵深이나 然涉險被創[7)]하야 危然後安하시니 今陛下未及高帝하시고 謀臣이 不如良平[8)]이어늘 而欲以長計取勝하야 坐定天下하시니 此는 臣之未解也로이다 曹操智計 殊絶於人하야 其用兵也 髣髴孫吳[9)]나 然困於南陽[10)]하고 險於烏巢[11)]하고 危於祁連[12)]하고 偪於黎陽[13)]하고 幾敗北山[14)]하고 殆死潼(동)關[15)]然後에 僞定[16)]一時耳니이다 況臣才弱이어늘 而欲以不危而定之哉잇가 臣은 鞠躬[17)]盡力하야 死而後已니 至於成敗利鈍하야는 非臣之明의 所能逆覩也니이다

丞相 諸葛亮은 曹休가 패전했다는 말을 듣고 다시 출병하여 魏나라를 공격하고자 하니, 여러 신하들이 대부분 의심하였다. 諸葛亮이 황제에게 다음과 같이 上言하였다.

"先帝께서는 漢과 賊(魏나라)이 兩立할 수 없고 王業이 한쪽 구석인 蜀都에서 편안할 수 없음을 깊이 염려하셨습니다. 그러므로 신에게 적을 토벌하는 일을 맡기셨으니, 先帝의 밝으신 지혜로 신의 재주를 헤아리심에 진실로

신이 적을 토벌하는 것이 신의 재주는 약하고 적은 강하다는 것을 당연히 아셨습니다. 그러나 적을 토벌하지 않으면 王業이 또한 망할 것이니, 생각건대 앉아서 망하기를 기다리기는 것보다는 차라리 적을 토벌하는 것이 낫다고 여기셨기 때문에 신에게 맡기고 의심하지 않으신 것입니다. 지금 적이 마침 서쪽에서 피폐하고 또 동쪽에서 일(전쟁)을 벌이고 있습니다. 兵法에 '적의 피로한 틈을 타라.' 하였으니, 이는 우리가 진취할 때입니다.

高帝께서는 밝음이 日月과 같으시고 謀臣들은 지혜가 깊었으나 그런데도 위험을 겪고 상처를 입어서 위태로운 뒤에야 편안하였습니다. 그런데 지금 폐하는 밝음이 高帝에 미치지 못하시고 謀臣들의 지혜도 張良과 陳平만 못한데도 장구한 계책으로 승리를 취하여 가만히 앉아서 천하를 평정하고자 하시니 이는 신이 이해할 수 없는 점입니다.

曹操는 智謀가 보통 사람보다 크게 뛰어나 用兵하는 것이 孫武・吳起와 방불하였습니다. 그런데도 南陽에서 곤궁하고 烏巢에서 위험을 겪고 祁連에서 위태롭고 黎陽에서 핍박을 받고 北山에서 패할 뻔하고 潼關에서 죽을 뻔한 뒤에야 거짓으로(임시로) 한때를 평정할 수 있었습니다. 더구나 신은 재주가 미약한데, 위태롭지 않고서 천하를 평정하고자 할 수 있겠습니까. 신은 몸을 굽히고 힘을 다하여 죽은 뒤에야 그만둘 것이니, 성공과 실패, 유리함과 불리함에 이르러서는 신의 지혜로 미리 예측할 수 있는 바가 아닙니다."

1) 〔通鑑要解〕 多以爲疑 : 因祁山敗하야 疑魏不可伐也라
祁山에서 패전함으로 인하여 魏나라를 칠 수 없다고 의심한 것이다.

2) 〔頭註〕 王業不偏安 : 王業不可偏全於蜀都라
王業不偏安은 王業을 한쪽 구석인 蜀都에서 보전할 수 없음을 이른다.

3) 〔頭註〕 惟 : 思也라
惟는 생각함이다.

4) 〔頭註〕 孰與 : 與는 如也라
與는 같음이다.

5) 〔頭註〕 疲於西 : 五年에 亮이 攻祁山하니 南安, 天水, 安定三郡이 皆叛하야 應亮하니라
疲於西는 5년(魏 明帝 太和 5년으로 서기 231)에 諸葛亮이 祁山을 공격하자,

南安郡・天水郡・安定郡 세 郡이 모두 魏나라를 배반하고 諸葛亮에게 호응한 일을 가리킨다.

6)〔頭註〕務於東 : 曹休與吳陸遜으로 戰于街亭하야 大敗하니라

務於東은 曹休가 吳나라 陸遜과 街亭에서 싸워 크게 패한 일을 가리킨다.

7)〔通鑑要解〕被創 : 創은 傷也니 漢曹參은 身被七十創하니라

創은 상처이니 漢나라 曹參은 전투하다가 몸에 70군데의 상처를 입었다.

8)〔頭註〕良平 : 張良, 陳平이라

良平은 張良과 陳平이다.

9)〔頭註〕孫吳*) : 孫臏, 吳起라

孫吳는 孫臏과 吳起이다.

*) 孫吳 : 孫은 춘추시대 孫子兵法을 지은 孫武여야 한다. 孫臏은 孫武의 후손으로 또한 兵法에 뛰어났으나 吳起보다 약간 뒤의 인물이다.

10)〔頭註〕困於南陽 : 操與張繡로 戰於南陽宛縣할새 爲流矢所中이라

困於南陽은 曹操가 張繡와 南陽의 宛縣에서 싸울 때에 流矢에 맞은 일을 가리킨다.

11)〔頭註〕險於烏巢 : 袁紹拒操於官渡할새 紹輜重萬餘在烏巢하니 時에 操糧少하야 欲還許하니라

險於烏巢는 袁紹가 官渡에서 曹操와 대치할 때에 袁紹는 輜重車 만여 대가 烏巢에 있었는데, 이때 曹操는 군량이 부족하여 許都로 돌아가고자 하였던 일을 가리킨다.

12)〔頭註〕危於祁連 : 祁連은 西域國名이라

祁連은 西域의 나라 이름이다.

13)〔頭註〕偪於黎陽 : 袁譚據之러니 操用兵吳蜀*)하니 譚兵逼其後하니라

偪於黎陽은 袁譚이 黎陽을 점거하고 있었는데, 曹操가 吳・蜀과 전쟁을 벌이자, 袁譚이 그 후미를 핍박한 일을 가리킨다.

*) 操用兵吳蜀 : 당시 蜀은 劉璋이 점령하고 있었는 바, 이 내용은 자세하지 않다.

14)〔附註〕幾敗北山 : 上卷己亥年에 操爭漢中이러니 趙雲躡之하니 操軍蹂踐하야 墮漢水中하니라 資治에 北作伯山하니 訓義에 謂與烏桓戰於白狼山時也라

幾敗北山은 上卷(23권) 己亥年條(建安 24)에 曹操가 漢中을 다투었는데, 趙雲이 뒤를 따르니 曹操의 군대가 자기들끼리 서로 밟혀 漢水에 빠져 죽은 일을 가리킨다. ≪資治通鑑≫에는 北山이 伯山으로 되어 있는 바, ≪資治通鑑訓義≫에

"烏桓과 白狼山에서 싸울 때이다." 하였다.

15)〔附註〕殆死潼關：馬超, 韓遂 據潼關한대 操討之러니 超攻之하야 矢下如雨라 許褚扶操上船하니 船工中矢死어늘 褚左手擧鞍蔽操하고 右手刺船하야 乃得渡하니라

殆死潼關은 馬超와 韓遂가 潼關을 점거하자 曹操가 이들을 토벌하였는데, 馬超가 공격하여 화살이 비처럼 쏟아졌다. 許褚가 曹操를 부축하여 배에 오르니, 뱃사공이 화살에 맞아 죽었다. 許褚가 왼손으로는 말안장을 들어 曹操의 몸을 가리고, 오른손으로는 배를 저어 마침내 건너갈 수 있었던 일을 가리킨다.

16)〔頭註〕僞定：言雖定一時之功이나 而有心於簒漢故로 曰僞定이라

비록 한때를 평정하는 功을 이루었으나 漢나라를 찬탈하려는 마음이 있으므로 僞定이라고 한 것이다.

17)〔通鑑要解〕鞠躬：曲其躬曰鞠이라

그 몸을 굽히는 것을 鞠이라 한다.

十二月에 **亮**이 **引兵出散關**하야 **圍陳倉**이러니 **陳倉**이 **已有備**라 **亮**이 **不能克**하다

12월에 諸葛亮이 군대를 이끌고 散關으로 나와 陳倉을 포위하였는데, 陳倉이 이미 대비가 있었다. 그리하여 諸葛亮이 이기지 못하였다.

○ **魏主叡召張**郃**于方城**하야 **使擊亮**할새 **魏主叡問**郃**曰 遲**[1]**將軍到**하면 **亮**이 **得無已得陳倉乎**아 郃이 **知亮深入無穀**하고 **屈指計曰 比臣到**면 **亮已走矣**리이다 郃이 **晨夜進道**하야 **未至**에 **亮**이 **粮盡引去**러니 **將軍王雙**이 **追之**어늘 **亮**이 **擊斬雙**하다

魏主 曹叡가 張郃을 方城에서 불러와 諸葛亮을 공격하게 하였다. 이때 魏主 曹叡가 張郃에게 묻기를 "장군이 도착하기를 기다리면 諸葛亮이 이미 陳倉을 점령하지 않겠는가?" 하니, 張郃은 諸葛亮이 깊이 쳐들어와 식량이 없음을 알고는 손가락을 꼽아 계산하며 말하기를 "신이 도착할 때쯤이면 諸葛亮은 이미 달아났을 것입니다." 하였다. 張郃이 새벽부터 밤늦도록 길을 달려 도착하기 전에 諸葛亮은 군량이 떨어져 군대를 이끌고 떠나갔다. 將軍 王

雙이 추격하자 諸葛亮은 王雙을 공격하여 목을 베었다.

1) 〔原註〕 遲 : 去聲이니 待也라
遲는 去聲이니 기다림이다.

【己酉】 七年이라 〈魏太和三年이요 吳黃龍元年이라〉

建興 7년(기유 229) - 魏나라 太和 3년이요, 吳나라 黃龍 元年이다. -

四月에 吳王이 卽皇帝位하야 大赦하고 改元黃龍하고 追尊父堅하야 爲武烈皇帝하고 兄策爲長沙桓王하고 立子登하야 爲皇太子하다

4월에 吳王(孫權)이 황제에 즉위하여 크게 사면하고 연호를 黃龍으로 고쳤다. 아버지 孫堅을 추존하여 武烈皇帝라 하고, 형 孫策을 長沙桓王이라 하고, 아들 孫登을 세워서 皇太子로 삼았다.

○ 九月에 吳王이 遷都建業[1]하다

9월에 吳王이 建業으로 遷都하였다.

1) 〔釋義〕 建業 : 本楚邑이니 名曰金陵이라 漢屬丹陽郡이러니 吳改爲建業하니라
建業은 본래 楚나라 邑이니, 이름을 金陵이라 하였다. 漢나라 때 丹陽郡에 속했는데, 吳나라가 고쳐서 建業이라 하였다.

【庚戌】 八年이라 〈魏太和四年이요 吳黃龍二年이라〉

建興 8년(경술 230) - 魏나라 太和 4년이요, 吳나라 黃龍 2년이다. -

丞相亮이 以蔣琬爲長史하다 亮이 數外出에 琬이 常足兵食하야 以相供給하니 亮이 每言公琰[1]이 託志忠雅하니 當與吾共贊王業者也라하더라

丞相 諸葛亮이 蔣琬을 長史로 삼았다. 諸葛亮이 여러 번 밖으로 出征하였을 때에 蔣琬이 항상 군사와 군량을 풍족히 하여 공급해 주니, 諸葛亮이 언

제나 말할 적마다 "公琰(蔣琬)은 충성스럽고 高雅함에 뜻을 두니, 마땅히 나와 함께 王業을 도울 자이다." 하였다.

1)〔釋義〕公琰：蔣琬字也라
公琰은 蔣琬의 字이다.

【辛亥】九年이라 〈魏太和五年이요 吳黃龍三年이라〉

建興 9년(신해 231) - 魏나라 太和 5년이요, 吳나라 黃龍 3년이다. -

二月에 丞相亮이 率諸軍伐魏하야 圍祁山할새 以木牛運하니 魏遣司馬懿하야 西屯長安하고 督將軍張郃等하야 以禦之하다 三月에 懿留兵守上邽하고 餘衆悉出하야 西救祁山이어늘 亮이 分兵留攻祁山하고 自逆懿于上邽之東하니 懿斂軍依險하야 兵不得交라 亮이 引還하니 懿等이 尋亮後하야 至於鹵城이라 郃曰 彼遠來逆我하야 請戰不得하니 謂我利在不戰하야 欲以長計制之也요 且祁山이 知大軍已在近하고 人情自固하리니 可止屯於此하고 分爲奇兵하야 示出其後요 不宜進前而不敢偪하야 坐失民望也니이다 今亮이 孤軍食少하니 亦行去[1]矣리이다 懿不從하고 故尋亮[2]이러니 旣至에 又登山掘營하고 不肯戰이어늘 賈詡, 魏平曰 公이 畏蜀을 如虎하니 奈天下笑何니잇고 懿病之[3]하니 諸將이 咸請戰이라 五月에 懿使郃攻無當[4]하고 自按中道[5]하야 向亮이어늘 亮이 使魏延, 高翔, 吳班으로 逆戰하니 魏兵이 大敗라 漢人이 獲甲首三千[6]하니 懿還保營하다 六月에 亮이 以糧盡退軍이러니 懿遣張郃追之어늘 漢兵이 乘高布伏하야 弓弩亂發하니 飛矢中郃右膝而卒하다

2월에 丞相 諸葛亮이 諸軍을 거느리고 魏나라를 정벌하여 祁山을 포위할 때에 木牛(나무로 만든 소)로 군량을 운반하니, 魏나라가 司馬懿를 보내어 서쪽으로 長安에 주둔시키고 將軍 張郃 등을 보내어 막게 하였다.

3월에 司馬懿가 병력을 남겨 두어 上邽를 지키게 하고 나머지 병력을 모두

출동하여 서쪽으로 가서 祁山을 구원하였다. 諸葛亮이 병력을 나누어 남겨 두어 祁山을 공격하게 하고, 자신은 上邽의 동쪽에서 司馬懿를 맞아 싸웠는데, 司馬懿가 군대를 거두어 험고한 곳에 의지하여 지키니, 兩軍이 교전할 수가 없었다. 諸葛亮이 군대를 이끌고 돌아오니, 司馬懿 등이 諸葛亮의 뒤를 따라 鹵城에 이르렀다.

張郃이 말하기를 "저들은 멀리서 와서 우리 군대를 맞아 싸우기를 청했으나 싸울 수가 없으니, 우리들의 이로움이 싸우지 않음에 있다고 생각하여 장구한 계책으로 제어하고자 할 것입니다. 또 祁山에서는 우리 大軍이 이미 가까이 있음을 알고 사람들의 마음이 자연 견고해질 것이니, 이곳에 멈춰 주둔하고 군대를 나누어 奇兵(기습병)을 만들어서 적의 후면으로 나감을 보이고, 앞으로 나아가면서도 감히 적을 핍박하지 못하여 앉아서 백성들의 희망을 잃게 해서는 안 됩니다. 지금 諸葛亮은 고립된 군대로 양식이 부족하니, 또한 장차 떠나갈 것입니다." 하였다.

司馬懿는 그의 말을 따르지 않고 일부러 諸葛亮의 뒤를 밟았는데, 도착한 다음 또다시 山에 올라가 진영을 파고 싸우려 하지 않자, 賈詡와 魏平이 말하기를 "공이 蜀漢을 두려워하기를 범을 무서워하듯이 하니, 천하 사람들의 비웃음을 어찌하시겠습니까?" 하였다. 司馬懿가 이를 걱정하니, 諸將들이 모두 싸우기를 청하였다.

5월에 司馬懿가 張郃으로 하여금 無當을 공격하게 하고 자신은 중간의 길을 점거하여 諸葛亮을 핍박하였는데, 諸葛亮이 魏延・高翔・吳班으로 하여금 맞아 싸우게 하니, 魏나라의 군대가 대패하였다. 漢나라 군대가 甲士의 首級 3천 명을 얻으니, 司馬懿가 돌아와 진영을 지켰다.

6월에 諸葛亮이 양식이 다하여 군대를 후퇴시켰는데, 司馬懿가 張郃을 보내어 추격하였다. 蜀漢의 군사들이 높은 곳에 올라가 포진하고 매복하여 활과 쇠뇌를 어지럽게 쏘아대니, 流矢(빗나간 화살)가 張郃의 오른쪽 무릎을 명중시켜 죽었다.

1) 〔頭註〕 行去 : 行은 猶將也라
行은 장차와 같다.

2)〔頭註〕故尋亮：有意爲之曰故라 尋者는 隨而躡其後라
 의도를 가지고 하는 것을 故(일부러)라고 한다. 尋은 따라서 그 뒤를 밟는 것이다.

3)〔附註〕病之：病은 患也라 懿實畏亮하고 又以張郃嘗再拒亮하야 名著關右하니 不欲從其計하고 及進而不敢戰하야 情見勢屈하야 爲諸將所笑하니라
 病은 걱정함이다. 司馬懿는 실로 諸葛亮을 두려워하였으며, 또 張郃이 일찍이 두 번이나 諸葛亮을 막아서 이름이 關西 지방에 드러나니 그의 계책을 따르고자 하지 않았고, 전진하였으나 감히 싸우지 못하게 되자 실정이 드러나고 세력이 굽히게 되어 諸將들에게 비웃음을 당한 것이다.

4)〔頭註〕無當：蜀軍部之號니 言其軍精勇하야 無能當者라 或曰 地名이라
 無當은 蜀漢의 부대의 호칭이니, 군대가 정예하고 용맹하여 대적할 자가 없음을 말한다. 혹자는 이르기를 "地名이다." 하였다.

5)〔譯註〕自按中道：按은 점거함이다. 司馬懿가 공격로를 나누어 진군해서 祁山의 포위를 풀려고 가운데 길을 점거하여 諸葛亮의 부대와 서로 마주한 것이다.

6)〔頭註〕獲甲首三千：謂所斬人頭被甲者三千首라
 甲首 三千은 갑옷을 입은 병사의 머리를 벤 것이 3천 명임을 이른다.

〔新增〕尹氏曰 司馬懿用兵如神하야 算無遺策하니 未易敵也라 然이나 每與丞相亮交鋒에 動輒敗北(배)라 是以로 其徒有畏蜀如虎之譏라 然亮之將略이 果有大過人者어늘 而陳壽乃以將略非亮所長貶之하니 則其妄肆譏評은 不攻自破矣라 世以成敗論人하야 若壽輩者 非一이니 可勝歎哉아

 尹氏가 말하였다.

"司馬懿는 用兵術이 神과 같아서 계산함에 미비한 계책이 없으니, 쉽게 상대할 수가 없었다. 그러나 매번 丞相 諸葛亮과 교전할 때에는 그때마다 번번이 패배하였다. 이 때문에 그의 무리들이 司馬懿가 蜀漢을 두려워하기를 범을 무서워하듯이 한다는 비난이 있었던 것이다. 그렇다면 諸葛亮의 將略(장수로서의 智略)이 진실로 보통 사람보다 크게 뛰어난 점이 있었던 것인데, 陳壽는 도리어 將略은 諸葛亮의 所長이 아니라고 폄하하였으니, 그가 함부로 비평한 것은 공격하지 않아도 저절로 깨뜨려진다. 세상에서는 成敗를 가지고 인물을 논하여 陳壽와 같은 무리들이 한둘이 아니니, 한탄스러움을 말로 다

할 수 있겠는가."

朱氏曰 時에 亮이 垂兵[1)]遠出하야 糧餉不繼어늘 懿以銳師大衆으로 乘氣而扞禦之로되 猶狼狽[2)]如許라 況亮五丈原之出[3)]에 恩信이 行於中原하고 威略이 震乎遠邇하며 屯田積聚하야 軍旅雜於居民而莫之間[4)]하니 使不死數月이면 懿其能與戰而遂取勝乎아 故로 懿非亮之敵也니라

朱氏(朱黼)가 말하였다.

"이때 諸葛亮은 군대를 끌고 멀리 출전하여 군량이 계속 공급되지 못하였는데, 司馬懿가 정예병과 大軍으로 기세를 타고 막았으나 오히려 낭패함이 이와 같았다. 더구나 諸葛亮은 五丈原에 出兵했을 때에 은혜와 신의가 中原에 행해지고 위엄과 智略이 遠近에 떨쳐졌으며, 屯田을 만들어 곡식을 모아서 군사들이 거주하는 백성들 사이에 섞여 있었으나 간격이 없었으니, 만일 몇 달 동안 죽지 않았다면 司馬懿가 어찌 諸葛亮과 싸워서 마침내 승리를 취할 수 있었겠는가. 그러므로 司馬懿는 諸葛亮의 적수가 아닌 것이다."

1) 〔頭註〕 垂兵 : 遠出之貌라

垂兵은 군대가 멀리 나간 모양이다.

2) 〔頭註〕 狼狽 : 詩에 狼跋其胡요 載疐其尾라하고 又狽前足絶短하야 每行에 常駕狼하니 失狽〔狼〕則不能動이라 故로 世言事乖者稱狼狽[*)]라하니라

≪詩經≫ 〈豳風〉에 "이리가 앞으로 나아가면 턱살이 밟히고 뒤로 물러나면 꼬리가 밟히도다." 하였고, 또 ≪酉陽雜俎≫ 〈毛篇〉에는 "狽는 앞 다리가 매우 짧아서 언제나 갈 때마다 狼을 타니, 狽가 狼을 잃으면 움직일 수가 없다. 그러므로 세상에서 일이 어그러지는 것을 일러 狼狽라고 칭하는 것이다." 하였다.

*) 世言事乖者稱狼狽 : 狼은 앞의 두 다리는 길고 뒤의 두 다리는 매우 짧아 항상 狽를 타고 다니며, 狽는 앞의 두 다리는 매우 짧고 뒤의 두 다리는 길어 항상 狼을 타고 다닌다. 그리하여 두 짐승은 언제나 서로 붙어서 다니며 만일 서로 떨어지면 몸을 움직일 수 없으므로 일이 어그러지는 것을 狼狽라 이른다.

3) 〔頭註〕 亮五丈原之出 : 見下甲寅年이라

五丈原에 出兵한 것은 뒤의 甲寅年條에 보인다.

4) 〔頭註〕 間 : 去聲이니 隔也라

間은 去聲이니, 간격이다.

【癸丑】十一年이라〈魏青龍元年 吳嘉禾二年〉

建興 11년(계축 233) - 魏나라 青龍 元年이요, 吳나라 嘉禾 2년이다. -

丞相亮이 勸農講武하고 作木牛流馬[1)]하야 運米集斜(야)谷口하야 治斜谷邸閣하고 息民休士하야 三年而後用之하다

丞相 諸葛亮이 농사를 권장하고 무예를 강마하며 木牛와 流馬를 만들어 쌀을 운반하여 斜谷 어구에 모아서 斜谷의 邸閣(양곡을 보관해 두는 창고)을 수리하고 백성들과 군사들을 쉬게 하여 3년 뒤에야 이들을 동원하였다.

1) 〔釋義〕 木牛流馬[*)] : 武侯出軍至祁山하야 始以木牛運하고 後出斜谷하야 以流馬運이라 杜氏通典註曰 按亮集에 督軍廖立, 杜叡, 胡忠等이 推意作木牛流馬라 其木牛法은 方腹曲脛이요 一(股)〔脚〕四足이며 頭入領中하고 舌著於腹하니 載多而行少라 特行者數十里요 群行者二十里니 曲者爲牛頭요 雙者爲牛脚이요 橫者爲牛領이요 轉者爲牛足이요 覆者爲牛背요 方者爲牛腹이요 垂者爲牛舌이요 曲者爲牛肋이요 刻者爲牛齒요 立者爲牛角이요 細者爲牛鞅이요 攝者爲牛鞦軸이라 牛(御)〔仰〕雙轅하야 人行六尺하고 牛行四步하니 人不大勞하고 牛不飲食이라 其流馬法의 尺寸之數는 肋長三尺五寸이요 廣三寸이요 厚二寸二分이니 左右同이라 前軸孔은 分墨去頭四寸이요 徑中二寸이며 前脚孔은 分墨 〈二寸이니 去前軸孔이〉 去頭四寸五分이요 {長一寸五分} 廣一寸이며 前杠孔은 去前脚孔分墨二寸七分이요 孔長二寸이요 廣一寸이라 後軸孔은 去前杠孔이 分墨一尺五寸이요 大小同이라 〈後脚孔은 分墨去後軸孔 三寸九分이요 大小與前同이라〉 後杠孔은 〈分墨〉去後脚孔이 分墨二寸(二)〔七〕分이요 〈後載剋은 去〉後杠孔이 分墨四寸五分이요 前杠은 長一尺八寸이요 廣二寸이요 厚一寸五分이라 後杠與等이라 板方囊二枚니 {板}厚八分이요 長二尺七寸이요 高一尺六寸五分이요 廣一尺六寸이니 每枚에 受米二斛三斗라 從上杠孔은 去肋下七寸이니 前後同이라 上杠孔은 去下杠孔이 分墨一尺三寸이요 孔長一寸五分이요 廣七分이니 八孔同이라 前後四脚은 廣二寸이요 厚一寸五分이니 形制如象이라 靬長四寸이요 徑面四寸三分이요 孔徑中三脚杠은 長二尺一寸이요 廣一寸五分이요 厚一寸四分이라 靬은 居言反이니 弓衣也라

諸葛武侯가 出兵하여 祁山에 이르러서 처음에는 木牛를 이용하여 군수품을 운반하였고 뒤에는 斜谷으로 진출하여 流馬로 운반하였다. 杜氏(杜佑)의 ≪通典≫ 註에 다음과 같이 말하였다. "≪諸葛亮集≫을 살펴보면 군대를 감독하던 廖立·杜叡·胡忠 등이 諸葛亮의 뜻을 미루어 木牛와 流馬를 만들었다. 木牛를 만드는 방법은 배부분은 네모나고 다리는 굽게 만들었으며 한 다리에 네 개의 발이 있는데 머리는 목 속으로 들어가 있고 혀는 배에 붙어 있으니, 짐은 많이 실을 수 있으나 속도는 느리다. 혼자 갈 때에는 수십 리를 가고 무리 지어 갈 때에는 20리를 간다. 구부러진 것은 木牛의 머리가 되고 한 쌍인 것은 木牛의 다리가 되며, 가로로 된 것은 木牛의 목이 되고 도는 것은 木牛의 발이 되며, 덮여 있는 것은 木牛의 등이 되고 네모난 것은 木牛의 배가 되며, 드리워져 있는 것은 木牛의 혀가 되고 굽은 것은 木牛의 갈빗대가 되며, 뾰족한 것은 木牛의 이가 되고 서 있는 것은 木牛의 뿔이 되며, 가는 것은 木牛의 고삐가 되고 쥐는 것은 木牛의 鞦軸(소의 꼬리에 거는 끈)이 된다. 木牛는 두 개의 멍에를 우러러보는 바, 사람은 1步에 6尺을 가는데 소는 4步를 가니 이것을 이용하면 사람은 크게 피로하지 않고 木牛는 먹이를 먹지 않아 편리하다."

流馬를 만드는 방법과 치수는 다음과 같다. "갈빗대는 길이는 3尺 5寸이고 너비는 3寸이며 두께는 2寸 2分으로 좌우가 같다. 앞 軸(수레바퀴의 한가운데 끼는 굴대)의 구멍은 分墨이 머리까지는 4寸이며 지름은 2寸이다. 앞다리의 구멍은 分墨이 머리까지 2寸이니 앞 軸의 구멍과는 4寸 5分이며 너비는 1寸이다. 앞부분의 杠(車蓋의 밑 테두리)의 구멍은 앞다리의 구멍과는 分墨이 2寸 7分이고 구멍의 길이는 2寸이며 너비는 1寸이다. 뒤 軸의 구멍은 앞부분의 杠의 구멍과는 分墨이 1尺 5寸이며 크기는 앞부분과 같다. 뒷다리의 구멍은 分墨이 뒤 軸의 구멍과는 3寸 9分이며 크기는 앞부분과 같다. 뒷부분의 杠의 구멍은 뒷다리의 구멍과는 分墨이 2寸 7分이고 뒷부분의 물건 싣는 곳에서 뒷부분의 杠의 구멍과는 分墨이 4寸 5分이다. 앞부분의 杠은 길이는 1尺 8寸이고 너비는 2寸이며 두께는 1寸 5分이다. 뒷부분의 杠도 이와 같다. 판자 사방에 주머니 2개를 다는데, 두께는 8分이고 길이는 2尺 7寸이고 높이는 1尺 6寸 5分이고 너비는 1尺 6寸이니, 주머니마다 쌀 2斛 3斗를 담을 수 있다. 윗부분의 杠에 난 구멍에서 갈빗대 아래까지는 7寸이니, 앞뒤가 모두 같다. 윗부분의 杠의 구멍에서 아랫부분에 난 杠의 구멍까지는 分墨이 1尺 3寸이고 구멍의 길이는 1寸 5分이며 너비는 7分인데, 8개의 구멍이 똑같다. 앞뒤로 4개의 다리가 있는데 너비는 2寸이고 두께는 1寸 5分이니 그 모양은 코끼리와 같으며, 활집 전대의 길이는 4寸이고 지름은 4寸 3分이며 구멍의 지름에는 3개의 杠이 있는데 길이는 2尺 1寸이고 너비는 1寸 5分이며 두께는 1寸 4分이다. 軒은 음이 居言反(건)이니, 활집이다."

*) 木牛流馬 : 이 내용은 ≪三國志 蜀志≫의 〈諸葛亮傳〉과 ≪資治通鑑≫ 明帝 青龍 元年條에 실려 있는 바, 글자도 異同이 있고 치수가 약간씩 다르며 자세한 내용 역시 알 수 없다.

故事成語·熟語

通鑑節要 卷之十八

○ 德冠後宮 : 18
後宮 중에 德이 으뜸임을 이른다.

○ 正位宮闈 : 18
宮闈는 內殿을 가리키는 바, 황후의 자리에 올랐음을 이른다.

○ 常衣大練 裙不加緣 : 18
後漢 明帝의 后妃인 明德馬皇后는 매우 검소하여 언제나 거친 명주〔大練〕로 지은 옷을 입었고, 치마는 가장자리에 선을 두르지 않았는 바, 검소함을 뜻한다.

○ 椒房之親 : 19
椒房은 산초를 바른 방이라는 뜻으로, 왕비나 황후가 거처하는 방이나 궁전 따위를 이르는 바, 산초는 열매가 많이 열리므로 자손의 번성을 바라는 뜻에서 椒房이라 이름한 것이다.

○ 爲善最樂 : 30
善을 하는 것이 가장 즐겁다는 뜻이다.

○ 歲比登稔(임) 百姓殷富 : 32
해마다 풍년이 들어서 백성들이 부유함을 이른다.

○ 牛羊被野 : 32
소와 양이 많아서 들을 뒤덮음을 이른다.

○ 明者睹未萌 : 34
현명한 자는 일의 징조가 싹트기 전에 미리 앞을 내다보고 앎을 이른다.

○ 不入虎穴 不得虎子 : 34
後漢의 班超가 오랑캐를 밤에 습격하면서 "호랑이 굴에 들어가지 않으면 호랑이 새끼를 얻지 못한다."고 말한 데에서 유래하였는 바, 큰 성공을 거두어 이익을 취하기 위해서는 모험을 감수해야 함을 이른다.

○ 自相轔藉 : 36
저희들끼리 서로 수레에 깔리고 밟혀서 죽음을 이른다.

○ 無所變更 : 39
前代의 제도를 준행하여 변경하는 바가 없음을 이른다.

○ 郎官 上應列宿 出宰百里 苟非其人 則民受其殃 : 39
後漢의 明帝는 館陶公主가 아들을 위해 郎官 벼슬을 요구했으나 허락하지 않고 10만 錢을 하사하고는 신하들에게 "郎官은 위로 하늘의 별자리에 응하고 나가 百里 되는 縣을 주관하니, 만일 적임자가 아니면 백성들이 그 殃禍를 받게 된다. 이 때문에 신중히 하는 것이다."라고 말한 데에서 유래한 것으로, 郎官을 중요시하는 말이다.

○ 吏得其人 民樂其業 : 40
관리는 적임자를 얻고 백성들은 생업을 즐거워함을 이른다.

○ 賞不僭 刑不濫 : 47
功이 없는 자에게 賞이 지나치게 내려지지 않고 형벌이 남용되지 않음을 이른다.

○ 大絃急者 小絃絶 : 47
後漢 章帝 때 尙書 陳寵이 상소하기를 "정사를 함은 거문고와 비파의 줄을 調律하는 것과 같아서 큰 줄이 너무 급하게 연주되면 작은 줄의 소리는 끊어지는 법입니다."라고 말한 데서 유래하였는 바, 政事가 너무 엄격하고 급하면 그 폐해가 심함을 비유한다.

○ 吳王好劍客 百姓多創瘢 楚王好細腰 宮中多餓死 : 48
吳王이 劍客을 좋아하자 백성들 중에 흉터 있는 자가 많았고, 楚王이 허리 가는 사람을 좋아하자 궁중에 굶어 죽은 자가 많았다는 뜻으로, 윗사람이 무엇을 좋아하면 아랫사람들이 무조건적으로 그것을 흉내 내어 나쁜 풍속이 이뤄짐을 이른다.

○ 城中好高結(髻) 四方高一尺 城中好廣眉 四方且半額 城中好大袖 四方全匹帛 : 48
도성 안에서 높게 튼 상투를 좋아하자 사방(지방)에서는 상투 높이가 한 자나 되었고, 도성 안에서 눈썹이 넓은 것을 좋아하자 사방에서는 눈썹이 이마의 거의 절반이나 되었고, 도성 안에서 소매가 넓은 옷을 좋아하자 사방에서는 비단 한 필을 온전히 다 썼다는 뜻으로 위의 내용과 같은 뜻이다.

○ 勤勤懇懇 : 50
매우 부지런하고 정성스러운 뜻을 이른다.

○ 章句之徒 : 50
大義를 통달하지 못하고 章句를 辨析하는 것만 따지는 儒生을 이른다. 〔同義語〕 章句小儒, 章句儒

○ 昔無襦(유) 今五袴(고) : 52
後漢의 廉范이 蜀郡太守로 나가 불편한 법령을 없애는 등 民生 위주의 정사를 펼치자, 백성들이 노래하기를 "廉叔度여, 어찌 이리 늦게 부임해 왔는가. 옛날에는 짧은 옷도 입지 못했는데 지금은 바지가 다섯 벌이나 되는구나."라고 한 고사에서 유래한 것으로, 백성들이 편안한 가운데 부유한 생활을 누리게 되었음을 칭송하는 말이다.

○ 深思前過 : 53
지난 잘못을 깊이 생각하라는 말이다.

○ 孤雛腐鼠 : 53
외로운 새 새끼와 썩은 쥐라는 뜻으로, 사람을 천히 여겨 멸시하는 말이다. 〔同義語〕 孤豚腐鼠

○ 國以簡賢爲務 賢以孝行爲首 : 55
나라는 어진 인재를 선발하는 것을 급선무로 삼고, 어진 인재는 孝行을 첫 번째로 삼는다는 뜻이다.

○ 求忠臣 必於孝子之門 : 55
忠臣을 반드시 孝子의 가문에서 찾는다는 뜻으로, 어버이를 효성스럽게 섬기는 마음을 미루어 임금에게 충성을 다하기 때문이다.

○ 彊直自遂 南陽朱季 吏畏其威 民懷其惠 : 56
後漢 明帝 때에 朱暉가 臨淮太守로 있으면서 정사를 잘하니, 그곳 관리와 백성들이 존경하고 그의 德을 기려 노래하기를 "剛强하고 정직하여 소신껏 자신의 일을 완수함은 南陽의 朱季로다. 아전은 그 위엄을 두려워하고 백성들은 그 은혜를 생각하도다."라고 하였는 바, 朱季라고 한 것은 그의 字가 文季이기 때문이다.

○ 捧檄而入 喜動顔色 : 57
어버이를 봉양하기 위하여 벼슬길에 기꺼이 나감을 이른다. 漢나라 때 毛義가 節行이 있다는 말을 듣고 張奉이 그를 찾아갔는데, 들어가자마자 毛義가 수령에 임명하는 檄文을 받고 희색이 만면하므로 張奉이 실망하고 돌아와 버렸다. 그 뒤

毛義는 그 어머니가 죽자, 벼슬을 버리고 돌아와 상을 치르고 다시는 불러도 나가지 않으므로, 그제서야 張奉은 지난날 毛義가 벼슬에 나갔던 것은 오로지 모친을 위해 지조를 굽힌 것임을 알고는 毛義의 사람됨을 깊이 알아보지 못한 것을 후회하였다 한다. 〔同義語〕 捧檄, 捧檄而喜, 毛生捧檄, 捧檄南州, 捧檄之祿

○ 似是而非 : 58
겉으로는 비슷하나 속은 완전히 다름을 이른다. 〔同義語〕 似而非

○ 悃愊無華 : 58
내면이 정성스러우나 밖으로 꾸밈이 없음을 이른다.

○ 日計不足 月計有餘 : 58
날로 계산하면 부족하지만 달로 계산하면 有餘하다는 말로, 우선은 손해인 듯해도 뒤에는 이익이 됨을 비유한 것이다.

○ 其咎安在 : 58
잘못이 어디에 있는가라는 뜻이다.

○ 作舍道旁 三年不成 : 61
길 가에 집을 지으면 3년이 되어도 완성하지 못한다는 뜻으로, 어떤 일에 여러 사람의 의견이 서로 달라서 얼른 결정하지 못함을 이르는 말이다. ≪詩經≫ 〈小雅 小旻〉에 "집을 지으면서 길 가는 사람과 도모하는 것과 같아서 이 때문에 완성함을 이루지 못한다.〔如彼築室於道謀 是用不潰于成〕"라고 한 데서 유래되었다. 〔同義語〕 作舍道邊, 謀道作舍

○ 會禮之家 名爲聚訟 : 62
禮를 논하는 사람들을 모아 놓은 것을 이름하여 訟事꾼을 모아 놓았다고 말한다는 뜻으로, 자기의 주장만을 내세워 서로 다투기만 할 뿐, 일은 이루지 못함을 이르는 말이다. 〔同義語〕 禮家聚訟

○ 筆不得下 : 62
붓을 댈 수가 없다는 뜻으로, 무슨 일을 할 수가 없음을 이른다.

○ 堯作大章 一夔足矣 : 62
大章은 堯임금의 음악 이름으로, 堯임금이 大章을 만들 때에 夔 한 명이면 충분했다는 뜻으로, 훌륭한 일도 여러 사람이 하는 것이 아니라 결국 유능한 사람 한 명이 함을 이른다. 〔同義語〕 一夔已足, 一夔足

通鑑節要 卷之十九

○ 刻石勒功 : 67
비석에 공적을 새김을 이른다.

○ 威名益盛 : 68
위엄과 명성이 더욱 성대해짐을 이른다.

○ 辭多受少 : 71
많은 것을 사양하고 적은 것을 받음을 이른다.

○ 不敢望到酒泉郡 但願生入玉門關 : 72
감히 酒泉郡에 이르기를 바라지 않고 다만 살아서 玉門關에 들어가기를 바랄 뿐이라는 뜻으로, 班超가 오랫동안 西域에 원정 나가 있어 고국으로 돌아가고 싶은 생각에서 올린 상소에서 유래한 말이다.

○ 投戈講藝 息馬論道 : 76
창을 던지고 經書를 강하며 길 가는 말을 쉬고 道를 논한다는 뜻으로, 光武帝가 漢나라를 중흥할 때에 뭇 姦雄들이 발호하고 있어 동분서주하며 진격할 때에도 경서를 읽고 道를 논한 故事에서 유래하였다.

○ 垂情古典 遊意經藝 : 76
古典에 情을 쏟고 經學에 뜻을 둠을 이른다.

○ 博士倚席不講 儒者競論浮麗 : 76
博士들은 강하던 자리를 치워 놓고 강론하지 않고, 儒者들은 다투어 浮華하고 화려함을 논함을 이른다.

○ 矯枉過直 : 78
굽은 것을 바로잡으려다가 너무 곧게 하는 것으로, 잘못된 것을 바로잡으려다가 너무 지나쳐서 오히려 나쁘게 됨을 이른다. 〔同義語〕 矯角殺牛

○ 事歸臺閣 : 78
三公이 있으나 숫자만 채울 뿐 아무런 권한이 없고 일이 모두 臺閣(尙書와 諸司)으로 귀속됨을 이른다.

○ 分任責成 : 78
책임을 분담하여 성공을 책임지움을 이른다.

○ 關西孔子楊伯起 : 80
伯起는 楊震의 字인 바, 젊었을 때부터 학문을 좋아하여 經書에 통달하였으므로 당시 선비들이 '關西孔子'라고 칭하였다.

○ 天知 地知 我知 子知 : 80

楊震이 荊州刺史로 부임했을 때, 楊震이 추천해 주었던 王密이 밤중에 찾아와서 당신과 나밖에는 아무도 알 사람이 없다 하며 金 10근을 바치자, 하늘이 알고 땅이 알고 내가 알고 자네가 안다 하며 받지 않았다는 데서 유래한 말로, 두 사람만의 비밀이라도 어느 때고 반드시 남이 알게 됨을 이른다.〔同義語〕四知

○ 使後世稱爲淸白吏子孫 : 80

후세로 하여금 淸白吏의 자손이라고 칭하게 함을 이른다.

○ 事不避難 : 82

신하는 국가의 일을 맡아 어려운 일을 피하지 않음을 이른다.

○ 不遇盤根錯節 無以別利器 : 82

盤根錯節은 마치 나무 뿌리가 얽히고 마디가 뒤엉키듯 사태가 복잡하여 처리하기 어려운 일을 비유한 것이고, 利器는 뛰어난 재능을 뜻하는 바 복잡하여 처리하기 어려운 일들을 잘 처리해 낼 수 있는 재능을 말한 것이다.

○ 咸稱神明 : 82

모두 神明하다고 일컬음을 이른다.

○ 好才愛士 : 86

인재를 좋아하고 선비를 아낌을 이른다.

○ 移日不能去 : 86

移日은 해 그림자가 옮겨 가는 것으로 짧지 않은 시간을 가리키는 바, 오래도록 자리를 떠나지 못함을 이른다.

○ 子吾之師表 : 86

師表는 학식과 덕행이 높아 남의 모범이 될 만한 인물을 이르는 바, 荀淑이 黃憲을 공경히 예우하여 이르기를 "그대는 나의 師表이다."라고 한 데서 유래하였다.

○ 瞻之在前 忽然在後 : 86

≪論語≫ 〈子罕〉에 顔淵이 일찍이 孔子의 道가 매우 광대하고 측량할 수 없음을 감탄하여 이르기를 "〈夫子의 道는〉 우러러볼수록 더욱 높고 뚫을수록 더욱 견고하며, 바라봄에 앞에 있더니 홀연히 뒤에 있다.〔仰之彌高 鑽之彌堅 瞻之在前 忽焉在後〕"라고 한 데서 유래한 말이다.

○ 時月之間 不見黃生 則鄙吝之萌 復存乎心矣 : 86

黃生은 후한 때의 高士인 黃憲을 가리키는 바, 學行으로 推重을 받았다. 陳蕃이 그의 고결한 인품을 기려 "얼마 동안 黃生을 보지 않으면 야비하고 인색한 마음이 다시 싹튼다."고 말한 데서 유래하였다.

○ 汪汪若千頃波 澄之不淸 淆(효)之不濁 : 86
郭泰가 黃憲의 도량을 칭찬하여 "넓디넓은 千頃의 물결과 같아서 맑게 해도 맑아지지 않고 흐리게 해도 흐려지지 않아 측량할 수가 없다."라고 말한 데서 유래하였다.

○ 進退無所據 : 92
이리 보나 저리 보나 근거가 없음을 이른다.

○ 不夷不惠 可否之間 : 98
伯夷처럼 하지도 않고 柳下惠처럼 하지도 않아서 可와 否의 중간에 처하는 것으로 이는 聖人의 경지라 한다.

○ 嶢(요)嶢者易缺 皦皦者易汚 : 98
견고한 것은 망가지기 쉽고 깨끗한 것은 더럽혀지기 쉬움을 이른다.

○ 盛名之下 其實難副 : 98
높은 명성의 아래는 그 실제에 부응하기가 어렵다는 뜻이다. 〔同義語〕 名不副實

○ 負笈從師 : 100
책상자를 지고 스승을 따른다는 뜻으로, 타향으로 공부하러 감을 이르는 말이다. 〔同義語〕 負笈遊學, 負笈追師

○ 不遠千里 : 100
천리 길도 멀다고 여기지 않음을 이른다.

○ 究覽墳籍 : 100
옛 책을 널리 섭렵함을 이른다.

○ 學舍頹敝 鞠爲園蔬 : 101
學宮이 퇴락하여 마침내 모두 동산과 채소밭이 되었음을 이른다.

○ 吏稱其職 民安其業 : 102
관리가 자주 바뀌지 않고 한 직책에 오래 있어서 관리들은 직책을 잘 수행하고 백성들은 生業에 편안함을 이른다.

○ 各懷一切 莫慮長久 : 102
각각 구차한 마음을 품어서 장구한 계책을 생각하지 않고 임시로 미봉하려 함을 이른다.

○ 陛下之有尙書 猶天之有北斗也 斗爲天喉舌 尙書亦爲陛下喉舌 : 105
李固가 順帝에게 아뢰기를 "폐하에게 尙書가 있음은 하늘에 북두성이 있는 것과 같으니, 북두성은 하늘의 喉舌이 되고 尙書는 또한 폐하의 喉舌이 됩니다."라고 한 데에서 유래하였는 바, 왕명을 출납하는 기관의 중요성을 강조하는 말이다. 〔同義語〕 喉舌之任, 喉舌之官, 王之喉舌

○ 出納王命 敷政四海 : 105
王命을 출납하여 四海에 정사를 편다는 뜻으로, 尙書의 직책을 이른다.

○ 埋其車輪 : 106
後漢 順帝 때 大將軍 梁冀가 전횡하여 정사가 문란하였는데, 張綱 등 8명을 선발하여 각지를 돌아다니며 지방관을 규찰하게 하자, 다른 사람들은 모두 그 명을 따랐으나 張綱만은 洛陽의 都亭에 수레바퀴를 파묻고 가지 않으며, 梁冀 등 최고의 권력자를 탄핵한 고사에서 유래하였는 바, 權臣의 위세를 두려워하지 않고 임금에게 直言을 올리는 것을 이른다. 〔同義語〕 張綱埋輪, 埋輪守, 埋輪破柱

○ 豺狼當路 安問狐狸 : 106
巡按御史에 임명된 張綱이 洛陽의 都亭에 수레바퀴를 묻고는 말하기를 "승냥이와 이리가 길을 막고 있으니, 어찌 여우와 살쾡이를 물을 것이 있겠는가."라고 하고는 마침내 梁冀를 탄핵하였는 바, 자잘한 수령 방백의 잘못은 우선 제쳐놓고 불법과 부정을 자행하는 高官을 논죄해야 함을 이른다. 〔同義語〕 不問狐狸, 狐狸何足道

○ 政爲天下第一 : 106
지방관의 정사가 천하에 최고임을 이른다.

○ 轉禍爲福 : 108
재앙과 화난이 바뀌어 오히려 복이 됨을 이른다. 〔同義語〕 反禍爲福, 禍轉爲福, 塞翁之馬

○ 魚游釜中 : 108
물고기가 솥 안에서 논다는 뜻으로, 지금은 비록 살아 있으나 생명이 얼마 남지 않았음을 이르는 말이다. 〔同義語〕 魚游沸釜, 釜底游魚, 釜中之魚, 釜中生魚

○ 更生之辰(신) : 108
거의 죽을 지경에서 다시 살아날 수 있는 때라는 뜻이다.

○ 人皆有一天 我獨有二天 : 110

後漢 順帝 때 蘇章이 冀州刺史가 되어 고을을 순행하다가 清河에 이르렀는데, 마침 옛친구인 清河太守가 부정이 매우 많았다. 蘇章은 부정함을 조사하려 하면서 마침내 太守를 청하여 술을 마시며 평소의 우호를 말하니, 太守가 매우 기뻐하며 "사람들은 모두 한 하늘이 있다 하나 나는 홀로 두 하늘이 있다."고 말한 데에서 유래하였다. 二天은 남의 특별한 은혜를 하늘에 비겨 이르는 말로, 사람은 언제나 하늘의 은혜를 입고 있지만 하늘 이외에 또 하나의 하늘 같은 은인이 있다는 뜻이다. 후세에는 '一天二天'이라 하여 私恩과 公義를 분명히 구분하는 말로 쓰인다. 〔同義語〕 一天二天

○ 跋扈將軍 : 114
梁冀는 順帝 때 梁皇后의 오라비로서 아버지인 梁商을 이어 대장군이 된 실권자였다. 順帝와 沖帝가 잇따라 죽자 梁太后가 質帝를 세웠는데, 質帝는 梁冀가 횡포하고 방자하다 하여 跋扈將軍이라고 지목하였다. 즉 국법을 무시하고 제멋대로 날뛰는 將軍이란 뜻이다. 〔同義語〕 梁冀跋扈

通鑑節要 卷之二十

○ 時人謂之八龍 : 118
荀淑은 荀儉, 荀緄, 荀靖, 荀燾, 荀汪, 荀爽, 荀肅, 荀專의 여덟 아들을 두었는데 모두 명성이 있으니, 당시 사람들이 이들을 일러 八龍이라 하였다. 이후 八龍은 여덟 명의 훌륭한 아들이나 인물을 지칭하는 말로 쓰이게 되었다.

○ 聖人能與世推移而俗士苦不知變 : 119
聖人은 세상을 따라 함께 변화하는데, 세속의 선비들은 괴롭게도 변통할 줄을 알지 못한다는 뜻이다.

○ 熊經鳥伸 : 119
곰처럼 나무에 매달리고 새처럼 다리를 펴는 것으로, 仙家의 養生法이다.

○ 呼吸吐納 : 119
입으로 나쁘고 탁한 기운을 토해 내고 코로 맑고 깨끗한 기운을 마시는 것으로 道家에서 호흡을 조절하는 방법이다.

○ 刑罰者治亂之藥石也 德教者興平之粱肉也 : 119
형벌은 혼란을 다스리는 藥石이고 德教는 태평을 일으키는 고량진미라는 뜻으로, 혼란할 때에는 일시적으로 형벌을 써야 하고 태평성세를 일으키려면 반드시 德教를 베풀어야 함을 이른다.

○ 含笑入地：126
웃음을 머금고 地下로 들어가겠다는 뜻으로, 義士가 죽음을 두려워하지 않음을 이르는 말이다.

○ 潁川四長：126
四長은 韓韶, 荀淑, 鍾皓, 陳寔으로 모두 潁川 사람인 바, 일찍이 縣長이 되어서 부임하는 곳마다 德政을 베푸니, 당시 사람들이 그들을 칭송하여 潁川의 四長이라 하였다.

○ 攬轡澄淸：130
수레에 올라 말고삐를 잡고서 천하를 깨끗이 하려 한다는 뜻이다. 後漢의 范滂이 淸詔使로 冀州 지방을 案察할 때에 수레에 올라 말고삐를 잡고서 천하를 깨끗이 변화시키겠다는 개연한 뜻〔登車攬轡 慨然有澄淸天下之志〕을 보였는데, 范滂이 기주에 이르자 탐관오리들이 지레 겁을 먹고는 인끈을 자진해서 풀어놓고 달아났다는 고사에서 유래하였는 바, 관리가 되어 어지러운 정치를 정화시키려는 慷慨한 뜻을 표현할 때 쓰는 말이다. 〔同義語〕 登車攬轡, 澄淸之轡, 登車孟博, 澄淸志

○ 特設一榻：131
특별히 한 걸상을 마련하였다는 뜻으로, 高士를 예우하여 아낌을 이르는 바, 漢나라의 陳蕃이 豫章太守로 있을 때에 걸상 하나를 마련하여 徐穉가 오면 그 걸상을 내놓아 앉게 하였다가 徐穉가 가고 나면 다시 그 걸상을 매달아 두었다는 고사에서 유래하였다. 〔同義語〕 高懸一榻, 陳蕃懸榻, 解榻

○ 狗不夜吠 民不見吏：133
개들이 밤중에 짖지 않고 백성들이 아전을 보지 못한다는 뜻으로, 고을을 잘 다스려 백성들이 편안히 삶을 이른다.

○ 膺唯與泰 同舟而濟：135
李膺이 오직 郭泰와 함께 한 배를 타고 강을 건너간 고사에서 유래한 것으로 뒤에 훌륭한 사람들이 친밀하게 지냄을 선망하는 말로 쓰인다. 〔同義語〕 李郭同舟, 李郭仙舟, 李膺舟

○ 以爲神仙：135
훌륭한 사람을 바라보고서 神仙이라고 여겨 부러워함을 이른다.

○ 隱不違親 貞不絶俗：135
숨어도 어버이를 떠나지 않고 곧음을 지키더라도 세속을 끊지 않는 것으로, 선비가 너무 모나지 않고 적절하게 살아감을 이른다.

○ 鞠躬屛氣 : 139
몸을 굽히고 숨을 죽여 조심하는 것이다.

○ 獨持風裁 : 139
조정이 문란하여 기강이 무너진 때를 만나 홀로 엄격한 풍모를 지키고 사리를 분별하여 관리들의 기강을 바로잡음을 이른다.

○ 名爲登龍門 : 139
명망이 높은 인사의 접대를 받는 것을 말한다. 後漢의 李膺은 桓帝 때 司隷校尉를 지냈는데, 혼란한 조정에서 그만 홀로 고아한 風度를 견지하여 聲望이 높았으므로 그의 접대를 받기라도 하면 사람들이 龍門에 올랐다고 한 데서 유래하였다.

○ 天下模楷李元禮 不畏彊禦陳仲擧 天下俊秀王叔茂 : 141
천하의 모범은 李元禮요, 彊禦한 사람을 두려워하지 않는 자는 陳仲擧요, 천하의 준수한 자는 王叔茂라는 뜻으로, 元禮는 李膺의 字이고 仲擧는 陳蕃의 字이고, 叔茂는 王暢의 字이다. 이 세 사람은 모두 당시 名士였는데, 특히 李膺은 아랫사람을 엄하게 단속했고, 陳蕃은 윗사람에게 바른 소리를 잘했고, 王暢은 준수하다는 평가에서 나온 말이다.

○ 放歸田里 : 149
벼슬을 박탈하고 제 고향으로 내쫓던 형벌로 유배보다는 한 등급 가벼운 형벌이다.

○ 禁錮終身 : 149
허물이 있어 한평생 벼슬길에 오르지 못하게 하는 제도이다.

通鑑節要 卷之二十一

○ 同心戮力 : 157
마음을 함께하고 힘을 합하여 國事에 盡心竭力함을 이른다.

○ 操弄國權 濁亂海內 : 157
국가의 권력을 쥐고 농간하여 온 천하를 흐리고 어지럽힘을 이른다.

○ 今不誅之 後必難圖 : 157
지금 이들을 죽이지 않으면 뒤에는 반드시 도모하기 어려울 것임을 이른다.

○ 群小得志 : 157

소인들의 무리가 뜻을 얻어 득세함을 이른다.

○ 共相標榜 : 160
자기들끼리 서로 칭찬하고 추켜세움을 이른다.

○ 事不辭難 罪不逃刑 : 161
임금을 섬길 때에 어려운 일을 사양하지 않고, 죄가 있을 때에 형벌을 피하지 않음을 이른다.

○ 李杜齊名 死亦何恨 : 163
유명한 인물과 명성이 같으니 죽어도 여한이 없다는 뜻으로, 後漢 말기에 천하의 善類들이 黨人으로 몰려 죽을 당시 范滂의 어머니가 아들과 영결하면서 "네가 이제 李膺·杜密과 명성이 같으니, 죽는다 한들 무슨 한이 있겠느냐."라고 말한 데서 유래하였다.

○ 望門投止 : 165
매우 절박한 지경에 처하였음을 비유하는 말로, 後漢 때 張儉이 山陽郡의 東部督郵로 나가 그 관내에서 횡포를 부리는 환관 侯覽의 악행을 탄핵하였다가 도리어 궁지에 몰려서 도망하여 떠돌아다녔는데, 길을 가다가 人家를 보면 곧바로 들어가 투숙하기를 청하였다. 〔同義語〕 飄零張儉, 張儉無家

○ 破家相容 : 165
차라리 자기 집안을 망칠지언정 친구나 훌륭한 사람을 숨겨 줌을 이른다.

○ 家事任長 : 165
집안일은 家長이 책임짐을 이른다.

○ 一門爭死 : 165
한 집안 사람들이 모두 자신이 죽겠다고 다툼을 이른다. 張儉이 中常侍 侯覽의 미움을 받아 체포령이 내리자, 도망하여 평소에 친하던 孔褒를 찾아갔는데, 이때 마침 孔褒는 없고 동생인 孔融이 이를 맞아들였다가 나중에 탄로나 잡혀 갔다. 그러자 동생은 자기가 집에 받아들였으니 자기 죄라 하고, 형은 자기를 찾아왔으니 또 자기 죄라 하고, 어머니는 또 집안일은 어른의 책임이니 어른인 자신의 죄라고 하면서 서로 죽기를 주장한 데서 나온 말이다.

○ 孽自己作 空汚良善 : 167
재앙이 자기로부터 일어났는데 부질없이 선량한 사람들에게 화가 미치게 함을 말한다.

○ 一人逃死 禍及萬家 : 167

한 사람이 죽음을 피함에 화가 만 사람의 집에 미친다는 말이다.

○ 因樹爲屋 : 167
나무에 의지하여 지붕을 얹는 것으로 초야에 隱居함을 비유하는 말이다.

○ 周流四公 : 169
높은 지위를 두루 거친 것으로 後漢 때 胡廣은 82세에 죽었는데, 첫 번째는 司空에 올랐고, 두 번째는 司徒가 되었고, 세 번째는 太尉에 올랐고 또 太傅가 되어 네 公을 두루 거쳤다.

○ 歷事六帝 : 169
일찍 등용되고 또 장수하여 여섯 명의 황제를 차례로 섬긴 것으로, 胡廣은 30여 년 동안 관직에 있으면서 安帝・順帝・沖帝・質帝・桓帝・靈帝의 여섯 황제를 차례로 섬겨 예우와 신임이 지극히 융숭하였다.

○ 萬事不理問伯始 天下中庸有胡公 : 170
伯始는 胡廣의 字인데, 經學에 밝고 三公의 지위에 있으면서 모든 政務를 잘 처리하였으므로 당시의 사람들이 "모든 일이 처리되지 않거든 백시에게 물어라. 천하의 中庸이 胡公에게 있네." 하였다. 그러나 당시에 환관과 외척들이 세도를 부려서 나라를 혼란하게 하는데도 그는 나라를 생각하지 않고 몸만 보전하니, 후세에서는 이를 '胡廣의 中庸'이라고 기롱하였다. 〔同義語〕 咨伯始, 中庸胡公

○ 行行且止 避驄馬御史 : 178
後漢의 桓典이 侍御史가 되어 늘 驄馬를 타고 다니며 엄정하게 법대로 다스렸으므로 그가 말을 타고 나갈 때마다 京師에서 모두 그를 두려워하여 "가다가 발길을 멈추어 驄馬御史를 피하라."라고 하였던 데에서 유래한 것으로, 조정의 紀綱을 엄하게 확립함을 표현하는 말이다. 〔同義語〕 避乘驄, 避驄馬

○ 黃巾賊 : 179
後漢 靈帝 때에 張角이 반란을 일으켰는데, 푸른 하늘은 없어지고 누런 하늘이 생긴다고 하여 그 도당들은 모두 누런 수건을 썼으므로 黃巾賊이라 하였다. 그 무리는 13만으로 일시에 세력을 떨쳐 난을 일으켰다가 곧 평정되었으나 漢나라는 이로 인해 망하게 되었다. 그 후로 민간에서 이러한 종류의 난리가 일어나면 그것을 황건적에 비유하곤 하였다.

○ 機警有權數 : 180
機警은 機敏하여 눈치가 빨라서 상황 변화에 민첩하게 대처함을 이르고 權數는 권모술수를 이른다.

○ 任俠放蕩 : 180
任俠은 義氣를 중히 여겨 약한 자를 도와주는 것이며 방탕은 의기가 豪放하여 소소한 예절에 구애하지 않음을 이른다.

○ 命世之才 : 180
하늘이 명하여 이 세상에 출생시킨 특별한 인물이란 뜻이다. 命은 名과 통하는바, 세상에 유명한 인물을 가리키기도 한다. 〔同義語〕 命世之英

○ 月旦評 : 180
매월 초하루의 인물 품평이란 뜻으로 人物을 評價함을 말한다. 後漢 말엽 汝南에 살던 許劭는 식견이 높아 종형 許靖과 함께 명망이 있었는데, 이들은 고을 사람들의 인물을 품평하기 좋아하여 한 달에 한 번씩 品題를 정해 품평하니, 이 때문에 汝南의 풍속에 月旦評이 있게 되었다. 〔同義語〕 月評, 汝南評, 許劭評, 汝南月旦

○ 治世之能臣 亂世之姦雄 : 180
치세의 유능한 신하이고 난세의 간사한 영웅이라는 뜻으로, 許劭가 인물을 잘 알아본다는 말을 듣고 曹操가 찾아가서 자기의 인물에 관한 평론을 구하였더니, 허소가 이와 같이 답하였다고 한다.

○ 剖棺戮屍 : 182
죽은 뒤에 큰 죄가 드러난 사람을 극형에 처하는 것으로, 무덤을 파고 관을 꺼내어 시체를 베거나 목을 잘라 거리에 내걺을 이른다. 〔同義語〕 剖棺斬屍

○ 平心率物 : 183
마음을 공평하게 하여 사람들의 表率(모범)이 됨을 이른다.

○ 揚湯止沸 莫若去薪 潰癰雖痛 勝於內食 : 185
끓는 물을 퍼냈다가 다시 부어 끓는 것을 막음은 솥 밑의 장작을 빼는 것만 못하고, 종기를 터뜨리는 것이 비록 아프지만 종기가 안으로 살을 먹어 들어가는 것보다는 낫다는 뜻으로, 모든 일은 임시방편으로 지엽만 다스려서는 안 되고 근본부터 다스려야 함을 비유한다. 〔同義語〕 釜底抽薪

通鑑節要 卷之二十二

○ 大略不世出 : 190
큰 지략은 세상에 자주 나오지 않음을 이른다.

○ 撥亂反正 : 190
난리를 평정하여 正常을 회복함을 이른다.

○ 威名大震 : 193
위엄과 명성을 크게 떨침을 이른다.

○ 垂手下膝 : 193
팔이 길어 팔을 늘어뜨리면 무릎까지 내려옴을 이른다.〔同義語〕垂手過膝

○ 喜怒不形於色 : 193
기뻐하거나 노여워하는 감정을 얼굴빛에 나타내지 않음을 이른다.

○ 刑戮是甘 乞不使王彦方知 : 194
後漢 때 王彦方의 義行이 鄕里에 드러나서 도둑이 자신의 악행이 왕언방에게 알려지는 것을 부끄러워하여 오히려 刑戮을 달게 받고자 했던 고사에서 나온 말이다.〔同義語〕刑戮自甘

○ 少有才名 : 196
어려서부터 재주가 있다는 명성이 있음을 이른다.

○ 王佐才 : 196
王者를 보좌하여 큰일을 할 만한 인물로, 伊尹・傅說・周公・召公과 같은 인물을 이른다.〔同義語〕王佐之才, 王才

○ 水爲不流 : 198
물에 빠져 죽은 자가 많아서 물이 이 때문에 흐르지 못함을 이른다.

○ 鷄犬亦盡 : 198
사람은 말할 것도 없고 닭과 개도 다 없어져 하나도 남은 것이 없음을 이른다.

○ 英達夙成 : 199
사람됨이 英明하고 豁達하며 夙成함을 이른다.

○ 推結分好 : 199
誠心을 미루어 友誼를 맺음을 이른다.

○ 深根固本 : 200
깊고 단단한 뿌리라는 뜻으로, 바탕이 튼튼함을 이르는 말이다.〔同義語〕根深蒂固, 根深柢固

○ 進足以勝敵 退足以堅守 : 200
나가면 충분히 적을 이길 수 있고, 물러나면 충분히 굳게 지킬 수 있음을 이른다.

○ 治兵相攻 : 201
군대를 다스려 서로 공격함을 이른다.

○ 所向皆破 : 201
향하는 곳마다 모두 격파하여 다 이김을 이른다.

○ 皆失魂魄 : 201
몹시 놀라고 두려워서 정신을 잃음을 이르는 말이다. 〔同義語〕 魂飛魄散

○ 樂爲致死 : 201
상대방을 위하여 기꺼이 목숨을 바침을 이른다.

○ 仰食桑椹(심) : 205
桑椹은 뽕나무 열매인 오디를 이르는 바, 袁紹가 河北에 있을 때에 식량이 떨어져 군사들이 먹을 것이 없어서 오디로 허기를 면하였음을 이른다.

○ 取給蒲蠃(라) : 205
蒲蠃(소라)는 蚌蛤(조개)의 종류로, 袁術이 江淮에 있을 때에 식량이 떨어져 이것을 채취해 먹었다 한다.

○ 州里蕭條 : 205
난리를 만나 백성들이 모두 없어져 州里가 쓸쓸함을 이른다.

○ 譬如養虎 當飽其肉 不飽則將噬(서)人 : 209
상대방을 기르는 것은 비유하자면 호랑이를 기르는 것과 같아서 고기를 배불리 먹여야 하니, 호랑이가 배가 고프면 사람을 물 것이라는 뜻으로, 상대방의 비위를 거스르지 말고 잘 대하여야 피해가 없음을 말한다.

○ 譬如養鷹 飢卽爲用 飽則颺去 : 209
상대방을 기르는 것은 비유하자면 매를 기르는 것과 같아서 매가 배가 고프면 곧 쓰여질 것이고 배가 부르면 날아갈 것이라는 뜻으로, 상대방이 뜻을 얻으면 곧 떠나가 소용이 없음을 이른다.

○ 衣帶中密詔 : 211
황제가 옷 속에 감추어 은밀히 내린 詔書를 이른다. 〔同義語〕 衣帶詔

○ 擧賢任能 : 216
어진 사람을 들어 쓰고 유능한 사람에게 직책을 맡김을 이른다.

○ 髀裏肉生 : 217
蜀漢의 劉備가 오랫동안 말을 타고 전쟁터에 나가지 못해 넓적다리를 어루만지며 살이 찐 것을 한탄했다는 고사에서 유래하였는 바, 재능을 발휘할 기회를 얻지 못하고 헛되이 세월만 보냄을 한탄하는 말이다. 〔同義語〕 髀肉之歎, 拊髀歎, 消髀肉, 兩髀生肉

○ 日月如流 : 217
세월이 흐르는 물과 같다는 뜻으로, 세월이 매우 빨리 흘러감을 이르는 말이다. 〔同義語〕 歲月如流

○ 自比管仲樂毅 : 220
管仲은 春秋時代 齊나라 桓公의 賢相이고, 樂毅는 戰國時代 燕나라 昭王의 良將으로, 諸葛亮은 항상 자신을 管仲과 樂毅에게 비교하였다 한다.

○ 識時務者 : 220
그 시대에 중요하게 다루어야 할 일을 잘 앎을 이른다.

○ 伏龍鳳雛 : 220
伏龍은 숨어 있는 용이라는 뜻으로 은거하여 세상에 나오지 않은 才士나 준걸을 이르고, 鳳雛는 봉황의 새끼라는 뜻으로 아직 세상에 나타나지 않은 훌륭한 인물을 비유적으로 이르는 바, 伏龍은 諸葛亮을 지칭하고 鳳雛는 龐統을 지칭한다. 제갈량은 당시 南陽에 은거하여 세상에 나오지 않았으므로 南陽高臥, 또는 伏龍高臥라 칭하였다. 〔同義語〕 臥龍鳳雛

○ 沃野千里 : 222
끝없이 넓은 기름진 들판을 이르는 말이다.

○ 天府之土 : 222
땅이 매우 비옥하여 온갖 산물이 많이 나는 곳을 이른다.

○ 孤之有孔明 猶魚之有水也 : 222
劉備가 자신에게 諸葛亮이 있는 것은 물고기에게 물이 있는 것과 같다고 한 말에서 유래하였는 바, 임금과 신하가 서로 마음이 맞는 것을 비유한 말이다. 〔同義語〕 水魚之交, 水魚之親, 魚水之契, 魚水親

○ 知人之鑑 : 226
사람을 잘 알아보는 능력을 이르는 말이다. 〔同義語〕 知鑑

○ 事急矣 : 230
일이 급하게 되었음을 이른다.

○ 英雄無用武之地 : 230

英雄이 군사를 써서 싸움을 할 여지가 없음을 이른다.

○ 英才蓋世 : 230
세상을 뒤덮을 만한 뛰어난 재주를 이르는 말이다.

○ 吾計決矣 : 230
자신의 계책이 이미 결정되었다는 뜻으로 확고한 의지를 나타내는 말이다.

○ 遠來疲敝 : 230
먼 길을 오느라 피폐함을 이른다.

○ 强弩之末 勢不能穿魯縞 : 230
강한 쇠뇌의 화살도 끝에 가서 힘이 다하면 魯나라에서 나는 얇은 비단도 뚫을 수 없다는 말로, 아무리 유능한 사람도 형세가 궁해지면 능력을 발휘할 수 없다는 뜻으로 쓰인다. 〔同義語〕 魯縞薄, 强弩末, 力窮魯縞

○ 協規同力 : 231
계획을 같이하고 힘을 합침을 이른다.

○ 鼎足之形 : 231
劉備가 曹操, 孫權과 천하를 三分하였던 데서 유래한 말로, 세 사람 또는 세 세력이 솥발〔鼎足〕과 같이 벌여 선 것을 이른다. 〔同義語〕 鼎立, 鼎足, 鼎峙

○ 早定大計 : 233
큰 계책을 속히 정함을 이른다.

○ 兵精足用 : 234
군사들이 날래고 용맹하여 충분히 쓸 수 있음을 이른다.

○ 不習水土 必生疾病 : 234
어떤 곳의 기후와 풍토, 음식 등에 익숙치 않아 적응하지 못하여 질병이 생김을 이른다. 〔同義語〕 不服水土, 不習地土

○ 勢不兩立 : 235
서로 엇비슷한 힘을 지닌 두 세력이 함께 존재할 수 없다는 뜻으로, 즉 한 세력권 안에서 권력을 나눌 수 없거나 우두머리가 둘일 수 없음을 이르는 말이다.

○ 深爲得計 : 235
참으로 좋은 계책을 얻었음을 이른다.

○ 此自足用 : 235
이것만 가지고도 충분히 쓸 수 있다는 말이다.

○ 寇衆我寡 難與持久 : 237
적군은 많고 아군은 적어서 持久戰을 벌이기 어려움을 이른다.

○ 首尾相接 : 237
꼬리에 꼬리를 물고 길에 서로 이어진 모양을 이른다. 〔同義語〕 首尾相連

○ 中江擧帆 : 237
강 복판에서 돛을 들어 올림을 이른다.

○ 同時發火 : 238
동시에 일제히 불을 놓음을 이른다.

○ 火烈風猛 船往如箭 : 238
불이 맹렬하고 바람이 세차서 배가 쏜살같이 빨리 감을 이른다.

○ 水陸竝進 : 238
바다와 육지에서 동시에 공격하여 나아감을 이른다.

○ 死者太半 : 238
죽은 자가 많아서 절반이 넘음을 이른다.

通鑑節要 卷之二十三

○ 布衣葛巾 : 245
삼베옷과 갈포로 만든 두건이란 뜻으로, 벼슬이 없는 평민을 이르는 말이다.

○ 外託君臣之義 內結骨肉之恩 : 245
겉으로는 군주와 신하의 義理에 의탁하고 속으로는 가까운 혈족 사이의 情을 맺었다는 뜻으로, 군신간이면서도 형제간처럼 친하게 지냄을 이른다.

○ 言行計從 禍福共之 : 245
신하가 자신을 알아주는 군주를 만나 신하가 간언을 하면 군주가 그 말을 따라주어, 군주와 운명을 함께함을 이른다.

○ 終無所言 : 245
끝내 아무 말이 없음을 이른다.

○ 非言辭所能間 : 245
상호간에 신뢰가 돈독하여 말로 이간질할 수 없음을 이르는 말이다.

○ 待天下淸 乃出仕 : 246

어지러운 천하가 안정되기를 기다렸다가 천하가 태평해지면 그제서야 벼슬하려 한다는 뜻으로, 隱忍自重하면서 뜻을 펼칠 수 있는 때가 오기를 기다림을 이른다.

○ 討賊立功 : 246
역적을 토벌하여 공을 세움을 이른다.

○ 人臣之貴已極 : 246
人臣으로서 오를 수 있는 가장 높은 지위에 올랐음을 이른다.

○ 意望已過 : 246
기대하였던 목표를 이미 넘었음을 이른다.

○ 每用耿耿 : 246
자나깨나 마음에 잊지 못함을 이른다.

○ 皆肝鬲(膈)之要 : 246
모두 마음속 깊은 곳에서 우러나온 진실된 말임을 이른다.

○ 蛟龍得雲雨 終非池中物 : 248
蛟龍은 아직 昇天하지 못한 龍을 가리키며 池中物은 못 속에 잠겨 있는 물건이란 뜻으로, 영웅호걸이 언젠가는 뜻을 펴서 자기 권위를 되찾을 것이요, 오랫동안 남에게 지배받지 않을 것임을 비유한 말이다. 〔同義語〕 蛟龍終非池中物

○ 所見略同 : 248
영웅호걸의 소견은 크게 다르지 않음을 이른다.

○ 若飮醇醪(료) 不覺自醉 : 250
程普가 周瑜의 인품을 평하여 "周公瑾과 사귀는 것은 마치 물을 타지 않은 독한 술을 마시는 것과 같아서 스스로 취함을 깨닫지 못한다." 하였는 바, 이는 자신도 모르게 그의 덕에 감화됨을 비유한 말이다. 〔同義語〕 飮醇自醉

○ 士別三日 刮目相待 : 251
선비가 서로 작별한 지 사흘이면 눈을 비비고 다시 보아야 한다는 뜻으로, 상대방의 학식이 놀랄 만큼 부쩍 늚을 이르는 말이다. 呂蒙은 孫權의 권유로 늦게야 비로소 학문에 정진하였는데, 魯肅이 尋陽을 지나다가 呂蒙과 말해 보고는 크게 놀라며 말하기를 "현재 卿의 재주와 도략이 다시는 예전 吳下에 있을 때의 阿蒙이 아니다." 하니, 呂蒙이 말하기를 "선비가 작별한 지 사흘이면 눈을 씻고 자세히 보아야 합니다."라고 한 데에서 유래하였다.

○ 非百里才 : 252
百里는 작은 고을을 이르는 바, 百里才는 百里之才로 작은 고을을 다스릴 재주(재목)가 아님을 이른다. 劉備가 처음에 龐統을 耒陽의 현령으로 임명하였는데, 吳나라의 魯肅이 이 소문을 듣고 편지를 보내기를 "그는 百里 되는 縣이나 다스릴 재목이 아니니, 조정에 불러와 높은 지위에 두어 뛰어난 재질을 펼칠 수 있게 해야 한다."고 한 데에서 유래하였는 바, 출중한 자질을 지니고 있어서 작은 고을이나 다스릴 재주를 지닌 인물이 아니라는 말이다.

○ 獨坐窮山 放虎自衛 : 254
홀로 깊은 산속에 앉아서 호랑이를 풀어놓아 스스로 호위하게 한다는 뜻으로, 孤立無援의 상태에서 적을 불러들여 자신을 보호하게 함을 기롱하는 말이다.

○ 君子愛人以德 : 256
군자가 사람을 사랑함은 大義에 입각하여 올바른 방법으로 함을 이르는 바, ≪禮記≫ 〈檀弓〉 에 "君子가 사람을 사랑함은 德으로써 하고, 小人이 사람을 사랑함은 姑息으로써 한다."라고 보인다.

○ 行義修整 : 256
행실이 의롭고 단정함을 이른다.

○ 推賢進士 : 256
어진 이를 추천하고 선비를 등용하기를 좋아함을 이른다.

○ 生子當如孫仲謀 如劉景升兒子豚犬耳 : 262
曹操가 孫權과 대치할 때에 孫權의 선박과 병기, 군대의 항렬이 정돈되고 엄숙한 것을 보고는 감탄하기를 "자식을 낳으려면 마땅히 孫仲謀(孫權)와 같은 훌륭한 자식을 두어야 할 것이니, 지난번 劉景升(劉表)의 자식은 다만 돼지와 개에 불과할 뿐이다."라고 한 데에서 나온 말로, 후세에는 자기 아들을 남에게 말할 때 낮추어 '豚犬'이라 하기도 한다. 〔同義語〕 豚兒犬子, 生子似仲謀, 有兒皆景升

○ 閉城堅守 : 267
성문을 닫고 굳게 지킴을 이른다.

○ 府庫充實 : 268
財政이 튼튼함을 이른다.

○ 專權自恣 : 269
권력을 독차지하여 마음대로 권력을 휘두르고 방자함을 이른다.

○ 寵之以位 位極則殘 順之以恩 恩竭則慢 : 269
사람을 총애하여 그 사람이 최고의 지위에 이르면 도리어 해치고, 사람을 은혜롭게 대하여 은혜가 다하면 태만해짐을 이른다.

○ 威之以法 法行則知恩 限之以爵 爵加則知榮 : 269
사람에게 법으로 위엄을 보여 법이 행해지면 고마움을 알게 되고, 관작을 제한한 다음 관작을 내리면 영화로움을 앎을 이른다.

○ 社稷之器 : 270
종묘사직을 다스릴 수 있는 재능을 갖춘 인물을 이른다.

○ 深密有智防 : 271
깊고 치밀하고 智謀와 방비가 있음을 이른다.

○ 進善不進不休 : 271
좋은 계책을 올릴 경우 그 계책이 쓰여지도록 끝까지 주장함을 이른다.

○ 去惡不去不止 : 271
잘못을 간할 경우 그 잘못이 바로잡혀질 때까지 간언함을 이른다.

○ 被髮入山 不失信於天下 : 272
吳나라 周瑜가 益州를 치기 위하여 夏口에 당도하자, 劉備가 말하기를 "네가 蜀을 취하려고 한다면 나는 머리를 풀어헤치고 산속으로 들어가서 천하에 신의를 잃지 않겠다."고 한 데서 유래한 말로, 자신의 결연한 의지를 나타내는 말이다.

○ 勇冠三軍 : 274
용맹이 全軍의 으뜸임을 이른다.

○ 據險守要 : 274
험한 곳을 점거하고 요해처를 지킴을 이른다.

○ 無能爲也 : 277
무슨 일을 할 수 없음을 이른다.

○ 過期不還 : 277
기한이 지나도 돌아오지 않음을 이른다.

○ 揚兵大出 : 277
大軍이 威容을 과시하며 크게 출동함을 이른다.

○ 且鬪且却 : 277
한편으로 싸우고 한편으로 퇴각함을 이른다.

○ 散而復合 : 277
흩어졌다가 다시 모임을 이른다.

○ 偃旗息鼓 : 277
전쟁터에서 軍旗를 눕히고 북소리를 그친다는 뜻으로, 휴전함을 이르는 말이다.
〔同義語〕 偃旗臥鼓, 掩旗息鼓

○ 子龍一身 都是膽 : 277
子龍은 趙雲의 字로, 趙雲이 적은 숫자의 군사를 가지고 曹操의 大軍을 만나 싸워서 격파하니, 劉備가 다음 날 그가 전투했던 곳을 둘러보고 말하기를 "子龍은 온몸이 모두 膽뿐이다."라고 하였는 바, 대단한 용기와 담력의 소유자를 이르는 말이다.

○ 威震華夏 : 279
위엄이 中夏에 진동함을 이른다.

○ 外親內疎 : 279
겉으로는 친한 척하나 속으로는 소원함을 이른다.

○ 矜其詐力 所在反覆 : 279
속임수와 武力을 잘 써서 있는 곳마다 임기응변으로 말을 바꾸어 번복함을 이른다.

○ 意驕志逸 : 281
뜻이 교만하고 마음이 방탕함을 이른다.

○ 出其不意 : 281
상대방이 예상하지 않은 상황이나 장소로 출동하여 허를 찌름을 이른다.

○ 意思深長 : 281
사려가 매우 깊음을 이른다.

○ 才堪負重 : 281
재주가 重任을 감당할 수 있음을 이른다.

○ 無復是過 : 281
이보다 더 나은 것이 없음을 이르는 말이다.

○ 開門出降 : 283
성문을 열고 나와 항복함을 이른다.

○ 周游城中 家家致問 : 284

城 안을 두루 다니면서 집집마다 위문함을 이른다.

○ 哀痛殊甚 : 284
몹시 애통해함을 이른다.

○ 邈焉寡儔 : 285
아득히 높아 필적할 수 있는 자가 드묾을 이른다.

○ 忘其短而貴其長 : 285
단점을 잊고 그 장점을 훌륭하게 여김을 이른다.

○ 不辭劇易 : 285
어려운 일이든 쉬운 일이든 사양하지 않음을 이른다. 〔同義語〕 不辭辛勞

○ 學問開益 籌略奇至 : 285
학문이 진전되고 지략이 남다름을 이른다.

○ 令行禁止 : 285
명령하면 행해지고 금하면 그친다는 뜻으로, 사람들이 법령을 잘 따르고 지킴을 이른다.

○ 非適今日 : 288
예부터 그러하였고 다만 오늘뿐만이 아님을 이른다.

○ 天人之應 異氣齊聲 : 288
하늘과 사람이 모두 감응하여 기운은 다르나 소리는 같음을 이른다.

○ 知人善察 難眩以僞 : 292
인물을 잘 알아보고 잘 살펴서 거짓으로 속이기가 어려움을 이른다.

○ 隨能任使 皆獲其用 : 292
인재를 등용할 때에 재능에 따라 맡기고 부려서 모두 그 쓰임을 얻음을 이른다.

○ 意思安閑 : 292
어려운 일을 당해도 意思가 편안하고 조용함을 이른다.

○ 決機乘勝 : 293
기회를 결단하여 승세를 탐을 이른다.

○ 勳勞宜賞 不吝千金 無功妄施 分毫不與 : 293
공로가 있어 마땅히 상을 주어야 할 경우에는 천금도 아끼지 않으나 공이 없으면서 상을 바랄 경우에는 털끝만큼도 주지 않음을 이른다.

通鑑節要 卷之二十四

○ 發喪制服 : 302
喪을 발표하고 喪服을 입음을 이른다.

○ 取禍之道 : 312
재앙을 부르는 방법임을 이른다.

○ 遣使稱臣 卑辭奉章 : 313
사신을 보내어 신하라 칭하고 言辭를 낮추어 奏章을 받듦을 이른다.

○ 阻山依水 : 314
지형의 험고함을 믿고 적을 막음을 이른다.

○ 有急相救 : 314
위급한 일이 있을 때에 서로 구원해 줌을 이른다.

○ 禮無不敬 法無不行 : 315
禮는 공경하지 않음이 없고 法은 행하지 않음이 없다는 뜻으로, 예는 반드시 공경해야 하고 法은 반드시 행해져야 함을 강조하는 말이다.

○ 敢自尊大 : 315
감히 스스로 높은 체하고 큰 체함을 이른다.

○ 兵不血刃 : 316
병기에 피를 묻히지 않는다는 뜻으로, 무력을 동원하지 않음을 이른다.

○ 虎視於天下 : 316
범이 눈을 부릅뜨고 먹이를 노려보는 것처럼 천하를 차지하기 위하여 형세를 살피며 기회를 엿봄을 이른다.

○ 尋章擿(摘)句 : 316
大文이나 찾고 文句나 따다가 사용하는 것으로, 다른 사람의 글귀를 따서 글을 지음을 이른다. 〔同義語〕 尋章覓句, 搜章摘句

○ 車載斗量 : 316
수레에 싣고 말로 된다는 뜻으로, 물건이나 인재가 매우 많음을 비유하는 말이다. 〔同義語〕 車量斗數

○ 更(경)事嘗多 : 318
여러 가지 일을 많이 경험함을 이른다. 〔同義語〕 備嘗艱難

○ 思慮精專 : 318
생각이 정밀하고 전일함을 이른다.

○ 計不復生 : 319
다시는 계책을 내지 못함을 이른다.

○ 正在今日 : 319
바로 오늘에 달려 있다는 뜻이다.

○ 陳兵自繞 : 319
군대를 진열하여 자기 주위를 둘러싸서 보호하게 함을 이른다.

○ 四面蹙之 : 319
사면에서 압박해 들어옴을 이른다. 〔同義語〕 四面受敵

○ 土崩瓦解 : 319
흙이 무너지고 기와가 깨진다는 뜻으로, 어떤 조직이나 사물이 손을 쓸 수 없을 정도로 무너져 버림을 이르는 말이다.

○ 好尙不同 : 320
좋아하고 숭상함이 똑같지 않음을 이른다.

○ 攻取者先兵權 建本者尙德化 : 322
공격해서 취하는 자는 兵略과 권모술수를 먼저하고 근본을 세우는 자는 德化를 숭상함을 이른다.

○ 蕞(최)爾小國 : 323
아주 작은 약소국을 이른다.

○ 據險守要 : 323
험한 곳을 점거하고 요해처를 지킴을 이른다.

○ 先勝後戰 量敵論將 : 323
用兵할 때에 먼저 승산을 따져 본 뒤에 싸우고, 적을 헤아린 뒤에 장수를 논함을 이른다.

○ 擧無遺策 : 323
거행함에 잘못된 계책이 없음을 이른다. 〔同義語〕 算無遺策

○ 軍竟無功 : 323
군대가 끝내 아무런 戰功도 세우지 못함을 이른다.

○ 可輔輔之 君可自取 : 324

昭烈帝가 병이 위독하자, 승상 諸葛亮에게 명하여 太子를 보필하게 하고 이르기를 "만일 太子가 보필할 만하거든 그를 보필하고, 만일 재주가 없거든 그대가 스스로 황제의 자리를 취하라."고 한 말에서 유래하였다.

○ 惟賢惟德 可以服人 : 324
오직 어질고 덕이 있어야만 사람을 복종시킬 수 있음을 이른다.

○ 事之如父 : 324
아버지처럼 공경히 받듦을 이른다.

○ 爲治有體 : 326
국가를 다스리는 데에는 체통이 있음을 이른다.

○ 坐而論道謂之王公 作而行之謂之士大夫 : 326
앉아서 道를 논하는 것을 王公이라 이르고 일어서서 행하는 것을 士大夫라 이른다는 뜻으로, 군주와 신하는 신분상 귀천이 있으므로 맡은 일도 차별이 있음을 이른다.

○ 流汗終日 : 326
하루 종일 땀을 흘리며 수고함을 이른다.

○ 垂泣三日 : 326
사흘 동안 눈물을 흘리는 것으로, 매우 슬퍼함을 이른다.

○ 命世之英 : 328
재주가 세상에 뛰어난 영웅을 이른다.

○ 進可幷兼天下 退可鼎足而立 : 328
蜀漢의 鄧芝가 吳와 동맹을 맺기 위하여 吳나라에 사신 가서 吳王을 설득하면서 "吳와 蜀이 동맹한다면 전진하면 天下를 겸병할 수 있고 물러서면 솥발처럼 벌여 설 수 있다."고 한 말에서 유래하였다.

○ 見可而進 : 328
군대는 마땅함을 헤아려 전진하고 후퇴하는 바, ≪孫子兵法≫에 "승리할 수 있는 여건을 보고 전진하고 어려움을 알면 후퇴한다.〔見可而進 知難而退〕"라고 보인다.

○ 無所用之 : 329
쓸 곳이 없음을 이른다.

○ 攻心爲上 攻城爲下 心戰爲上 兵戰爲下 : 330

이 말은 諸葛亮이 南蠻을 정벌할 때에 馬謖이 "用兵하는 방법은 마음을 공격하는 것이 상책이고 성을 공격하는 것이 하책이며, 마음으로 싸우는 것이 상책이고 군대로 싸우는 것이 하책이니, 공은 그들의 마음을 복종시키기 바랍니다."라고 말한 데에서 유래하였는 바, 전쟁은 적의 마음을 굴복시키는 것이 최고임을 이른다.

○ 七縱七禽 : 331
蜀漢의 諸葛亮이 孟獲을 일곱 번 사로잡았다가 일곱 번 놓아주었다는 데서 유래한 말로 마음대로 잡았다가 놓아줌을 이른다.

○ 天所以限南北 : 331
魏나라의 曹조가 揚子江을 건너 吳나라를 정벌하려고 출병하였으나 큰 강물에 가로막혀 渡江할 수가 없자, "하늘이 이 강을 가지고 남북을 갈라놓았다." 하고 탄식하고 돌아온 데에서 유래하였다.

○ 危急存亡之秋 : 333
존속과 멸망, 또는 생존과 사망이 결정되는 아주 절박한 상황이나 시기를 이른다.

○ 妄自菲(비)薄 : 333
자신을 함부로 하찮게 여겨 폄하함을 이른다.

○ 引喩失義 : 333
비유함에 本義를 잃음을 이른다.

○ 苟全性命於亂世 不求聞達於諸侯 : 334
蜀漢의 승상인 諸葛亮이 魏나라를 치기 위하여 출병하면서 後主에게 올린 글인 出師表에 나오는 말로, 亂世에 구차하게 목숨을 보전하려 하였고 諸侯들에게 알려지거나 영달하기를 구하지 않았다는 뜻이다.

○ 三顧草廬 : 334
蜀漢의 劉備가 당시 南陽에 은거하고 있던 諸葛亮을 초빙하기 위하여 그의 草屋으로 세 번이나 직접 찾아갔다는 데서 유래한 말로 인재를 맞아들이기 위하여 끝까지 정성을 다함을 이른다. 〔同義語〕 三顧茅廬, 三顧隆中, 蜀主三顧

○ 深入不毛 : 334
깊숙이 불모지까지 쳐들어감을 이른다.

○ 臨表涕零 不知所言 : 334
表文을 대함에 눈물이 흘러 아뢸 바를 알지 못하겠다는 뜻으로, 諸葛亮의 出師表의 끝에 나오는 내용이다. 出師表는 憂國의 내용이 담긴 명문장으로 유명하다.

○ 怯而無謀 : 336
겁이 많고 智謀가 없음을 이른다.

○ 戎陣整齊 號令明肅 : 337
軍陣이 정돈되고 軍令이 분명하고 엄숙함을 이른다.

○ 寂然無聞 : 337
아무 소식도 없이 감감함을 이른다.

○ 略無備豫 : 337
조금도 미리 대비함이 없음을 이른다.

○ 朝野恐懼 : 337
조정과 민간이 모두 두려워함을 이른다.

○ 未知計所出 : 337
상황이 다급하여 어떻게 계책을 내야 할지 알지 못함을 이른다.

○ 阻山爲固 : 337
높은 산을 의지하여 견고하게 지킴을 이른다.

○ 才器過人 : 339
재주와 기국이 보통 사람보다 뛰어남을 이른다.

○ 深加器異 : 339
깊이 소중히 여기고 특이하게 여김을 이른다. 諸葛亮이 馬謖을 소중히 여기고 기이하게 여긴 고사에서 유래하였는 바, 諸葛器異라고도 한다.

○ 言過其實 不可大用 : 339
큰소리만 치고 실행은 부족하여 重用할 수 없음을 이른다.

○ 自晝達夜 : 339
낮부터 밤에 이른다는 뜻으로, 오랜 시간을 이른다.

○ 進無所據 : 339
進軍해도 근거지로 삼을 곳이 없음을 이른다.

○ 引咎責躬 : 339
잘못의 책임을 스스로 짐을 이른다. 〔同義語〕 引咎自責

○ 厲兵講武 : 340
병기를 정밀하고 예리하게 하고 武藝를 익힘을 이른다.

○ 戎事簡練 : 340

군대의 일이 간략하고 단련됨을 이른다.

○ 漢賊不兩立 王業不偏安 : 341
漢은 劉備를, 賊은 曹操를 가리키는 것으로, 諸葛亮의 後出師表에 "漢과 賊은 兩立할 수 없고 王業은 한쪽 구석인 蜀都에서 보전할 수 없다."는 句節에서 따온 말이다.

○ 坐而待亡 孰與伐之 : 341
아무 대책 없이 앉아서 망하기만을 기다리는 것보다는 차라리 힘을 다하여 적을 치는 편이 나음을 이른다.

○ 明竝日月 : 341
지혜가 해와 달처럼 밝음을 이른다.

○ 涉險被創 : 341
野戰하여 위험을 무릅쓰고, 몸에 상처를 입음을 이른다.

○ 坐定天下 : 341
가만히 앉아서 천하를 평정함을 이른다.

○ 其用兵也 髣髴孫吳 : 341
用兵術이 크게 뛰어나 兵法의 대가인 孫武·吳起와 방불함을 이른다.

○ 鞠躬盡力 死而後已 : 341
몸과 마음을 다하여 나랏일에 힘써, 죽은 뒤에야 그만둘 것임을 이른다.

○ 坐失民望 : 346
아무 것도 하지 않고 앉아서 백성들의 희망을 잃음을 이른다.

○ 畏蜀如虎 : 346
魏나라 司馬懿는 用兵術이 神과 같았으나 諸葛亮과 교전할 때에는 번번이 패전하였다. 이 때문에 그의 군사들이 司馬懿가 蜀漢을 두려워하기를 범을 무서워하듯이 한다고 기롱한 말에서 유래하였다.

○ 木牛流馬 : 350
제갈량이 식량을 운반하기 위하여 말이나 소의 모양으로 만든 수레로, 기계 장치를 만들어 움직이게 하였다.

○ 息民休士 : 350
백성들과 군사들을 휴식하게 함을 이른다.

漢王室 世系圖(劉氏)

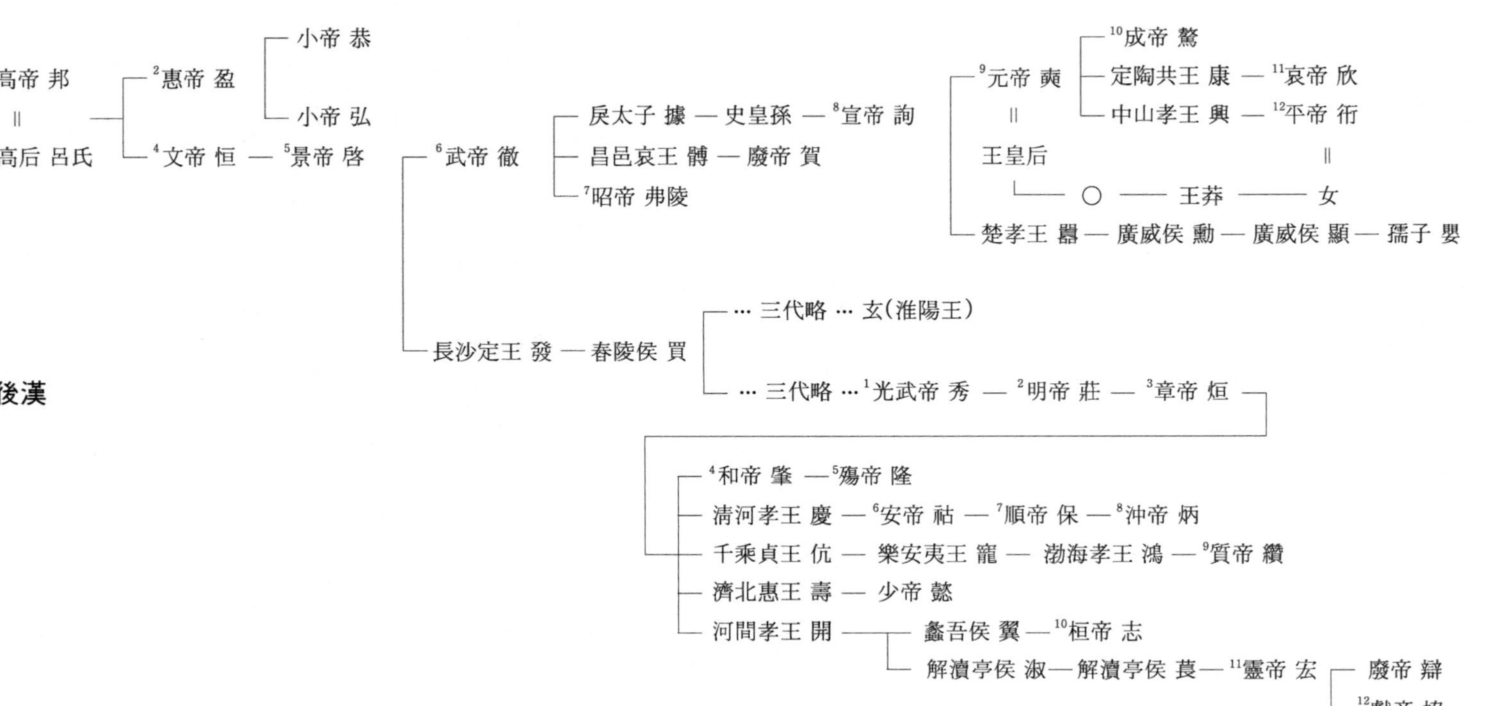
前漢
1高帝 邦
3高后 呂氏
2惠帝 盈
小帝 恭
小帝 弘
4文帝 恒 — 5景帝 啓
6武帝 徹
戾太子 據 — 史皇孫 — 8宣帝 詢
昌邑哀王 髆 — 廢帝 賀
7昭帝 弗陵
9元帝 奭
王皇后
10成帝 驁
定陶共王 康 — 11哀帝 欣
中山孝王 興 — 12平帝 衎
○ — 王莽 — 女
楚孝王 囂 — 廣威侯 勳 — 廣威侯 顯 — 孺子 嬰
長沙定王 發 — 春陵侯 買
… 三代略 … 玄(淮陽王)
後漢
… 三代略 … 1光武帝 秀 — 2明帝 莊 — 3章帝 炟
4和帝 肇 — 5殤帝 隆
清河孝王 慶 — 6安帝 祜 — 7順帝 保 — 8沖帝 炳
千乘貞王 伉 — 樂安夷王 寵 — 渤海孝王 鴻 — 9質帝 纘
濟北惠王 壽 — 少帝 懿
河間孝王 開
蠡吾侯 翼 — 10桓帝 志
解瀆亭侯 淑 — 解瀆亭侯 萇 — 11靈帝 宏
廢帝 辯
12獻帝 協

三國王室 世系圖

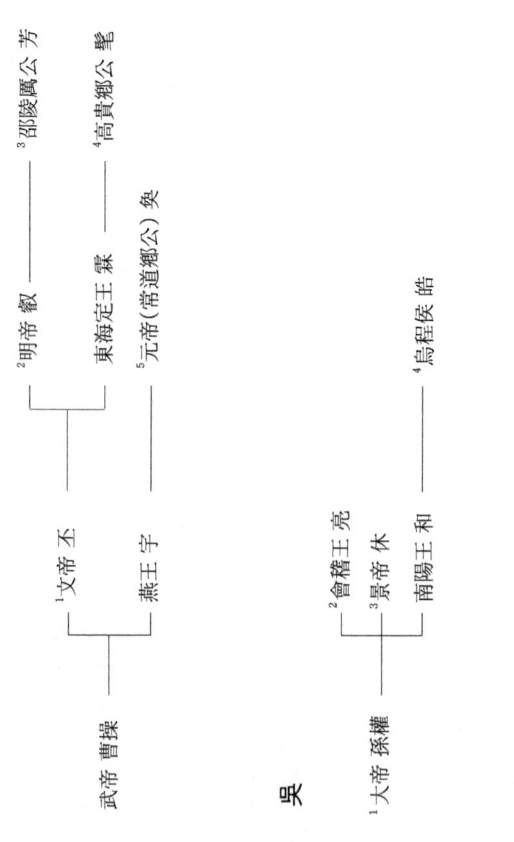
魏
武帝 曹操
[1]文帝 丕
燕王 宇
[2]明帝 叡
東海定王 霖
[5]元帝(常道鄉公) 奐
[3]邵陵厲公 芳
[4]高貴鄉公 髦
吳
[1]大帝 孫權
[2]會稽王 亮
[3]景帝 休
南陽王 和
[4]烏程侯 皓
蜀
漢 孝景帝
中山靖王 劉勝 ……
[1]昭烈帝 劉備
[2]後皇帝 禪

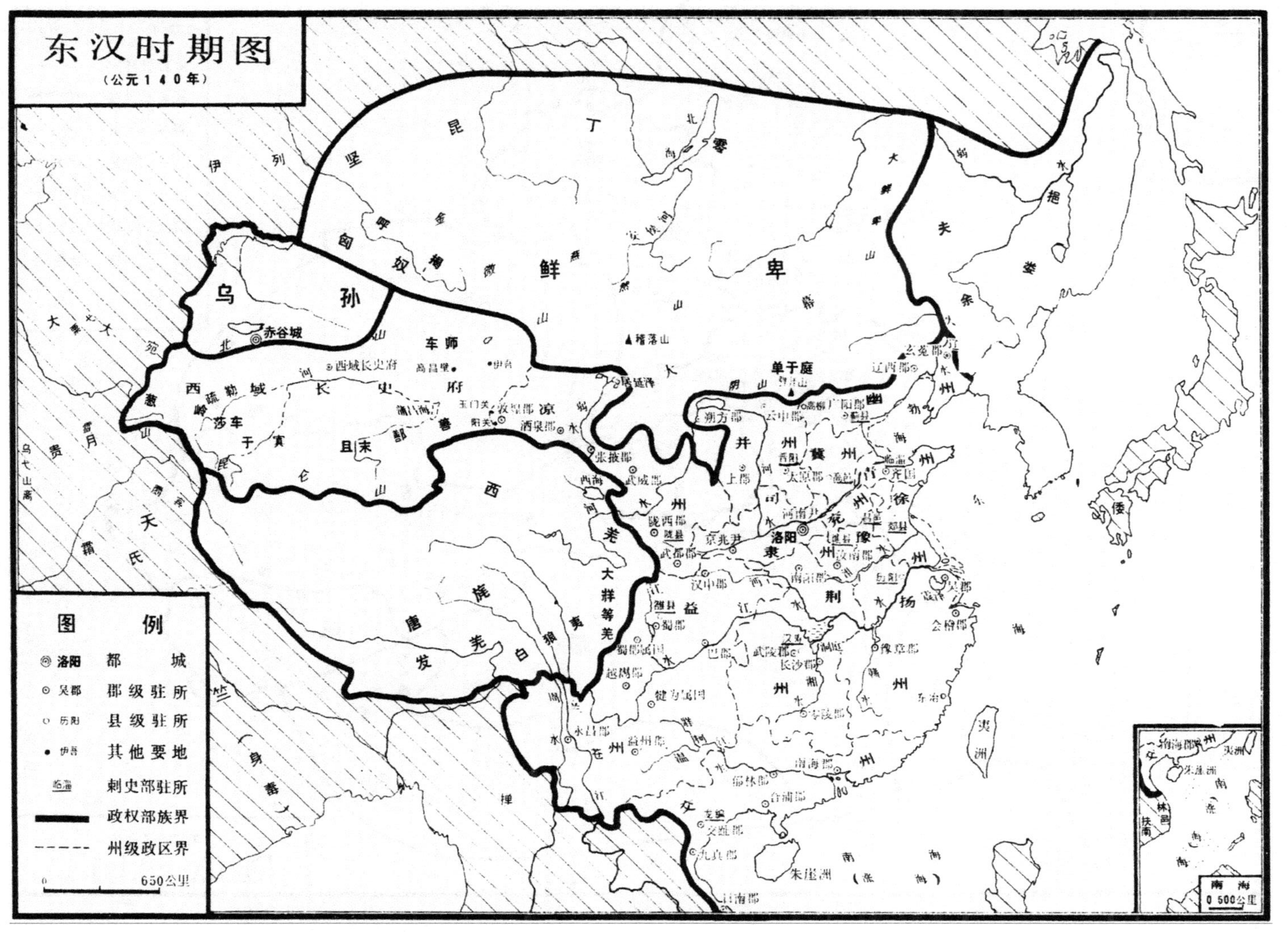

东汉时期图
（公元140年）
图例
洛阳 都城
吴郡 郡级驻所
历阳 县级驻所
伊吾 其他要地
临淄 刺史部驻所
政权部族界
州级政区界
650公里
鲜卑
乌孙
赤谷城
西域长史府
单于庭
洛阳
南海
0 500公里

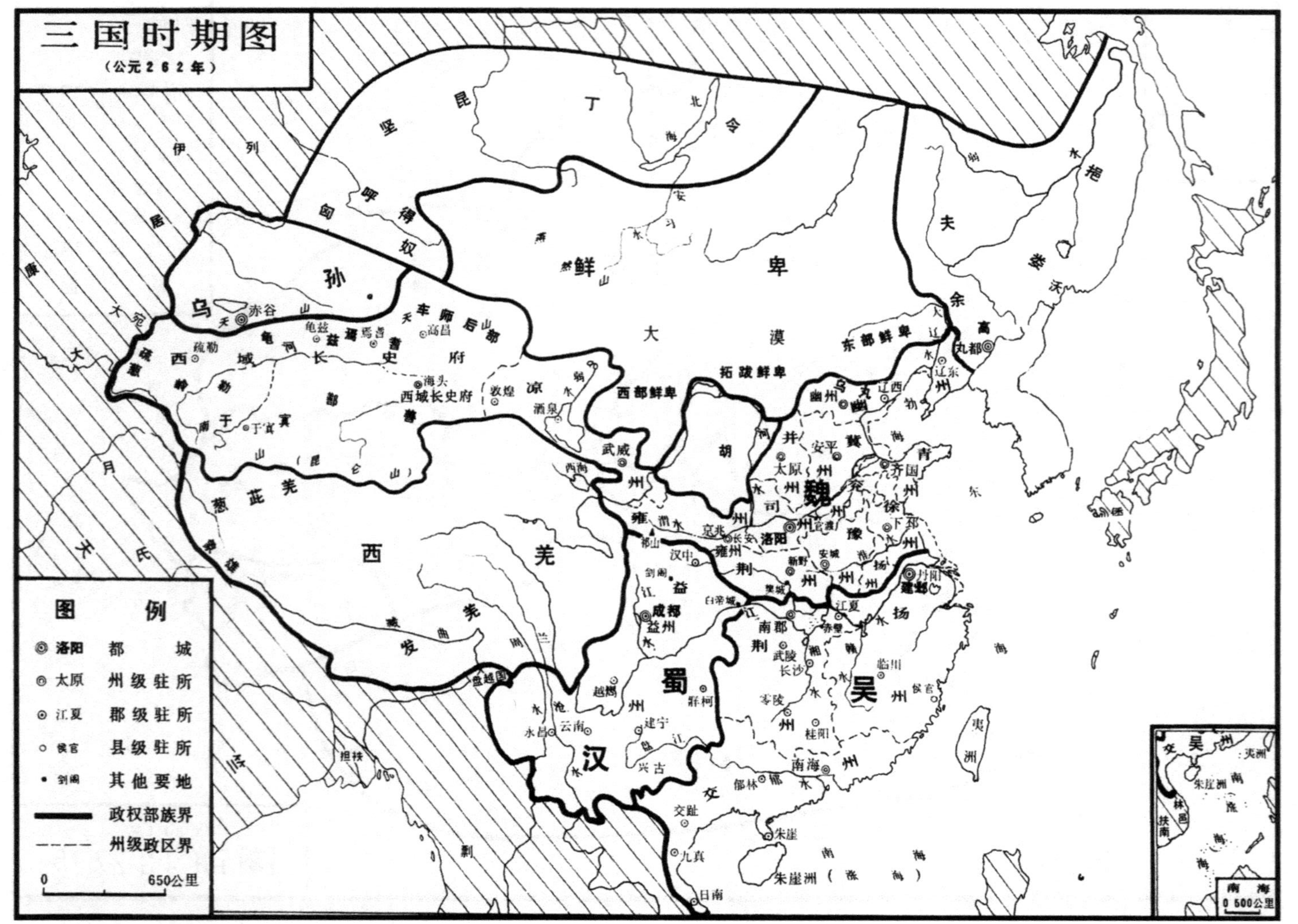
三国时期图
（公元262年）
图例
洛阳 都城
太原 州级驻所
江夏 郡级驻所
候官 县级驻所
剑阁 其他要地
政权部族界
州级政区界
0 650公里
魏
蜀
吴
汉
洛阳
成都
建邺
鲜卑
乌孙
西羌
大漠

≪通鑑節要 4≫ 參考資料

1. ≪通鑑節要≫ 總目次

2. ≪通鑑節要≫ 강의 안내

譯者 略歷

忠南 禮山 出生
家庭에서 父親 月山公으로부터 漢文 修學
月谷 黃璟淵, 瑞巖 金熙鎭 先生 師事
民族文化推進會 國譯硏修院 修了
高麗大學校 教育大學院 漢文教育科 修了
한국고전번역원 부설 고전번역교육원 名譽漢學教授(現)
傳統文化硏究會 副會長(前) 해동경사연구소 소장(現)
古典國譯賞 受賞

論文 및 譯書

〈艮齋의 性理說小考〉〈燕岩의 學問思想硏究〉
四書集註 ≪詩經集傳≫ ≪書經集傳≫ ≪周易傳義≫
≪古文眞寶≫ ≪牛溪集≫ 등 數十種 國譯
≪宣祖實錄≫ ≪宋子大全≫ ≪茶山集≫ ≪退溪集≫ 등 共譯

東洋古典譯註叢書 29
譯註 通鑑節要 4　　39,000원

2006년 12월 10일 초판 발행
2025년 03월 31일 초판 4쇄

譯　註　成百曉
編　輯　古典國譯編輯委員會

發行人　金　炫

發行處　社團法人 傳統文化硏究會
등록 : 1989. 7. 3. 제1-936호
서울 종로구 삼봉로 81 두산위브파빌리온 1332호
전화 : (02)762-8401　전송 : (02)747-0083
전자우편 : juntong@juntong.or.kr
홈페이지 : juntong.or.kr
사이버書堂 : cyberseodang.or.kr
온라인서점 : book.cyberseodang.or.kr
총판 : 한국출판협동조합(070-7119-1750)

ISBN 978-89-91720-14-5 94910
978-89-85395-71-7(세트)